Dominique Bourgeon-Renault
Stéphane Debenedetti
Anne Gombault
Christine Petr

3^E ÉDITION

MARKETING DE L'ART ET DE LA CULTURE

DUNOD

Mise en pages : Nord Compo
Conseiller éditorial : Christian Pinson

NOUS NOUS ENGAGEONS EN FAVEUR DE L'ENVIRONNEMENT :

PAPIER CERTIFIÉ

Nos livres sont imprimés sur des papiers certifiés pour réduire notre impact sur l'environnement.

Le format de nos ouvrages est pensé afin d'optimiser l'utilisation du papier.

Depuis plus de 30 ans, nous imprimons 70 % de nos livres en France et 25 % en Europe et nous mettons tout en œuvre pour augmenter cet engagement auprès des imprimeurs français.

Nous limitons l'utilisation du plastique sur nos ouvrages (film sur les couvertures et les livres).

11, rue Paul Bert, 92240 Malakoff
www.dunod.com

ISBN : 978-2-10-085551-3

Préface

La légitimité de la mise en œuvre par les institutions culturelles des moyens d'action stratégiques et opérationnels proposés par le marketing a considérablement évolué au cours des vingt dernières années, dans le sens d'une plus grande acceptation fondée sur une meilleure compréhension. Cependant, l'ancrage historique du marketing dans l'activité marchande (dont fait d'ailleurs partie une large part des activités culturelles), et en particulier dans les biens de grande consommation, peut encore susciter, dans les milieux culturels les plus traditionalistes, des critiques ou des interrogations sur sa compatibilité avec les spécificités du monde de la culture. Certains préfèrent alors l'usage du terme « médiation » qui correspond à l'organisation de la rencontre entre l'œuvre et le public ce qui est équivalent au rôle du marketing comme intermédiation entre l'offre et la demande.

Mais ce constat encourageant ne dispense pas les chercheurs en marketing de s'interroger sur les adaptations de leurs théories et de leurs méthodes aux spécificités des activités culturelles. Il faut d'ailleurs souligner à cet égard l'importance de la fertilisation croisée qui s'opère à l'intersection du marketing et de la culture. Si les institutions culturelles peuvent tirer profit des préconisations des chercheurs et praticiens du marketing, ces derniers sont également conduits à faire évoluer leurs modèles théoriques de référence et leurs méthodes d'investigation lorsqu'ils les appliquent aux organisations culturelles. Et cette évolution contribue au perfectionnement des méthodes du marketing, y compris dans leurs applications traditionnelles.

L'exemple du marketing expérientiel est éloquent. Si les travaux pionniers sur ce thème ont été réalisés en France au début des années 1990 dans le secteur du spectacle vivant, ils ont reçu depuis d'innombrables applications dans le secteur marchand, notamment dans le commerce de détail (par exemple la « théâtralisation » du point de vente).

La prise en compte croissante par le marketing de l'engagement du consommateur dans la conception et l'utilisation des produits et services (« cocréation » ou « coproduction » dans une logique participative) illustre un autre point de convergence avec les préoccupations des institutions culturelles, dans le cadre de leurs activités aussi bien dans le « monde réel » que dans la sphère virtuelle.

Deux mouvements sociétaux affectent profondément le champ culturel et la mise en relation avec les œuvres artistiques : l'écologie (par exemple, le bilan carbone des expositions « *blockbusters* ») ; la numérisation (tendance préexistante dont l'importance a été fortement accrue lors de la crise sanitaire). Le monde culturel, comme le domaine marchand, est impacté par la convergence du « monde réel » et de la « sphère virtuelle » à travers la diversité des formes d'interaction entre l'offre et la demande que génère cette évolution. Les expériences immersives offertes par les dispositifs de réalité virtuelle sont aussi bien prises en compte par le secteur marchand que par les musées ou les lieux d'exposition. Les industries créatives doivent prendre en compte les contributions potentielles de l'intelligence artificielle au même titre que les industries « traditionnelles ».

L'ouvrage que nous proposent Dominique Bourgeon-Renault et ses collègues est révélateur de cette dialectique qui associe le marketing « traditionnel » et le « marketing des activités culturelles », permettant certes des rapprochements, mais sans négliger la prise en compte des spécificités des organisations culturelles et créatives.

La première partie de l'ouvrage développe une mise en perspective transversale : après avoir montré la spécificité et l'unité des activités culturelles en général, les auteurs présentent, de façon pédagogique, l'adaptation du marketing dans le contexte des organisations culturelles, puis les théories et méthodes de compréhension et de connaissance des consommateurs. La seconde partie montre ensuite que cette apparente unité du secteur culturel ne doit pas faire oublier les profondes spécificités des différentes activités culturelles, en particulier dans le contexte français. Le marketing du spectacle vivant n'est pas celui de l'édition musicale, ni du musée. Un mérite important de cet ouvrage est donc de nuancer la portée du marketing des activités culturelles en général, et de proposer une gamme complète de concepts et d'outils adaptés aux différentes facettes de ces activités.

Souhaitons qu'il contribue à entretenir le dynamisme des organisations culturelles qui pourront recourir aux méthodes proposées, et celui des chercheurs qui travaillent à l'élaboration de nouveaux modèles explicatifs et de nouveaux moyens d'action sur les marchés, et qu'il facilite encore la communication et les échanges entre ces deux catégories professionnelles.

Yves EVRARD,
Professeur émérite à HEC-Paris
Marc FILSER,
Professeur émérite de sciences de gestion,
IAE Dijon et CREGO – université de Bourgogne

Table des matières

PARTIE 2. LES SPÉCIFICITÉS SECTORIELLES DU MARKETING DES ARTS ET DE LA CULTURE

Introduction

Par Dominique Bourgeon-Renault, Anne Gombault,
Stéphane Debenedetti et Christine Petr

UNE NOTION ENCORE DISCUTÉE EN FRANCE

La notion de marketing peine à imposer sa légitimité pleine et entière dans le secteur des arts et de la culture en France. Même si les entreprises des industries culturelles intègrent toutes un département marketing, certaines organisations artistiques et culturelles à but non lucratif sont encore réticentes. Pour ces dernières, le marketing reste associé à une seule visée commerciale, risquant de dénaturer, au nom du marché, les contenus culturels. Cette méfiance tenace s'inscrit dans une longue tradition critique. Alors que l'artiste a toujours dû négocier entre impératifs artistiques et économiques, la vision romantique d'un bohémien refusant tout compromis commercial s'est imposée depuis le XIXe siècle. Chiapello (1998) analyse ainsi comment l'artiste romantique revendique sa liberté et sa subjectivité contre le bourgeois capitaliste, matérialiste et rationnel, et son nouveau bras armé, le management. Le champ artistique se caractériserait ainsi par un long processus d'autonomisation de ses valeurs et de ses enjeux, contre l'influence de l'Église, de l'État et bien sûr, du marché. Il en résulterait notamment un « monde économique à l'envers », valorisant le désintéressement et l'absence de succès commercial (les fameuses « règles de l'art » de Pierre Bourdieu, 1992).

Certes, la « critique artiste » du management et du marketing a aujourd'hui perdu de sa pertinence, en raison notamment du retour à l'artiste artisan (Moulin, 1992) et de l'avènement de l'artiste entrepreneur (Menger, 2002). La posture de l'artiste entrepreneur Fabrice Hyber, précurseur dans sa façon de travailler, témoigne d'une « managérialisation » croissante de l'art en phase avec une nouvelle exigence de l'État culturel français, qui s'il ne se désengage pas, bien au contraire, attend cependant des acteurs culturels qu'ils se mettent à la recherche de ressources propres. De plus, on observe, depuis les années 1960, une fusion croissante entre les cultures élitistes et populaires (esthétisation de la culture de masse et emprunt des avant-gardes aux esthétiques populaires).

Pour autant, il est intéressant de relever que le marketing reste encore aujourd'hui un sujet récurrent de rejet ou de méfiance de la part des artistes (encadré 1) et de certains acteurs culturels institutionnels.

Encadré 1 – Le discours de la critique du marketing dans les industries culturelles

Une diatribe récente du cinéaste Olivier Assayas contre les films de super-héros *made in Hollywood* permet de retrouver clairement les termes du débat sus-mentionné : « J'ai peu de sympathie pour les formes de fictions industrielles et stéréotypées qui semblent aujourd'hui dominer Hollywood. Cela tient au mépris du public qui y est à l'œuvre et me met très mal à l'aise. On applique des formules toutes faites, on n'en est pas aux algorithmes, mais on n'en est pas loin. On se base sur la répétition de schémas qu'on use jusqu'à la trame. [...] Je ne peux pas faire de films si je ne commence pas par avoir un respect infini pour le public. Ce n'est – je crois – pas la perspective des experts en marketing qui ont pris le pouvoir dans le monde du divertissement à Hollywood ou ailleurs et regardent le public de haut, considérant qu'il n'est pas indigne de flatter de façon perverse ses pires instincts. »

Source : *Le Monde*, 19 décembre 2019, p. 20-21.

Inversement, c'est lorsqu'il est perçu comme une démarche pouvant se mettre au service des missions de l'organisation culturelle, au-delà de ses seuls objectifs commerciaux, que le marketing gagne en légitimité, notamment dans le secteur subventionné (encadré 2).

Encadré 2 – L'appropriation du marketing dans le secteur public de la culture

Selon Jazia Mathlouthi, chargée de marketing à la Gaîté Lyrique : « Les outils marketings sont au service de la mission de service public, cela nous permet de mieux faire notre travail, ce n'est pas pour autant que l'on vend notre âme et que le manitou du grand capitalisme a acheté la Gaîté Lyrique. [...] On a des valeurs, on a une programmation artistique, cette programmation artistique est au service de nos valeurs, et l'idée est que le plus grand nombre de personnes possible, et surtout les personnes les plus éloignées de notre structure, puissent avoir accès à ça, et le marketing permet d'atteindre ces publics-là. »

Source : audit marketing de la Gaîté Lyrique, réalisé par Malo de la Blanchardière et Anna Lenoir, dans le cadre du master Management des organisations culturelles, université Paris Dauphine (2022).

UNE BRÈVE SYNTHÈSE DE L'APPROCHE ACADÉMIQUE DU MARKETING DES ARTS ET DE LA CULTURE

Kotler et Levy (1969) sont parmi les premiers à associer explicitement marketing, art et culture, dans leur projet plus vaste d'élargissement du marketing au-delà de ses domaines d'application jugés « naturels » de l'industrie et du commerce. Les premiers travaux de recherche en marketing, qui s'ensuivent dans les années 1970 et 1980, portent sur les déterminants de la « demande » de culture : impact du paradigme « kotlérien » (axé sur le marketing opérationnel et stratégique) et rôle des variables individuelles (en particulier sociodémographiques) dans le processus de choix du consommateur (Bamossy et Semenik, 1981 ; Belk et Andreasen, 1980 ; Evrard, 1987 ; Semenik, 1987). Il s'agit alors essentiellement d'étudier les ressorts de la fréquentation des lieux culturels et de l'achat de produit (bien ou service) du secteur artistique, dans une perspective de développement et d'élargissement du public. En référence aux modèles intégrateurs classiques d'analyse du comportement du consommateur, ces travaux s'appuient sur les outils traditionnels du marketing (les 4P du mix marketing).

Les années 1980 sont l'occasion d'une évolution notable de perspective, avec l'introduction du concept d'expérience de consommation par Holbrook et Hirschman (Hirschman et Holbrook, 1982 ; Holbrook et Hirschman, 1982). Le courant expérientiel, qui arrive en France dans les années 1990 (Bourgeon, 1994 ; Bourgeon et Filser, 1995 ; Bourgeon-Renault, 2000), permet de sortir progressivement le marketing des arts d'une vision utilitaire et rationnelle de l'« achat » culturel (résoudre un problème) pour appréhender les dimensions vécues, subjectives, émotionnelles et ludiques de la consommation culturelle (vivre une expérience gratifiante). Les enjeux en termes de recherche évoluent en conséquence : du « qui consomme quoi sous l'effet de quelle variable », on passe à l'étude de la nature même de la relation du public aux œuvres et aux spécificités de l'expérience singulière qui en résulte.

La recherche en marketing des arts et de la culture prend dans les années 2000 de nouvelles directions. Les travaux approfondissent les concepts de relation au public et de fidélité (Rentschler *et al.*, 2002), puis d'engagement (Walmsey, 2019). Les termes de participation, cocréation, coproduction, collaboration s'invitent dans la discussion, avec la représentation d'un public actif dans sa relation à l'organisation culturelle, passant du statut de cible passive d'une action marketing à celui de coproducteur de son expérience globale. Dans le sillage de la « *Consumption Culture Theory* » (Arnould et Thompson, 2005), il s'agit de montrer comment les individus contribuent, à travers leurs comportements, à produire eux-mêmes l'environnement culturel. Ainsi, observe-t-on ces dernières années comment de nombreux chercheurs en marketing des arts s'éloignent d'une approche jugée « étroite » (O'Reilly, 2011) de leur objet – en bref, une vision *managériale* – pour l'appréhender comme un phénomène socio-culturel plus large, étudiant les multiples formes d'interaction entre l'art(iste) et le marché (Bradshaw, 2010 ; Fillis, 2011), ainsi que la coconstruction de l'offre culturelle à travers les interactions publics-marchés (Choi et Burns, 2016 ; Collet, 2020).

En résumé, de manière successive mais complémentaire, la recherche en marketing des arts et de la culture est passée d'une dimension fortement transactionnelle à une approche plus relationnelle s'appuyant sur le paradigme expérientiel. Si la perspective transactionnelle concerne l'attraction du public, la finalité de l'approche expérientielle est de développer chez l'individu l'apprentissage, les émotions et le lien social, favorisant la relation à l'œuvre et l'engagement du public, et par voie de conséquence, l'accès à la culture pour tous.

S'ils sont basés sur des prémisses théoriques et épistémologiques distinctes, ces différents volets de la réflexion ne s'annulent pas pour autant, mais coexistent et s'additionnent, et sans doute s'enrichissent mutuellement.

UNE PROPOSITION DE DÉFINITION DU MARKETING DES ARTS ET DE LA CULTURE

Notre objectif ne sera pas ici de trancher un débat théorique quant à la nature et au territoire du marketing des arts et de la culture, mais plutôt de proposer un cadre d'analyse qui :

1. reflète les pratiques effectives des organisations culturelles, dans leur diversité ;
2. tienne compte des avancées de la recherche ;
3. convienne à un manuel universitaire dans sa dimension didactique et pratique.

Notre proposition de définition du marketing des arts et de la culture s'appuie ainsi sur les prémisses suivantes :

- Le présent livre est un ouvrage de vulgarisation à destination des étudiants, doctorants, enseignants-chercheurs et chercheurs en sciences de gestion, sociologie et sciences humaines de même qu'aux futurs et actuels professionnels de la culture. Est abordé le marketing d'un point de vue pragmatique, managérial et stratégique, c'est-à-dire *du point de vue de l'organisation culturelle* pour laquelle le marketing est une fonction de gestion visant à assurer sa survie et/ou améliorer sa performance artistique, sociale et financière.
- Les pratiques marketing sont diverses, à l'image des organisations culturelles elles-mêmes, en termes d'activités, missions, identités et tailles (voir chapitre 1). Notre définition du marketing doit être assez ouverte pour refléter cette *diversité*.
- À rebours des discours et pratiques de nombreux acteurs et organisations culturels, nous proposons que le *marketing ne se limite pas à la vente*, dans un objectif essentiellement transactionnel d'acquisition d'un public toujours plus nombreux, et dans un souci premier de rentabilité économique. Comme nous le verrons, le marketing poursuit également d'autres objectifs, en accord avec les missions de l'organisation culturelle (voir chapitre 2).

Nous définissons alors le marketing des arts et de la culture comme la démarche stratégique par laquelle une organisation culturelle cherche à susciter chez ses publics des attitudes et comportements favorables à la réalisation de ses missions artistique, sociale et/ou financière. Éclairé par la connaissance de ses cibles au moyen des études de publics, le marketing s'appuie simultanément, et de manière complémentaire, sur des outils transactionnels (pour recruter et diversifier), relationnels (engager à long terme) et expérientiels (offrir des expériences riches et mémorables). Nous précisons, commentons et illustrons cette définition lors du chapitre 2.

LES GRANDES TENDANCES STRATÉGIQUES DU MARKETING DES ARTS ET DE LA CULTURE

Les années 2020, avec la crise du Covid-19, marquent un tournant dans le marketing des arts et de la culture à plusieurs titres. De 2020 à 2022, la chute conjoncturelle drastique de la fréquentation des salles de spectacle vivant et de cinéma, mais également du patrimoine, entraîne une grande fragilisation, voire, dans de nombreux pays, des faillites d'organisations culturelles[1]. Cette tendance a accéléré une transformation profonde du secteur culturel : accélération de son économie numérique, plateformisation des industries culturelles, demande sociétale forte d'inclusivité, conscientisation de la nécessaire transition écologique et énergétique (TEE), modification du comportement du consommateur culturel, concurrence accrue entre les organisations créatives et culturelles, inflation galopante des coûts, poursuite du mouvement de glocalisation. Comme cela sera présenté dans le chapitre 2 et les suivants, ces évolutions de l'environnement ont massivement modifié les stratégies marketing des organisations créatives et culturelles.

Parmi celles-ci, la transformation numérique change profondément les modalités d'accès à la culture, en désintermédiant les organisations traditionnelles et en ouvrant de grandes possibilités d'innovation sociale. Le mouvement #MeToo lancé en 2017 et la critique morale de l'art, en général, remettant en cause son autonomie des questions de société, a fait monter en puissance la demande de diversité et d'inclusivité de toutes les minorités dans la création, les programmations, les prix, la distribution et la communication. Les objectifs de développement durable (ODD), à la fois écologiques, sociaux et économiques, tels que requis par l'ONU[2], ont imposé de revoir les conditions

1. Paradoxalement on assiste à la croissance très forte des produits de l'industrie culturelle (jeu vidéo, musique et audiovisuel en streaming).

2. Voir la cartographie de Sullitest des ODD (www.agenda-2030.fr/a-la-une/actualites-a-la-une/article/sulitest-mais-que-sait-on-vraiment-sur-les-odd).

de production et la nature même de l'offre culturelle, sa communication, sa distribution. Enfin, l'inflation post-Covid génère des tensions élevées dans la gestion des organisations culturelles qui doivent plus que jamais vendre leurs produits et services culturels pour survivre et se développer. Dans ce contexte de crises multiples, le marketing des arts et de la culture n'aura jamais été aussi nécessaire.

Cet ouvrage s'articule autour de deux parties. La première traite de l'approche du marketing par les organisations culturelles et créatives dans un champ difficile à appréhender. La seconde partie a pour objectifs de mettre en évidence les pratiques spécifiques de marketing développées dans les principaux domaines des arts et de la culture : les arts vivants (théâtre, opéra, cirque, arts de la rue, festivals), le patrimoine culturel (musées, galeries, monuments et autres sites patrimoniaux) et les industries culturelles (livre, musique enregistrée, cinéma en salle et jeu vidéo).

Le **chapitre 1** de l'ouvrage soulève la problématique de la structuration du champ culturel en se référant à un cadre théorique principalement issu des sciences de gestion, et pour une moindre part de l'économie et de la sociologie. Son objectif est de délimiter le champ culturel, d'en montrer son élargissement à travers les industries créatives et de présenter les spécificités des biens et services culturels.

Le **chapitre 2** introduit une réflexion sur la stratégie marketing des organisations culturelles. Après avoir proposé une définition du marketing des arts et de la culture, l'accent est mis sur les différentes dimensions de la stratégie marketing de l'organisation culturelle (diagnostic stratégique, segmentation, ciblage, positionnement), puis sur les leviers d'action du marketing opérationnel (offre expérientielle, marque, prix, communication, diffusion, relation). Le chapitre se termine par une analyse des nouvelles problématiques du marketing stratégique des organisations culturelles, nées des bouleversements récents du secteur (recherche de financement, internationalisation, explosion du numérique, développement durable).

Le **chapitre 3** analyse le comportement de consommation culturelle. Après une étude des pratiques culturelles (les grandes tendances sous l'influence du développement de la culture numérique, les motivations et les freins), sont examinés les différents facteurs (caractéristiques socio-économiques, implication, variables sociétales) qui peuvent expliquer le comportement du consommateur dans le domaine des arts et de la culture. Les principaux mécanismes de prise de décision sont ensuite évoqués pour finir par l'approche expérientielle du comportement de consommation culturelle.

Le **chapitre 4** porte sur l'intérêt stratégique d'étudier le public final pour les professionnels des arts et de la culture. Après avoir rappelé la nécessité de prévoir ces études, les différentes questions qui doivent guider les choix méthodologiques d'une démarche d'investigation rigoureuse et fiable sont exposées et analysées.

Le **chapitre 5** examine les particularités du marketing dans le domaine des arts du spectacle vivant, secteur étroitement lié, en France, aux évolutions de la politique culturelle de l'État. Après avoir insisté sur la diversité des publics, la réflexion s'oriente sur les choix stratégiques et les moyens mis en œuvre par les professionnels pour adapter et développer le marketing au service du spectacle vivant.

Le **chapitre 6** étudie le développement du marketing dans le domaine du patrimoine. L'analyse de l'environnement insiste sur la patrimonialisation du monde, véritable explosion de l'offre qui conduit à l'émergence de stratégies « glocales » dans lesquelles les publics jouent un rôle majeur. Les tendances stratégiques liées à ce mouvement et leur impact sur le marketing du patrimoine sont présentés : économie numérique, développement durable, tourisme créatif… Les variables du mix marketing sont ensuite présentées pour montrer comment elles concourent à valoriser cette offre patrimoniale et à la développer.

Pour terminer, le **chapitre 7** analyse les pratiques marketing de quatre industries culturelles : la musique enregistrée, le livre, le cinéma en salle et le jeu vidéo. Pour chaque secteur, les évolutions récentes de l'industrie et du marché sont soulignées, et les pratiques marketing stratégiques et opérationnelles des acteurs sont analysées, en insistant sur les points de rupture par rapport à la décennie précédente (pratiques d'optimisation, révolution de l'intermédiation, rôle des plateformes numériques, etc.).

PARTIE 1

L'APPROCHE DU MARKETING DANS LE CHAMP DES ARTS ET DE LA CULTURE

Secteur et produit culturels

Par Dominique Bourgeon-Renault et Anne Gombault

Ce premier chapitre présente le champ culturel, comme le contexte dans lequel le marketing des arts et de la culture doit s'inscrire et se comprendre. Le secteur culturel se distingue par une diversité de biens et services selon leur processus de production, leur mode de diffusion et de consommation. Les cadres économiques ou sociologiques qui permettent de le circonscrire sont multiples. Les sciences de gestion l'approchent en insistant sur les spécificités du produit culturel.

LA DÉFINITION EXTENSIVE DU SECTEUR CULTUREL

Le secteur culturel a longtemps été appréhendé par la diversité de ses activités, de ses structures et de ses produits. Depuis la fin des années 1990, une définition extensive l'intègre dans le champ plus large des industries créatives et renouvelle son analyse.

La diversité du secteur culturel

La production du secteur culturel est traditionnellement définie autour de ses activités, de ses produits et de ses organisations.

Typologies par activités, domaines, fonctions

Régulièrement étudiée et repensée depuis les années 1980, la dernière définition du champ statistique de la culture a fait l'objet de travaux européens de 2009 à aujourd'hui. Le cadre européen s'insère dans le cadre international défini par l'Unesco pour les statistiques culturelles et croise dix domaines culturels – patrimoine culturel, archives, bibliothèques, livre et presse, arts visuels, spectacle vivant, audiovisuel et multimédia, architecture, création publicitaire, artisanat d'art – avec six fonctions économiques : création, production et édition, diffusion et commercialisation, conservation, formation, administration et réglementation[1].

Typologies par produits culturels

Parallèlement, il existe d'autres typologies du secteur par produits culturels. Par exemple, celle d'Antoine et Salomon (1980) distinguait deux catégories d'activités culturelles en fonction du mode de production et de diffusion :

- les activités qui relèvent d'une culture de masse, qui passe par des structures, des processus de production et de diffusion de type industriel – d'où le nom d'industries culturelles ;
- celles qui concernent une culture élitiste, dont les structures, les méthodes de travail et les modes de financement se rapprochent davantage de l'artisanat, notamment quant à la distribution des produits.

Plus de 40 ans après, une telle dichotomie, qui tend à persister dans les représentations sociales du champ, apparaît profondément déconnectée de la réalité. Le cadre statistique européen ne fait aucune hiérarchisation entre les activités culturelles, principalement parce que les modes de production et de diffusion actuels sont particulièrement interconnectés. Comme le décrivait Deroin (2011, 2), l'intégration du numérique a autant modifié les comportements et pratiques culturels (nouveaux outils numériques, diffusion et réception par les réseaux sociaux, etc.) que le cycle de production culturelle (évolution des modèles d'affaires, acteurs pluriactifs, nouveaux réseaux de distribution).

L'évolution de l'offre, comme celle des pratiques, tend à remettre en cause une typologie par produits. Une première évolution repose sur l'hybridation de l'offre (transversalité, multidisciplinarité) : la tendance de la production culturelle est au dépassement des frontières disciplinaires. Une deuxième évolution s'opère à

1. Pour une synthèse, voir Deroin (2011).

travers la révolution numérique des années 1980 à aujourd'hui, qui a fait apparaître de nouveaux produits, au premier rang desquels les jeux vidéo (Benghozi et Chantepie, 2019) et de nouveaux modes de consommations résultant d'un accès libéré aux biens et services culturels. La convergence (coexistence de différents médias) et le transmédia (plusieurs plateformes médiatiques interconnectées) impliquant la formation et le développement de communautés participatives, « brouillent » les cartes de l'offre culturelle entre émetteurs et récepteurs, ces derniers s'impliquant par la chaîne de production (Jenkins, 2013).

Typologies par organisations

Le secteur culturel peut aussi être approché par les organisations qui le composent. Diverses caractéristiques permettent de mieux les cerner : leurs structures et leur comportement organisationnel.

Les structures

Les structures se différencient par leur fonction de production comme on l'a vu précédemment, mais aussi par leur taille, de l'association de quartier à la major, ou encore par leur caractère stable ou temporaire : des grandes institutions de l'État, les plus stables, aux festivals, structures par projets, fondamentalement instables mais qui peuvent aussi s'institutionnaliser (encadré 1.1).

Encadré 1.1 – Qu'est-ce qu'une institution culturelle ?

De nombreuses organisations culturelles sont des institutions, au sens défini par Selznick (1957) : elles présentent un caractère particulier et distinctif ; elles existent et possèdent une valeur propre, indépendamment des buts qu'elles servent ; elles s'inscrivent depuis des années, voire des siècles, dans les valeurs portées par la société ; à différentes époques, des individus s'y sont investis, consacrés, identifiés. L'histoire est en effet le support essentiel de l'institutionnalisation de ces organisations. Le discours épique de la fondation y est présent et sert la formation d'une idéologie et d'un imaginaire de l'organisation, d'un mythe commun, socialement intégrateur. Tous les temples sacrés de la culture classique sont des institutions, des opéras (ex : La Scala), théâtres (ex : la Comédie Française) et orchestres (ex : Orchestre Philharmonique de Berlin), aux musées (ex : Le *British Museum*) et monuments (ex : La Basilique Saint-Marc de Venise), en passant par les festivals les plus prestigieux, structures instables institutionnalisées (ex : festival d'Avignon, festival de Cannes). La citation suivante, extraite d'un entretien réalisé avec un cadre du musée du Louvre (Gombault, 2003), montre bien la force de ces temples sacrés : « Il y a des entretiens que j'ai eus avec certains agents qui me disaient : "Quand on rentre au Louvre, c'est comme si on rentrait en religion." C'est une phrase très forte je trouve, c'était quelqu'un qui venait du théâtre, un ancien comédien, et qui me disait : "C'est comme quand on rentre à la Comédie Française, c'est pareil, on rentre en religion." C'est vrai que le caractère du lieu fait ça. » De nombreuses entreprises des industries culturelles sont devenues des institutions : des maisons d'édition (Gallimard, Les Éditions de Minuit), des maisons de production de musique ou de films (Universal, Warner, Sony...).

Il existe un autre critère majeur de découpage des organisations culturelles : le statut juridique, public ou privé, recoupant plus ou moins une logique marchande ou non. La diversité des statuts juridiques reflète la diversité des objectifs. Cependant, dans tous les pays du monde, la majorité des organisations culturelles sont à but non lucratif. Plusieurs raisons sont généralement avancées pour expliquer cette prépondérance. D'abord la culture est un projet politique, économique et social des sociétés contemporaines. Ensuite l'insolvabilité d'une partie de la demande de produits culturels freine la volonté d'entreprendre et peut aboutir à une production insuffisante, voire inexistante. Enfin les productions culturelles présentent un caractère aléatoire et peu rentable qui risque de conduire à leur disparition ou à leur standardisation (encadré 1.2).

Encadré 1.2 – La prépondérance des organisations culturelles à but non lucratif

Dans un article de synthèse sur les organisations culturelles, DiMaggio (1987) propose des explications économiques et non économiques de la prépondérance des organisations à but non lucratif dans le secteur culturel. Les explications non économiques avancent, d'une part, les origines institutionnelles des organisations culturelles à but non lucratif, c'est-à-dire le rôle des groupes de consommateurs dans la création d'organisations culturelles, l'établissement d'une définition conventionnelle de la firme, la segmentation des marchés, et la diffusion des goûts, d'autre part, l'influence de l'État avec les procédures administratives et les définitions sur la distribution des formes organisationnelles dans des organisations particulières. Les explications économiques se résument à dire que les activités culturelles ne permettent pas de dégager de profits (loi de Baumol et Bowen, 1966) et qu'elles sont des biens collectifs caractérisés par des demandes d'option. Ces organisations à but non lucratif présentent un mode de financement majoritairement privé, notamment aux États-Unis, au Royaume-Uni ou encore en Australie. Le mode de financement peut aussi être public comme dans les pays européens en général, dont « l'État Culturel » de la France ou les variations régionalistes de l'Italie et de l'Allemagne. Ce financement public (encadré 1.3) tend à stagner, voire à décroître en Europe, alors que l'offre culturelle ne cesse de se développer, entraînant une recherche de plus en plus importante de recettes propres et une sophistication des techniques de levées de fonds[2].

Source : d'après DiMaggio (1987).

Encadré 1.3 – La justification de l'intervention publique dans la culture

D'un point de vue politique, l'intervention publique se justifie par les fondements multiples des politiques culturelles : la recherche de l'intérêt collectif avec les notions de biens sous tutelle et d'État souverain, et l'interférence des intérêts privés avec la logique d'action des pouvoirs publics.
D'un point de vue économique, l'intervention publique corrige les imperfections du marché, qui tiennent à l'incapacité de solvabiliser une demande existante, et pallie la valorisation incertaine de la production de biens culturels (absence de gains de productivité et économie de prototype fortement risquée). Outre ces justifications traditionnelles, l'effet multiplicateur des dépenses culturelles dans la politique économique et le soutien des industries naissantes ou déclinantes, sont apparus, à la fin des années 1970 aux États-Unis et à la fin des années 1980 en Europe, comme les nouveaux leitmotivs de l'intervention publique.

Source : d'après Farchy et Sagot-Duvauroux (1994).

Au-delà de ces différences inter-organisationnelles, le réseau apparaît comme un principe structurant commun du champ artistique et culturel et de l'action de ses organisations, par les différents « mondes de l'art » qu'il définit. Démystifiant les croyances de sens commun dans l'autonomie de l'art et la singularité du génie artistique, le sociologue interactionniste Becker (1982) s'interroge, dans son célèbre ouvrage *Art Worlds*, sur la production de l'art à partir d'une description des actions et interactions sociales. Il étudie « les structures de l'activité collective » dans plusieurs domaines : peinture, littérature, musique, photographie, métiers d'art ou jazz. Les réseaux des mondes de l'art, compris ici comme les différents modes de structuration dont résultent les œuvres, ont aussi été étudiés par différentes théories sociologiques[3]. Par exemple, Bowness (1989), à partir

2. Voir chapitre 2.

3. Voir Heinich (2004).

du cas des arts plastiques, éclaire la construction des réputations, dimension fondamentale dans les mondes de l'art. Elle s'articule autour de trois dimensions : la proximité spatiale par rapport à l'artiste, le temps qui passe (de la rapidité du jugement des pairs et des premiers acheteurs à la postérité pour le grand public, en passant par le moyen terme des connaisseurs), et la compétence des « juges » de tous les cercles qui donnent la reconnaissance (pairs, marchands et collectionneurs, spécialistes – experts et critiques – public initié ou profane). Les organisations culturelles et les artistes sont plus ou moins avisés de l'importance de connaître et de prendre en compte le réseau pour mener à bien leurs missions et projets, beaucoup tendant à le sous-estimer ou à l'ignorer volontairement. Dans une série d'entretiens vidéo, réalisés en 1991 par l'artiste contemporain Antonio Muntadas pour son œuvre *Between the Frames* visant à comprendre « les gens, les institutions qui se trouvent entre les artistes et le public », Daniel Buren affirmait la nécessité pour un artiste qui veut exister de se situer dans ce réseau, plutôt qu'à l'extérieur, en lien avec les autres acteurs du monde de l'art et d'en connaître le fonctionnement.

D'un point de vue interne, on peut noter que les organisations culturelles classiques comme celles du patrimoine (musées, monuments…) ou du spectacle vivant (théâtres, opéras, orchestres…) suivent le plus souvent une configuration de type « bureaucratie professionnelle » (Mintzberg, 1978), présente dans toutes les organisations où la priorité est accordée au service rendu (systèmes d'éducation, hôpitaux, universités…). Le centre opérationnel, composé de ceux qui assurent la prestation, en l'occurrence artistique et culturelle, est hypertrophié par rapport aux structures managériales classiques. Par conséquent, du point de vue des ressources humaines, l'activité des entreprises artistiques et culturelles est fondée sur la mise en œuvre de compétences professionnelles spécifiques liées à l'expression artistique et culturelle. Cependant, sous l'effet d'une professionnalisation croissante du secteur, qui a fait émerger d'autres compétences nécessaires à l'accomplissement des missions des organisations artistiques et culturelles (techniciens, médiation culturelle, gestionnaires), cette configuration tend aujourd'hui à s'affaiblir, et la structuration de l'organisation culturelle devient hybride. Elle recouvre une logique de plus en plus adhocratique, c'est-à-dire flexible et organique avec une spécialisation horizontale, dans laquelle l'ajustement mutuel entre les personnes remplace le respect de règles prédéfinies. Cette logique adhocratique est caractéristique de nombreuses autres organisations culturelles modernes de petite taille, comme les groupes de musiques actuelles, les compagnies de spectacles, les festivals, les collectifs d'artistes, la plupart des indépendants des industries culturelles (ex. : petit label de disque, éditeur de bande dessinée indépendant, petite structure de production dans l'audiovisuel), ou comme les tiers-lieux, espaces d'expérimentation hybrides.

Le comportement organisationnel

La présence de l'œuvre au cœur des organisations culturelles gouverne plus ou moins leur comportement. Dans les *majors* des industries culturelles, la logique de marché domine, même si la création de valeur économique autour des œuvres requiert une création de valeur culturelle. Mais pour une grande partie du secteur culturel, dans les organisations à but non lucratif, mais aussi souvent dans les petites organisations à but lucratif des industries culturelles (indépendants), il y a primauté des missions artistiques et culturelles : les objectifs financiers (équilibre, rentabilité) sont souvent secondaires, de l'ordre des moyens, même lorsqu'ils sont nécessaires (DiMaggio, 1987).

Ces missions sont souvent multiples, d'une grande variabilité, imprécises, parfois contradictoires, à cause de la nature qualitative, multidimensionnelle et intangible de la production des organisations culturelles, qui rend son évaluation subjective. Dès la naissance de ces organisations, les mandats qui leur sont assignés apparaissent confus et complexes, en dépit de l'importance de l'investissement symbolique et financier. Cette « logique floue » provoque des difficultés, notamment sur les attributions de chacun, qui vont ensuite se prolonger tout au long de la vie de l'organisation, tout en lui offrant paradoxalement des marges de manœuvre dans la définition de ses stratégies. Cette ambiguïté des missions et des objectifs corollaires, issue de la coexistence de différentes identités, systèmes de valeurs et principes d'action dans l'organisation, ce que la sociologue de la culture Zolberg (1983) appelle « des optiques contradictoires », rend difficiles le management et le contrôle, malgré la forte identification des acteurs à l'organisation. De plus, parce qu'elle soustrait l'organisation aux normes de performance bureaucratiques ou de marché, cette ambiguïté est parfois cultivée par les managers de ces organisations pour servir leurs intérêts propres ou ceux des acteurs de l'organisation (Farchy et Sagot-Duvauroux, 1994). Une autonomie de gestion favorise alors nettement la clarification des missions assignées et de leur exercice (Gombault, 2003). Dans un contexte de financement majoritairement privé de la culture, comme aux États-Unis, la présence de conseils d'administration assure une gouvernance optimale des organisations culturelles, en arbitrant la mise en œuvre de ses missions multiples, même si ce n'est pas toujours sans difficultés. En Europe, dans un contexte de financement majoritairement public de la culture, les statuts juridiques qui permettent la meilleure gouvernance des organisations culturelles pourvoient cette autonomie de gestion et définissent une réelle contractualisation d'objectifs et de moyens avec leurs tutelles (nouveau management public). En France, seuls les grands établissements sont ainsi gérés, ce qui favorise leur apprentissage du marketing des arts et de la culture, alors que les petites et moyennes structures culturelles publiques sont, à l'inverse, freinées par des modes de gestion peu adaptés à la réalisation de leurs missions.

Les nouveaux contours du secteur culturel

Le changement technologique majeur de la fin du XXe siècle et l'apparition corollaire des industries créatives, comme cadre d'analyse, rendent indispensable la mise à jour des typologies par activités, produits et organisations, pour saisir les nouvelles et multiples façons dont la culture est aujourd'hui produite, distribuée et consommée (Busson et Evrard, 2013). Le paradigme des industries créatives[4] est apparu depuis les années 1990 dans les discours académiques et politiques, en même temps que « la nouvelle économie de la culture » liant largement culture et territoire.

Définition et propriétés des industries créatives

Issue des travaux américains de Caves (2000) portant sur les nouveaux contrats entre les arts et le commerce, puis largement théorisée ensuite, la notion d'« industries créatives » a été développée et popularisée en Grande-Bretagne à la fin des années 1990 par le gouvernement Blair et le secrétariat d'État Smith à la culture, aux médias et au sport, qui vont en faire la base d'un programme national de régénération urbaine intitulé « *Creative Nation* », à la fois offensif et performant. La notion va se répandre partout dans le monde anglo-saxon, en Asie du Sud-Est et jusque dans la politique culturelle européenne[5], pour devenir finalement aujourd'hui un paradigme dominant dans la politique culturelle mondiale. Paris (2007) en donne une définition générique : « Industries (au sens de « secteur » ou « filières ») dans lesquelles le produit final est un objet de création ». Définition extensive du secteur culturel, le modèle des cercles concentriques de l'économiste de la culture australien Throsby (2001), dont s'inspire la dernière définition britannique

4. Les développements de cette section sont extraits et adaptés de Gombault *et al.* (2009).

5. Voir l'agenda européen de la culture adopté à Lisbonne en 2007 faisant de la culture et de la créativité, en rapport direct avec la vie quotidienne des citoyens, d'importants moteurs de développement personnel, de cohésion sociale et de croissance économique. Puis, l'année 2009 a été déclarée par la Commission européenne « année européenne de la créativité et de l'innovation par l'éducation et la culture », en vue de sensibiliser l'opinion publique et de susciter le débat dans les États membres.

officielle (Work Foundation, 2007), permet d'identifier et de classer ces différentes industries créatives en trois grandes catégories[6] :

- les activités de création artistique et culturelle (*core creative fields* ou *core creative arts*), c'est-à-dire les activités créatrices d'où viennent « les idées de création pure ». Ces activités sont définies par leur valeur d'expression (esthétique, spirituelle, sociale, historique, symbolique, authentique). Elles requièrent la protection des droits de leurs auteurs. Cette catégorie inclut les arts visuels, le patrimoine et le spectacle vivant ;
- les industries culturelles, où les idées créatrices sont utilisées et reproduites comme *input* majeur dans le processus de production, par exemple, le cinéma et l'audiovisuel en général, la musique, l'édition, les jeux vidéo, les médias, etc. ;
- les autres industries créatives, où la création est utilisée comme *input* dans le processus de production, sans pour autant constituer le principal ou le seul centre d'intérêt de ces industries : les services créatifs (dont le design, l'architecture, la publicité, les relations publiques, les technologies de l'information et de la communication, l'éducation, la recherche), les industries du goût (dont le luxe, la mode, la gastronomie, les vins et spiritueux), les industries de loisirs et de divertissement (dont le tourisme, l'hôtellerie, le sport, le jouet, les loisirs créatifs, etc.).

Ce modèle s'approche du schéma conceptuel originel de Caves (2000) : la proportion des *inputs* « créatifs » par rapport aux *inputs* « de routine » diminue à mesure que l'on s'éloigne du cœur des activités de la création. Les définitions des industries créatives tendent donc aujourd'hui à s'accorder sur l'idée d'un continuum de la pure créativité artistique à une créativité organisationnelle incluant des *inputs* artistiques. Ce continuum est critiqué par certains chercheurs au motif exact que les deux sortes de créativité étant différentes, le passage de l'une à l'autre serait peu pertinent (Bilton, 2007). Cependant, l'intérêt des industries créatives réside précisément dans ce continuum qui place les arts au centre, tout en les intégrant au reste de l'économie. C'est sans doute la caractéristique centrale du paradigme des industries créatives que de lier les arts et la culture au développement du marché et de la société à l'inverse du paradigme romantique qui les voulait isolés, voire opposés.

6. Santagata (2009) souligne l'importance du contexte socio-économique dans la classification des industries créatives. Une dizaine de classifications existent dans les rapports officiels. Nous retenons ici celle de Throsby (2001), séminale et générique, permettant l'intégration la plus large de toutes les industries créatives.

D'une façon générale, il est plus intéressant de poser la question de la définition des industries créatives en termes de critères distinctifs plutôt que comme une liste d'activités. Caves en définit cinq (encadré 1.4) :

Encadré 1.4 – Les propriétés des industries créatives selon caves (2000)

Nobody knows (anything) **:** l'incertitude de la demande. Cette propriété caractérise et structure l'économie de prototype des industries créatives.
Art for art's sake **:** l'art pour l'art. La création l'emporte sur les motivations extrinsèques.
Motley crew **:** le travail en équipe. La production des industries créatives requiert des compétences diverses.
Infinite variety **:** la fragmentation de l'offre des industries créatives. Les produits artistiques et culturels sont fortement différenciés parce qu'uniques.
A list / B list **:** la non-substituabilité des créateurs. Une petite différence dans les compétences des créateurs et dans leurs talents peut entraîner une grande différence dans le succès financier de ces artistes.
Time flies **:** le temps compte dans les projets créatifs, qui sont complexes et coûteux. Des compétences qualifiées, diverses et disponibles et un bon management d'équipe limitent les coûts de transaction.
Ars Longa **:** la durabilité des biens créatifs. Cette caractéristique requiert leur protection juridique et permet au créateur de percevoir des rentes, difficiles à collecter à contractualiser.

Les produits de création

Avec l'avènement des industries créatives, la création ne recouvre plus seulement les objets de l'art. Les produits de création ont émergé dans la plupart des domaines de la vie économique et sont aussi les objets de l'industrie et du marketing. Des secteurs dits « créatifs » comme la communication, l'éducation, le luxe, la mode, le design, la gastronomie, le tourisme, le sport, les loisirs..., les produisent aussi. Des secteurs industriels plus traditionnels, ce que Throsby (2001) appelle « le reste de l'économie », sont également investis par la création. Ainsi, serions-nous en train de passer de la production industrielle à la production culturelle (Rifkin, 2000). Le créateur jouit désormais d'un prestige important (Garnham, 2005). Le savoir et la créativité sont extrêmement valorisés. Les activités de création artistique seraient même l'expression la plus avancée des nouveaux modes de production (Menger, 2002). Le secteur culturel traditionnel se recentre lui-même sur la création : le nouveau cadre de statistiques culturelles d'Eurostat la place ainsi en son cœur. Il fait apparaître le secteur comme le premier élément de base des activités culturelles, et même le patrimoine ne fait pas exception puisque ses activités dépendent de créations antérieures (Deroin, 2011).

Les économistes, philosophes et sociologues analysent cette esthétisation de l'économie. Les valeurs du monde artistique – originalité, créativité, authenticité, autonomie – se sont démocratisées, éreintant la « critique artiste du capitalisme » (Boltanski, Chiapello, 1999). Assouly (2008) évoque un « capitalisme esthétique » pour désigner la mobilisation industrielle des goûts des consommateurs : l'utilisation d'artifices esthétiques stimule l'affect et le plaisir et permet aux entreprises de différencier leurs produits sur des marchés saturés. Lipovetsky et Serroy (2013) y voient un « capitalisme artiste » qui se caractérise par l'incorporation structurelle du travail esthétique dans l'élaboration des produits de consommation et « artialiserait » le monde, à la manière de la mode, par des tendances accélérées et des modèles sans cesse renouvelés. Phénomène global, il façonnerait d'immenses marchés transesthétiques (objets, films, séries, musiques, vêtements, accessoires, produits cosmétiques...). L'interconnexion des sphères autrefois séparées des arts et du commerce (Caves, 2000) ferait apparaître de nouveaux profils de créateurs : des constructeurs de voitures se déclarant « créateurs d'automobiles », des couturiers relookant la bouteille de Coca. « Fini le monde des grandes oppositions, style/industrie, culture/commerce, création/divertissement, beaux-arts/mode, sport/esthétique : dorénavant tout se croise sous le signe d'une esthétique transversale : tel est le capitalisme artiste ou « transesthétique[7]. »

Industries créatives et développement des territoires

En Amérique du Nord, comme en Europe occidentale ou dans une partie de l'Asie, le développement local durable tend à devenir l'argument premier de l'action culturelle et artistique conduite sur les territoires, sous l'effet conjugué de mouvements de décentralisation des politiques publiques, de désindustrialisation des économies régionales et de décloisonnement des pratiques culturelles des publics. L'intérêt inédit qui a émergé au cours de la dernière décennie à l'égard de cette action artistique et culturelle territorialisée, tant à partir du champ scientifique que politique, s'ancre dans ce nouveau paradigme des industries créatives. Il offre d'intéressantes perspectives d'analyse des effets des arts et de la culture, biens localisés par nature, sur le développement des territoires. Ces effets sont escomptés au-delà de leurs vertus intrinsèques,

7. Interview de Gilles Lipovetsky par Christophe Delcourt pour *La revue du Design*, juillet 2013.

dans leurs dimensions économiques – la culture comme ressource apte à créer l'avantage concurrentiel des territoires – et sociales – la culture comme fonction intégratrice et mobilisatrice au-delà de la primauté de l'économie[8].

Nombre de lieux, de quartiers, de villes, de régions, de pays veulent et sont occupés à devenir des territoires créatifs (Gombault, 2011). Un rapport de la commission sur l'économie de l'immatériel (Lévy, et Jouyet, 2006) analysait déjà que si la France occupe une position relativement forte en matière de créativité, elle n'a pas encore, paradoxalement, pleinement intégré l'immatériel dans ses préoccupations politiques. Même si l'apprentissage progresse[9] grâce des politiques culturelles allant dans ce sens, le constat est encore valable en 2023. L'approche du secteur culturel reste classiquement celui des arts et de la culture, en raison peut-être de son formidable héritage historique en la matière, marqueur de son identité donc, et trop sacré pour être réintégré dans une catégorie plus large, proposant un continuum de la pure création à une production qui ne contient qu'une partie de création. Plusieurs villes en France se sont mieux approprié que d'autres ce nouveau schéma d'analyse : citons Nantes qui manie avec dextérité depuis plusieurs années la culture comme source de cohésion sociale (Le Lieu unique, La Folle Journée de Nantes, Nantes Estuaire, Le Voyage à Nantes...) ; ou encore Lyon dont la communauté urbaine s'est engagée très tôt dans une politique d'industries créatives (clusters créatifs comme le jeu vidéo, le design, le textile, l'habillement, la musique, l'ameublement, la gastronomie ; mise en réseau des acteurs culturels, économiques et technologiques ; équipements rayonnants et rénovés ; événements vecteurs de sens comme la Fête des lumières). La biennale d'art contemporain de Lyon, lancée en 1991 et installée depuis 2003 à la Sucrière, un ancien entrepôt rénové sur les bords de Saône dans le quartier des docks Lyon-Confluences, fait partie de ces dispositifs s'inscrivant dans cette tendance des nouvelles biennales orientées vers les industries créatives, comme celles de Venise, Shangaï, Singapour, Moscou, Istanbul, Goa et bien d'autres créées depuis les années 2000. En pleine évolution, ces manifestations couplent les arts et la culture au développement de leur territoire. Ci-dessous également l'exemple d'une part des capitales européennes de la culture, d'autre part des tiers-lieux qui illustrent bien comment la culture est pensée, produite et diffusée, dans le cadre de cette nouvelle économie (encadré 1.5, encadré 1.6).

8. Les organisations internationales ont bien mis en évidence ces fonctions : les Nations unies et l'Unesco lancent la décennie mondiale du développement culturel à la fin des années 1980 (1988-1997) ; la Commission mondiale de la culture et du développement rédige le rapport « Notre diversité créatrice » ainsi que le Conseil de l'Europe avec le rapport « La culture au cœur ».

9. Comme l'a illustré le colloque « Nouvelles frontières de l'économie de la culture » organisé par le DEPS du ministère de la Culture et de la Communication, les 2 et 3 octobre 2008 au musée du quai Branly.

Encadré 1.5 – Les capitales européennes de la culture, levier de régénération urbaine

En 2023, plus de 60 villes européennes ont été désignées capitale européenne de la culture (CEC) pendant les 30 ans d'un programme suscitant un engouement certaines des villes. À l'époque de son lancement en 1985 à l'initiative des ministres grecque et français de la Culture, Mélina Mercouri et Jack Lang, l'objectif majeur avancé de la désignation d'une ville européenne pour organiser un festival culturel est d'aider les peuples des États membres à se rapprocher. Le programme souhaitait ainsi montrer que l'Europe possède « une culture qui, dans son émergence historique et son développement contemporain, est caractérisée à la fois par sa richesse et sa diversité » (Commission européenne, 1985). La notion de capacité de la culture à agir comme une source de cohésion, ainsi que le rôle distinctif que les villes peuvent jouer en tant que sites d'échanges culturels et d'innovation, étaient déjà fortement soulignés dans les principes fondateurs du programme. Pourtant, les premières capitales européennes de la culture, reconnues comme des centres artistiques et culturels légitimes – Florence 1986, Amsterdam 1987, Berlin 1988, Paris en 1989, Dublin 1991 – se sont peu préoccupées de ces dimensions, présentant plutôt des projets orientés *fine arts*, avec de petits budgets, une planification limitée et une quasi-absence de réflexion sur l'investissement à long terme qu'ils pouvaient représenter. C'est avec la désignation de Glasgow en 1990 qu'un tournant s'opère dans la considération des possibilités de développement offertes par le titre de capitale européenne de la culture. La ville, soutenue par le gouvernement britannique, conçoit le projet comme un moyen de promouvoir sa régénération urbaine, économique et sociale, et la transformation de son image, en associant tous les acteurs, publics et privés. Sur la base de cette expérience réussie, la plupart des villes nommées ensuite sont des centres industriels en déclin, sans réputation culturelle majeure ni reconnaissance internationale : par exemple Anvers 1993, Rotterdam 2001, Lille 2004, Liverpool 2008, Vilnius 2009, Ruhr 2010. La tendance actuelle, commune à toutes les candidatures émanant désormais de tous les types de ville, est de privilégier l'innovation sociale (Gombault, 2014), avec un positionnement de plus en plus multiculturaliste (Donostia-San Sebastián 2016, Aahrus 2017) et maintenant durable, à la fois économique, social et écologique (Marseille Provence 2013, Mons 2015, Oulu, 2026).

Encadré 1.6 – Le boom des tiers-lieux

Lieux alternatifs, ancrés dans les utopies participationnistes et l'animation culturelle des années 1970, ils se sont démultipliés dans les territoires engagés dans des politiques d'économie créative : communautés associées aux mouvements du libre et de l'open source, et à leurs espaces d'élaboration collective (*makerspaces, hackerspaces, Fablabs*, etc.), bibliothèques « troisième lieu » issues des nouvelles réflexions sur le numérique et l'apprentissage, institutions traditionnelles (musées, universités) devenant des hubs participatifs… Les tiers-lieux se caractérisent par cinq items assez larges : l'entrepreneuriat de territoire ; l'expérimentation et l'innovation sociale ; la coopération et la libre contribution ; l'hybridation d'activités ; l'ouverture et la convivialité (rapport 2021 de France Tiers-Lieux). Ils proposent des approches souvent convergentes de la médiation culturelle et de ses modes d'organisation. Selon L'Observatoire (2021), ces lieux « d'animation » plutôt que de « programmation », s'éloignent en effet des approches légitimistes et diffusionnistes de la culture pour travailler avec des communautés inscrites dans un territoire. Facilitateurs d'une participation plus active des usagers, ils s'ouvrent à des pratiques et des disciplines culturelles négligées dans d'autres institutions. Lieux de proximité, ils occupent des fonctions sociales plus larges, qu'ils doivent intégrer. Construits sur des collectifs ouverts, ils questionnent les gouvernances collectives et les coopérations au sein des lieux culturels. Conviviaux et adaptés aux besoins de la société civile, leurs modes d'organisation et leurs espaces sont pensés pour être plus flexibles. Ils mêlent enfin une économie publique (subvention, investissement public), une économie privée (vente de prestations et de services, fonds de dotation, mécénat, partenariat privé) et une économie contributive (contributions non monétisables, apports en temps et en compétences des usagers, *crowdfunding*…). Ces modalités d'organisation et ces pratiques ne sont pas très éloignées en pratique de la révolution libérale de la *start-up* dont les tiers-lieux sont devenus parfois, malgré eux, le symbole archétypal (Bazin, 2018). Elles en partagent l'orientation vers les démarches ascendantes dites *bottom-up*, vers des projets au service d'usagers, vers des modalités de gouvernance ouverte et participative et vers la mise en place d'un process avec un lieu vivant à animer.

Source : Horvarth *et al.* (2023).

Intérêt et limites des industries créatives

Cette nouvelle approche des industries créatives relativise fortement les anciennes critiques romantiques concernant l'instrumentalisation de la culture par l'économie et le marketing, parce que la culture utilise autant le marché comme une ressource que l'inverse (Arnould et Thompson, 2005), et parce que les deux étant inextricables et indissociables, leur opposition ne peut plus faire sens dans ce cadre théorique. De l'art pour l'art à la création en tout et pour tous, ce courant d'analyse des industries créatives confirme dans la culture les processus de désacralisation, de « déhiérarchisation », et de décentration des pratiques des consommateurs et des producteurs… De plus, dans un contexte d'économie de marché où l'autonomie de la création fonctionne difficilement, car il lui faut trouver une demande solvable, les industries créatives, définies comme un ensemble de contrats entre les arts et le commerce, proposent une relégitimation sociétale de l'art et de la culture par la mobilisation de valeurs extrinsèques, économiques, sociales, territoriales (Greffe, 2007 ; Throsby 2012).

Pour autant, des critiques[10] s'accordent aussi majoritairement sur les limites de la surenchère des valeurs extrinsèques de la culture, issue de la popularisation des thèses sur l'économie créative de Richard Florida (2002) et de ses suiveurs, qui tendraient à faire oublier ses valeurs premières, fondamentalement intrinsèques. L'impact économique et social des industries créatives et des processus à l'œuvre est complexe, comme le rappellent les chercheurs du domaine, notamment britanniques, qui étudient particulièrement le sujet aujourd'hui, en raison de la politique mise en œuvre au Royaume-Uni. Ils appellent à la vigilance et stigmatisent le phénomène de « pensée magique » à l'œuvre dans certains territoires, institutions et organisations, qui se sont emparés maladroitement du discours créatif, « nouvel Eldorado », sans distance critique. Ils dénoncent le risque parfois avéré de « rhétorique mensongère » (Belfiore, 2008) des pouvoirs publics, par exemple l'angélisme de la renaissance urbaine faisant l'impasse sur ses possibles externalités négatives (coût, expansionnisme urbain, gentrification, instrumentalisation politique...). Ils s'inquiètent de certaines politiques publiques qui font des artistes et des créateurs en général les ouvriers les plus qualifiés des industries de la création au bénéfice d'autres acteurs (les élus, les chefs d'entreprise, les consommateurs, les citoyens) mais au détriment de leurs intérêts propres, leur autonomie étant réduite (risques d'un pur marketing de la demande) et leurs perspectives d'emploi et de revenus n'étant pas fondamentalement améliorées par une valorisation plus extrinsèque qu'intrinsèque des arts et de la culture (Gombault, Liot *et al.*, 2012) – ce qui revient ici à une mauvaise compréhension et mise en œuvre de la nouvelle économie de la culture réconciliant, à l'inverse, le secteur artistique et culturel avec celui de l'économie.

Les gestionnaires de la culture rappellent sans cesse les spécificités stratégiques et organisationnelles de la création de valeur par la culture, qui reposent fondamentalement sur une économie prototypique de l'offre des créateurs (Caves, 2000), mais qui se construisent aussi, par les créatifs, pendant la création tout au long de la chaîne amenant le produit au consommateur (Becker, 1982 ; Paris, 2007). Autrement dit, en termes économiques et stratégiques, il ne peut y avoir de valeurs extrinsèques sans valeurs intrinsèques, et vice versa (Greffe, 2007 ; Paris, 2007).

Cette première section a montré la complexité du secteur culturel qui apparaît traditionnellement à travers la diversité de ses activités, de ses produits et des organisations. Elle est aujourd'hui renforcée par l'intégration progressive de la culture dans le champ plus large des industries créatives, qui l'aborde dans son lien au marché et à la société, comme un vecteur de développement économique et social des territoires.

10. Pour une synthèse, voir Gombault, 2011.

LES SPÉCIFICITÉS DES BIENS ET SERVICES DANS LE SECTEUR DES ARTS ET DE LA CULTURE

L'offre d'une organisation culturelle émane de la création artistique ou plus largement d'artefacts culturels au sens anthropologique du terme. Face à la difficulté de délimitation du champ culturel, les gestionnaires définissent ce dernier par des propriétés qui relèvent des spécificités du produit culturel influençant largement la nature des organisations culturelles et leur marketing.

De la création artistique au consommateur

L'artiste et les mondes de l'art, incluant le consommateur, constituent les éléments d'un véritable processus allant de la création artistique au consommateur final (tableau 1.1). Le rôle de chacun peut s'énoncer ainsi : l'artiste produit un artefact, le monde de l'art classe cet artefact dans la catégorie des œuvres d'art, et le consommateur réagit à cette œuvre d'art de façon évaluative à travers des réponses se fondant sur des valeurs utilitaires et esthétiques (Holbrook et Zirlin, 1985).

Tableau 1.1 – De la création artistique au consommateur

ÉTAPES DU PROCESSUS	AGENTS	CARACTÉRISTIQUES	DIMENSIONS CLÉS
1. Création artistique	Artiste	Artiste *versus* artisan	Culture élitiste/populaire
2. Œuvre d'art	Monde de l'art	Conditions institutionnelles	Orientation consommateur/produit
3. Appréciation ou perception artistique	Consommateur	Esthétique *versus* valeur utilitaire	Expérience hédoniste/profonde

Source : adapté d'un tableau de Holbrook et Zirlin (1985).

La création artistique couvre une dimension allant de la culture populaire à la culture élitiste, avec des graduations possibles entre ces deux pôles. L'œuvre d'art, au sein du contexte institutionnel du marketing à but commercial ou non lucratif, peut se trouver orientée vers le consommateur ou vers le produit lui-même. L'appréciation artistique concerne un continuum allant du simple plaisir hédoniste à une expérience profonde vécue par le consommateur.

L'intention artistique

Les Grecs ne différenciaient pas l'art de l'artisanat, utilisant le terme *techné* (art, artisanat, talent) pour désigner l'un ou l'autre. La frontière entre l'artisan et l'artiste est étroite (Moulin, 1983). Au Moyen Âge, l'artiste était un artisan avant d'être un artiste et définissait son travail comme un savoir-faire. Plus tard, les artistes, s'ils se reconnaissaient une vocation plutôt qu'une profession, se définissaient comme artistes à partir d'un savoir-faire déclaré et d'une maîtrise de leur art. Au XXe siècle, l'artiste s'est progressivement « déprofessionnalisé ». Le XXIe siècle semble annoncer une « reprofessionnalisation » à la fois par un retour à l'artisanat et par le développement des nouvelles technologies. Cependant, l'artiste va au-delà de la stricte application du savoir-faire technique et de l'habileté Contrairement à l'artisanat, l'activité artistique est essentiellement « inutile » (Kant, 1790). Le fait que la création artistique ait pour résultat un produit classé comme œuvre d'art, puis admiré, apprécié et expérimenté, n'a aucune importance sur le plan conceptuel. C'est l'intention de l'artiste qui importe.

Le tableau 1.2 présente une typologie des intentions artistiques.

Tableau 1.2 – Une typologie des intentions dans la création artistique

OBJECTIF DE LA CRÉATION ARTISTIQUE / CONTENU DE L'ACTIVITÉ ARTISTIQUE	INSTRUMENTAL	LUDIQUE
Intellectuel	Instruction	Imitation
Émotionnel	Persuasion	Expression

Source : Holbrook et Zirlin (1985).

Ce tableau conserve la distinction entre les deux aspects de l'activité mentale : intellectuel ou émotionnel. En particulier, il est possible d'utiliser le terme intellectuel afin de se référer à des processus de pensée cognitifs, logiques et rationnels. Le terme émotionnel désignera les aspects du domaine mental plus affectifs, subjectifs, fondés sur les sentiments.

La différenciation « objectif instrumental ou ludique » se rapproche de la distinction que fait Berlyne (1969) quand il différencie la notion de motivations extrinsèque de celle de motivation intrinsèque. L'activité artistique instrumentale poursuit une fin, un but ou un objectif externe, contrairement à l'activité artistique ludique qui est effectuée pour elle-même, sans considération aucune des résultats pratiques qu'elle pourrait avoir. Ce tableau est utile pour conduire, en réponse aux intentions artistiques, à une typologie des comportements individuels de consommation culturelle. Il peut en effet aider à segmenter les publics en fonction de leurs attentes et de leurs réponses fonctionnelles, esthétiques, hédonistes et symboliques par rapport à l'offre culturelle proposée.

Cependant, la définition de « l'artiste entrepreneur » s'est imposée au cours du temps (Bourgeon-Renault et Paris, 2021). Qu'elle soit individuelle ou collective, l'activité artistique repose sur une prise de risque, présente à différentes phases d'un projet artistique, qui concernent l'innovation ou l'expérimentation, la production ou la diffusion, ce qui implique l'émergence de fonctions entrepreneuriales assumées par l'artiste tel un chef d'entreprise. Depuis plusieurs années, l'artiste ne se caractérise pas seulement par des compétences d'innovation, de créativité artistique et de gestion du risque, mais il doit faire preuve de capacités à la fois pour obtenir des financements, gérer des équipes (management de projet), et pour définir un positionnement de son organisation et attirer des publics (marketing). Il exerce son activité en lien avec des marchés à travers une réponse aux publics, une recherche de ressources financières et parfois l'emploi de salariés (Burkhardt *et al.*, 2017, 2018). Il est aussi bricoleur, lorsqu'il compose sa création, par exemple un spectacle, avec les « moyens du bord » (Chang et Wyszomirski, 2015), ou lorsqu'il adopte un régime d'action « *do it yourself* » empreint d'une logique expérimentale (Hein, 2016). Cette évolution du profil de l'artiste a été confirmée dans les travaux de Marchesnay (2014) qui définit trois catégories de compétences exprimées par l'artiste : « entrepreneurship, leadership et craftsmanship ». D'autres auteurs (Chapain *et al.*, 2018) évoquent différentes dimensions de l'artiste-entrepreneur : artiste, travailleur indépendant, dirigeant d'une *start-up*, d'une association ou d'une structure institutionnalisée (théâtre, opéra…).

La nature d'une œuvre d'art

Qu'est-ce qu'une œuvre d'art ? Les réponses à cette question soulèvent de nombreux débats ontologiques[11], philosophiques et historiques[12] (encadré 1.7),

11. Posant la question de la nature de l'art comme activité humaine.

12. Pour une synthèse sur le sujet, voir le chapitre de Greffe (2007) sur l'invention de l'art.

que nous n'aborderons pas, pour leur préférer ici une approche sociologique. Nous pouvons adopter la définition selon laquelle : « Une œuvre d'art, au sens classificatoire, est un artefact dont un ensemble d'aspects a fait que lui a été conféré le statut de "candidat à l'appréciation" par une ou plusieurs personnes agissant au nom d'une certaine institution sociale (le monde de l'art). » (Dickie, 1974, 34.) Par « monde de l'art », il faut entendre l'ensemble des acteurs réunis autour de certaines pratiques établies (régies par des conventions) incluant des artistes comme des producteurs, des directeurs, des critiques, des historiens, des amateurs, des spectateurs… L'œuvre d'art est donc définie ici par le monde de l'art qui s'organise autour d'elle (Becker, 1982 ; Benghozi et Paris, 2013).

Encadré 1.7 – De *Fountain* de Marcel Duchamp à l'art contemporain du XXIe siècle

Sous le pseudonyme de Richard Mutt (nom d'un fabricant new-yorkais d'articles sanitaires), Marcel Duchamp proposa, à une exposition libre de sculpture à New York en 1917, un urinoir intitulé *Fountain* et présenté renversé. L'objet fut finalement dissimulé par les membres du jury, derrière une cloison pendant la durée de l'exposition. Cette expérimentation de l'art moderne à travers l'œuvre la plus commentée du siècle, a ouvert la voie à l'art contemporain, pensé comme une volonté de rupture avec le système de représentation artistique instauré depuis la Renaissance. La définition de l'œuvre d'art s'en trouva bouleversée : processus artistique déconnecté de la fabrication, critère de présentation et non plus de forme, réfutation de l'idée de qualité essentielle de l'œuvre, questionnement de la frontière entre l'objet artistique et l'objet industriel, critique du marché de l'art.

Un siècle plus tard, l'art contemporain bat son plein. Né après la Seconde Guerre mondiale, il a connu bien des courants (*pop art*, *street art* ou art graffiti, art audiovisuel, art numérique…). L'art contemporain rassemble la production artistique actuelle qui revendique une avancée dans la progression des avant-gardes. Revendiquant la fin de la recherche de la spécificité d'un seul médium, il est produit par divers médiums dont de nouvelles formes esthétiques parfois radicales comme le minimalisme, l'art conceptuel, l'art corporel, la performance, l'installation… Effet de la globalisation, les années 1990 voient exploser les prix et « financiariser » le marché, institutionnaliser et médiatiser les expositions spectaculaires (comme au château de Versailles), émerger un art contemporain non occidental, venu d'Asie, d'Afrique, d'Amérique latine… Longtemps et encore souvent incompris, toujours sujet à querelle, l'art contemporain n'a paradoxalement jamais été aussi à la mode. Dans une société et une économie de plus en plus esthétisée, « l'Art à l'état gazeux » (Michaud, 2003) est partout dans la vie quotidienne. L'évolution de la définition de l'œuvre d'art et ce triomphe de l'esthétique ont profondément modifié les réseaux de production et de médiation des mondes de l'art. Plus qu'un « genre » artistique, Heinich (2014) analyse que l'art contemporain fonctionnerait comme un nouveau paradigme, une structuration générale des conceptions admises à un temps donné.

Un art phygital

Depuis les années 1990, la composante technologique s'accélère avec la grande révolution du numérique offrant de nouvelles techniques de création comme la vidéo, la manipulation de photos ou de vidéos, la peinture et le dessin numérique, l'animation 2 et 3D et les graphiques animés (*motion graphic*), l'art vectoriel, l'impression et la modélisation 3D, la réalité virtuelle et augmentée, l'intelligence artificielle, les NFT (*non-fungible token*) permettant de monétiser les œuvres et les images de synthèse avec la technologie CGI (*computer generated imagery*) utilisée par exemple dans *Avatar* et développée dans *Avatar : la Voie de l'eau*. Toutes ces technologies numériques de l'image en général et du son, et enfin l'évolution du Web et des réseaux sociaux dans leur ensemble jusqu'au métavers offrent une expérience immersive connectée à ses utilisateurs.

Encadré 1.8 – Beeple : l'art contemporain à l'ère numérique

Le 1er mai 2007, l'artiste Beeple (Mike Winkelmann) met en ligne une œuvre d'art numérique. Il complète cette œuvre originelle et publie chaque jour pendant 13 ans et demi (5 000 jours) une nouvelle image numérique. Ces pièces individuelles ont été réunies, en 2021, dans une œuvre unique nommée *Tous les jours : les 5 000 premiers jours* ou *Everydays : the first 5 000 days*, œuvre unique dans l'histoire de l'art numérique. Le collage numérique monumental a été offert par Christie's en tant que vente d'un lot. Christie's est la première grande maison de vente aux enchères à proposer une œuvre purement numérique avec un NFT[13] unique (en tant que garantie de son authenticité) et à accepter la cryptomonnaie, en l'occurrence l'Éther, en plus des formes standard de paiement pour le lot singulier.

Dans toutes les disciplines, arts visuels, patrimoine, spectacle vivant et industries culturelles, l'art relie aujourd'hui le réel et le virtuel : il se phygitalise. Un exemple de cette évolution est donné à travers la soirée-concert événement de Michel Polnareff, produit par DMSL TV et diffusé sur France 2 le 10 août 2023 : l'artiste chante en duo avec son *deepfake hologram* et il est bien présent, en chair et en os, avec son œuvre pop, culte et vintage, mais il revisite son œuvre grâce à cette technologie innovante, le tout diffusé en multimédia. Apparue dans les années 2010, cette phygitalisation démultiplie les possibilités de création et d'expérimentation artistique mais aussi d'accessibilité à l'œuvre d'art.

13. Voir chapitre 6 sur l'impact des NFT.

En effet, loin des inquiétudes de Walter Benjamin (1939) concernant l'impact de la technologie sur l'essence de l'art et son aura, un mouvement profond de transformation numérique de l'art est lancé, qui augmente la puissance des œuvres d'une autre façon. Ces dernières sont devenues bien davantage que des représentations du réel *hic et nunc*, elles deviennent des processus et des relations produits par des dispositifs multimodaux et interactifs.

Quelles sont les caractéristiques des produits dans le secteur des arts et de la culture ?

Qu'il intègre ou non du travail artistique et/ou de la création dans son processus de production, le produit culturel présente des spécificités (figure 1.1) : complexité, unicité, durabilité, producteur de symbolisme, vecteur d'hédonisme et d'esthétisme, temporalité particulière.

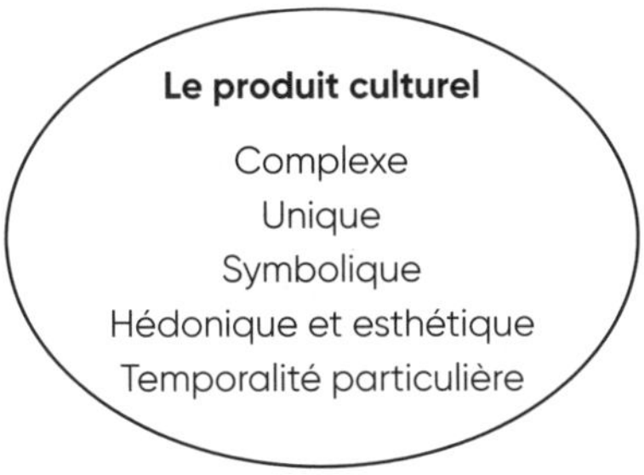

Figure 1.1 – *Les caractéristiques du produit culturel*

La complexité du produit culturel

La complexité des produits culturels réside d'abord dans leur diversité. Les biens et services culturels forment, en effet, un ensemble plutôt hétérogène et connaissent des modifications permanentes, en raison de l'apparition fréquente de nouveaux produits. La démarche artistique des créateurs – et plus généralement celle des organisations culturelles – peut expliquer ce phénomène car les acteurs du champ culturel obéissent à des objectifs très différents : certains artistes créent pour eux-mêmes, d'autres ciblent davantage leurs pairs ou un public le plus large possible.

La complexité du produit culturel vient ensuite de sa faible fonctionnalité : sa valeur est avant tout intrinsèque et réside dans son contenu. Cette valeur repose sur des dimensions symboliques, hédonistes et esthétiques. Le produit culturel est défini par un fort degré d'abstraction : en conséquence, au-delà d'un certain mode d'utilisation, les potentialités de production de sens par le consommateur demeurent multiples.

Enfin, le produit culturel apparaît complexe et multifacette car il exige souvent du consommateur des connaissances particulières et son apprentissage repose sur l'acquisition de codes culturels.

Il répond également à des motivations très variées et contradictoires. Il peut être consommé pour lui-même, ayant comme unique objectif la recherche de plaisir, de sensations et d'émotions. Mais, il peut être aussi perçu de façon utilitaire comme un moyen ou un outil. Son importante valeur symbolique coïncide parfois avec des motivations extrinsèques : par exemple, communiquer avec l'entourage ou établir un lien social avec les autres (amis, membres de la famille…) lors d'une sortie culturelle.

L'unicité du produit culturel

Depuis la Renaissance où le champ culturel a gagné son autonomie et où l'artiste a acquis un véritable statut, on reconnaît un caractère d'unicité à la création artistique (Herscovici, 1994). La création n'est pas qu'une simple exécution, mais un processus spontané difficilement explicable. Le produit culturel qui naît de cette création, original et inédit, est qualifié de « prototype ». En conséquence, un produit culturel n'est pas reproductible à l'identique. Par exemple, deux représentations d'un même spectacle avec le même distributeur sont certes comparables, mais non équivalentes d'un point de vue artistique. De plus, un individu peut voir deux fois le même spectacle et assister à une représentation différente, à chaque fois. Dit « volatil », le spectacle vivant peut être diversifié indéfiniment. De même, l'œuvre originale reste unique même si la diffusion du produit culturel fait appel à des techniques modernes de reproduction (fabrication massive selon des procédés industriels) et même s'il peut également être diffusé sur différents supports physiques. Ainsi, dans les industries culturelles, la production en série ne la remet pas en cause.

Le caractère d'unicité du produit culturel transforme donc le secteur des arts et de la culture en marché à haut risque, faisant du produit culturel une innovation dont le résultat est difficile à anticiper, en raison d'un comportement du consommateur bien différent de celui que l'on peut rencontrer dans le domaine des produits de grande consommation. Cette incertitude pèse sur la prise de décision des professionnels et sur leurs choix stratégiques (Caves, 2000).

Il est intéressant d'observer que ce caractère d'unicité tend à être interrogé par l'évolution des normes de la création. Les artistes contemporains tendent à défendre l'idée d'œuvres ouvertes, dont ils ne définissent pas plus les auteurs que les publics qui les reçoivent. Sarkis, par exemple, cherche des interprètes de son œuvre.

Le symbolisme du produit culturel

La valeur du produit culturel est fortement symbolique, de deux façons. D'abord, établi par l'artiste ou par l'artisan, le produit culturel possède de ce fait une valeur symbolique esthétique intrinsèque. Il ne peut être appréhendé à travers des composantes strictement cognitives et exige une prise en compte de l'affect (Bourgeon, 1994). Ensuite, le produit culturel est un symbole de statut (Kelly, 1987), c'est-à-dire un objet ou une expérience, requérant tant pour sa création que son appréciation, un savoir qui n'est pas accessible immédiatement et facilement (Bourdieu, 1979). De plus, n'ayant pas de significations fonctionnelles et pratiques, il appelle beaucoup plus facilement que d'autres biens à l'investissement de significations symboliques de la part des individus (Baudrillard, 1979). « De tels biens [...] sont consommés pour ce qu'ils disent à propos de leurs consommateurs, à ces consommateurs et aux autres, en tant qu'éléments de la production des relations sociales et des identités » (DiMaggio, 1991, 133). Fondé sur la notion de « distinction », le modèle de Bourdieu (1979), largement diffusé dans le champ culturel, met en évidence que la consommation de biens culturels est en interdépendance avec le capital économique (revenu), le capital culturel (éducation et familiarité avec les œuvres) et le capital social (réseau de relations personnelles) détenus par les individus. Les produits culturels existent principalement en tant que symboles et émettent des signes dont la combinaison peut aboutir à la constitution d'un code social. La consommation culturelle s'articule ainsi au sein des différentes classes et entre ces classes (« bourgeoisie dominante », c'est-à-dire les classes supérieures consommatrices de culture légitime et notamment les professions intellectuelles recherchant la distinction, « bourgeoisie dominée » imitant les classes supérieures sans en maîtriser les codes, classes populaires habitées par « le souci du nécessaire »...).

Rechercher le sens procuré par le produit culturel revient à proposer des cadres d'analyse en fonction des différentes perceptions qu'a le consommateur de l'œuvre d'art ou d'une manifestation artistique. Baudrillard (1979) analyse ainsi la dimension symbolique du produit culturel par une approche sémiologique. Il critique la conception classique des besoins et envisage l'acte de consommation comme un acte relevant d'un système de signes s'intégrant à la vie sociale. Il considère le processus de consommation, d'une part comme un « processus de signification et de consommation » et, d'autre part, comme un « processus de signification et de différenciation sociale ». Selon lui, le mode de consommation est déterminé par le groupe social d'appartenance et se traduit par un système de signe-objet. Il distingue la logique de la consommation qui est une logique de la valeur-signe (de la différence ou du statut) de plusieurs autres logiques : une logique fonctionnelle de la valeur d'usage, une logique économique de la valeur d'échange, une logique de l'échange symbolique (logique de l'ambivalence ou du don). Ainsi, pour Baudrillard (1970) « on ne consomme jamais l'objet en soi (dans sa valeur d'usage), on manipule toujours les objets (au sens le plus large) comme signes qui vous distinguent soit en vous affiliant à votre groupe pris comme référence idéale, soit en vous démarquant de votre groupe par référence à un groupe de statut supérieur ». Au rapport valeur d'usage/valeur d'échange, se substitue le rapport valeur signe/valeur d'échange symbolique correspondant à la relation « signifiant/signifié » de l'objet de consommation.

Cependant, le symbolisme et l'esthétisme de l'objet culturel à travers le rapport « signifiant/signifié » peuvent poser un problème. Comme Paul Ardenne l'a montré dans son ouvrage *Extrême : esthétiques de la limite dépassée* (Paris, Flammarion, 2006), la société contemporaine occidentale s'est aussi intéressée aux scènes d'art extrême qui transgresse les codes de l'art traditionnel, comme les créations par exemple du Groupe Cadavre, un courant d'art contemporain chinois. Les images « choc », devenues objets esthétiques, sur la mort, la maladie, le sexe, la guerre, la politique ou d'autres réalités sociales se multiplient : il faut aller plus loin et repousser la limite. L'exposition « Exposé.es » (2023) du Palais de Tokyo, réunissant une quarantaine d'artistes et de collectifs inspirés par le sida, s'inscrit dans cette tendance de l'art contemporain. Plus récemment, avec l'intelligence artificielle, la fiction n'est plus différenciée du réel. Or cette évolution soulève un questionnement : existe-t-il des limites du présentable dans l'art ? Sous quelles conditions ? Quelles sont les contraintes de la notion d'autonomie de l'art ? Ces questions révèlent également les réflexions du milieu artistique occidental depuis les dernières dizaines d'années, concernant la notion d'art et le rôle de l'anthropologie dans l'histoire de l'art.

L'hédonisme et l'esthétisme du produit culturel

La motivation de consommation de l'objet culturel est en grande partie intrinsèque. Les produits culturels s'opposent en cela aux produits de grande consommation dont le but principal est de remplir des fonctions utilitaires et matérielles. Un produit culturel est principalement apprécié pour lui-même, en particulier pour le plaisir qu'il procure et pour sa dimension esthétique. La consommation culturelle est une « consommation hédoniste » (Hirschman et Holbrook, 1982) qui désigne les facettes du comportement du consommateur se rapportant aux aspects multisensoriels, émotionnels et imaginaires de l'expérience avec les produits. Le résultat de la consommation peut suivre un continuum : « Il peut aller du simple plaisir à des sentiments beaucoup plus élevés comparables à la transcendance et à l'extase. » (Holbrook, 1986.)

L'attention portée à l'œuvre d'art, qui correspond à la perception esthétique, est nécessaire, mais non suffisante. En effet, pour pouvoir être qualifiée d'esthétique, une relation doit comporter une attention et une appréciation (Genette, 1997). Cette appréciation purement subjective et temporaire s'exprime sous la forme d'un jugement : c'est beau ou c'est laid. Or, en marketing, nous ne parlons pas de jugement, mais de valeur. La valeur esthétique dépend de l'attention portée à l'objet culturel lui-même, l'expérience vécue étant appréciée pour elle-même. C'est ainsi que dans la perception esthétique, le produit culturel n'accomplit aucune fonction utile, à part fournir l'expérience esthétique elle-même. Cette expérience est motivée principalement intrinsèquement et produit une valeur endogène qui est recherchée par le consommateur pour elle-même. La valeur intrinsèque d'un produit culturel pour le consommateur tient à la réaction subjective qu'il suscite, sans que soit considérée son utilité à accomplir une fonction extrinsèque. L'expérience esthétique a donc sa propre fin en soi (Hirschman, 1983 ; Holbrook et Zirlin, 1985) : elle se justifie d'elle-même et par elle-même. Elle recèle une valeur intrinsèque et génère sa propre valeur.

La temporalité particulière du produit culturel

Le produit culturel se caractérise par un rapport au temps particulier. Il peut être autant exceptionnellement durable qu'éphémère, et il est par nature chronophage autant dans sa production que dans sa consommation.

L'art éphémère témoigne de la problématique du temps dans la création artistique. Même s'il n'existe pas de courant dénommé « art éphémère », il est possible d'observer que certains auteurs peuvent anticiper la destruction de leurs œuvres. Dès le début du XXe siècle, le courant Dada et les activités du Cabaret Voltaire ont confirmé la levée de la pérennité en tant que dimension d'une œuvre dans les arts occidentaux. D'autres exemples peuvent illustrer la réalisation d'œuvres éphémères : graffiti dans l'espace public, paysages de Buren, sculpture en cire d'Urs Ficher… Citons également les cas des adeptes du *dishu* qui écrivent sur le sol des calligraphies à l'eau disparaissant assez rapidement par évaporation. D'une façon générale, ces créations artistiques accompagnent un événement, à un instant bien identifié, et certaines d'entre elles peuvent être créées à partir de matières appelées à se détériorer.

Plus largement, c'est aujourd'hui la question de la durabilité de l'art qui s'impose de façon majeure. La création privilégie un art produit en tenant compte de son impact sur la nature, la société, l'économie (Fowkes, 2012). Différents courants, comme l'art environnemental ou l'art écologique, se développent. L'excellent MOOC gratuit « Art et écologie » du Centre Pompidou présente les différentes pratiques écologiques des artistes des années 1960 à nos jours. La crise du Covid-19 a accéléré cette conscientisation de la nécessité d'œuvres plus durables dans tous les secteurs de la création (arts visuels, spectacle vivant, patrimoine, industries culturelles) travaillant aujourd'hui à améliorer leurs pratiques.

La valeur de l'objet d'art peut fluctuer dans le temps au gré de l'évolution des goûts et des modes. De nombreux produits culturels cherchent à s'inscrire dans le temps. Cette propriété patrimoniale ou « durabilité » du produit culturel apparaît comme essentielle. Elle peut donc traverser le temps et être appréciée longtemps après sa création, malgré les changements de goût du public. Une œuvre artistique peut donc être diffusée de manière atemporelle, comme une sculpture exposée dans un musée. Elle peut également connaître plusieurs vies si elle est relancée. Même les œuvres qui n'existent que le temps de la performance de l'artiste (*happenings*, installations), une caractéristique de l'art contemporain, peuvent être enregistrées et rediffusées. En conséquence, le concept de cycle de vie, utilisé traditionnellement en marketing, peut perdre tout son sens dans le domaine culturel.

Dans le champ culturel, il n'existe pas vraiment de comportement de fidélité à un produit. Il est possible d'envisager une fidélité à un créateur, à un interprète ou à un lieu culturel. Un consommateur peut être, par exemple, fidèle à la programmation d'une institution culturelle à travers l'abonnement. Mais, lorsqu'il achète un billet de spectacle, il fait l'acquisition d'un produit nouveau. De ce fait, dans le domaine des industries culturelles principalement, pour satisfaire le consommateur, le marché se renouvelle en permanence, à un rythme extrêmement soutenu. Par exemple, sept à huit films sortent en moyenne chaque semaine dans les salles de cinéma. Certains produits ont une durée de vie très courte. Le temps moyen d'exploitation d'un film au cinéma est de quatre semaines environ (même si ce film repasse sur les écrans plus tard) ou encore, la durée de vie d'un disque à succès est de trois à six mois. La cyberculture accélère encore le mouvement en faisant apparaître une profusion d'œuvres copiables, diffusables et transformables. Ce renouvellement permanent des produits culturels est issu de l'industrialisation et de la « marchandisation » de la culture, qui en ont fait des objets de consommation de masse, de plus en plus banalisée. Le phénomène est aussi identifiable dans le spectacle vivant ou le patrimoine, où une offre exponentielle renforce la compétition entre les produits, raccourcit leur temps de programmation et paradoxalement conduit à augmenter davantage l'offre : citons les festivals ou les expositions par exemple. Les entreprises culturelles limitent les risques inhérents à leurs activités par des stratégies de portefeuilles : le nombre élevé de productions permet d'offrir les quelques grands succès qui compenseront les nombreux échecs.

Ensuite, le produit culturel correspond à un acte « chronophage ». Même si le mythe romantique du génie artistique reste vivace, les artistes les plus doués confessent un temps de travail plus ou moins long, suivant la nature de l'œuvre. Il faut du temps à celui qui « est capable d'aller chercher et de faire surgir du fond d'un bloc de marbre la sculpture qui y est cachée », comme disait Michel-Ange.

Le produit culturel est aussi chronophage pour le consommateur : du fait de la simultanéité de la production et de la consommation, le consommateur doit prendre sur son temps libre pour « consommer » un objet culturel ou vivre une expérience lors d'une manifestation culturelle.

La consommation culturelle correspond à du temps hors travail. L'individu n'achète pas seulement un bien ou un service culturel, mais investit du temps. La théorie économique traditionnelle suppose que l'individu maximise sa satisfaction, par la consommation de biens ou de services, qui exige un revenu monétaire, reçu en échange d'un temps de travail. Dans un tel contexte, le « temps obligatoire » (temps de travail par nécessité économique) est opposé au « temps discrétionnaire » (hors temps de travail consacré au repos, au travail domestique ou aux loisirs) sur lequel les organisations culturelles focalisent.

CONCLUSION

Le produit culturel (bien ou service) peut être défini comme :

- étant le résultat d'une activité de création issue de l'un des domaines du secteur culturel (arts visuels, patrimoine, spectacle vivant, industries culturelles comme l'édition, la musique, le cinéma ou les jeux vidéo, autres industries créatives...) ;
- identifié par un cycle de production intégrant, plus ou moins, un travail artistique et par un processus de diffusion spécifique.

Il présente des propriétés caractéristiques qui font sa spécificité : il est complexe à plusieurs titres, notamment parce qu'il est intangible et peu fonctionnel ; il est unique, à forte valeur symbolique, vecteur d'hédonisme et d'esthétisme, et enfin il s'inscrit dans une temporalité particulière, à la fois durable, éphémère et chronophage.

La complexité propre des produits culturels est renforcée par leur perpétuelle évolution aussi bien au niveau de l'offre que de la demande. La mondialisation, d'une part, le développement extraordinaire des technologies numériques, d'autre part, entraînent une diversification des activités du secteur culturel et leur interdépendance croissante avec le reste de l'économie et de la société. Dans ce contexte, la question du marketing de ces biens et services devient inéluctable.

CHAPITRE 2

Le marketing stratégique des organisations culturelles

Par Stéphane Debenedetti et Anne Gombault

INTRODUCTION

Si les pratiques marketing varient selon les secteurs de la culture et le type d'organisation concernés, le marketing des arts et de la culture présente cependant un certain nombre de caractéristiques communes qui permettent d'en définir les singularités. Ce chapitre se divise en trois parties : nous mettons tout d'abord en avant la nécessaire dimension stratégique du marketing culturel, nous présentons ensuite *in extenso* les leviers d'action permettant de mettre en œuvre la stratégie ; enfin nous soulignons quelques défis essentiels du marketing actuel des arts et de la culture.

LE MARKETING DES ARTS ET DE LA CULTURE, UNE FONCTION STRATÉGIQUE

Le « marketing des arts et de la culture » est souvent perçu comme un concept ambigu et polysémique (Colbert, 2017 ; Fillis, 2011 ; Lee et Lee, 2017 ; Walmsey, 2019). Mal connu, fréquemment assimilé à la seule communication ou à la vente, réduit à une panoplie d'outils à actionner, le marketing peine à s'imposer dans sa dimension stratégique, dans la plupart des organisations culturelles. L'objet de cette partie sera donc de développer un cadre d'analyse intégrateur du marketing dans les organisations culturelles, en replaçant les acteurs et outils du marketing au sein d'une démarche stratégique globale.

Les fondements du marketing des arts et de la culture

Pour rappel, nous définissons le marketing des arts et de la culture comme la démarche stratégique par laquelle une organisation culturelle cherche à susciter chez ses publics des attitudes et comportements favorables à la réalisation de ses missions artistiques, sociales et/ou financières. Éclairé par la connaissance de ses cibles au moyen des études de publics, le marketing s'appuie simultanément, et de manière complémentaire, sur des outils transactionnels (pour recruter et diversifier), relationnels (engager à long terme) et expérientiels (concevoir des expériences riches et mémorables).

Avant de détailler les différentes étapes de la stratégie marketing, nous discutons ici de quatre dimensions essentielles du marketing des arts et de la culture : son rôle au service des *missions et objectifs* de l'organisation, la variété des *publics* auxquels il s'adresse, la pluralité des *acteurs du marketing* dans et hors de l'organisation et enfin la logique classique du « *marketing de l'offre* » qui doit cependant prendre en compte la demande.

Le marketing, au service des missions et objectifs de l'organisation culturelle

En tant que fonction de gestion de l'organisation, le marketing n'agit pas pour son propre compte : il est au service des missions de l'organisation. Dans les organisations artistiques et culturelles, les missions sont multiples et s'inscrivent le plus souvent dans trois registres :

- **dans le registre artistique et culturel,** les missions premières concernent les artefacts culturels, en termes de création, production, conservation ou étude, assortis d'objectifs qualitatifs fréquents de qualité et de réputation ;
- **dans le registre social,** on trouve le plus souvent une triple mission d'éducation (favoriser la découverte, l'apprentissage et l'appréciation esthétique), d'accessibilité (ouvrir l'accès au plus grand nombre en travaillant les conditions matérielles et psychologiques de l'expérience culturelle) et de participation du public à la vie de l'organisation ;
- **dans le registre financier,** les objectifs des organisations subventionnées concernent essentiellement l'atteinte d'un certain niveau d'autofinancement (lié au développement de « ressources propres »), alors les organisations non subventionnées visent la rentabilité ou la maximisation du profit.

La performance de l'organisation culturelle doit être comprise et évaluée à l'aune des différentes missions qui sont les siennes, opérationnalisées sous la forme d'objectifs quantitatifs et qualitatifs. La définition et la hiérarchisation des missions prioritaires et des objectifs afférents sont l'objet de tensions et conflits potentiels au sein des différentes composantes de l'organisation. Le marketing, dont la spécificité à l'égard des autres fonctions de gestion est sa focalisation sur la *relation aux publics*, participe, dans sa triple dimension transactionnelle, relationnelle et expérientielle, à la réalisation de ces missions et à l'amélioration de la performance organisationnelle globale. S'il contribue d'abord aux missions sociale et financière, le marketing peut également impacter la performance artistique et culturelle : directement lorsque, par exemple, le public est invité à s'engager dans une démarche de création participative ; indirectement, via les ressources propres générées et investies dans le projet artistique.

La relation aux publics

Sans vouloir entrer ici dans un débat autour du marketing comme dispositif de cadrage, de captation ou de contrôle des consommateurs (Bourgne, 2013), on se contentera de relever que le marketing est un processus d'influence sociale : il vise à inciter certaines personnes – les publics – à adopter certains comportements (venir, acheter, participer...) qu'ils n'adopteraient pas spontanément, favorisant ainsi la réalisation des missions de l'organisation. Dans le secteur culturel, on distingue couramment les publics professionnels des publics dits « finaux ».

Parmi les publics professionnels, on rencontre :

- **les financeurs publics et privés** (organes des tutelles nationales, régionales et locales, mécènes et sponsors, investisseurs) ;
- **les intermédiaires culturels** (Lizé *et al.*, 2011), officiant entre les pôles de la création et de la consommation (programmateurs, distributeurs, vendeurs, salles, plateformes numériques, médias, influenceurs, offices de tourisme, associations, écoles...), et jouant souvent le rôle fondamental de *gatekeepers*, facilitant ou freinant l'accès des productions culturelles au public final ;
- **les pairs et partenaires culturels** (autres organisations culturelles, artistes et apporteurs de projets...) ;
- **les autres partenaires** (fournisseurs divers).

Chaque public professionnel constitue un réseau en soi à intégrer et cultiver. L'identification des acteurs clés du réseau et de leur rôle, des relations qu'ils nouent, de la structure réticulaire elle-même et de son mode de régulation, est cruciale pour susciter efficacement les comportements attendus et en tirer des ressources stratégiques : financement, prescription et communication, collaboration (partenariat, coproduction, acquisitions de nouveaux talents...).

Aux publics professionnels s'ajoute bien sûr le public final, appelé simplement « le public ». Les attitudes et comportements que l'organisation culturelle vise à développer chez le public relèvent essentiellement des trois dimensions déjà citées : transactionnelle, relationnelle, expérientielle. Il s'agit d'abord de susciter des attitudes positives susceptibles de déclencher un comportement *transactionnel* : acquisition (payante ou non) de produits culturels ou de tickets d'entrée, fréquentation d'un équipement, globalement ou par cible (dans un souci de diversification et/ou de démocratisation du public). Ensuite, le deuxième type de comportement à encourager est l'engagement croissant du public dans une *relation* de long terme, en suscitant des attitudes et comportements impliquant la fidélité, la participation ou la coopération. Enfin, l'organisation culturelle doit déployer les moyens nécessaires pour que chaque *expérience* culturelle soit la plus riche, mémorable et donc satisfaisante possible pour les publics. Cela implique de mettre en place les conditions favorisant des comportements d'appropriation, d'apprentissage, de délectation ainsi que le développement d'un « goût » chez chacun.

Les acteurs du marketing culturel

Il est tentant d'attribuer la responsabilité des actions marketing dans l'organisation culturelle aux seuls « marketeurs ». Ce réflexe pose cependant trois problèmes majeurs :

- en dehors de l'industrie culturelle et de quelques grandes institutions subventionnées, il n'existe ni département « marketing », ni personnels explicitement dédiés au marketing dans la grande majorité des organisations culturelles ;
- lorsqu'un département « marketing » est identifié dans l'organisation, il est le plus souvent cantonné à la seule fonction « vente » dans une optique très largement transactionnelle (billetterie, marketing digital...) ;
- l'observation des pratiques montre que la prise en charge stratégique des relations avec les publics, dans une démarche émergente ou planifiée, concerne une pluralité d'acteurs et d'« actants » (des objets ou dispositifs agissant) largement disséminés dans ou hors de l'organisation culturelle.

Le marketing des arts et de la culture n'est donc pas l'affaire des seuls marketeurs, désignés comme tels. On peut parler de « collectif marketing » pour désigner toutes ces personnes et dispositifs, dans et hors de l'organisation, qui participent chacun à leur manière, mais tous ensemble, au marketing de l'organisation culturelle (encadré 2.1).

Encadré 2.1 – Les acteurs et actants du marketing de l'organisation culturelle

Les acteurs du marketing dans l'organisation culturelle : direction générale, direction artistique, artistes et talents, créatifs, curateurs, chargés de communication et événementiel, chargés d'accueil, responsable vente et abonnement, responsable marketing digital, chargés de relations avec les publics, chargés des relations publiques et relations presse, médiateurs et action culturelle, chargés d'étude, responsables mécénat et financement participatif, vendeurs boutiques et points de restauration, etc.

Les acteurs du marketing en dehors de l'organisation culturelle : intermédiaires culturels professionnels/amateurs, relais, distributeurs et diffuseurs, partenaires extérieurs (agence de marketing digital, de design graphique, d'étude, etc.), vendeurs, autorités publiques, publics et communautés de fans, etc.
Les actants du marketing : plateformes numériques, algorithmes, réseaux sociaux, applications Smartphones, logiciels de billetterie, audioguides, sites internet, *merchandising*, dispositifs immersifs, réseaux d'affichage, etc.

Une difficulté liée à la dissémination du marketing au sein et en dehors de l'organisation culturelle est la coordination de ce collectif hétéroclite d'acteurs et actants. Un marketing en mode « projet », associant par exemple dans un musée les départements Scientifiques, Accueil, Éducation, Développement, Vente, Communication et Médiation, en étroite collaboration avec les partenaires extérieurs, doit permettre d'optimiser l'efficacité de la stratégie choisie en matière de relations avec les publics, et éviter ainsi les actions dissonantes.

Un marketing de l'offre ou de la demande ?

Très tôt s'impose l'idée que le marketing des arts et de la culture serait un « marketing de l'offre ». Selon Mokwa, Dawson et Prieves (1980) par exemple, le marketing ne dit pas à l'artiste comment créer, mais cherche pour ses œuvres un public pertinent. Autrement dit, l'offre culturelle est première, le souci du public n'intervenant que dans un second temps. L'idée d'un marketing des arts et de la culture « orienté vers l'offre » repose d'abord sur l'unicité du produit culturel (voir chapitre 1), et sur le constat classique que l'innovation artistique ou le geste créatif ne saurait répondre, par définition, à une demande pour un prototype qui n'a pas encore été créé. Quand bien même le public aurait des attentes en la matière, celles-ci seraient de toute façon très difficiles à formuler (qui peut vraiment dire quel film ou exposition pourrait lui plaire, *a priori* ?), puis à réifier sous la forme d'un artefact culturel (l'acte créatif – subjectif, aléatoire, complexe – se prêtant assez mal à toute forme de standardisation ou formatage). Dans ces conditions, le marketing des arts consisterait essentiellement à mettre en place les outils pertinents pour organiser la rencontre entre un projet culturel donné et un ou plusieurs publics à trouver ou à construire.

Au-delà d'une question de faisabilité et de mise en œuvre, le débat entre les orientations « offre » ou « demande » s'inscrit également dans une controverse plus large autour du conflit art-commerce (Bourdieu, 1992), et des tensions et paradoxes entre logiques artistiques et économiques au sein des organisations culturelles (Eikhof et Haunschild, 2007). Faire du marketing orienté « demande » reviendrait à produire des contenus culturels formatés pour séduire une audience et maximiser ses gains ; la démarche inverse, orientée vers l'offre, consistant plutôt à chercher une audience pour une proposition artistique « désintéressée ». Dès lors, souligner son attachement à une orientation vers l'offre plutôt que vers la demande permet aux acteurs culturels d'affirmer leur autonomie à l'égard des pressions du marché, l'authenticité de leur démarche, et par là même leur légitimité artistique (Gebesmair, Ebner-Zarl et Musik, 2023).

Cependant, l'idée que le marketing des arts et de la culture serait un « marketing de l'offre » présente plusieurs limites :

- un « marketing de la demande » s'exerce en partie dans certaines industries culturelles, matérialisé par des tentatives de formatage de la création, via des tests et des études de marché. La généralisation des data et l'arrivée en force de l'intelligence artificielle pourraient donner à ces tentatives une réalité autrement plus tangible (la grève historique des scénaristes hollywoodiens en 2023 face à la menace des « robots écrivains » en témoigne) ;
- si la création reste généralement affranchie du marché, la programmation ne l'est pas toujours. Programmer *Casse-Noisette* à Noël relève-t-il d'un marketing « de l'offre » – revisiter le répertoire – ou « de la demande » – satisfaire un public familial ? Si la notion de « marketing de l'offre » se focalise sur l'autonomie des actes de création ou de programmation, ce sont plutôt les choix stratégiques concernant les marchés à investir qui peuvent être orientés vers la demande ;
- la plupart des organisations culturelles proposent un portefeuille d'œuvres et de projets diversifiés, alliance stratégique de productions plus ou moins calibrées pour un public (orientation demande) et de programmes plus innovants et risqués (orientation offre) ;
- le marketing culturel est aujourd'hui indissociable d'une réflexion en termes d'engagement et de participation des publics, dans une logique de relations plus horizontales avec les organisations culturelles. Dès lors, intégrer le public dans des activités de création, curation ou programmation participatives devient une démarche courante, qui dépasse les termes classiques de la controverse offre-demande[1].

1. Voir la partie 2 de ce chapitre.

La stratégie marketing

Comment mettre en œuvre le marketing des arts et de la culture ? Le marketing est une démarche *stratégique* qui ne consiste pas uniquement à actionner certains outils, de manière empirique et ponctuelle, mais à concevoir, planifier et exécuter une politique mûrement réfléchie. Force est de constater, cependant, que peu d'organisations culturelles françaises sont concrètement engagées dans cette voie stratégique. Seuls les *majors* et les gros indépendants des industries culturelles, ainsi que les plus grandes institutions à but non lucratif, définissent une stratégie marketing élaborée et consignée au sein d'un document (plan marketing ou autre). Les autres organisations culturelles ont plutôt tendance à ignorer l'outil, pour deux raisons principales : refus idéologique de céder à une approche marketing, d'autant plus « dangereuse » que formalisée et planifiée, comme souvent dans les petites et moyennes organisations culturelles subventionnées ; manque de compétences et de ressources, dans l'ensemble des micro-organisations culturelles, dont le secteur est majoritairement peuplé.

En conséquence, hormis les acteurs majeurs des différents secteurs culturels, la plupart des organisations culturelles mettent en œuvre une stratégie marketing de manière « émergente », au sens de Mintzberg (1978)[2], c'est-à-dire au fur et à mesure de décisions et d'actions qui leur semblent opportunes au fil de l'eau, mais qui ne sont pas pensées et planifiées dans une politique d'ensemble. Des outils de relations avec les publics existent toujours (grille tarifaire, communication sur les réseaux sociaux, services annexes…), mais la définition et l'opérationnalisation d'une stratégie, le contrôle de ses résultats, ainsi que la mobilisation d'études et d'outils fiables d'aide à la décision sont beaucoup plus rarement mis en œuvre.

Lorsqu'elle existe, la stratégie marketing se compose généralement de trois éléments :

- un diagnostic de la situation de l'organisation eu égard à son environnement et ses publics, assorti d'objectifs à atteindre ;
- le choix de publics cibles ;
- la détermination d'un positionnement pour l'organisation et par projet.

2. Mintzberg (1978) distingue la stratégie délibérée de la stratégie émergente. Cette dernière peut être définie comme un ensemble non planifié de comportements cohérents qui aboutissent à la situation présente.

Cette réflexion stratégique est alimentée par la connaissance des publics donnée par les études de public. C'est en effet l'une des caractéristiques essentielles du marketing moderne que d'appuyer les décisions sur une meilleure connaissance des publics acquise par des moyens scientifiques, au-delà des seules expérience, intuition ou routine (voir chapitre 4).

Analyse de la situation, diagnostic et objectifs marketing

Le diagnostic consiste à analyser la correspondance entre les éléments de l'environnement issus d'une analyse dite « externe » et les capacités de l'organisation issue d'une analyse dite « interne », afin de définir les principales orientations stratégiques, au niveau global ou d'une production singulière. L'analyse interne consiste à évaluer, en fonction des missions de l'organisation culturelle, le projet culturel et les ressources existantes pour le mettre en œuvre (finance, marketing, organisation, ressources humaines). L'analyse externe requiert quant à elle d'analyser quatre grands volets : le macro-environnement (politico-légal, économique, socioculturel, technologique, toute autre caractéristique), les publics (taille, évolution et segments, représentations, attentes et comportements), la concurrence (objectifs, stratégies marketing, résultats) et les partenaires professionnels existants et potentiels (pairs, intermédiaires, bailleurs de fonds, etc.).

L'analyse externe du macro-environnement[3] et des publics[4] revêt une importance particulière dans le contexte actuel où les conditions de la production culturelle, modifiées par la globalisation, les crises sanitaires, les changements technologiques majeurs, transforment fortement la consommation culturelle. La concurrence directe et indirecte requiert également de l'attention, alors même que cette notion est souvent ignorée ou minorée dans les organisations culturelles à but non lucratif, qui ont tendance à considérer qu'elles ne se situent pas dans une logique concurrentielle. Les offres culturelles sont en effet non substituables entre elles (car prototypiques donc uniques) et leur consommation est réputée addictive[5]. Cependant, l'offre culturelle et de loisirs *offline* et *online* pléthorique et les ressources du public (argent, temps, attention, concentration…) limitées génèrent dans les faits une concurrence intensive sur les marchés culturels.

3. Voir par exemple la présentation du modèle PESTEL appliqué aux arts et à la culture, dans Busson et Hadida (2015).

4. Voir le chapitre 3, consacré aux publics de la culture et aux comportements de consommation culturelle.

5. Comme l'explique la chargée de communication d'un théâtre public parisien : « On n'a pas de concurrence, plus les gens vont dans les théâtres, meilleur c'est pour les théâtres […] Plus ils sortent, plus ils ont envie de sortir, donc on fait tout le temps des partenariats avec les autres théâtres » (interview de l'auteur, 2009).

La synthèse de l'analyse interne et externe permet de formuler un diagnostic. Quelle que soit la méthode utilisée[6], la synthèse doit interroger les capacités de l'organisation au regard des éléments de l'environnement, afin de dégager les principales orientations stratégiques. Ce diagnostic débouche sur la définition d'objectifs marketing à atteindre, tant quantitatifs que qualitatifs, qui se déclinent en termes :

- **transactionnels,** c'est-à-dire de développement quantitatif des publics : chiffres de vente, de fréquentation, diversification des publics, démocratisation de l'accès, etc. ;
- **relationnels,** c'est-à-dire d'engagement croissant du public à long terme : accroissement de la fidélité, du taux d'adhésion, des niveaux et formes de la participation et de la coopération du public, etc. ;
- **expérientiels,** c'est-à-dire de conception d'expériences culturelles riches et mémorables : création d'offres culturelles centrales ou périphériques ciblées, amélioration des niveaux de satisfaction et d'apprentissage, etc.

Si le diagnostic peut amener à privilégier certains registres d'objectifs, il faut noter la complémentarité entre le transactionnel, le relationnel et l'expérientiel. Une expérience réussie, appréciée et comprise par le public, est le meilleur déterminant d'un engagement à plus long terme, et via le bouche-à-oreille, de futures nouvelles « transactions ».

Choix des publics cibles

Le public, qu'il soit professionnel ou non, est toujours pensé en marketing dans son hétérogénéité. Le marketing ne vise pas (ou rarement) un « tout indifférencié » mais des cibles clairement définies et délimitées, envers lesquelles les professionnels du marketing vont adapter leurs discours et leurs propositions. Ainsi, on ne s'adresse pas de la même manière aux adultes et aux enfants, aux touristes et aux locaux, aux fans et aux novices, à la presse nationale et à la presse quotidienne régionale. Derrière un vocabulaire guerrier hérité de la stratégie (des *cibles à viser*), se cachent, par exemple, les « familles avec enfants » (campagne d'affichage du musée d'Orsay), les amateurs de musique *metal* (partenariat entre le Louvre-Lens et le Hellfest à l'occasion de l'exposition Soleils Noirs), ou encore les « femmes entre 25 et 50 ans, urbaines et roman-

6. Dans la classique méthode SWOT (*Strenghts, Weaknesses, Opportunities, Threats*), les orientations stratégiques apparaissent par le repérage des forces et les faiblesses de l'entreprise ou du projet (analyse interne) et leur confrontation avec les opportunités et les menaces que recèle l'environnement (analyse externe). Voir par exemple la matrice SWOT du musée d'Orsay dans Assassi et Bonniau (2022).

tiques » (publicité presse de l'éditeur 10/18 pour le roman *Un jour* de David Nicholls). Cibler se justifie avant tout par un souci d'efficacité : les actions marketing seront plus pertinentes et impactantes si elles sont adaptées aux caractéristiques de ceux qu'elles visent. Cependant, certaines cibles peuvent également correspondre à une mission de service public (par exemple, envers le public local, les scolaires ou les publics dits « du champ social »).

Les cibles sont choisies idéalement parmi les *segments* du public. Un segment est un sous-ensemble du public dont on suppose une certaine homogénéité en termes de relation à l'offre culturelle. Les individus d'un même segment possèdent ainsi des caractéristiques communes qui les rendent (en théorie) pareillement sensibles à une offre culturelle, justifiant de les rassembler et de les constituer en tant que « cible ». Un segment-cible est défini à partir de critères dits « de segmentation », comme les variables :

- **sociodémographiques** (âge, sexe, niveau de diplôme, revenu...) ;
- **psychologiques ou psychographiques** (personnalité, style de vie, valeur, motivation, niveaux d'implication et niveau d'expertise, caractéristiques intra-individuelles telles que la recherche de variété, de sensations ou le besoin de stimulation...) ;
- **géographiques** (lieu d'habitat, pays d'origine...) ;
- **comportementales** (niveaux de fréquentation ou d'achat, pratique culturelle, comportement culturel passé...). Via les data, les technologies numériques permettent dorénavant de cibler très finement sur des critères comportementaux : spectateurs ayant vu telle pièce, personnes ayant *liké* la page de tel artiste, amateurs des films de tels genres sur telle plateforme, joueurs de tels jeux vidéo adeptes de telle fonctionnalité, etc.

Une même démarche de segmentation s'applique aux publics professionnels, avec des critères spécifiques à leurs rôles et positions sociales.

Certaines cibles sont récurrentes et prioritaires pour l'organisation culturelle, car directement en lien avec leur identité et/ou leurs missions. Pour l'Institut du monde arabe (IMA) par exemple, il s'agit du public passionné par le monde arabe, souvent biculturel, mais aussi du public habituel des grandes expositions parisiennes (CSP + , de plus de cinquante ans, à fort capital culturel). D'autres cibles sont contextuelles, associées à une sortie, un événement ou un projet spécifique. À l'occasion de l'exposition « Juifs d'Orient », l'IMA a ainsi ciblé les publics férus d'histoire et de théologie, ainsi que les enseignants-chercheurs spécialisés dans ces domaines.

Une autre manière de distinguer les cibles est de les classer selon leur attrait, *a priori*, pour l'offre. Pour chaque projet, on peut ainsi définir un « cœur de cible » (le public *a priori* acquis), une cible secondaire (prête à se laisser convaincre), tertiaire (un peu plus éloignée de l'offre), etc. Par exemple, pour la sortie du film *Black Swan* (Daren Aronofsky), le distributeur français a défini une cible primaire (les cinéphiles urbains, CSP +, 18-39 ans), une secondaire (les *fans* du réalisateur) et une tertiaire (les amateurs de ballet). Plusieurs cibles peuvent être visées simultanément avec des positionnements différents, mais la conquête peut également être progressive, l'organisation culturelle s'attaquant à une cible plus éloignée dès lors que les cibles les plus proches ont déjà été atteintes, capitalisant sur la notoriété, la réputation et/ou le succès acquis. Les critères de choix d'une cible sont multiples (et parfois contradictoires), et font l'objet d'une analyse précise nourrie par la connaissance donnée par les études de public (encadré 2.2).

Encadré 2.2 – Les critères de choix d'une cible

- **Critère de pertinence :** la cible est-elle potentiellement intéressée/intéressable par l'offre ?
- **Critère d'homogénéité :** la cible regroupe-t-elle des individus qui ont, à l'égard de l'offre, des attitudes et comportements similaires ? (voir la notion de « segment »)
- **Critère politique :** la cible est-elle prioritaire compte tenu des missions de l'organisation ?
- **Critère de rentabilité :** est-on en mesure d'activer cette cible, et le retour attendu est-il à la hauteur des moyens (financiers, humains, temporels) mis en œuvre ? Quelques cibles sont typiquement peu rentables : les « déjà acquis », les « trop éloignés » et les « trop peu nombreux ».
- **Critère d'accessibilité :** peut-on facilement atteindre la cible avec les moyens disponibles ?

Finalement, plusieurs stratégies de ciblage sont possibles :

- **La stratégie indifférenciée :** ne pas cibler, ou cibler l'ensemble du public, ce qui revient au même. Cette stratégie, propre aux blockbusters fédérateurs, ou aux projets à visée universelle, est toutefois rare dans les faits : des propositions distinctes (en termes de communication, de tarification, d'offre périphérique, etc.) sont le plus souvent déclinées par cible, derrière une apparente unicité de la proposition culturelle.
- **La stratégie différenciée :** cibler simultanément plusieurs segments du public. C'est la stratégie la plus courante, qui demande néanmoins certains moyens humains et financiers pour être mise en œuvre.

- **La stratégie de niche :** cibler un seul segment restreint. C'est la stratégie suivie par les micro-organisations culturelles, imposée par la petite taille du public, la spécialisation de l'offre et les moyens limités.

L'étape stratégique suivante est de se *positionner* habilement auprès des cibles.

Détermination du positionnement

Positionner une manifestation, une œuvre, une organisation ou un artiste, c'est chercher à occuper une identité claire, pertinente et unique dans l'esprit du public cible, par rapport aux concurrents. Le positionnement est donc une notion relative et concurrentielle : un objet est toujours positionné par rapport à d'autres objets d'une même catégorie. Le positionnement comporte ainsi deux dimensions complémentaires : *l'identification*, c'est-à-dire la définition de la catégorie à laquelle l'objet positionné est rattaché (en d'autres termes son univers de référence), et la *différenciation*, c'est-à-dire le fait qu'une ou plusieurs particularités de l'objet le distinguent des autres de la même catégorie.

Le positionnement institutionnel de l'organisation culturelle est le reflet de son offre culturelle, de son identité organisationnelle, de ses missions, du charisme de sa directrice, de la réputation de sa marque, etc. Il est unique et durable (même si certaines organisations peuvent parfois opérer un repositionnement stratégique). Par exemple, le festival *We Love Green* tire son positionnement unique de sa programmation pointue « *indie*/électro/urbaine » associée à des actions de sensibilisation environnementale. Pour une offre spécifique, comme une nouvelle production ou sortie, le positionnement devient en revanche une notion contextuelle et plurielle, puisque chaque cible identifiée est en théorie visée avec un positionnement qui lui est adapté. Par exemple, lors de la sortie du film *Les Misérables* (Ladj Ly), Le Pacte – son distributeur – cherche à toucher deux cibles distinctes avec deux positionnements différents : celui d'un film art et essai classique, à destination d'un public cinéphile traditionnel (âgé, CSP +), mais aussi celui d'un film d'action et policier, pour toucher un public jeune et « urbain », fréquentant plus les multiplexes que les salles indépendantes. Les multiples attributs du projet (contenu, genre, titre, prix), sa « qualité » (attestée notamment par des jugements indépendants), son public désigné (sa cible), son circuit de distribution (jauge et réputation de la salle pour un concert rock par exemple), les marques associées (artistes, partenaires…), etc. sont fréquemment utilisés pour asseoir le positionnement d'une offre à destination d'une cible. Celui-ci doit être pertinent au regard des caractéristiques du projet comme de chacune de ses cibles. Comment éviter la cannibalisation entre positionnements multiples ? La possibilité d'accéder séparément à chaque cible, via les systèmes GRC (gestion de la relation client), l'achat de data ou les réseaux sociaux, permet de décliner plusieurs positionnements parallèles pour une même offre tout en évitant la confusion.

Les qualités attendues d'un positionnement sont la crédibilité et la clarté pour la cible, mais aussi le respect de l'identité du projet, au risque de déclencher un bouche-à-oreille négatif et dévastateur à l'heure des réseaux sociaux. Finalement, qu'elle définisse ou non un positionnement stratégique (positionnement voulu), l'organisation culturelle (ou son projet) sera de fait toujours positionnée par son public (positionnement perçu). Il est donc primordial à la fois de s'interroger sur l'identité que l'on souhaite incarner *et* sur le positionnement effectivement compris par la cible, dans un souci de correction de la distance entre positionnements *voulu* et *perçu*.

MISE EN ŒUVRE DE LA STRATÉGIE : LES OUTILS OPÉRATIONNELS DU MARKETING DES ARTS ET DE LA CULTURE

Les choix stratégiques en termes de ciblage et de positionnement sont opérationnalisés via un ensemble de leviers d'action (le fameux marketing-mix), dont la budgétisation et la planification sont consignées dans le plan marketing. Les leviers d'action, permettant à la fois d'incarner le positionnement choisi et de toucher efficacement la cible visée, sont nombreux et ne se limitent en aucun cas à la seule communication à laquelle ils sont parfois réduits : leviers expérientiels liés à l'offre culturelle, prix ou tarif, marque, communication média et hors média, diffusion. S'y ajoutent des outils visant à construire et à entretenir la relation avec les publics. Enfin, les études de public doivent permettre d'évaluer la performance marketing de l'ensemble de ces leviers.

Les leviers de l'expérience culturelle

Dans la logique marketing, ce qui importe n'est pas tant l'offre culturelle elle-même (proposée par l'organisation) que *l'expérience* culturelle de cette offre (vécue par le public). L'expérience est subjective, propre à chacun, et suscite des réactions tant hédonico-sensorielles que rhétoriques (significations symboliques). Elle résulte de l'interaction entre une personne, un objet et une situation[7]. Concernant le levier expérientiel, la problématique marketing est de proposer des expériences culturelles en adéquation avec chaque couple cible/positionnement. Si à court terme l'organisation culturelle n'a pas de prise sur la « personne » (les caractéristiques stables de l'individu), elle peut aisément agir sur les dimensions « objet » et « situation » de cette expérience.

Les leviers expérientiels de l'offre centrale

Concernant l'offre centrale – le cœur de l'offre, c'est-à-dire le projet artistique et culturel lui-même – les organisations culturelles n'ont généralement pas la latitude qu'ont les grands industriels de la décliner (chaque cible ayant droit à son yaourt, sa voiture ou son téléphone). La plupart du temps, il n'y a qu'un seul film, un seul spectacle à promouvoir, ou une seule exposition permanente à proposer. Pour autant, plusieurs actions, associées à des niveaux d'interventionnisme variés, sont envisageables :

- **Adapter les « contenus » culturels :** il s'agit là d'une stratégie de standardisation culturelle visant à répondre à une supposée demande et réduire le risque commercial, en suivant des directives créatives basées sur des études de marché ou l'analyse des data des plateformes numériques. On sait les réserves que soulève une telle stratégie, même si dans les faits, tout n'y est pas entièrement spécifié à l'avance afin de laisser l'acte créatif introduire une dose de variation susceptible de générer la surprise. C'est une stratégie courante dans l'industrie culturelle la plus « grand public » (édition de mangas au Japon, « films de Noël » à la télévision et sur les plateformes, rap commercial, romans sentimentaux type « Harlequin », etc.). Démarche purement « orientée demande », c'est aussi la stratégie la plus susceptible d'être alimentée – puis rapidement remplacée – par l'intelligence artificielle.
- **Décliner la programmation :** la programmation est un levier puissant permettant à l'organisation de proposer de nouvelles expériences esthétiques au sein de son univers culturel de référence, afin de toucher des publics jusqu'ici non servis. C'est ainsi par exemple qu'une organisation culturelle peut chercher à s'ouvrir au jeune public en lui proposant des expériences adaptées : Mon premier festival d'Opéra à l'Opéra-Comique, la collection La malle aux images de l'éditeur de romans graphiques La Boîte à Bulles, les salles de la Petite galerie au musée du Louvre…
- **Diversifier l'offre centrale pour élargir le public :** diversifier permet de joindre de nouvelles formes d'expériences à l'offre expérientielle existante,

7. Voir chapitre 3.

en dehors du format et/ou du genre habituels de l'organisation culturelle. Lorsque l'Opéra national de Paris ouvre sa 3e Scène digitale pour atteindre un public plus large et plus jeune, on parle ainsi de diversification dans la mesure où la nature de l'expérience proposée (des créations audiovisuelles autour de la musique et de la danse exclusivement diffusées *online*) est radicalement différente de celle des spectacles vivants qui ont fait sa renommée.

- **Proposer des expériences de consommation ciblées :** l'organisation culturelle peut proposer à un public cible une manière différente et originale de vivre l'offre culturelle existante. Les parcours thématiques du musée du Louvre (comme « Da Vinci Code, huit siècles d'histoire ») ou les soirées « Casual fridays » du Boston Symphony (soirée-concert conviviale et festive à prix réduit à destination des jeunes adultes) permettent ainsi à des publics ciblés de vivre l'expérience muséale ou symphonique de manière originale et adaptée à leurs attentes.
- **Multiplier les versions d'une même offre centrale :** dans le cas le plus courant, l'organisation culturelle fait varier le format, le support, la quantité ou la qualité de ses offres[8] pour tenir compte de la segmentation du public en termes d'attentes expérientielles, d'implication, d'expertise, de consentement à payer, etc. On peut citer ici les multiples versions d'une bande dessinée (album cartonné ou relié, petit format, grand format, collector, prépublication dans les médias spécialisés, numérique, etc.), les versions virtuelles à 360° des visites de musées et d'expositions, ou encore les multiples versions de l'expérience théâtrale proposées (par exemple) par la Comédie Française (encadré 2.3).

Encadré 2.3 – Les multiples versions d'une pièce de la Comédie Française

- Version *salle* dans l'une des trois salles de la Comédie Française.
- Version *hors les murs* : les tournées.
- Version *cinéma* : partenariat Pathé Live.
- Version *vod* : partenariat Culture Box et Ina.
- Version *télévisée* : partenariat France Télévision.
- Version *dvd* : partenariat Ina.
- Version *radio* : partenariat France Culture.
- Version *livestream* : site Internet et chaîne YouTube de la Comédie Française.

8. Ce qui ne relève pas d'une stratégie transmédia : on ne parlera de « *transmedia storytelling* » (Jenkins, 2006) que lorsqu'un univers fictionnel (et non une histoire singulière) est étendu et densifié sur un autre média (par exemple, lorsque l'univers *StarWars* est adapté en roman, bande dessinée, jeu vidéo, série TV, etc. avec de nouveaux personnages et de nouvelles histoires).

Les leviers expérientiels de l'offre périphérique

L'offre culturelle périphérique (les services et produits associés à l'offre centrale) constitue un puissant levier permettant à différents publics de mieux s'approprier l'expérience de l'offre centrale. Ainsi, les outils de médiation culturelle (*offline ou online*), d'orientation, et d'information participent directement et fortement de l'expérience vécue par le public (Jarrier et Bourgeon-Renault, 2020). Il en est de même, dans un autre registre, des conditions d'accueil et de confort ou encore des activités de divertissement qui lui sont proposées en sus du projet artistique *stricto sensu*. Les produits dérivés de l'offre centrale, proposés à la vente en complément de celle-ci, constituent certes un soutien financier à l'activité, mais contribuent également à prolonger l'expérience (par exemple, les cartes, affiches, objets et reproductions à la vente dans un musée) et favorisent la notoriété et la visibilité de l'offre centrale (encadré 2.4).

Encadré 2.4 – Les produits dérivés du musicien Lloyd Cole

Pour faire face à la chute de ses revenus de l'année 2020 en raison de la pandémie de Covid-19 qui a annulé ses tournées, Lloyd Cole (ex-star *indie-pop* des années 1980-1990) a conçu et mis en vente de nombreux produits dérivés vendus sur son site et sa page Patreon :

- tee-shirts reprenant les titres et visuels de ses albums phares ;
- *mugs, tote bags*, coques d'iPhone ou bonnets à son nom ou à celui d'un titre de ses chansons ;
- éditions d'affiches et de cartes postales aux visuels *fifties* portant le titre de l'une de ses chansons ;
- page manuscrite et signée reprenant les paroles intégrales d'une chanson, à la demande ;
- page manuscrite et signée reprenant les paroles d'un seul couplet d'une chanson, à la demande, etc.

En proposant différents services et offres périphériques, l'organisation culturelle modifie la composante situationnelle de l'expérience. Il en est ainsi du contexte personnel (les activités de médiation proposées peuvent pallier l'absence de connaissances spécifiques du public), du contexte social (les interactions avec le personnel) ou du contexte physique (le bar ou le foyer du théâtre).

La marque

À la fois patrimoine immatériel et outil marketing, la marque est une entité, humaine ou non, dont le nom et/ou la représentation graphique sont porteurs de sens, de valeurs et de qualités *a priori* pour *un* public. Dans l'univers culturel, les marques signifiantes pour le public sont de natures extrêmement variées (Baumgarth et O'Reilly, 2014). Les artistes eux-mêmes sont sans doute les marques culturelles les plus fortes et les plus anciennes, de Jane Austen à Angèle en passant par Niki de Saint Phalle (encadré 2.5). On peut bien sûr y joindre les organisations culturelles (La Scala), les producteurs célèbres (Steve Albini pour l'*indie-rock*), les courants et genres (de l'impressionnisme à l'*heroic fantasy*), les franchises (*StarWars*), les lieux de légende (d'Hollywood au Quartier Latin), etc.

Encadré 2.5 – Les marques d'auteurs dans la bande dessinée

« Philippe Geluck est une marque. Enki Bilal est une marque. Leurs noms résonnent. Je prends ces deux exemples car ces noms résonnent au-delà de la bande dessinée. Bilal, c'est un artiste, il fait du cinéma, il participe à des biennales d'art. Il est connu et reconnu dans la bande dessinée et bien au-delà. Philippe Geluck, c'est un humoriste, il a fait du théâtre, de la télévision, c'est un personnage public. Donc oui, on peut parler de marque pour des auteurs. C'est aussi quelque chose d'intéressant pour nous. On travaille à faire monter un auteur. Je pense que Riad Sattouf devient une marque, le succès de *l'Arabe du Futur* lui permet ça. Il y a un effet de marque au niveau des auteurs, j'en suis convaincu. Et ça n'enlève rien à leur force de création, à leur talent et à l'intérêt de leurs œuvres. Par la force des choses, ils sont devenus des marques. C'est un nom qui renvoie à une qualité artistique, un ton, un humour, une communauté. » (Stanislas Gaudry, marketing manager, Casterman).

Source : Gintzburger L. (2020), « L'adaptation de bande dessinée : entre développement d'univers narratif et stratégie de marque », Mémoire de M2 Management des organisations culturelles, université Paris Dauphine PSL.

Dans le secteur culturel, on confond souvent la marque et la star. La star est une marque à la notoriété et à l'aura extraordinaires et universelles. Tout le monde connaît, ne serait-ce que de nom, Pablo Picasso ou Mickael Jackson. Il n'en reste pas moins que, dans leur univers de référence ou dans leur genre respectif, des artistes ou organisations peu connues du grand public constituent des marques fortes et réputées pour le public de niche concerné : c'est par exemple le cas de Wang Bing pour le documentaire d'auteur, de L'Association pour la bande dessinée indépendante, de Pauline Bureau pour le théâtre contemporain, de la Station-Gare des Mines pour les tiers-lieux culturels de la scène parisienne...

La plupart du temps, une marque culturelle s'impose « naturellement », par sa créativité, la qualité de ses productions, sa notoriété ou sa réputation. L'entité fonctionne alors spontanément « comme une marque » auprès d'un ou plusieurs publics. Il en est ainsi de l'illustrateur Jacques Sempé, du chef d'orchestre Myung-whun Chung ou du Cabaret Vauban à Brest. Mais la marque peut aussi être construite afin de susciter des attitudes et comportements favorables de la part du public. Des artistes aussi importants que Salvador Dalí ou Alfred Hitchcock ont activement construit leur marque à travers leur activisme médiatique. Plus proche de nous, on peut citer le cas de la marque MAD qui a stratégiquement succédé (avec l'aide de l'agence BETC) à celle des Arts décoratifs, jugée peu claire et distinctive par le musée des Arts décoratifs. Dans les deux cas de figure (marque naturelle ou construite), la stratégie de marque consiste toujours à entretenir une « image de marque » forte, claire, positive et distinctive pour les publics visés. Cette image forte va refléter l'identité et le positionnement de l'entité sur le marché, permettant ainsi au public concerné (final comme professionnel) de simplifier son processus de décision en limitant le risque associé au choix. L'attachement à la marque culturelle permet en outre de favoriser chez le public des comportements de fidélité, d'engagement, d'ambassadeur et d'avocat favorables à la marque. Enfin, une marque forte permet de développer plus facilement les ressources de l'organisation ou de l'artiste sur de multiples marchés (par exemple pour un musicien, via les concerts, *livestreams*, partenariats promotionnels, *crowdfunding*, produits dérivés, synchronisations pour des publicités, films ou séries, conférences...), et de se développer « hors les murs » par la création de filiales (tel est le cas de la marque mère « Centre Pompidou » à Paris, et des marques filles qu'elle cautionne : Centre Pompidou-Metz, Centre Pompidou-Malaga, Centre Pompidou *West Bund Museum* à Shanghai, KANAL-Centre Pompidou à Bruxelles).

Le prix (ou tarif)

L'accès à l'expérience culturelle se fait pour le public à un certain prix monétaire. La variable prix (ou tarif, pour une offre subventionnée) constitue un levier théoriquement de première importance. Son niveau impacte en effet directement le chiffre d'affaires, la rentabilité ou le niveau d'autofinancement de l'organisation, mais aussi l'accessibilité économique de l'offre par les différents publics, le positionnement du projet sur le marché à travers la relation qualité-prix et l'image-prix, ou encore les modalités de l'expérience vécue induites par le niveau de prix payé (par exemple un prix jugé élevé dans un musée peut entraîner une visite plus longue).

Il existe plusieurs modes de fixation du prix. La méthode « coût + marge », permettant d'assurer la rentabilité économique de l'offre culturelle, est finalement assez peu usitée dans les divers champs culturels, du moins pour l'offre centrale. La raison en est une déconnexion entre prix et coûts de la production culturelle. Dans l'industrie culturelle, ce sont en effet les intermédiaires de distribution et de vente qui imposent l'essentiel du prix payé par le consommateur pour l'achat d'un produit physique (pour un livre par exemple, les deux tiers du prix payé par le lecteur reviennent aux distributeurs, diffuseurs, vendeurs), l'offre digitale étant quant à elle le plus souvent soumise au prix de l'abonnement mensuel à une plateforme de diffusion en streaming. Dans les secteurs subventionnés du patrimoine et du spectacle vivant, le prix payé par le visiteur ou le spectateur est régulé par un cadre politico-légal, et peut même être gratuit. Une autre méthode de fixation du prix est fondée sur la concurrence, selon une stratégie de différenciation (se démarquer par le prix) ou de légitimité (fixer un prix moyen correspondant à la catégorie à laquelle on souhaite être assimilé). Enfin, une dernière considération est celle de garantir l'accessibilité de l'offre au public visé ou à un large public, tout en tenant compte d'impératifs budgétaires. Associer prix et accessibilité suppose cependant que le prix constitue un facteur clé de l'accès aux offres culturelles. Or, dans le processus de décision du consommateur, le prix monétaire payé arrive loin derrière l'implication du consommateur (l'intérêt, l'attrait et la pertinence de l'offre pour lui) et d'autres facteurs socio-psychologiques[9]. Il en résulte que les offres culturelles les plus impliquantes peuvent pratiquer des prix perçus comme élevés, sans que la demande n'en soit affectée. Par exemple, les films qui ont le plus de succès en salle sont également ceux pour lesquels le prix moyen de l'entrée est le plus élevé (en raison de l'équipement technologique des salles : ICE, IMAX, 4DX…). L'unicité de l'offre joue à plein, réduisant drastiquement la concurrence et assurant une position quasi monopolistique à ces produits. En outre, du point de vue du public, ce n'est pas le prix payé pour accéder à l'offre mais le « coût global » qui est le frein le plus pertinent. Au-delà du prix de l'offre centrale, le coût global inclut aussi le prix des offres périphériques, les autres dépenses monétaires (transport, parking, baby-sitting, etc.) et les coûts

9. Voir chapitre 3 sur le comportement du consommateur.

non monétaires (temps, opportunité, effort...). Dans ces conditions, l'impact de la modification marginale du seul prix de l'offre centrale par le producteur s'en trouve amoindri.

En dépit de ces réserves, de nombreuses stratégies de prix sont couramment mises en œuvre pour se positionner et toucher les différents publics visés : politique de prix bas pour certains produits culturels visant certaines cibles (collection Folio 2 euros) ou réservés à certains publics (avant premières à 10 euros pour les jeunes à l'Opéra national de Paris) ; diversification des prix selon les versions de l'offre (voir plus haut la section « Leviers de l'expérience culturelle ») ; *yield management* (adaptation dynamique du niveau des prix en fonction de la demande, comme dans certains grands musées) ; gratuité de l'offre centrale (par exemple, dans les musées municipaux de la ville de Paris) ; don libre ou « *pay what you want* » (musées publics aux États-Unis) ; « *pay as you stay* » (1 euro par tranche de 10 minutes au musée d'art de Brême) ; tarification à l'abonnement (accès illimité selon le modèle de la « caverne d'Ali Baba » sur les plateformes de streaming)...

Le prix en tant que levier d'action constitue une variable complexe à manipuler, soumise à de multiples impératifs. Finalement, son rôle ne concerne peut-être pas tant la dimension transactionnelle du marketing (favoriser l'accès de publics éloignés, par exemple) que sa dimension expérientielle : un prix bas, la gratuité, une tarification du type « *pay what you want* » ou « *pay as you stay* » semblent en effet capables d'induire des modes d'appropriation culturels différents qui modifient sensiblement l'expérience vécue, comme l'ont montré l'ensemble des travaux sur le sujet (Gombault *et al.*, 2006).

La communication

La communication marketing par laquelle une organisation culturelle transmet un message à son public pour remplir des objectifs marketing est un des leviers d'action principaux de la stratégie marketing. C'est même le levier du marketing-mix le plus fréquemment et aisément développé, au point d'être parfois confondu et assimilé avec le marketing tout entier. Communiquer permet de travailler la *notoriété* de l'organisation culturelle et/ou de son offre auprès des publics visés, d'en véhiculer le positionnement choisi afin de la *distinguer* des concurrentes, et enfin de *réduire le risque perçu* par le public en mettant en avant les signaux de réassurance pertinents pour la cible. Parmi les outils de communication, on peut distinguer la communication média, hors média, et les outils promotionnels.

La communication média

La communication média comprend l'achat d'espace dans les médias traditionnels *offline* (presse, radio, TV, cinéma, affichage), ce qu'on appelle classiquement la publicité. Par exemple, pour toucher le public parisien du cinéma d'art et essai, un distributeur de films indépendants peut acheter des espaces d'affichage dans les rues et stations de métro du Quartier Latin. La communication média *online* comprend plusieurs volets : gestion du site Internet et des réseaux sociaux de la marque (dont le post de vidéos virales), publicité digitale (*display, search*, programmatique[10], achat de messages ciblés sur les réseaux sociaux, affiliation à d'autres sites...), campagnes d'e-mailing et SMSing ciblées, ou encore opérations de prescription en ligne menées en partenariat avec des artistes ou des influenceurs aux communautés de fans qualifiées, etc. Grâce à l'exploitation des systèmes de GRC (gestion de la relation client ou CRM en anglais pour *Customer Relationship Management*), aux posts sponsorisés sur les réseaux sociaux ou à l'achat de data à des entreprises spécialisées (Pathé, aVoir-aLire...), l'organisation culturelle peut dorénavant cibler ses messages en ligne avec des critères comportementaux ou géographiques très précis[11]. La communication *online*, mieux que l'*offline*, permet en outre de « compartimenter » efficacement les messages selon les différentes cibles, évitant les effets de confusion associés à des positionnements pluriels. Relevons enfin qu'une partie importante de la communication en ligne est aujourd'hui prise en charge par les artistes eux-mêmes, qui alimentent les pages de leurs réseaux à destination de leur communauté de fans, notamment en documentant leur process de création.[12]

La communication hors média

La communication hors média est un ensemble d'outils qui n'utilisent pas les mass médias traditionnels ou Internet pour diffuser le message. On peut y distinguer le marketing direct (envoi de courriers ciblés par la poste), les opérations

10. La publicité *display* (bannières, pavés, habillages...) se différencie de la publicité *search*, ou SEA (*Search Engine Advertising*), qui correspond aux liens sponsorisés sur les moteurs de recherche. Quant à la display dite « programmatique », il s'agit de l'achat automatisé d'espaces publicitaires digitaux pertinents via un système de vente aux enchères en temps réel.

11. Expériences passées et achats culturels en ligne, fréquentation de tels sites ou pages de réseau social, like déposé, géolocalisation, etc.

12. Lire par exemple : Rosemont S. (2023), « Sans filtre ! », *Les Inrockuptibles*, 17, 80-85.

de relations publiques auprès des cibles professionnelles (bailleurs de fonds, pairs, journalistes, etc.), la mise en place de partenariats promotionnels à des fins de ciblage, de positionnement et d'acquisition de notoriété avec des médias, des marques commerciales ou d'autres marques culturelles (encadré 2.6). On peut également citer ici les actions événementielles (dans les murs ou hors les murs), le tractage de flyers en des lieux choisis, ou encore la communication au point de vente (PLV, c'est-à-dire publicité sur le lieu de vente, *merchandising*, packaging).

Encadré 2.6 – Les *featurings* comme forme de communication partenariale entre « marques » de rap

On peut voir les *featurings* comme des échanges de capitaux sociaux et artistiques entre « marques » de rap. D'après Corentin Roquebert, le *featuring* aurait ainsi quatre objectifs :

- offrir une exposition à l'artiste le moins connu ;
- élargir l'audience en diversifiant le public (par exemple, les clips avec *featuring* comptent en moyenne 2,3 fois plus de vues sur YouTube que les clips d'artistes solos) ;
- intégrer l'artiste le moins connu à un « monde » professionnel ;
- innover sur le plan musical en apportant de nouvelles sonorités qui font évoluer le genre.

Source : Roquebert (2020).

La promotion

Enfin, on peut voir la promotion comme une forme de communication comportementale (*vs.* attitudinale, propre à la publicité) visant à stimuler l'adoption de comportements à court terme via une offre temporaire de valeur pour la cible, véhiculée par un vecteur de communication média ou hors média (publicité, flyer, e-mailing, etc.). Cette forme de communication prend des tournures variées : réduction de prix, jeux-concours, « 13 à douzaine » (deux places pour le prix d'une), cadeaux, échantillons (premier chapitre à lire gratuitement en ligne), etc.

La campagne de communication envers les différentes cibles intègre ainsi un ensemble d'éléments de communication média et hors média, *offline* et *online*, assortie d'offres promotionnelles, dans un « mix communicationnel » cohérent, budgété et planifié.

La distribution ou diffusion

Les outils de la diffusion ont pour objet d'organiser la rencontre entre l'offre culturelle et ses publics, par les canaux les plus appropriés à son format, à son économie, à sa cible et à son positionnement. De nombreux canaux de diffusion coexistent dans le secteur des arts et de la culture.

Diffusion dans un établissement recevant du public

L'expérience culturelle peut être délivrée dans un établissement recevant du public (salle de spectacle, d'exposition, de cinéma, auditorium, musée, galerie, tiers-lieu, foire, salon, espace festivalier, etc.). Plusieurs problématiques marketing se posent alors qui relèvent d'objectifs transactionnels (cibler, diversifier, élargir le public) mais aussi expérientiels (travailler les conditions de « livraison » de l'expérience culturelle sur site) :

- **vente des tickets d'entrée donnant droit à un usage limité du service :** on observe en l'espèce que la diversification des systèmes de vente et de réservation va de pair avec l'acquisition de nouveaux publics ;
- **mise à disponibilité de l'offre :** disponibilité en volume (nombre de salles pour un film, nombre de représentations d'un spectacle...), disponibilité temporelle (date des expositions, des spectacles, date de sortie des films, horaires et jours d'ouverture des musées, création de plages d'ouverture ciblées, etc.), disponibilité géographique (choix des salles de cinéma, tournées, expositions ou spectacles hors les murs...). Là encore, ces choix relèvent du ciblage de publics spécifiques ;
- **organisation de l'espace physique du lieu de l'expérience :** espaces d'accueil, de confort, signalétique d'orientation, marketing dit « sensoriel » ;
- **gestion du personnel en contact :** les interactions sociales liées à la vente, au guidage, à la médiation sur site... participent directement de l'expérience vécue.

Distribution de produits culturels

La distribution des produits culturels physiques (livres, disques, jeux vidéo) se fait via un réseau de points de ventes en dur ou *online* (vente par correspondance). Le choix des points de vente doit être en accord avec les cibles visées. Les négociations commerciales avec les vendeurs (librairies, disquaires, grandes surfaces spécialisées ou généralistes…), par l'intermédiaire d'une force de vente, concernent les volumes diffusés et les mises en avant (*merchandising*, PLV). Une autre décision stratégique est celle de la date de mise en vente, en fonction de l'intensité concurrentielle et de la saisonnalité des comportements d'achat culturel. La difficulté pour les indépendants de l'industrie culturelle, en termes de distribution physique, est celle de la domination sans partage des plus gros acteurs (les *majors*) en termes de volumes, de publicité sur le lieu de vente et finalement de ventes, qu'il s'agisse de magasins physiques ou de vendeurs en ligne. C'est la raison pour laquelle les indépendants cultivent des espaces de vente alternatifs à l'abri des majors, à l'image du tissu de disquaires et libraires indépendants et spécialisés.

Diffusion d'expériences digitales

Enfin, se généralise la diffusion d'expériences culturelles digitales, quel qu'en soit le contenu (film, spectacle, foire d'art contemporain, jeu vidéo, bande dessinée, visite d'une exposition…) Les supports de diffusion sont nombreux en la matière : sites Internet propriétaires (parisphoto.com, pour la foire du même nom), réseaux sociaux (chaîne YouTube de la Comédie Française), plateformes généralistes (Arte) ou spécialisées (Culture at home, plateforme de Culturespaces ; Izneo pour la BD…), jeux vidéo (concert d'Ariana Grande sur *Fortnite* ; visite du Museum des Sciences Naturelles d'Angers dans *Animal Crossing New Horizons*), et bientôt métavers… La plupart du temps, l'expérience se fait en streaming (accès), mais le téléchargement (propriété) peut être une option. La digitalisation des expériences culturelles soulève de nombreux enjeux qui touchent directement la stratégie marketing, parmi lesquels :

- la transformation de nature des expériences culturelles *online* (que devient l'expérience théâtrale sur un écran d'ordinateur ? Une visite de musée dans un jeu vidéo ? Un concert dans une salle de cinéma ? etc.) ;
- la problématique de la data générée en ligne et de son instrumentalisation par les algorithmes de recommandation ;
- l'émergence de nouvelles formes d'intermédiation digitale (plateformes de streaming, agence de communication, de marketing ou de distribution digitale, influenceurs et prescription en ligne…) ;
- ou encore la potentielle perte de diversité culturelle liée aux algorithmes, aux systèmes de rémunération des artistes en ligne et au *digital divide* (encadré 2.7).

Encadré 2.7 – *Digital divide* et participation culturelle

La distribution numérique de la culture augmente les possibilités d'accès aux œuvres mais réduit-elle les inégalités socio-culturelles d'accès à la culture ? Une recherche menée en Angleterre montre que l'accès aux sites Internet de musées est *plus inégalitaire* que l'accès physique aux musées. Entre 2006 et 2016, les inégalités d'accès à l'offre muséale se sont accrues sur Internet alors qu'elles ont globalement stagné dans le monde physique. Alors que les effets discriminants de la classe sociale, du diplôme et de l'origine ethnique se sont maintenus à un niveau élevé concernant l'offre muséale *online* et *offline*, l'influence négative de l'âge, du lieu de résidence et du handicap sur la participation en ligne s'est creusée entre les deux périodes. L'accès en ligne au musée tendrait donc à élargir les inégalités de participation déjà repérées concernant les visites classiques.

Source : Mihelj *et al.* (2019).

La démarche de marketing relationnel

Dans la démarche stratégique, le marketing relationnel a une place à part (Colbert et Dantas, 2019). Les outils de la relation participent bien de la mise en œuvre générale de la stratégie – concrétiser le positionnement choisi auprès des cibles visées – mais la dimension relationnelle du marketing intervient essentiellement « en aval » de la démarche, après que les dimensions transactionnelles et expérientielles du marketing ont permis de recruter et satisfaire les cibles visées. Il s'agit alors de trouver et de mettre en œuvre les moyens de garder et d'approfondir le lien existant avec chaque membre du public. Cette dimension relationnelle du marketing est rendue nécessaire par l'intensification de la concurrence entre loisirs, l'absence de « barrières à la sortie » (avec la quasi-fin des traditionnelles formules d'abonnement qui liaient le public à l'organisation culturelle pour toute une saison), la généralisation des comportements de recherche de variété et de « zapping » des publics, mais aussi le tournant participatif de la consommation culturelle, encore accrus à la suite du confinement de 2020.

Dans la lignée du marketing relationnel apparu dans les années 1980, les outils de la relation visent, au départ, à développer la fidélité du public. Une fois la transaction opérée et une première expérience vécue réussie, il s'agit non seulement de garder le lien avec chaque « client », mais aussi d'intensifier son niveau de fréquentation ou d'achat par la personnalisation des propositions séduisantes qui lui sont faites (par exemple, pour une salle de spectacle : concerts gratuits, soirées spéciales, cadeaux, privilèges les soirs de représentation...). Depuis les années 2000, c'est une vision plus qualitative de la fidélité qui s'impose, à travers notamment la notion d'engagement du public. Là où la fidélité nourrit un comportement répété mais passif, voire mécanique, basé sur un calcul coût-bénéfice (comme dans l'abonnement classique), l'engagement est un état psychologique censé entraîner un comportement actif, volontaire, plus qualitatif que quantitatif, fondé sur une logique d'interdépendance mutuelle, de participation, de coopération et de co-création (Rubin *et al.*, 2022 ; Walmsley, 2019 ; Wlazel, 2021). Comme l'explique une chargée de développement d'un grand musée parisien, le passage de la fidélité à l'engagement est à relier à l'horizontalisation des relations entre l'organisation culturelle et ses publics : « Je préfère dire "engager les publics" plutôt que de les fidéliser. Cela est plus fort, ça les intègre. Il ne faut pas concevoir l'institution sur un mode ascendant. Au contraire, il faut l'envisager sur un mode de transversalité, d'horizontalité, à l'opposé d'une logique élitiste, il faut être à l'écoute[13]. »

Les outils pour favoriser la fidélité et l'engagement sont multiples :

- l'accueil et les interactions au quotidien permettent d'être attentif aux besoins exprimés, d'être à l'écoute des suggestions et de maintenir le dialogue (que ce soit dans le hall d'entrée, en bord de scène, au téléphone ou sur les réseaux sociaux...) ;
- les cartes, pass, clubs, cercles d'amis, communautés virtuelles... proposent des avantages à leurs possesseurs ou membres tout en matérialisant le lien privilégié entre l'organisation culturelle et son public adhérent ;
- les logiciels de GRC (gestion de la relation client) sont des systèmes informatiques permettant d'intégrer toutes les informations sur les membres du public à partir de multiples points de contact (logiciel de billetterie, sites Internet, réseaux sociaux, enquêtes, etc.) afin de développer en permanence, et de manière dynamique, des offres et communications adaptées à chaque cible (encadré 2.8) ;
- la participation du public consiste à faire *avec* et non pas *pour* le public en favorisant l'implication active du public à la vie de l'organisation culturelle : échange, consultation, collaboration, cocréation... La participation se concrétise par diverses actions : bénévolat, *crowdfunding*, relais de communication, programmation, curation ou création participatives, etc. Faire participer les publics, c'est aussi leur proposer de faire eux-mêmes des actions participatives : l'initiative va dans les deux sens.

13. Interview de l'auteur (2021).

Encadré 2.8 – Data et GRC au service des institutions culturelles

« Inspirée des pratiques du secteur privé, l'analyse des données concernant les visiteurs ou les différents contacts d'un établissement permet aujourd'hui, à travers les logiciels de GRC, de replacer le public au cœur de la stratégie des institutions, d'améliorer l'expérience du visiteur en ligne et *in situ*, d'accroître l'attractivité des sites en se fondant sur des éléments objectifs et, de manière générale, de mieux évaluer l'impact de l'action des établissements. » Les rédacteurs du guide insistent également : « grâce à la communication fine et ciblée qu'il permet, l'outil de GRC peut œuvrer à la transformation d'un contact de simple visiteur à ambassadeur, voire mécène ou donateur » et met ainsi en avant l'avantage pécuniaire qui peut en ressortir. Il faut également préciser que la gestion des adhésions est adossée aux systèmes CRM, ce qui permet de « mesurer la fidélité en actes ».

Source : ministère de la Culture, « La donnée au service des publics : un guide pour les institutions culturelles », site du ministère de la Culture www.culture.gouv.fr/Media/Thematiques/Innovation-numerique/folder/Guide-GRC/La-donnee-au-service-des-publics-un-guide-pour-les-institutions-culturelles (consulté le 01/08/2021).

Si l'enjeu du marketing relationnel reste d'accroître progressivement l'engagement de chaque participant, l'organisation culturelle doit tenir compte, là encore, de la variété des attentes en la matière. Tous les membres du public ne souhaitent pas participer avec un même degré d'investissement personnel à la vie de l'organisation culturelle, voire ne souhaitent pas participer du tout, préférant le « confort » d'une position de réception passive.

Le marketing relationnel est en outre l'outil de base du marketing dirigé vers les publics professionnels (bailleurs de fonds, intermédiaires culturels, pairs et partenaires...). L'objectif est de mettre en place une relation personnalisée permettant d'établir la confiance sur le long terme, en récompensant la fidélité du partenaire (information exclusive, invitation, cadeau, privilège, geste commercial...) et en l'impliquant, dans une certaine mesure, à la vie et aux choix de l'organisation. Dans un « petit monde » vocationnel comme l'art, les relations nouées au niveau professionnel prennent fréquemment une tournure personnelle.

Les moyens de contrôle de la performance marketing

En dernier lieu, le plan marketing (ou le document qui en fait office) précise les outils et actions de contrôle de la performance des leviers d'action, dans une optique d'analyse et de correction. Ces outils relèvent largement des études de public, analysés dans le chapitre 4.

LES NOUVELLES PROBLÉMATIQUES STRATÉGIQUES DU MARKETING DES ARTS ET DE LA CULTURE

Des changements économiques et sociaux importants ces dernières années dans l'environnement du secteur culturel et créatif posent aux organisations des problématiques majeures dans leurs stratégies marketing : problématiques accrues comme la recherche de financement et l'internationalisation, mais aussi nouvelles comme le numérique et un développement durable, socialement et écologiquement responsable Ces défis sont exposés dans cette partie en les illustrant par différents exemples, sans prétendre à l'exhaustivité.

Le marketing pour mieux se financer

Que leur but soit lucratif ou non, les organisations culturelles sont confrontées à un besoin majeur de financement, en raison de la difficulté à réaliser des gains de productivité dans les organisations à but non lucratif (loi de Baumol), mais aussi en raison de la croissance et de l'innovation rapide de l'offre rendant la concurrence nationale et internationale féroce (même si elle est indirecte), des diverses conséquences post-Covid et enfin de l'inflation galopante dans le contexte économique mondial actuel.

Au cours des dernières décennies, les organisations artistiques et culturelles à but non lucratif ont été poussées par leur conseil d'administration à augmenter leurs revenus, grâce à une meilleure gestion des prix de leur offre centrale et périphérique, mais aussi par la collecte de fonds dite *fundraising* et au développement de partenariats. Marqueur ultime de cette évolution, le développement de partenariats commerciaux entre ces organisations et des entreprises. Le pouvoir du « merch » (pour *merchandising*) est partout dans la culture : spectacles, festivals, foires d'art, musées, monuments. Voici quelques exemples dans les grands musées : le Centre Pompidou a lancé sa nouvelle collection de montres avec la marque Swatch ; la Rmn-Grand Palais s'est associée au Louvre pour lancer une collection de produits dérivés Barbapapa ; avec ses téléviseurs *The Frame*, Samsung fait entrer les chefs-d'œuvre du Louvre dans les salons du monde ; avec la société *Floral Street*, le musée Van Gogh a créé des parfums inspirés par les œuvres de l'artiste ; le MOCA de Los Angeles et la marque Vans ont lancé des collections inspirées par le logo et des artistes du musée, etc.

Cette pression s'est exercée même dans les pays européens, où les arts et la culture sont traditionnellement financés par des subventions publiques. Les organisations artistiques et culturelles européennes ont donc commencé à adopter des outils de financement américains comme le fonds de dotation[14] inspiré de l'*endowment fund*.

Encadré 2.9 – Le *fundraising* : marketing relationnel et marketing de projet

La collecte de fonds est une opération marketing en soi, participant en amont à la construction du public de l'organisation et/ou de l'œuvre à financer. Elle fait partie du marketing relationnel et du marketing de projet des organisations culturelles. Quelle que soit la forme de l'échange, mécénat, parrainage[15] ou autres partenariats, il s'agit d'établir une relation fiable, bénéfique et durable avec une communauté de personnes. Les programmes d'adhésion de membres individuels ou institutionnels permettent par exemple de créer cette relation. Les visiteurs réguliers d'une institution culturelle peuvent constituer la meilleure base pour développer les membres de la communauté. Les programmes d'adhésion offrent donc non seulement des avantages financiers, mais contribuent également à créer un public. Les partenariats peuvent se nouer également autour de projets spécifiques de l'organisation culturelle, comme le financement de l'acquisition d'une œuvre ou de la production d'un spectacle. Ces dernières années, alors que la collecte de fonds dans les organisations artistiques et culturelles en Europe s'est professionnalisée, les grandes organisations françaises ont commencé à créer des départements spécifiques de collecte de fonds ou de développement, comme le musée d'Orsay. Au cours des dernières décennies, plusieurs plateformes de *crowdfunding* comme Kickstarter, Ulule, KissKissBankBank, ont été développées pour permettre au grand public de soutenir des projets dans tous les domaines. Les arts et les industries créatives ont pris une place importante sur ces plateformes. Il existe également des plateformes spécialisées dans un secteur, comme *MyMajorCompany* créée en 2007. Lorsque le secteur de la musique était en difficulté, ses cofondateurs ont commencé à faire appel aux internautes pour soutenir les artistes émergents. *MyMajorCompany* a levé un million d'euros pour des musiciens comme Grégoire, Irma et Joyce Jonathan, au cours de sa première année d'existence. En 2012, la société a élargi son modèle d'entreprise pour englober l'entrepreneuriat, le cinéma, l'édition, les jeux vidéo et les arts.

14. Voir https://www.economie.gouv.fr/cedef/fonds-dotation

15. Le parrainage consiste pour une entreprise à soutenir financièrement un événement, une personne, un produit ou une organisation, dans un but publicitaire. Dans le cas du mécénat en France, l'entreprise fait un don à un organisme d'intérêt général, sans attendre de contrepartie équivalente, mais en retire un avantage fiscal substantiel en France : 60 % du montant pour la fraction du don inférieure ou égale à 2 millions d'euros et 40 % pour la fraction supérieure à 2 millions d'euros.

Les organisations artistiques et culturelles peuvent utiliser ce type de collecte de fonds sur leurs propres plateformes. Nombre d'entre elles ont déjà adopté un bouton de don sur leur site web, ce qui permet aux particuliers de donner plus facilement une petite somme d'argent.

Source : Prokůpek *et al.* (2022).

Dans les industries culturelles, la levée de fonds relève d'un choix central dans le développement des *business models* de ces entreprises. Le *build-up* s'opère de différentes façons, mais toujours avec l'impératif de financer son développement. Sans entrer ici dans le détail de ces stratégies, on retiendra que le *self-marketing* de l'entreprise et sa stratégie marketing jouent un rôle particulièrement important dans la présentation du *pitch deck* aux potentiels investisseurs (encadré 2.10).

Encadré 2.10 – Lever des fonds : l'importance du marketing de projet dans le *pitch deck*

Un *pitch deck*, littéralement « pont de lancement », est un document utilisé par les *start-ups*, TPE et PME en général qui souhaitent lever des fonds auprès d'investisseurs en capital (fonds d'amorçage, *venture capital*, *business angels*...), et plus largement de sponsors ou de clients. Il sert à présenter les points essentiels d'un projet afin de susciter l'intérêt de potentiels financeurs. Il doit décrire le projet, sa faisabilité et son potentiel en racontant une histoire convaincante. Parmi les différentes étapes de présentation, le marché cible, l'offre et sa valorisation commerciale sont des points-clés.

Un marketing culturel international glocal

Les produits culturels sont glocalisés : produits localement, dans un contexte identitaire et culturel spécifique, certains de ces produits circulent fortement sur le plan international et sont largement disponibles partout, contribuant à construire une représentation d'un monde à la fois pluriel en vertu de leur diversité et unifié par des références culturelles communes (Cicchelli et Octobre, 2017). Le cosmopolitisme esthético-culturel et les imaginaires culturels de la jeunesse, le développement mondial d'un capitalisme esthétique[16], l'impact des médias transnationaux et de la plateformisation[17] des industries culturelles autant que parallèlement le recentrage sur la création locale ont favorisé l'essor de cette glocalisation culturelle et rendu possible un marketing international pour de nombreuses marques culturelles.

Encadré 2.11 – Hallyu : du local au global

« L'émergence de la Hallyu – ou "vague coréenne" en chinois, qui rassemble la k-pop, les k-dramas, le cinéma, les manhwas et les webtoons, mais également les jeux vidéo et la cuisine et cosmétique – par son ampleur, mais aussi par le fait qu'elle provient d'un "petit pays" qui n'a jamais fait partie des grandes puissances (culturelles) globales jusqu'à présent, marque le fait que les flux des consommations culturelles prennent une place très importante tant dans la définition des équilibres géopolitiques (notamment en jouant sur les images des nations) que sur les manières dont se construisent des références générationnelles communes, et, partant, des modes d'affiliation supra-nationaux. Le succès de la Hallyu a contribué à rendre la Corée du Sud attractive et à transformer son image, devenue créative et moderne. [...] Le pays occupe désormais une place considérable dans les industries créatives culturelles, diffusant à l'échelle planétaire des productions qui s'inscrivent dans une identité coréenne très précise tout en parvenant à proposer des modèles d'appropriation locaux. »

Source : Cicchelli et Octobre (2022), « Le Sweet Power de la Hallyu (ou la géopolitique de la k-pop) » (https://www.iris-france.org/wp-content/uploads/2022/06/ObsGenre_KPop_juin22.pdf).

Les stratégies d'internationalisation de marques culturelles, qu'on connaît aussi bien dans les industries culturelles (historiquement depuis Elvis Presley) que désormais dans les arts visuels (artistes contemporains superstars exposant partout), le patrimoine (internationalisation des grands musées, de *Guggenheim* à Pompidou) ou le spectacle vivant (tournées mondiales), requièrent une technicité à l'export, des *business models* créatifs et des investissements. L'encadré 2.12 présente l'exemple emblématique d'Altafonte dans la musique.

16. Voir chapitre 1.

17. La plateformisation décrit le phénomène de conquête des industries culturelles par les plateformes numériques. L'offre et la consommation de contenus culturels passent désormais majoritairement par l'intermédiaire des plateformes (Thuillas et Wiart, 2023)

Encadré 2.12 – Altafonte, une stratégie internationale dans un contexte structurel local

Dans un contexte de consommation musicale – portée par le streaming – de plus en plus local (46 % en France, 66 % en Italie, 35 % en Espagne selon le top 100 des pays par nationalités des artistes d'Aluminate) la stratégie d'Altafonte s'est développée à l'international avec en ligne de mire les artistes et chansons lusophones, hispanophones et évidemment anglophones. Lancée à Madrid en 2011, Altafonte emploie aujourd'hui plus de 150 personnes dans 12 pays pour des opérations mondiales. Deux mouvements structurels s'opèrent dans un marché de la musique expansionniste : d'une part la constante suprématie des œuvres anglophones et l'essor extraordinaire de la musique dite latine, d'autre part le développement des services aux artistes. Altafonte a compris et anticipé ces ressorts en sécurisant très rapidement l'Amérique du Sud et Centrale dès 2014 (Mexique, Cuba et Chili) et les États-Unis dès 2016. Aujourd'hui, la constellation Altafonte renforce ce positionnement de spécialiste de la musique latine avec des bureaux en Europe du Sud, Amérique latine et centrale, et États-Unis. L'entreprise a aussi étendu ses services au-delà de la distribution des artistes, avec de la logistique, des éditions, etc., puis dans un second temps, en se positionnant comme plateforme SaaS[18] auprès d'autres professionnels (labels notamment) et glisser ainsi du B2C au B2B.

Source : Tristan Schindler, fondateur de Xanadu Services.

Les enjeux marketing de l'adoption du numérique dans la culture

La révolution numérique[19] du secteur impacte fortement les stratégies marketing. Il faut distinguer les industries culturelles que le numérique transforme complètement et les secteurs traditionnels de la culture (arts visuels, patrimoine, spectacle vivant) qui commencent à adopter le numérique.

L'économie numérique change toutes les variables du marketing-mix : production, prix, distribution et communication. Elle a fait des jeux vidéo la première industrie culturelle au monde (Benghozi et Chantepie, 2019). Elle a relancé la musique en crise dans les années 1990, grâce au streaming et à la plateformisation. Elle a permis une meilleure distribution de l'édition

18. Le mode SaaS (*Software as a Service*) désigne une application mise à disposition par un fournisseur et accessible par un navigateur Internet.

19. Voir chapitre 1.

(Mollat, 2022). Dans le cinéma, la transformation est spectaculaire. Numérique et cinéma vont de pair depuis la transition du format 35 mm au digital au tournant des années 2010. En seulement dix ans presque 99 % des films sont désormais tournés, montrés et stockés en numérique et les quelques œuvres tournées et sorties en 35 mm font aujourd'hui parler d'elles pour leur format comme *Les Cinq Diables* de Léa Mysiu en 2022. Le secteur a pris un virage à 360 degrés qui se répercute de la création (intelligence artificielle, 3D, *motion picture* et écran vert) à la distribution (plateformisation et *blockchain*) en passant par la consommation personnelle à domicile et aux nouvelles actions marketing. La transformation numérique est tellement importante qu'elle génère des tensions dans la structure de l'industrie du cinéma : lors de leur grève de plusieurs mois en 2023, les scénaristes et les acteurs d'Hollywood réclament un meilleur encadrement de l'usage de l'intelligence artificielle et une meilleure rémunération des auteurs avec les bénéfices des plateformes issus du streaming.

Encadré 2.13 – L'impact marketing du numérique sur l'offre et la distribution du cinéma

Le numérique impacte déjà fortement la création et l'offre, en proposant de nouvelles techniques et effets spéciaux comme autant d'éléments de différenciation (par exemple, les visions schizophréniques de Basile dans *Le soleil de trop près*, premier film de Brieuc Carnaille en 2022), mais aussi par l'arrivée des productions originales des platerformes américaines. Elles font leur entrée sur le marché français, Netflix à l'automne 2014, Amazon Prime en 2019 et Disney+ au printemps 2020. Face à ces géants, les entreprises françaises se sont organisées : Universciné dont le site a été lancé en 2007 regroupe 47 producteurs et distributeurs indépendants français, mais aussi les services lancés par les chaînes de télévision (MyTF1VOD ou encore Canal+ VOD). La concurrence est rude pour les fournisseurs de services dont certains sont déjà sortis du marché comme Salto, plateforme issue du conglomérat France Télévisions, TF1 et M6, qui a cessé son activité en 2023. Opérant sur d'autres médias, des activités de distribution sont menacées de disparition comme pour les formats DVD et Blu-ray. Les intermédiaires classiques (vendeurs internationaux, distributeurs) souffrent de la désintermédiation grandissante et de la montée des contenus exclusifs : les plateformes préfèrent produire leurs propres contenus plutôt que d'acheter des œuvres déjà produites. Ainsi, la signature par Netflix du décret SMA en février 2022, qui engage la plateforme à investir 40 millions d'euros dans la création française et européenne, servira les techniciens et créateurs français, mais aussi et surtout la plateforme qui verra de nouveaux contenus exclusifs arriver en ligne d'ici quelques années.

Source : Anne-Sophie Lehec, responsable des productions à 3IS.

Dans le marketing des arts visuels, du patrimoine et du spectacle vivant, l'adoption numérique est plus lente, surtout en France où l'on retrouve la même résistance idéologique que celle opposée au marketing, ainsi que le même manque de compétences et de moyens. Cet apprentissage se déploie principalement dans la production, la diffusion et la communication de ces organisations. Les techniques numériques (voir chapitre 1) sont mobilisées de différentes façons. Idéalement, l'organisation définit et met en œuvre une stratégie numérique, modifiant ainsi son organisation et ses métiers. L'adoption du numérique transforme l'expérience culturelle grâce à différentes techniques, notamment immersives favorisant une hyper expérience[20]. Le numérique peut intervenir également dans la question de l'accès plus ou moins ouvert aux contenus de l'organisation (*open content*, NFT…)[21]. Enfin, la performance d'un site Internet, voire d'un métavers[22], et du *community management* des réseaux sociaux liés, la plateformisation des œuvres et des institutions modifient en profondeur la relation de ces dernières avec le public, générant une nouvelle démocratie culturelle dans une « culture de la convergence » (Jenkins, 2013) entre anciens et nouveaux médias, industries et consommateurs culturels.

L'innovation numérique a aussi modifié les relations entre les institutions et les acteurs économiques. De plus en plus de gestionnaires d'organisations culturelles ne considèrent plus seulement les entreprises numériques comme des prestataires mais comme des partenaires, avec lesquels ils peuvent créer les expériences de demain (l'encadré 2.14 donne des exemples dans le secteur du patrimoine).

Encadré 2.14 – De nouvelles relations entre les institutions culturelles et les entreprises numériques : de la prestation à la coproduction

Les nouvelles relations avec les entreprises et notamment les *start-ups* peuvent prendre des formes multiples. Avec l'incubation et les résidences, le *New Museum* de New York, le Centre des monuments nationaux et *l'Australian Center for the Moving Image* accueillent les *start-ups* et les aident à concevoir et tester de

20. Voir chapitre 6.

21. Ibid.

22. Un métavers est un monde virtuel perçu en réalité augmenté qui permet une expérience immersive.

nouveaux outils. Au lieu de simplement les commander, un nombre croissant de lieux culturels préfèrent cocréer avec des entrepreneurs de nouvelles expériences en réalité virtuelle, mixte ou augmentée, ou sous la forme d'exposition immersive. La société française Histovery a ainsi coproduit avec le château de Chambord, le Palais des papes d'Avignon et la Conciergerie de Paris (le Centre des monuments nationaux) un outil de médiation utilisant la réalité augmentée. De la même manière, le Centre Phi de Montréal et le Museum national d'Histoire naturelle sont devenus cofinanceurs d'expériences immersives présentées dans leurs propres salles, mais également dans le monde, via l'itinérance. Après avoir coproduit une première exposition en *mapping* vidéo sur les écosystèmes naturels, plusieurs programmes en réalité virtuelle et une expérience en réalité mixte (casques Hololens) sur les espèces disparues, le Museum national d'Histoire naturelle collabore avec la société française Emissive sur une expérience virtuelle en groupe consacrée à l'évolution, qui sera diffusée dans l'une de ses galeries de Paris à partir d'octobre 2023, avant une tournée mondiale. Par ces nouvelles formes de collaboration avec les institutions, les *start-ups* ont ainsi contribué à la réinvention de l'offre culturelle. L'expérimentation technologique a également conduit à un décloisonnement des services et à une évolution des pratiques. Des pratiques (tester, évaluer, déployer de nouvelles méthodes plus agiles et en mode laboratoire), impliquant le public, ont été adoptées par les équipes culturelles, qui doivent progressivement intégrer de nouvelles compétences.

Source : Pierre-Yves Lochon, fondateur et administrateur du Clic France, www.club-innovation-culture.fr/

La nouvelle éthique responsable et durable du marketing culturel

À la fin des années 2010 et au tournant de 2020, le secteur culturel est entré dans une nouvelle phase de conscientisation de problèmes sociétaux dont il s'est fait le révélateur ou l'amplificateur dans son offre même : d'abord le manque d'inclusivité en son sein et la lutte nécessaire contre les discriminations envers l'ensemble des minorités et ensuite l'impérative transition écologique et énergétique. Ces deux phénomènes impactent largement le marketing culturel, tant dans la programmation, les contenus en général, que dans les modes d'accès à la culture des publics, la distribution et la communication. Ils remettent en cause un marketing de l'offre indépendant de la demande de ces publics, qui tendent à devenir des « *prosumers* » (c'est-à-dire des consommateurs acteurs appelés également proconsommateurs). Cette évolution est issue de cette culture participative (Jenkins, 2008) : dans l'économie numérique de la culture, les publics et notamment les plus habitués et les fans, participent plus facilement et activement à la construction de la valeur culturelle, dans la création, la réception et la circulation des œuvres. Dans ce contexte, les organisations culturelles développent une attention et des relations croissantes avec les publics, particulièrement dans les industries culturelles avec des pratiques pointues de CRM, et en conséquence valorisent une offre et plus largement un contenu de marque (*brand content*) qui reprend ces valeurs sociétales.

Inclusivité

C'est par le cinéma américain que la grande révolution inclusive du secteur culturel arrive, avec l'affaire Harvey Weinstein, puissant producteur à Hollywood de films à succès et primés (100 nominations et 81 Oscars) comme *Pulp Fiction*, accusé de viols et d'agressions sexuelles par au total plus de 90 femmes, déclenchant le mouvement mondial #MeToo encourageant la prise de parole des femmes contre les violences qui leur sont faites, avec des variantes comme #BalanceTonPorc en France. C'est une demande plus large d'inclusivité de toutes les minorités (personnes racisées, LGBTQIA +[23], handicapées…) qui s'affirment avec force, également avec le mouvement #BlackLivesMatter. Une « hackcratie » de la diversité déferle. Le marketing des contenus culturels est fortement remis en question : produits, conditions de la production, accès…, et doit prendre en compte cette nouvelle donne sociétale. Les contenus inclusifs font recette : avec « Balance ton quoi », Angèle est en tête des ventes d'album français en 2019 devant des rappeurs. *Les Misérables* de Ladj Ly, film coup de poing sur les minorités des banlieues gagne le César du meilleur film en 2020, prix du jury à Cannes en 2019 et nommé aux Oscars. En 2023, le film *Barbie* au propos féministe, « *femvertising* »[24] de Mattel pour rendre sa poupée plus inclusive, voit pour la première fois une femme réalisatrice, Greta Gerwig, dépasser le milliard de dollars au box-office.

Pourtant, l'inclusivité ne se met pas facilement en place. Les États-Unis et les pays anglo-saxons embrassent le sujet très frontalement dans leur tradition de marketing communautaire qui interroge depuis le début des années 1980 la question de la diversité des minorités dans leurs politiques des publics.

23. Le sigle LGBTQIA+ désigne les personnes lesbiennes, gays, bisexuelles, trans, queers et intersexes, c'est-à-dire pour des personnes non hétérosexuelles, non cisgenres ou non dyadiques. Le « + » indique d'autres variantes d'identité de genre, de caractéristiques sexuelles, ou d'orientation sexuelle, comme l'asexualité, la pansexualité, la non-binarité ou la bispiritualité.

24. Voir l'article de Bideaux K. (2023), « Le film *Barbie* est-il vraiment féministe », *The Conversation*, theconversation.com, 24 juillet.

La thématique *woke*[25] devient majeure dans toutes les programmations, comme dans les séries, parfait marqueur de cette forte demande sociétale. Netflix offre ainsi un large éventail de séries adaptées à toutes les identités, qui par exemple s'adressent à la communauté LGBTQIA + : *Special, Sense8, Elite, The Fosters, Grace et Frankie, Tales of the City, Sex Education, Schitt's Creek, Queer Eye*… L'Europe du Sud, notamment, subit davantage cette injonction et reste crispée sur son modèle universaliste, malgré des groupes de publics activistes. Elle stigmatise en partie le « *wokisme* », expression péjorative cherchant à stigmatiser les partisans de la protection des minorités opprimées en les présentant comme dénués de rationalité, et le *woke washing* qui serait devenu une stratégie de marque comme le label électronique *Whities* qui change de nom pour AD93 en 2020. Difficile d'y échapper cependant : les conseils d'administration publics ou privés des organisations culturelles doivent faire face au sujet en France comme ailleurs, à des rythmes divers, étant même parfois poussés à démissionner. Une meilleure prise en compte de la parité et de la diversité se met en place progressivement dans le système de production de la création et de la culture, à la demande de collectifs comme 50/50 dans le cinéma. Non sans mal en France, au-delà du cinéma, les industries culturelles se distancient des comportements problématiques à l'égard des femmes : dans l'édition (affaires Gabriel Matzneff, Stéphane Marsan…), les médias (affaires Patrick Poivre d'Arvor, Nicolas Hulot…), les jeux vidéo (affaire Ubisoft), la musique (affaire Bertrand Cantat…). Le spectacle vivant est très réceptif : les artistes soupçonnés d'agressions sexuelles sont déprogrammés dans les festivals et les concerts. Lomepal par exemple, visé par une plainte pour viol, voit en conséquence l'annulation de son concert par le Cabaret Vert à l'été 2023 et une chute brutale des ventes de son album, mais est maintenu par d'autres festivals. Les spectacles féministes ou queers rencontrent un franc succès : par exemple, Madame Arthur, premier cabaret de travestis ouvert à Paris en 1946, est devenu un must, aujourd'hui temple iconique branché de la chanson française, animé par une troupe qui dynamite les codes du genre, entre paillettes, provocation, dérision et humour[26]. Les clubs et les festivals travaillent à devenir des *safe spaces*. Le monde des arts visuels et du patrimoine est le plus résistant, mais assailli, jusqu'à l'artiste-monde Picasso, attaqué durement pour sa misogynie, comme d'autres artistes plus contemporains tels Claude Levêque

25. « Passé simple du verbe anglais *to wake*, en français "se réveiller", le mot désigne le fait d'être "conscient des injustices subies par les minorités ethniques, sexuelles, religieuses, ou de toutes formes de discrimination, et mobilisé à leur sujet. Née aux États-Unis dans le contexte historique de la lutte pour les droits des Noirs [...] cette expression argotique a cheminé dans le monde africain-américain à partir des années 1960" », expliquait au *Monde* en février l'historien Pap Ndiaye, [...] qui rappelait que la grande figure du mouvement des droits civiques américains, Martin Luther King, avait exhorté les jeunes Américains à "rester éveillés" et à "être une génération engagée", lors d'un discours à l'université Oberlin, dans l'Ohio, en juin 1965. » Source : https://www.lemonde.fr/les-decodeurs/article/2021/09/23/quatre-questions-pour-cerner-les-debats-autour-du-terme-woke_6095681_4355770.html

26. Voir cahier couleur.

ou Jan Fabre accusés de violences sexuelles[27]. Certains pays qui ont été colonisés dans le passé réclament maintenant à ceux qui les ont colonisés de leur restituer des œuvres pillées à cette époque et se trouvant aujourd'hui dans les collections de leurs musées[28]. Dans le sillage d'un mouvement mondial inédit contre la colonisation, la traite négrière et le racisme, des statues, figures symboliquement malheureuses de ces époques, sont assaillies et déboulonnées au motif qu'elles représenteraient des obstacles au vivre ensemble… L'appropriation culturelle est dénoncée : elle décrit l'utilisation par une personne ou un groupe de personnes d'éléments culturels appartenant à une autre culture, généralement minoritaire, d'une manière qui est jugée offensante, abusive ou inappropriée. Les risques et parfois excès de ce mouvement sont interrogés : censure, *cancel culture,* critique morale de l'art, etc.

Encadré 2.15 – Séparer l'homme de l'artiste, la controverse Polanski : un marketing de l'offre contre la demande sociétale

En France, la 45e cérémonie des Césars en 2020 marque en France le paroxysme de la confusion entre l'appel vital à une moralisation des conditions de production et de distribution de l'art, la culture et toutes les industries créatives d'un côté, émanant de la société mais relayé par des artistes, et la liberté inhérente à toute œuvre créative et programmation de l'offre de l'autre, émanant des mondes de l'art. À l'annonce du César du meilleur réalisateur attribué à Roman Polanski, l'actrice Adèle Haenel marque son désaccord en s'écriant « La honte ! » et quitte la salle, tandis que des militantes féministes protestent à l'extérieur. Pour elles, le distinguer ainsi équivaut à « cracher au visage de toutes victimes ». « Un césar symboliquement malheureux », dit Franck Riester, ministre de la Culture. « *Césars : le changement ce n'est pas maintenant* » titre *Libération*. Les #Césardelahonte et #JeSuisVictime déferlent dans les réseaux. Virginie Despentes signe une tribune cinglante dans le plus pur style de son manifeste féministe *King Kong théorie* : « On a appris comment ça se porte la robe de soirée. À la guerrière [...] vous n'aurez pas notre respect [...]. Désormais on se lève et on se barre. » « Meuf, tu délires... » lui répond Natacha Polony dans *Marianne*, étrillant l'extrémisme du « féminisme queer » pour appeler à plus de nuances. Au début de cette révolte, les accusés s'illustrent par leur silence figé. Puis, au pic de la crise, la parole se libère sur les réseaux sociaux, face à ce qui était décrit comme un « tribunal de l'opinion ». Fanny Ardant défend Roman Polanski d'un « vive la liberté », Arnaud Desplechin confirme qu'il juge l'œuvre (et non l'artiste), Isabelle Huppert cite Faulkner : « Le lynchage est une forme de pornographie. » Lambert Wilson accable les « minuscules » face à « l'énormité du mythe Polanski ». Le critique d'art Thomas Schlesser évoque « Michel-Ange

27. Voir l'article du *Monde* en 2023, « Les œuvres embarrassantes des artistes accusés de violences sexuelles ».

28. Voir chapitre 6.

traqué par les autorités du Vatican parce qu'il peignait la fresque d'autel de la chapelle Sixtine dans un registre obscène et coupable » et Véronèse « devant le tribunal de l'Inquisition, à Venise, qui, accusé d'avoir profané la représentation de la Cène, rétorque à ses juges : "Nous autres, peintres, nous autorisons des licences que s'octroient les poètes et les fous" ». Le viol pour lequel Roman Polanski a été condamné et les autres viols dont d'autres femmes l'accusent n'ont rien changé à sa réputation en tant que cinéaste mondialement reconnu pour son œuvre. En 2023, Alberto Barbera, le directeur de la Mostra, justifie la programmation des films de réalisateurs poursuivis pour violences sexuelles, Roman Polanski (il s'est excusé auprès de sa victime), Woody Allen (acquitté deux fois), Luc Besson (non-lieu) et dit de Polanski : « Je ne vois pas de raison valable de ne pas sélectionner l'un des derniers maîtres du cinéma en activité, à 90 ans révolus. »

Sources : Gombault A. (2020), « L'impossible moralisation de l'art », *The Conversation*, theconversation.com, 11 mars et Barbera A. (2023), « Je défends la justice, pas la persécution », *Le Monde*, Lemonde.fr

Fin 2023, le même type de polémique se déroule au sujet de Gérard Depardieu. Considéré comme le plus grand acteur français, il est lynché médiatiquement et rayé professionnellement suite à la diffusion sur France 2 du reportage Complément d'enquête le montrant, en Corée du Nord, tenir des propos graveleux avec les femmes et sexualiser une fillette. À coups de tribunes, les nombreux détracteurs de l'homme (« l'art n'est pas un totem d'immunité ») affrontent les défenseurs de l'acteur (une minorité de personnalités du cinéma de sa génération), jusqu'au président de la République lui-même. Vieille controverse que celle de l'autonomie de l'art, qui revient ici sur le devant de la scène à la demande de la société. D'un côté, ce nouvel agenda sociétal rappelle l'importance de la civilisation des mœurs de Norbert Elias[29] : les minorités opprimées, les dominés, ceux qui n'ont pas pu créer dans de bonnes conditions, dans l'invisibilité, la soumission, ou pire ont connu l'assujettissement à des violences sexuelles et morales dans l'exercice de leur activité de création, dénoncent les inégalités, y compris intersectionnelles[30], pour plus de place et de pouvoir[31]. De l'autre côté, les partisans de l'autonomie de l'art défendent que ce nouvel

29. Voir Delmotte F. (2018), « Norbert Elias, Catherine Deneuve et l'égalité des sexes », *La Vie des Idées*, laviedesidées.fr

30. L'intersectionnalité (de l'anglais *intersectionality*) est un courant de recherche sociologique américain qui identifie et étudie la situation de personnes subissant simultanément plusieurs formes de stratification, domination ou de discrimination dans une société. Ainsi, dans l'exemple d'une femme appartenant à une minorité ethnique, celle-ci pourra être victime à la fois de sexisme et de racisme.

31. Le constat n'est pas nouveau : différentes disciplines de sciences sociales regorgent d'études sur le sujet. Comme le montre Menger (2002), les mondes de l'art très hiérarchisés sont structurés par une division du travail fortement spécialisée, concurrentielle et inégalitaire. Les femmes sont la principale minorité des industries créatives, au cœur de la controverse, au sens où elles n'ont pas le pouvoir. Elles souffrent encore largement – malgré la révolution de 1968 et l'apparition des théories féministes des pratiques artistiques – d'un système patriarcal, de la domination masculine et du plafond de verre qui en résulte, sur la création, les financements, la carrière. La nouveauté vient de la révolte et de l'appel au changement de femmes contre les violences sexuelles de certains créateurs.

agenda sociétal et ses censures militantes conduisent à un « art sous contrôle » (Talon-Hugon, 2019) et observent « une panique morale injustifiée »[32] refusant que la création et l'art se fixent des limites. Pour les tenants de la vision romantique de l'autonomie de l'art, l'art n'a rien à voir avec la morale, pour le meilleur ou pour le pire. Il n'a à voir qu'avec lui-même, c'est sa nature : « l'art pour l'art » (Caves, 2000). La censure ne peut porter ni sur le contenu de l'œuvre comme souvent par le passé, ni sur le comportement de l'artiste comme aujourd'hui. L'humoriste Blanche Gardin en tire des sketchs grinçants comme celui des Molières 2018 où elle souligne la possible et paradoxale dévalorisation de l'artiste dans cette injonction à la diversité et l'année suivante où elle rappelle l'importance du politiquement incorrect en citant Pierre Desproges. Pourtant dès les années 1970, la sociologue de l'art Raymonde Moulin (1992) pointait les limites de l'autonomisation de l'art par rapport à d'autres secteurs de la vie sociale. La dialectique entre ce nouvel agenda sociétal démocratique et la liberté de création est vive, mais elle peut chercher une conciliation : à la fois imaginer de nouvelles conditions d'organisation de la production et de la distribution tout en respectant la plus grande autonomie possible de création. Le marketing culturel, mis au défi de cette nouvelle demande sociétale, doit prendre en compte cette dialectique avec vigilance, tant dans le choix de l'offre que dans la communication. En conséquence, on observe très clairement, une évolution progressive vers un marketing de la demande.

Écologisation

Une autre thématique s'impose dans l'agenda sociétal du marketing des arts et de la culture : l'appel à la promotion du développement durable « de la culture et par la culture ». Face à la demande écologique du public, plus pressante, il s'agit autant de promouvoir le respect de la nature dans le contenu des œuvres et leur programmation, que dans leur production[33] et la production en général des organisations culturelles, en affirmant ainsi un marketing d'une offre culturelle durable. Ces dernières années, les artistes et les produits culturels mettant en avant cette thématique sont plus nombreux partout dans le monde, poussés par la « génération Greta »[34] et la pandémie du Covid-19. Les industries culturelles sont les plus en retrait, en raison notamment de leur consommation numérique élevée, par nature peu durable (Pitron, 2021) même si elles

32. Selon l'expression de l'historien d'art Paul Ardenne, voir L'art doit-il se fixer des limites ? – Libération (liberation.fr).

33. Voir chapitre 1 sur l'art écologique.

34. La Génération Greta désigne la génération née après 1995 (dite Z) galvanisée par la grève scolaire de l'adolescente Greta Thunberg devant le parlement suédois pour sensibiliser à la crise climatique. Pour cette génération, changer le monde, c'est avant tout sauver la planète (https://fr.unesco.org/courier/2021-2/generation-greta).

étudient des solutions comme l'éco-production[35] au cinéma par exemple et que plusieurs artistes sont déjà engagés dans une démarche éco-responsable comme les musiciens Moby, Massive Attack, Cold Play, Shaka Ponk[36]... En revanche, le spectacle vivant et le patrimoine se sont saisis de la question.

Encadré 2.16 – *They all « love green »* : quelques marqueurs dans le spectacle vivant, le patrimoine et le cinéma en France

- En 2010, création de *We Love Green*, festival engagé dans une démarche éco-responsable. En 2023, on compte plus d'une trentaine de festivals durables positionnés sur l'écologie et la société (Climax[37], Le Cabaret vert, Au Foin de la rue, Plein Air Festival, So Good Festival, etc.) et l'ensemble des festivals essaient de progresser sur ces dimensions. En 2020, l'association Arviva (arts vivants, arts durables) est créée pour engager la transition écologique du spectacle vivant. En 2023, le Syndeac, puissant syndicat du secteur, présente un rapport à l'intention des pouvoirs publics pour changer de paradigme.
- En 2008, création de l'association COAL qui mobilise les artistes et les acteurs culturels pour l'émergence d'une nouvelle culture de l'écologie. En 2022, le Centre Pompidou propose le MOOC « Art et écologie », outil de médiation pour les publics, qui offre une formation à l'écologie dans l'art contemporain. En 2022 et 2023, les expositions sur l'art et la nature se multiplient dans le monde : en France, entre autres, exposition « La Vallée » de Fabrice Hyber qui témoigne de son engagement environnemental à la Fondation Cartier, « Saison Art et Nature » de Chaumont-sur-Loire, le festival d'histoire de l'art dédié au climat du château de Fontainebleau, l'installation « *Mater Earth* » de Prune Nourry au Château La Coste, l'exposition « Avant l'Orage » sur la fragilité de la nature, à la Bourse du Commerce-Collection Pinault.
- En 2019, appel de plus de 250 personnalités du cinéma à s'engager dans le secteur face à l'urgence climatique. Depuis 2021, sélection officielle du Festival de Cannes de films sur l'environnement dans sa section « cinéma pour le climat ». En juin 2021, annonce par le Centre national du Cinéma et de l'image animée (CNC) de la mise en place d'un plan d'action pour une politique publique de transition écologique et énergétique dans les secteurs du cinéma, de l'audio-visuel et de l'image animée, et demande la réalisation d'un bilan carbone pour toute production d'ici à 2023.

35. Un an de production de cinéma en France pollue autant que 820 000 vols Paris-New York. L'éco-production vise à repenser chaque étape de la réalisation d'un film pour la rendre plus responsable. Les producteurs cherchent à intégrer le film dans l'économie circulaire locale et limiter au maximum son impact environnemental.

36. En 2023, le groupe annonce sa séparation en 2024, après un dernier album et une dernière tournée, pour stopper son impact environnemental et se consacrer au collectif d'artistes engagés pour l'écologie, The Freaks, qu'il avait créé en 2018.

37. Voir cahier central.

Le marketing des arts et de la culture devient donc aussi un marketing vert qui vise à intégrer les problématiques écologiques dans chacune de ses variables d'action : offre produit, prix, distribution, communication, en tentant d'éviter le *greenwashing* qui peut exister comme dans les autres secteurs, et en étant si possible actif et innovant. On peut citer l'exemple du festival d'Avignon « in » et « off »[38] dont la stratégie écologique repose sur cinq axes :

- une programmation sur des thématiques durables pour sensibiliser le public ;
- la réduction des déchets, papiers et plastiques (de 60 à 25 tonnes en quelques années) en limitant notamment l'affichage et les prospectus, et en équipant la ville de fontaines à eau ;
- l'alimentation avec des circuits courts aussi bien pour les artistes que pour les publics ;
- la réduction de la consommation électrique avec des équipements à LED ;
- et, plus compliquée, la réduction de l'impact carbone dans la mobilité des publics à laquelle commencent tout juste à s'atteler les organisations culturelles en général.

À l'instar de la demande d'inclusivité, les attentes écologiques des militants et des publics en général peuvent générer des crises. Ainsi, les attaques d'œuvres (par jets de soupe, purée, peinture…) au nom du climat ont augmenté de façon exponentielle, à tel point qu'en 2022, 92 directeurs de musées alertent sur ce phénomène. En janvier 2024, deux militantes écologistes réussissent même à asperger de soupe la vitre blindée de la Joconde au Louvre en justifiant leur action par le droit à une alimentation saine et durable. La médiation et la communication de crise s'avèrent alors indispensables pour sortir de ces situations.

En conclusion, comme le résume Bonaventure Ndiking, le directeur de la Maison des cultures du monde de Berlin[39] nommé en 2023, la culture ne peut pas se permettre d'exister sans faire écho aux crises environnementales et plus largement géopolitiques, largement amplifiées par les consommateurs culturels. La demande s'invite dans l'offre. Dans ce contexte, le marketing des arts et de la culture doit désormais travailler au développement durable de la culture, dans la définition large, de l'ONU incluant les trois dimensions de l'écologie, du social et de l'économie, ce qui le transforme en marketing de l'engagement.

38. Source : Affichage, plastique et consommation d'énergie : le festival Off d'Avignon prend ses dispositions (linfodurable.fr).

39. Source : www.lemonde.fr/culture/article/2023/08/31/bonaventure-ndikung-on-n-a-pas-le-luxe-d-etre-apolitique_6187265_3246.html

CHAPITRE 3

Le comportement de consommation culturelle

Par Dominique Bourgeon-Renault

INTRODUCTION

L'économie a été la première discipline à aborder l'analyse de la consommation des biens et services culturels. L'analyse économique du comportement de consommation culturelle, malgré l'intégration de l'allocation du temps et de la théorie du capital humain dans les apports de la nouvelle théorie économique, est considérée comme trop réductrice et mécaniste. L'économiste, au nom du paradigme de rationalité, a longtemps ignoré que la consommation culturelle est, avant tout, liée à une perception esthétique et a négligé ce qui motive les individus dans la pratique d'activités culturelles (spectacle vivant, expositions, musique, lecture, cinéma...).

En réaction à cette approche, il est intéressant de se référer à une discipline telle que la psychologie pour comprendre les modes de comportement. Cependant l'orientation exclusive des modèles psychologiques vers l'individu ne permet pas de prendre en compte les interactions entre les individus et les phénomènes de groupes, ce qui incite à se tourner vers l'approche sociologique. D'autres disciplines telles que l'anthropologie, l'ethnologie, la linguistique et la sémiotique influencent aussi fortement les fondements théoriques du marketing concernant l'étude du comportement culturel.

Le comportement du consommateur s'avère plus complexe. À l'heure actuelle, on observe l'existence d'un « *homo consumericus* de troisième type », c'est-à-dire un « turbo consommateur flexible » totalement libéré des anciennes cultures de classe, imprévisible dans ses goûts, à la recherche d'expériences émotionnelles et de mieux-être, de qualité de vie, d'authenticité, d'immédiateté (Lipovetsky, 2006). De plus, le consommateur s'immerge dans des processus de consommation inoubliables (Csikszentmihalyi, 1997) et « fait corps » avec l'expérience vécue. Les institutions culturelles sont donc confrontées à un consommateur plus affectif adoptant un processus de prise de décision en fonction des circonstances, et allant de l'individualisme à la recherche du renforcement d'un lien social au sein de groupes ou de communautés.

L'hédonisme, la recherche de sensations, d'expériences partagées et de sens sont des phénomènes occultés durant la période moderne, mais qui, désormais, sont à prendre en compte dans le comportement postmoderne des publics : la passion a tendance à se substituer à la raison.

Le clivage social tendrait à disparaître et l'individu, caractérisé par un éclectisme (Peterson et Kern, 1996), dans ses choix et expériences culturelles, allie des pratiques de haute culture (musique et théâtre classique…) à d'autres relevant davantage du divertissement (séries télévisées, musique de variété…). Les publics vivent de plus en plus des expériences culturelles différentes à travers des logiques de consommation que l'on peut qualifier d'éducative, d'esthétique et/ou de ludique (*edutainment*), à travers un mélange des genres culturels (Lahire, 2004). Les apports du marketing peuvent alors être considérables pour aborder la problématique du comportement de consommation culturelle et agir sur la fréquentation des institutions culturelles.

Notre société pourrait être qualifiée de « transmoderne » dépassant la modernité et la postmodernité et analysant les phénomènes internationaux de façon mondiale et localisée, s'appuyant ainsi sur un dialogue interculturel reflétant la diversité des cultures. Dans cette société qualifiée également de « transesthétique » (Lipovetsky et Serroy, 2013), le marketing peut contribuer à approfondir et améliorer la connaissance du consommateur afin de proposer aux professionnels des préconisations leur permettant d'adapter l'offre à ce visiteur que l'on pourrait caractériser d'hypermoderne (Cova et Cova, 2004), voire de transmoderne (Luyckx Ghisi, 2001).

L'ÉTUDE DE LA CONSOMMATION CULTURELLE

En France, suite à la mise en place des 35 heures hebdomadaires, nous vivons désormais dans une civilisation de loisirs. Le temps libre est devenu une réalité. Le secteur culturel présente donc d'importantes possibilités de croissance.

Les changements et transitions, que le secteur des arts et de la culture a connus ces dernières années, ont été accélérés par l'évolution numérique qui a accru les difficultés d'accès à la culture et engendré des inégalités sociales. On parle de « fracture générationnelle » : les générations âgées s'identifient par une « culture de sortie » dans les lieux culturels (patrimoine, spectacle vivant...) tandis que les plus jeunes (3 à 17 ans) manifestent une « culture de salon » sur les écrans[1].

Les statistiques de l'Insee (2022) confirment un montant de 97 milliards d'euros en 2021, consacré aux dépenses de culture et loisirs. Une partie importante d'entre elles (32 %) correspond aux services sportifs et récréatifs (parcs d'attractions, fêtes foraines...) et surtout aux services culturels (musées, arts vivants, cinéma, arts visuels et abonnements). Le comportement de consommation culturelle des individus a été transformé par la révolution numérique, que ce soit au niveau de la lecture de la presse, du visionnage de la télévision (en ligne), de l'écoute de la musique et de la radio...

L'édition 2022 de l'étude *France, portrait social* met en évidence que le consommateur, en France, consacre un budget d'un peu plus de 1 000 euros par an pour les services culturels et l'achat de biens du secteur, ce qui représente environ 4 % de son budget total. Les abonnements se sont développés de façon importante. Lors des années précédentes, l'acquisition de téléviseurs par les ménages a baissé de 35 %, et les dépenses consacrées aux livres et à la presse ont diminué de 11 %. Cependant, cette tendance est compensée par les services culturels (augmentation de 8 %), tels que les abonnements aux plateformes de streaming. Dans le budget culturel global dépensé par le consommateur, c'est l'audiovisuel qui domine avec plus d'un quart du total.

Si « pratique culturelle et loisir » font partie intégrante du temps libre, ce dernier couvre des activités plus vastes que les deux autres termes réunis. Dans un souci de simplification, les termes de « pratique culturelle et loisir » seront remplacés par « consommation culturelle » (pratique, fréquentation, possession

1. Projet de loi de finances 2023 (Edito) : page 5 du Budget 2021 du ministère de la Culture,

ou utilisation), désignant la lecture, la fréquentation des équipements culturels (théâtres, salles de concerts, musées, salles de cinéma...) et l'acquisition et/ou l'utilisation des médias audiovisuels.

Les grandes tendances de la consommation culturelle

Les sorties au spectacle, les visites de musées, d'expositions ou de monuments historiques, et la fréquentation des salles de cinéma sont de plus en plus fréquentes dans des catégories toujours plus diversifiées de publics. Quant aux pratiques audiovisuelles, elles occupent une place centrale dans le quotidien des Français au-delà de l'écoute de la télévision très répandue au sein de la population. La radio, mais également l'écoute de musique enregistrée, connaît également un véritable essor au cours des deux dernières décennies. Cependant la télévision et la radio connaissent un léger recul ces derniers temps, lié à une concurrence accrue des contenus numériques, en particulier pour les moins de 35 ans. Le succès des consommations audiovisuelles et numériques se combine à un développement de la fréquentation des lieux culturels qui a été ralenti pendant la période Covid-19 et qui connaît un nouveau regain depuis 2021.

Les Français sont en effet plus nombreux à fréquenter les lieux culturels, surtout après 40 ans. Si la danse et le théâtre sont attractifs pour le jeune public, le spectacle vivant peine encore à attirer les 25-39 ans. Le spectacle vivant et les secteurs patrimoniaux (musées, monuments historiques) ont bénéficié d'une propension croissante des plus âgés aux sorties culturelles.

Les années 2021 et 2022 sont marquées par un retour de la fréquentation des visiteurs dans les musées et monuments nationaux après une année 2020 ayant connu la fermeture de ces lieux en raison de la pandémie. En 2022, en effet le niveau de fréquentation des lieux patrimoniaux est à peu près identique à celui de 2019 avant la crise sanitaire : c'est le cas des grands musées parisiens, en nette hausse en 2022 et 2023, qui tendent à retrouver leurs chiffres de 2019. Par exemple, avec 7,8 millions de visiteurs, le musée du Louvre est le monument français le plus visité en 2022 (par rapport à 2021, hausse de 170 %, en raison du retour des touristes étrangers). Le Centre Pompidou, avec 3 millions de visiteurs en 2022 (essentiellement parisiens ou franciliens), multiplie par deux sa fréquentation par rapport à 2021[2].

2. Centre des monuments nationaux, 2023.

La sortie culturelle, la plus populaire, demeure celle du cinéma pour près des deux tiers de l'ensemble de la population française. De 2007 à 2011, la fréquentation des salles de cinéma s'accroît, pour fluctuer jusqu'à 2019 (*Statista Research Department*, 2023). Les entrées représentaient 213 millions avant 2019. En 2021 et 2022, les ventes de billets de cinéma augmentent, mais restent encore très loin des chiffres pré-Covid-19 : on observe en effet 152 millions d'entrées en 2022. La classe d'âge, qui sort le plus au cinéma, est celle des 15-24 ans (deux fois plus nombreux à aller au cinéma que les 60 ans ou plus). Quelques films de grande audience (ex : *Intouchables,* 2011 ; *Qu'est-ce qu'on a fait au Bon Dieu ?*, 2014 ; *Avatar 2 : la voie de l'eau,* 2022) élargissent le spectre sociologique des spectateurs français qui préfèrent, dans l'ensemble, les films humoristiques, fantastiques et d'animation.

Dans le champ de l'audiovisuel, la consommation de la télévision a connu une très forte progression depuis le début des années 1970. En 2021, plus de neuf foyers sur dix sont équipés d'un téléviseur, et huit sur dix ont un téléviseur connecté. Regarder au moins occasionnellement la télévision est une pratique presque universelle au sein de la population. La consommation quotidienne de télévision a fortement augmenté de 1973 à 2008, passant de 65 % à 87 % des 15 ans et plus. Pour la première fois, une inflexion s'est observée entre 2008 et 2018, et la durée hebdomadaire moyenne de visionnage de télévision, quel que soit le terminal utilisé, a reculé entre 2008 et 2018. En 2021, l'audience de la télévision était de 3 heures 41 minutes par jour en moyenne, en recul par rapport à 2020. La baisse de consommation télévisuelle quotidienne s'observe chez les plus jeunes, ce qui ne signifie pas qu'ils se détournent des écrans. Dans de nombreux cas, cette désaffection partielle des contenus télévisuels s'accompagne d'une consommation élevée audiovisuelle sur Internet (pratique restant largement spécifique des jeunes).

Encadré 3.1 – Vers de nouveaux modes de consommation

La diffusion rapide de l'ordinateur et d'Internet dans les foyers est un des phénomènes le plus marquant de ces trente dernières années. Cette tendance est explicative d'une diversification de l'offre de programmes télévisés, à l'origine d'une multiplication des formes de consommation. Pour un individu, le mode de consommation devient plus personnalisé et flexible.

De nouvelles offres se développent à travers la vidéo à la demande, le Replay (sur Internet ou téléviseur), et le développement de chaînes spécialisées. Cette tendance bouleverse les habitudes de consommations traditionnelles d'un programme TV en live ou en mode catch-up sur un ordinateur, une tablette ou un Smartphone.

Les jeux vidéo font aujourd'hui partie des pratiques quotidiennes. Le Syndicat des éditeurs de logiciels de loisirs (SELL), en collaboration avec Médiamétrie, a mené une étude en 2022 sur les Français et le jeu vidéo. Les résultats mettent en évidence que le jeu vidéo en France représente 37,4 millions de joueurs composés de :

- 88 % d'adultes (âgés de 18 ans et plus) soit 32,8 millions d'individus ;
- 12 % d'enfants (âgés de 10 à 17 ans) représentant 4,6 millions de joueurs.

Parmi la population, 70 % d'entre eux (moyenne d'âge de 39 ans) jouent de manière occasionnelle, c'est-à-dire au moins une fois par an (51 % d'hommes et 49 % de femmes). De plus, la génération Z (jeunes de 15 à 24 ans) représente 7,1 millions de joueurs. Ces derniers, dont la moyenne d'âge est de 21 ans, sont 93 % à jouer aux jeux vidéo. Ils jouent principalement sur Smartphone, console de jeux et ordinateur en privilégiant les jeux grand public (*casual*), les jeux d'action et les jeux de rôle. Les seniors (60 ans et plus) représentent 6,3 millions de joueurs. Leur moyenne d'âge est de 69 ans. Parmi eux, ils sont 32 % à jouer tous les jours ou presque, principalement sur ordinateur et Smartphone. Leurs jeux préférés sont à 31 %, des jeux *casual*, sur mobile.

Les jeux vidéo deviennent avant tout une pratique sociale et nomade car ils permettent au joueur, dans un univers virtuel, d'être connecté à d'autres dans une zone internationale (partage d'expérience, d'information, compétition et possibilité d'échanges en direct). Le développement des usages numériques encourage les expériences immersives où la réalité virtuelle devient de plus en plus conforme à la réalité, et offre aux joueurs de réelles interactions avec l'environnement.

Un autre phénomène, à citer, est celui de la montée en puissance de la musique dans la vie de tous les jours. Pratique culturelle la plus développée après la télévision, elle est devenue un fonds culturel (d'où l'expression de « musique de fond »). Dans un tel contexte on voit apparaître des genres dominants dont la variété est l'expression la plus populaire (ex. : l'émission *The Voice*). Le mélange des genres culturels fonde une nouvelle légitimité culturelle[3], ce qui implique un effacement entre genres majeurs et genres mineurs. Par exemple, les musiques afro-américaines (comme le blues, le reggae, ou le hip-hop[4]) sont au départ des musiques d'expression communautaire qui, au fil du temps, ont perdu leur origine culturelle et sont passées à l'état de musiques à écouter (*World music*), caractérisées par un effacement culturel au profit d'un produit universel.

3. Pour une approche de la notion de légitimité culturelle, voir chapitre 5.

4. La danse hip-hop est née à New York et provient de la culture hip-hop (qui inclut le rap, le *DJing*, le tag et le graff). À l'origine, les pratiquants sont issus de minorités ethniques des États-Unis (Noirs et Portoricains principalement).

Quant à la lecture, elle souffre de la concurrence d'autres médias. Les jeunes diversifient leurs centres d'intérêt autour de l'image et du son. En conséquence, la lecture devient, pour eux, un choix de second ordre et plutôt scolaire. Malgré une fréquentation des bibliothèques en hausse, en particulier par les jeunes publics, la lecture – aussi bien de livres que de bandes dessinées – est une pratique qui continue de baisser au sein de la population. Ce mouvement est identifiable dans les générations qui ont suivi les *baby-boomers*. Aujourd'hui, le lectorat est devenu particulièrement rare au sein des jeunes générations. La baisse de lecture chez les femmes étant moins marquée que chez les hommes, une nette féminisation du lectorat s'opère. Plus souvent masculin et jeune dans les années 1970, il est devenu plus féminin et plus âgé alors que s'effacent les écarts de pratiques entre grandes zones urbaines et milieu rural.

Or, il est à remarquer que toutes ces tendances de consommation culturelle, précédemment décrites, connaissent une évolution, ces dernières années, sous l'influence des nouvelles technologies de l'information et de la communication. Le consommateur passif est devenu actif : on parle de pouvoir (*consumer empowerment*) lié à la maîtrise des outils digitaux. L'individu éprouve un besoin de vivre ses expériences, de façon immédiate et directe, dans un contexte d'hyperprésentéisme. C'est ainsi que les outils numériques permettent d'accéder immédiatement à l'offre culturelle. Les internautes téléchargent la musique et les films, lancent des *blogs*, enregistrent leurs propres musiques, etc.

L'apparition d'Internet et l'évolution du numérique en général, tendent à bouleverser les comportements culturels en direction de la culture de masse (*entertainment*) en y intégrant une performance technique, une dimension ludique et un comportement « frénétique » d'accès gratuit à une culture de masse sans contraintes.

Les besoins et les motivations à la consommation culturelle

Qu'est-ce qui motive plus précisément le comportement de consommation culturelle ?

L'individu consomme des produits culturels non pour atteindre uniquement des objectifs pragmatiques ou utilitaires, mais pour l'expérience elle-même.

Dans le domaine artistique et culturel, par comparaison aux produits de consommation courante, la dimension symbolique occupe une place essentielle pour la compréhension du comportement de consommation de ce secteur. Cette dimension symbolique de la consommation culturelle peut être orientée vers soi (recherche de plaisir, d'émotion et d'esthétisme) ou vers les autres (sociabilité).

Sur un plan général, les motivations dans la consommation culturelle s'articulent ainsi (Debenedetti, 2001) :

- **L'émotion esthétique :** la consommation culturelle est recherchée, dans ce cas, comme une source de stimulation émotionnelle et sensorielle. L'émotion esthétique est souvent décrite comme une expérience transcendante, spirituelle, profondément émouvante, provoquant parfois des sensations physiologiques brutales.
- **Le divertissement, la relaxation :** la consommation culturelle est considérée ici comme source de divertissement (*entertainment*) et de relaxation. Il s'agit dans ce cas d'un simple plaisir hédoniste, fugace et général, intégrant le plus souvent une dimension ludique ou d'amusement.
- **L'évasion, le changement :** on peut également fréquenter les arts et la culture pour s'évader psychologiquement, rompre la routine quotidienne et changer d'univers. La nature fantasmatique des œuvres ainsi que leur nouveauté intrinsèque favorisent cette fonction d'évasion et d'échappée belle de l'esprit à travers le temps et l'espace.
- **L'enrichissement intellectuel :** le motif d'enrichissement intellectuel est sans doute le plus fréquent dans les discours des amateurs de culture. Ceux-ci souhaitent, par leurs pratiques culturelles, apprendre, acquérir des informations, développer leur connaissance et enrichir leur culture personnelle.
- **La distinction sociale :** la consommation culturelle peut être valorisée en tant que symbole de statut social et peut être motivée par la recherche d'élitisme ou de prestige social. Cette notion de « distinction sociale » s'oppose à celle de « fusion sociale » par laquelle l'individu témoigne de son appartenance au groupe majoritaire (phénomène d'imitation), manifeste sa volonté de rester en phase avec les goûts du plus grand nombre, d'être et de faire « comme tout le monde » (ex. : faire le choix d'un film à succès, du disque à la mode ou de l'exposition blockbuster du moment).
- **L'interaction sociale et l'hédonisme social :** l'individu accroît et entretient sa sociabilité à travers la consommation de produits culturels. La culture est alors vue comme un élément de développement par la socialisation, et l'objet culturel est considéré comme un moment de plaisir partagé et un prétexte aux interactions familiales et sociales (sorties entre amis). Cette

motivation est parfois la première motivation de la sortie culturelle, l'activité culturelle devenant alors secondaire.

Les sorties culturelles (encadré 3.2) sont perçues comme des sorties « partagées » (Debenedetti, 2001 ; Pulh, 2002).

Encadré 3.2 – Les sorties culturelles en groupe

La plupart des sorties culturelles s'effectuent en groupe de proches (amis, famille...). Les principaux motifs d'une sortie culturelle accompagnée peuvent être présentés ainsi :

- **la construction du sens :** la présence de proches à ses côtés permet au visiteur ou au spectateur de se positionner, par la discussion, dans l'espace des goûts et des références, mais aussi d'apprendre : le sens retiré des œuvres est en effet largement coconstruit dans l'interaction verbale entre compagnons ;
- **la récréation :** la présence du ou des compagnons assure la dimension enjouée et récréative de la sortie en fournissant cette « stimulation affective » propre à toute interaction sociale, mais particulièrement forte entre personnes « intimes » (conjoint, ami, membre de la famille) ;
- **le soutien affectif :** la présence de compagnons peut être rassurante dans un contexte où la complexité des œuvres, l'austérité perceptuelle du lieu culturel (opéra, musée d'art...), la proximité immédiate d'amateurs éclairés ou encore le sentiment de foule peuvent être sources de stress ;
- **le prestige social,** c'est-à-dire la valorisation de son image personnelle auprès des membres du groupe notamment via le discours sur les œuvres. C'est le plus souvent le leader du groupe qui reçoit ce genre de gratifications affectives ;
- **la transmission pédagogique,** dans le cas particulier des groupes familiaux.

Source : d'après Debenedetti (2001).

Les freins à la consommation culturelle

Les contraintes budgétaires sont souvent citées comme freins à la consommation culturelle. Or, d'autres contraintes non monétaires expliquent aussi la non-fréquentation d'un lieu culturel : les contraintes temporelles et les barrières psychosociologiques.

Les freins monétaires

Ils sont à relier aux efforts monétaires directs qui concernent le tarif d'un billet de spectacle, le prix d'entrée dans une institution (musée, cinéma...) ou le prix d'achat d'un bien culturel (livre...).

Mais, ces efforts monétaires directs ne se limitent pas au prix du billet d'entrée dans un lieu culturel, mais concernent aussi les dépenses relatives au déplacement, à l'hébergement éventuellement et aux dépenses annexes (restauration, achat de brochures, de cartes postales, de produits dérivés...). Ces efforts monétaires directs, autres que le prix d'entrée, apparaissent, dans certains contextes, trop élevés.

Les freins non monétaires

Parmi les freins non monétaires, retenons tout d'abord la contrainte de la démarche organisationnelle à mettre en place pour la sortie culturelle (théâtre, cinéma, musée...), les horaires d'ouverture non adaptés, le manque de confort du lieu, le monde (affluence trop importante), l'attente à supporter et le manque d'envie et d'intérêt. D'autres freins non monétaires existent et méritent d'être développés.

Les contraintes temporelles

Les contraintes budgétaires se retrouvent, d'une manière générale, dans l'ensemble du processus de choix et d'achat des produits de grande consommation, mais les contraintes temporelles sont plus spécifiques aux consommations artistiques et culturelles.

Dans ce domaine, le temps est la ressource clé, avant les ressources financières. Lors du vécu d'une expérience culturelle, l'individu affecte l'usage de son temps libre à la consommation d'un bien ou d'un service. Par exemple, voir un film représente, en moyenne, deux heures. La lecture d'un roman demande un investissement de plusieurs heures. Dans les deux cas, il s'agit d'un coût en temps incompressible. Le spectacle vivant est aussi considéré comme un produit culturel particulièrement « chronophage ». Plus spécifiquement, la réservation est contraignante et presque souvent obligatoire, ce qui interdit au consommateur toute démarche d'impulsion contrairement au cinéma. De plus, le temps de trajet entre la salle de spectacle et le domicile est plus ou moins long, ainsi que la durée du spectacle. Une telle activité culturelle exclut toute autre activité (ce qui diffère des activités culturelles à domicile, pouvant être combinées avec du temps de travail domestique).

La distance culturelle

Selon Gottesdiener (1992), ce n'est pas le prix d'entrée qui constitue le principal frein à la consommation, mais la distance culturelle.

Les barrières physiques, psychologiques et intellectuelles

Tout d'abord, l'éloignement géographique constitue un frein important à la consommation culturelle. Cependant, la massification de certaines activités, notamment audiovisuelles ou numériques, permet une réduction des écarts de pratiques entre les catégories sociales, mais également au niveau des régions (grandes agglomérations *versus* zones rurales). Si cette dynamique (réduction des écarts entre les catégories sociales) est particulièrement prégnante dans le cas de l'écoute de la musique enregistrée, elle se remarque aussi pour la fréquentation des bibliothèques et des lieux de diffusion de spectacle vivant, en particulier de théâtre.

Par ailleurs, certains individus éprouvent de la distance psychologique et intellectuelle à l'égard de l'objet culturel. La réduction des écarts entre milieux sociaux, citée précédemment, apparaît moins pour les lieux patrimoniaux (musées, expositions, monuments) qui connaissent un accroissement de ces écarts. Les musées et les monuments sont définis comme des lieux qui ne sont pas ordinaires, qui ne font pas partie du quotidien au sens où ils sont plutôt hors du temps et du cours de leur vie. On peut les percevoir comme des lieux morts et poussiéreux. Pour certains jeunes, ce ne sont pas des lieux pour eux. Les musées sont perçus comme des lieux plutôt sérieux, où l'on se concentre et où il faut se contrôler (on ne peut pas se comporter sans gêne, librement). Cette image de concentration et d'efforts intellectuels semble freiner la fréquentation des musées et des monuments.

D'une façon générale, certains individus peuvent se sentir exclus d'un cercle des initiés. Ils peuvent avoir peur de ne pas comprendre ou de s'ennuyer.

Les barrières sociologiques

Les effets de la classe sociale sur les actes de consommation de produits culturels sont importants et sont à prendre en considération dans la compréhension du comportement culturel du consommateur.

L'analyse de Bourdieu (1979) privilégie une variable de description du comportement culturel de l'individu : la classe sociale. Elle s'appuie sur une fonction de la consommation – la « distinction » – correspondant à une dimension symbolique extrinsèque, ce qui pose le problème des déterminants socio-économiques dans la formation du goût. Ses travaux proposent non seulement une segmentation des pratiques et des consommations culturelles, mais ils mettent aussi en évidence des correspondances entre une segmentation de produits culturels et celle de classes sociales (Moingeon, 1993).

De plus, les différences entre niveau de revenu et niveau d'éducation impliquent une concurrence, entre les individus, dans la consommation de produits culturels (Bourdieu, 1979). Trois univers de goût en matière d'art sont ainsi définis : le goût dominant relatif aux œuvres légitimes ou majeures, le goût moyen correspondant aux œuvres mineures des arts majeurs et aux œuvres majeures des arts mineurs, le goût populaire à relier aux œuvres dépourvues de toute ambition artistique. Ces trois niveaux de goût coïncident avec un volume de capital scolaire, social et/ou économique différent. Le goût des individus est fonction de leur identification à leur groupe social.

En conséquence, les pratiques culturelles ne sont pas le fait de tous et c'est un domaine particulièrement influencé par le rang social. Les spectacles de théâtre ou d'opéra, les concerts sont des activités sociales dites élevées, alors que la télévision semble cibler davantage les couches sociales les plus défavorisées.

LES VARIABLES INFLUENÇANT LA FORMATION DU GOÛT

L'expérience accumulée positive est une variable explicative de la participation actuelle à la consommation culturelle. Une première expérience de consommation d'une forme d'art, même, si l'expérience est unique, donne lieu à des intentions futures de consommation (Kolb, 1999). L'expérience passée exerce donc un rôle effectif sur la consommation actuelle et future de produits culturels. Elle exerce aussi un impact sur l'intensité de la participation culturelle selon un principe d'addiction. En effet, le fait d'expérimenter le produit culturel ne conduit pas à la satiété, mais au contraire, plus l'individu consomme, plus il a le désir et le goût de consommer.

L'influence des expériences passées sur la consommation culturelle actuelle est double. En effet, elles interviennent, sur le développement d'un intérêt et d'une capacité à apprécier la pratique (développement d'une familiarité, compétence et expertise), et en conséquence, sur la formation du goût. Plus précisément, la familiarité, la compétence (en termes de maîtrise des codes culturels) et l'expertise (en termes d'évaluation et de jugement) permettent de mieux percevoir et de mieux apprécier les formes d'art.

L'âge et la maturité sont des facteurs explicatifs de la formation du goût. Selon Genette (1997), la modification du jugement d'un individu à l'égard d'une œuvre peut être liée à un effet de maturation physique, psychique ou culturelle. La sensibilité esthétique évoluerait sans doute avec l'âge et l'auteur met ainsi en évidence qu'il y a un âge pour apprécier certains compositeurs de musique.

Mais l'âge n'est pas le seul facteur sociodémographique qui interviendrait dans la formation du goût.

L'influence des facteurs sociodémographiques

Les caractéristiques démographiques sont les plus utilisées pour la description des audiences. Celles, dont l'usage est le plus fréquent, sont : le genre, l'âge, l'état civil, l'habitat, la région, le niveau d'éducation, la profession, les revenus. Ces variables présentent l'avantage d'être faciles à mesurer et permettent une base de comparaison des résultats. Elles sont utilisées dans presque toutes les enquêtes.

Dans ce cadre, peuvent être citées les études de l'Insee et celles du DEPS (département des études, de la prospective et des statistiques) du ministère de la Culture portant sur les « pratiques culturelles » (1973, 1981, 1989, 1997, 2008, 2018).

Le tableau 3.1 présente la structure sociodémographique par sexe et par âge des personnes utilisant Internet, de même que leurs pratiques culturelles 2018-2019. Quant au tableau 3.2, il porte sur les pratiques culturelles des Français selon la catégorie sociale et répond à la question « Au moins une fois au cours des douze derniers mois » (2018).

Tableau 3.1 – Utilisation d'Internet et pratiques culturelles selon le sexe et l'âge en 2018-2019 (en %)

En %

	FEMMES	HOMMES	16-24 ANS	25-39 ANS	40-59 ANS	60 ANS OU PLUS	ENSEMBLE
Part des personnes ayant utilisé Internet au cours des trois derniers mois							
Tous les jours ou presque	70	73	93	90	78	43	**71**
Au moins une fois par semaine	9	9	3	6	11	12	**9**
Moins d'une fois par semaine	8	7	4	3	7	12	**7**
Jamais	13	11	1	1	4	33	**12**
Part des personnes ayant au moins une fois dans l'année…							
été au cinéma	64	60	83	74	65	42	**62**
dont au moins quatre fois	*40*	*38*	*59*	*46*	*40*	*24*	*39*
assisté à un spectacle vivant (concert, théâtre, etc.)	51	46	52	54	54	38	**49**
dont au moins quatre fois	*19*	*18*	*21*	*19*	*21*	*16*	*19*
visité un musée, une exposition ou un monument historique	43	43	45	46	47	37	**43**
Part des personnes ayant lu un livre (hors bande dessinée) dans l'année							
Au moins un livre	71	53	58	60	65	62	**62**
dont au moins six livres	*43*	*27*	*29*	*30*	*36*	*40*	*35*

Champ : France métropolitaine, personnes âgées de 16 ans ou plus résidant en ménage ordinaire.

Sources : Insee, enquête sur les technologies de l'information et de la communication (TIC) 2019 ; Deps-doc, enquête sur les pratiques culturelles 2018.

Pour 2019, on peut ainsi remarquer que 93 % des 16-24 ans et 90 % des 25-39 ans utilisent quotidiennement Internet. C'est aussi le cas de 78 % des individus âgés de 40 à 59 ans, mais seulement 43 % de ceux de 60 ans et plus.

Tableau 3.2 – Pratiques culturelles selon la catégorie sociale
Au moins une fois au cours des douze derniers mois (en %)

	ONT LU AU MOINS UN LIVRE	SONT ALLÉS AU THÉÂTRE OU À UN CONCERT	ONT VISITÉ UN MUSÉE OU UNE EXPOSITION	SONT ALLÉS AU CINÉMA
Cadres supérieurs	85	71	62	84
Professions intermédiaires	70	55	40	81
Employés et ouvriers	53	38	18	64
Autres (dont étudiants et inactifs)	59	37	25	53
Ensemble	**62**	**43**	**29**	**63**

Lecture : 53 % des employés et ouvriers ont lu au moins un livre (hors bande dessinée) dans les douze derniers mois.

Source : ministère de la Culture, données 2018, Observatoire des inégalités.

Les pratiques culturelles (lecture, cinéma, musées, théâtre…) se sont développées au cours des quarante dernières années, en raison de l'élévation du niveau de diplôme et des niveaux de vie conjuguée à la hausse de l'offre culturelle et sa meilleure mise en valeur (bibliothèques, patrimoine culturel, expositions…). Cependant, les écarts entre les différentes catégories sociales demeurent : 71 % des cadres supérieurs sont allés au théâtre ou à un concert au moins une fois dans l'année contre 38 % des employés et ouvriers, selon les données 2018 du ministère de la Culture.

Toutes ces tendances semblent confirmer les analyses de Coulangeon (2012) présentées dans l'encadré 3.3 avec cependant quelques variantes, signes d'une évolution positive d'accès pour tous à tout genre culturel.

Encadré 3.3 – Quelques variables sociodémographiques explicatives des tendances de la consommation culturelle

Les variables expliquant la fréquentation des musées, des spectacles d'arts vivants et des salles de cinéma demeurent à peu près inchangées depuis une trentaine d'années. Le public des musées se caractérise toujours en France, comme dans d'autres pays européens ou aux États-Unis, par un niveau d'éducation très nettement supérieur à la moyenne, par une surreprésentation des classes supérieures et une sous-représentation des classes populaires. Les sorties à l'opéra, au théâtre et au concert demeurent des pratiques d'exception. [...]
Ces différences sont moins prononcées dans le domaine de la musique. Quels que soient les critères retenus (âge, catégorie socioprofessionnelle, sexe, niveau d'études) la musique de variétés, françaises ou internationales, arrive en tête des préférences exprimées. Si l'attrait pour les genres « savants » (musique classique et opéra, auxquels on peut ajouter le jazz) est d'autant plus prononcé que le niveau d'études est élevé, si les cadres supérieurs et les professions intermédiaires sont les plus nombreux à les citer parmi les genres musicaux écoutés le plus souvent, la réciproque n'est pas pleinement vérifiée : l'attrait pour les genres populaires (variété, rock, rap, techno, musiques du monde) diffère beaucoup plus faiblement selon le critère du diplôme et de l'appartenance socio-professionnelle.

Source : d'après Coulangeon (2012).

L'implication

Si nous prenons l'exemple du domaine théâtral (Bourgeon, 1994 ; Bourgeon et Filser, 1995), l'implication du spectateur peut être mesurée par une échelle qui prend en compte les dimensions suivantes (tableau 3.3) :

- l'intérêt personnel ou dimension cognitive du spectateur, envers le théâtre en général et envers un spectacle en particulier ;
- la valeur de signe ou dimension symbolique attribuée par les individus au théâtre en général, et à l'occasion de la sortie en particulier ;
- la valeur hédoniste du théâtre ou d'un spectacle c'est-à-dire sa signification émotionnelle, sa capacité à faire plaisir ou à susciter des sensations ;
- les deux aspects du risque perçu lors de l'achat d'un billet de spectacle : probabilité de faire une erreur dans le choix et crainte des conséquences négatives de ce choix s'il est mauvais.

Trois classes d'individus ont pu être mises en évidence grâce à cette échelle de mesure : une classe d'implication minimale, une autre d'implication maximale, et enfin une classe d'implication moyenne. Une analyse des discours des individus appartenant à chacune des classes a permis de montrer que :

- le groupe d'implication minimale associe au théâtre l'ennui ou même une indifférence absolue ;
- le groupe d'implication moyenne considère le théâtre comme un divertissement ou comme un moyen de parvenir à un niveau de culture ;
- le groupe d'implication maximale associe le théâtre à l'imaginaire (rêve, magie), au plaisir et à l'émotion.

Tableau 3.3 – Échelle de mesure de l'implication

FACETTES DE L'IMPLICATION	ITEMS
L'intérêt du spectateur	On peut dire que le théâtre, ça m'intéresse.
	Avant d'aller voir une pièce de théâtre, je me renseigne.
	Je m'intéresse aux informations concernant les spectacles de théâtre.
	Pour les pièces de théâtre, je pourrais donner de bons conseils si on me le demandait.
	Je considère le théâtre comme quelque chose d'important pour moi.
	Pour choisir une pièce de théâtre, je n'hésite pas à passer le temps qu'il faut.
	J'aime regarder la publicité sur les pièces de théâtre.
La valeur de signe	Il y a des gens qui en jugent d'autres à la pièce de théâtre qu'ils vont voir.
	On peut se faire une idée de quelqu'un à la pièce de théâtre qu'il va voir.
	La pièce de théâtre, que l'on va voir, dit un peu qui l'on est.
	Ce que quelqu'un va voir au théâtre est un reflet de sa personnalité.
La valeur émotionnelle ou hédoniste du produit	Une pièce de théâtre est capable de me faire rêver, de me donner l'impression de mystère ou de sublime.
	Aller au théâtre, c'est pour moi l'occasion de sortir avec des amis.
	Je me fais plaisir en allant voir une pièce de théâtre.
	Aller au théâtre me fait oublier la vie quotidienne.

FACETTES DE L'IMPLICATION	ITEMS
	Aller au théâtre, c'est pour moi un plaisir.
	Quand je vois une pièce de théâtre, j'oublie tout ce qui m'entoure.
	Voir une pièce de théâtre permet de vivre une expérience.
	Une pièce de théâtre permet de me détendre et de me divertir.
	Quand on parle de théâtre dans une conversation, j'aime bien ça.
	Une pièce de théâtre est une source d'émotions et de sensations.
	Quand on achète un billet de spectacle, on se fait un peu un cadeau.
	J'aime bien voir une pièce de théâtre pour en parler ensuite avec des amis.
	En général, je suis vraiment satisfait(e) du théâtre.
	J'aime aller au théâtre.
	Une pièce de théâtre peut offrir un plaisir esthétique.
L'importance des conséquences de l'erreur	Par rapport à ce que j'en attends, je suis un peu déçu(e) par le théâtre.
	Pour moi, c'est grave de faire un mauvais choix quand je vais au théâtre.
	Lorsque je vais voir une pièce de théâtre qui ne me plaît pas, ça m'ennuie beaucoup.
	Il m'arrive d'aller voir une pièce de théâtre dont j'ignore tout au départ.
La probabilité du risque d'erreur	Quand on achète un billet de spectacle, il y a peu de chance de faire un mauvais choix.
	Quand je vais voir une pièce de théâtre, je ne suis jamais certain(e) de mon choix.
	Quand je vais au théâtre, il est rare que la pièce ne me plaise pas.
	Sans la communication, on n'y verrait pas clair entre les pièces de théâtre.
	Dans le choix d'une pièce de théâtre, je préfère me faire seul(e) une opinion.
	Je n'irais pas voir une pièce de théâtre qui ne me plaît pas, même pour accompagner des amis.

Source : Bourgeon (1994).

Le théâtre peut donc susciter des réponses différentes en termes d'implication, non seulement par des différences de niveau (fort/faible), mais surtout par des différences de nature de l'implication, à dominante cognitive (intérêt) ou à dominante affective (valeur hédonique).

Les valeurs terminales du consommateur, la dimension affective du produit culturel, sa signification symbolique (sociabilité, valeur signe) et le contexte de situation sont des causes de l'implication durable et de situation.

L'influence des variables sociétales

Le phénomène de groupe est à prendre en compte comme variable explicative du comportement de consommation culturelle des individus.

En tant que biens symboliques, les produits culturels sont tout particulièrement sensibles aux effets d'imitation (*bandwagon effects*) ou de distinction, voire de consommation ostentatoire (Veblen, 1899 ; Leibenstein, 1953 ; Bourdieu, 1979). Conceptuellement, l'effet Veblen (1899) correspond au phénomène de consommation ostentatoire qui se résume ainsi : « Plus le prix est élevé, plus le consommateur achètera si les autres individus savent que le prix est élevé. » Ce dernier effet est à assimiler à celui de distinction.

En conséquence, l'interprétation sociale du processus de consommation donne des significations pouvant être contradictoires : soit une volonté d'assimilation à un groupe, soit celle de différenciation. Toutefois le groupe est un cadre de référence pour l'individu car il lui propose un mode de vie et un modèle de comportement. Il influence les attitudes des individus et intervient sur le concept de l'image de soi. Il exerce une force dans le sens d'une certaine conformité.

Le déclin du rôle de la famille et de l'école

On peut scinder les groupes de référence en deux sous-groupes :

- **les groupes primaires** (famille, amis, collègues de travail…) qui jouent un rôle capital dans la formation des croyances, des goûts et des préférences des individus quant à la consommation de produits culturels ;
- **les groupes secondaires ou organisations sociales** (école, associations, clubs…). Le système éducatif intervient fortement sur le processus d'apprentissage du consommateur dans le domaine culturel.

Pour Bourdieu (1979), il n'existe pas de disposition esthétique innée, il considère la perception du produit culturel en termes de « compétence artistique ». La compétence et l'expertise de l'individu à déchiffrer les messages sont acquises par un apprentissage des codes qui se fait, entre autres, par l'intermédiaire d'organes pédagogiques (tels que la famille et le système scolaire). L'approche des œuvres d'art est corrélée au savoir du récepteur et à ses connaissances des codes perçus, donc à sa capacité de les interpréter.

Or, on constate actuellement des facteurs de résistance à la culture « savante » de la part des jeunes à travers un « affaiblissement de la socialisation familiale » (Galland, 2003). En effet, les jeunes ne veulent plus recevoir (que ce soit de l'école ou de la famille) sans pouvoir choisir. Ils revendiquent la liberté de choisir, ce qui participe à affaiblir la transmission. Très tôt, les jeunes se montrent de plus en plus autonomes dans leurs choix culturels. Ils affirment leurs goûts et leurs pratiques culturels indépendamment des normes et des choix familiaux au nom de valeurs telles que l'authenticité, l'expression de soi et la communication interpersonnelle. Une tendance commune se dégage que l'on peut qualifier « d'individualisation des mœurs ».

Un phénomène d'altérité

La consommation culturelle n'est pas seulement une expérience individuelle d'ordre esthétique ou intellectuel, c'est aussi une expérience sociale. Selon Eco (1985), les personnes à travers une manifestation culturelle vivent l'événement en fonction de la présence des autres. Ainsi, la sortie culturelle est-elle accompagnée de nombreuses interactions sociales, qui sont le fondement même de la motivation et de la satisfaction liées à l'ensemble des consommations culturelles.

L'expérience sociale prend en compte le « contexte social intime » (Debenedetti, 2003), composé du spectateur et de ses accompagnateurs. Or, l'individu interagit non seulement avec ses accompagnateurs, mais aussi avec les autres spectateurs et avec tout le personnel en contact, ce qui permet de définir un contexte social élargi (Bergadaà et Nyeck, 1995 ; Debenedetti, 2003).

Pour les auteurs se réclamant de la postmodernité, le principe de distinction a fortement évolué. Maffesoli (1999) décrit diverses formes d'agrégation sociale (tribus ou « communautés affectuelles ») qui se sont développées. Désormais, les individus ne rechercheraient plus à se positionner ou à se distinguer aux yeux des autres à travers leurs consommations, mais ils seraient en quête d'interaction sociale et d'expériences partagées (encadré 3.4).

Encadré 3.4 – Les festivals électro

Les festivals de musiques électroniques qui se multiplient depuis les années 2010, sont issus de la culture *rave*. Ils sont la forme institutionnalisée des *rave parties* des années 1980 et 1990 et des *free parties* des années 2000, fêtes et festivals « sauvages » (d'un point de vue légal) appelés *Teknival*. Ils sont aussi la forme « événementielle » des soirées dans les clubs techno ou *house*, ou des destinations festives comme Ibiza. Leur fort développement s'explique à la fois par l'engouement autour des festivals de musiques (on pourrait même parler de phénomène de société), mais aussi par la popularité croissante de la musique électronique. Les DJ de chaque style de musique électronique sont devenus des artistes iconiques comme Laurent Garnier pour la techno ou Cerrone pour la *house music* avant 2000. C'est dans ce contexte que les Nuits Sonores, festival emblématique de la musique techno, sont nées à Lyon en 2003. C'est aussi l'avènement d'un style grand public appelé Electro Dance Music (EDM) avec des DJ comme David Guetta, qui ont popularisé encore plus la musique électro et développé une demande de concerts soirées de la part des consommateurs.

Alors que les festivals de musique psytrance (trance psychédélique) existent depuis les années 2000 (Boom Festival en 1997, Ozora en 2004, Hadra Trance Festival en 2005...) on observe depuis dix ans une explosion de la forme *mainstream* (basée sur l'EDM) de ces festivals. C'est le cas de Tomorrowland qui réunit en 2023 près d'un million de festivaliers (répartis sur trois week-ends) et devient le plus grand festival électro d'Europe, en empruntant à la scène trance ses codes : que ce soient les codes culturels dont les valeurs sont PLUR *(Peace-Love-Unity & Respect)*, ou ceux de la scénarisation et décoration des scènes et espaces du festival, marques de fabrique des festivals psytrance. S'ajoutent à cela une stratégie marketing et une visée commerciale que n'avaient pas les associations organisatrices de festival psytrance ou techno.

Source : texte de Nico Didry
(chercheur en ethnomarketing au CREG).

Depuis 2010, il est donc difficile d'envisager la musique électronique comme une contre-culture. Le succès mondial des musiciens et DJ confirme la reconnaissance par le grand public et les médias de ce genre musical et des codes esthétiques autrefois considérés comme appartenant à l'*underground*.

Les participants de ces festivals, jeunes et « branchés », sont mus par la volonté de créer une communauté : « On entre en bandes d'amis. » Les individus viennent parfois de très loin pour se rendre dans un festival. Le public est international et vit une expérience de consommation culturelle, s'unissant dans le partage d'une même passion.

L'existence de lien social dans la consommation culturelle, mise en valeur par le courant sociologique postmoderne, a été confirmée par des études :

- dans le domaine des concerts de musique classique, à travers la variable « sensibilité à l'interaction sociale » (Mann, 2000) ;
- dans celui, d'une part, des festivals d'arts de la rue (Pulh, 2002) à travers l'approfondissement du concept de la valeur mettant en évidence plusieurs facettes entre autres celle de lien social, d'autre part, des festivals de musiques actuelles à travers les émotions partagées (Didry, 2022).

D'une façon générale, l'influence du groupe exerce un pouvoir sur l'individu qui en fait partie. Par ailleurs, le symbolisme de la consommation de produits culturels tels que les arts du spectacle vivant ou les musées, renforce l'influence du groupe puisque les consommateurs se donnent une image des autres à partir des objets consommés (Baudrillard, 1979 ; Belk *et al.*, 1982).

Le décloisonnement des frontières culturelles

Les pratiques culturelles dépendent de « l'habitus » du groupe social ou « savoir social accumulé » (Bourdieu, 1986). « L'habitus » correspond à un système de dispositions à la pratique et à un fondement objectif de conduites régulières. Les habitus sont issus de conditionnements liés à l'appartenance d'une classe, caractérisée par des conditions d'existence spécifiques. En conséquence, un groupe social chercherait à se comporter comme celui qui le domine dans la hiérarchie sociale.

Cependant, nous devons nous interroger sur le caractère trop déterministe du clivage social fondé sur les goûts du consommateur. Cette conception du développement culturel, fondé sur le niveau éducatif des individus, suppose une maîtrise des connaissances et des codes culturels au détriment de valeurs hédonistes impliquant davantage l'affectivité et les sensations.

À l'heure actuelle, le clivage social tend à disparaître. Au niveau des consommateurs, on assiste à la construction de « profils culturels dissonants » (Lahire, 2004), c'est-à-dire qu'il est probable de voir des personnes à fort capital scolaire pratiquer et alterner des sorties culturelles « légitimes » (théâtre, musée, opéra…) et des loisirs de divertissement plus populaires (match de football, sortie en boîte de nuit…). Lahire (2004) évoque des concepts tels que ceux de « culture chaude » (fondée sur les expériences collectives, émotionnelles et sensuelles…) *versus* « culture froide » (fondée sur l'expérience individuelle et intellectuelle, c'est-à-dire des processus cognitifs).

Nous pouvons ainsi constater une disparition, voire un éclatement des frontières entre culture légitime et culture de masse (*entertainment*). En conséquence, les expériences culturelles vécues sont de plus en plus diversifiées et « décloisonnées ».

L'hyperchoix et le mélange des genres culturels

Le développement des outils numériques met sur le marché divers produits culturels tels que le téléphone portable, l'Internet, tablettes... Du fait de la multiplicité des supports, la musique, par exemple, se prête à une grande variété d'usages des plus « purs » aux plus « plus fonctionnels » (musique de fond, musique d'ambiance). Cette tendance de consommation s'explique par la recherche de variété et de nouveauté de la part du consommateur que l'on peut qualifier d'« omnivore ».

Peterson et Simkus (1992) ont émis l'hypothèse de l'affaiblissement de la frontière entre genres savants et genres populaires, ce qui a donné naissance aux concepts d'omnivore/univore. Coulangeon[5] remet en cause « le modèle de la légitimité culturelle » et montre que, dans les classes supérieures diplômées, une partie des personnes se distingue des autres catégories par une attirance particulière pour la musique savante, mais aussi par une ouverture à d'autres genres culturels (musiques actuelles, cirque, festivals d'arts de la rue...), ce qui s'explique par l'éclectisme des goûts : il qualifie ces individus d'« omnivores ». À l'opposé, dans les classes populaires, on rencontre le plus grand nombre d'amateurs exclusifs : les « fans ».

On peut constater ainsi, à l'heure actuelle, un éclectisme des goûts, voire des tendances omnivores dans les préférences pour des genres de musique ou d'autres arts, allant d'une culture « savante » à une culture « divertissante » (Lahire, 2004). Ce constat semble donc bien remettre en cause le modèle de légitimité culturelle. Par exemple, « au sein des classes supérieures américaines, les « snobs », définis par un goût exclusif pour la musique « savante », cèdent de plus en plus le pas aux « omnivores » dont les préférences se portent simultanément sur des genres situés dans et hors du champ de la musique savante » (Coulangeon, 2012).

Ainsi, on peut citer l'exemple de l'OnP qui a fait une nouvelle proposition de spectacle en 2023. Des actions innovantes ont été mises en place (Gaztelumendi, 2022) : c'est ainsi que le Palais Garnier propose le 15 janvier 2023 un spectacle hors sujet intitulé *stand up comedy*[6]. Le but est de produire un show de

5. Coulangeon (2003), p. 6.

6. Plouviez, G. (2022, 10 octobre). Panayotis Pascot à l'opéra Garnier avec son spectacle « Presque » : « C'est beau pour le stand-up ». Le Parisien. https://www.leparisien.fr/culture-loisirs/panayotis-pascot-a-lopera-garnier-avec-son-spectacle-presque-cest-beau-pour-le-stand-up-10-10-2022-AGXCFUXWRFA6ZHYTCRBPYKWFFY.php

divertissement dans un endroit emblématique : c'est « pour pouvoir ramener du public qui n'a pas d'habitude d'accès à l'Opéra » dit le comédien Panayotis Pascot lors d'une interview télévisée[7].

LES PRINCIPAUX MÉCANISMES DE DÉCISION

Comment peut-on expliquer les différences en termes de choix d'un produit culturel ?

Les sources d'information

Il existe plusieurs typologies des sources d'information utilisables par le consommateur. En général, elles distinguent :

- le caractère personnel ou non personnel de la relation avec l'individu ;
- le caractère commercial ou non commercial de la source.

Exemple dans le domaine culturel :

- la communication interpersonnelle (bouche-à-oreille important dans le domaine culturel) ;
- la publicité (publicités télévisées ou radiophoniques, affiches pouvant provoquer une attitude favorable ou défavorable à l'égard d'un film...) ;
- la promotion (interviews d'interprètes ou de réalisateurs, nominations et récompenses à des festivals...) ;
- les jugements de la critique.

Dans le domaine culturel, les sources d'information expérientielles sont jugées comme plus importantes (Faber et O'Guinn, 1984) et présentent une crédibilité et une utilité plus grandes que les sources commerciales (Cooper-Martin, 1992). Il s'agit de sources d'information expérientielles résultant soit d'une expérimentation sensorielle préalable du produit culturel (visuelle, auditive,

7. Panayotis Pascot (interviewé). Quotidien, émission du 10 octobre 2022. https://www.tf1.fr/tmc/quotidien-avec-yann-barthes/videos/invite-panayotis-pascot-investit-lopera-garnier-77385489.html

tactile, gustative ou encore olfactive), soit d'expériences de consommation réalisées par des proches ou des amis (communication interpersonnelle à travers le bouche-à-oreille).

Le bouche-à-oreille

Le bouche-à-oreille est le premier support des échanges entre les individus dans le domaine culturel. Internet développe une forme électronique de bouche-à-oreille que l'on appelle le « buzz ». Deux types de « buzz » (Larceneux, 2007) peuvent être distingués :

- **un buzz plutôt commercial** fondé sur des stratégies marketing ayant pour objectif d'initier, d'amplifier et d'encourager la circulation d'information à travers l'influence active du leader d'opinion ;
- **un buzz non commercial** (influence passive), provoqué par des individus indépendants : leur rôle est de transmettre leur opinion sur l'expérience vécue (par exemple avec un film) à d'autres spectateurs potentiels qui consultent le site. Dans ce contexte, certains internautes, les premiers consommateurs, fournissent en ligne, sur Internet, des opinions d'autant plus facilement qu'ils se sentent experts dans le domaine culturel. C'est le cas, par exemple, des internautes du site allocine.com.

Ces phénomènes renvoient au concept de « leader d'opinion ». Comment peut-on caractériser un leader au sein d'un groupe ? C'est une personne qui, à travers un contact personnel quotidien, influence de manière régulière l'opinion et la décision d'autres personnes sur un ou plusieurs sujets.

Les leaders d'opinion doivent être identifiés par les responsables des structures culturelles. Ils constituent en effet une cible privilégiée de leur stratégie marketing parce qu'ils sont à l'origine du développement de communications interpersonnelles au sein du groupe de référence. C'est ainsi que nous trouvons la notion de « personne relais » dans les bases de données de nombreuses institutions culturelles (théâtres). Ces individus sont identifiés comme étant les personnes-ressources d'un groupe (amis, famille, classes scolaires...). Le développement des nouvelles technologies favorise un nouveau genre de relations avec ces personnes leaders d'opinion.

Dans le domaine des arts et de la culture, le succès d'un spectacle, d'un film, d'une exposition ou de tout événement culturel est fortement lié au phénomène de bouche-à-oreille, sans oublier le rôle joué par de nouveaux médias numériques (dispositifs transmédias) et les critiques.

De nouveaux médias numériques

Les professionnels du secteur culturel s'appuient de plus en plus sur des designers pour concevoir des dispositifs de narration transmédia capables d'offrir une expérience culturelle accessible, divertissante, immersive, interactive et unique, dans un but de médiation pour accroître la consommation culturelle ou la fréquentation d'un lieu (ou inciter à y venir). Divers dispositifs peuvent être utilisés (site web participatif, application mobile, installation interactive, bande dessinée numérique, etc.) pour proposer une narration transmédia. Cette dernière prend la forme d'un récit immersif et appelle à de nouvelles formes d'écriture et de lecture, invitant non seulement l'utilisateur à s'immerger dans l'univers narratif, mais également à participer et coconstruire le déroulement de l'histoire.

D'abord développé et étudié dans l'univers du cinéma, des séries, du documentaire et du jeu vidéo, le transmédia a investi, depuis quelques années, le champ muséal, celui du patrimoine et du spectacle vivant. À titre d'exemples, citons les expériences proposées par le musée du quai Branly (« Les Bisons »), la Cathédrale de Strasbourg (« Défi des bâtisseurs ») ou encore le Théâtre Paris Villette (« Kant »). Les dispositifs transmédias visent à susciter davantage l'intérêt des publics invités à s'immerger, voire à se laisser transporter, dans un univers fictionnel pour vivre diverses aventures et histoires, et aller à la rencontre de personnages imaginaires. Dans ce cadre, le transport narratif est un processus par lequel les individus entrent et se perdent mentalement dans un monde évoqué par une histoire, et semble particulièrement adapté à une meilleure compréhension de l'expérience de consommation transmédia dans le domaine culturel.

Des recherches (Bourgeon-Renault *et al.*, 2019) ont confirmé plusieurs composantes majeures d'un dispositif transmédia dont la richesse de l'univers narratif à travers des histoires et des personnages entremêlés, la diversité des plateformes, des interfaces et des points d'entrée, l'interactivité et la temporalité extensible.

Le rôle des critiques

Parce que la critique peut être un outil influençant et anticipant le succès d'une œuvre, il est utile de la comprendre et de l'anticiper. La critique culturelle constitue une forme de prescription de valeur permettant de réduire l'incertitude fondamentale associée à une consommation expérientielle dont la qualité ne peut être évaluée avec certitude avant « achat ». Consulter la critique diminue donc le risque de se tromper et simplifie le processus de décision, dans un contexte d'offre large, de temps limité et de marchés souvent saturés de messages commerciaux. La critique favorable permettrait ainsi à l'œuvre d'acquérir la notoriété et la reconnaissance initiales et d'enclencher le bouche-à-oreille à l'origine de son succès (le *critical push* ; Lampel et Shamsie, 2000). De nombreuses études relèvent ainsi un lien positif entre l'évaluation critique et la performance commerciale des films en salle (Basuroy, Chatterjee et Ravid, 2003 ; Lampel et Shamsie, 2000), de la musique (Larceneux, 2001) ou des spectacles (Shrum, 1991 ; Reddy, Swaminathan et Motley, 1998). Les consommateurs les plus impliqués et les plus experts se réfèrent plus volontiers à la critique que les autres pour opérer leur choix (Debenedetti, 2006).

D'une façon générale, dans le domaine culturel, ce rôle des critiques professionnels ne doit pas être déconnecté d'autres leviers d'action du marché que sont les recommandations d'internautes et les médias de masse. Une étude menée par Larceneux (2007) explore dans quelle mesure les « buzz » en ligne peuvent être influenceurs et/ou prédicteurs du box-office. Après la première semaine, il s'avère que les recommandations des critiques et des internautes expliquent significativement le succès d'un film. Sur un plan synthétique, les actions marketing et les recommandations des critiques professionnels permettent de maximiser le nombre d'entrées en salles en première semaine d'exploitation. Ensuite, les premiers consommateurs ou consommateurs « précoces » transmettent leur évaluation au sein des groupes ou population avec lesquels ils sont en contact.

La critique est collaborative : site de critiques amateurs, blogs, avis postés sur les sites spécialisés... Deux interrogations se posent alors. Comment l'industrie culturelle peut-elle récupérer et obtenir des bénéfices de cette masse d'avis et de jugements qui ont un effet encore mal contrôlé sur le marché ? Comment le consommateur vient-il concurrencer le critique traditionnel dans son propre domaine, conduisant à une véritable « révolution de l'expertise » (Flichy, 2010) ?

Le choix d'un produit culturel

Face à une concurrence de plus en plus vive et un temps de loisir limité, le consommateur opère des choix pour sélectionner le produit auquel il va affecter son temps et son argent.

Le processus de sélection

Dans un premier temps, qu'il s'agisse de s'engager dans l'activité (cinéma) ou de choisir le produit (film), le consommateur est toujours amené à structurer les alternatives possibles selon une démarche de catégorisation par types d'activités culturelles : théâtre, concert de chansons, opéra, spectacle d'humour, visite de musées ou de lieux culturels, spectacle de danse, cinéma... Trois critères caractérisent chaque activité : l'intensité émotionnelle recherchée, le risque perçu (fonction du genre culturel : spectacle de théâtre, opéra, cinéma...) et l'accessibilité.

Chaque activité présente une trame émotive spécifique qui va conduire le consommateur, en fonction de l'intensité d'émotion qu'il recherche, à choisir ou non de s'engager dans l'activité. Cette dernière est considérée comme plus ou moins risquée et plus ou moins accessible. La notion de risque est particulièrement liée à l'interprétation. Quant à la notion d'accessibilité, elle renvoie à l'idée que, pour être compris et appréciés, certains arts exigent une connaissance préalable. Cette notion renvoie à la traditionnelle distinction entre arts populaires et arts élitistes qui reste entretenue par certains professionnels : par exemple, pour le cinéma, dans le microcosme artistique et critique, le fait de réussir à attirer un large public induit fréquemment des qualificatifs peu flatteurs (Creton, 1998).

Dans un deuxième temps, le consommateur sélectionne le produit culturel et se fonde sur une catégorisation par genres. Par exemple, dans le domaine théâtral, on parlera de répertoire. Cette catégorisation s'appuie soit sur les classements des professionnels, des médias ou de la critique, soit sur les expériences passées des consommateurs. Elle s'établit en fonction d'éléments comme le style de l'interprétation, le thème, l'intrigue ou l'histoire. Le genre de l'offre culturelle est donc une variable importante dans le processus d'évaluation et de sélection du produit culturel.

Cependant, pour avoir de réelles chances d'être sélectionné et consommé, le produit culturel doit aussi se distinguer et s'imposer comme étant incontournable au sein de son genre. Pour l'industrie cinématographique, il peut s'agir de proposer un film dont les interprètes et/ou le réalisateur sont des stars. Pour la création théâtrale, cela revient à proposer une pièce connue qui sera mise en scène par un professionnel lui-même réputé et, dans l'idéal, il faut adjoindre à ces premiers éléments du succès, la participation par exemple de comédiens talentueux (ex. : Cyrano de Bergerac, d'Edmond Rostand, interprété par Philippe Torreton, dans une mise en scène de Dominique Pitoiset, en tournée en France en 2013-2014). Cependant, l'expérience montre que certaines œuvres possédant tous les ingrédients nécessaires à un succès commercial peuvent ne pas satisfaire le public, alors que d'autres connaissent un succès inattendu lié à un effet de surprise.

Les critères de choix

Le prix

Le prix du billet d'un spectacle est un critère de choix important. En raison des contraintes liées aux spécificités du secteur, le prix du billet d'un spectacle n'est pas fonction des coûts de production, mais semble déterminé par les possibilités de la demande sociale. C'est la raison pour laquelle il ne peut dépasser un certain seuil sous peine de voir s'écarter une partie du public potentiel.

Dans le domaine du spectacle vivant, la demande (étudiants, personnes âgées et chômeurs) pour des billets à prix réduits s'avère être élastique par rapport au prix. Si nous prenons le cas des concerts de musique classique organisés à Londres (les « Proms ») qui connaissent un succès populaire particulièrement important, l'existence d'un « prix raisonnable » est l'un des facteurs clés du succès. En revanche, pour une certaine catégorie de publics (les habitués), le prix du billet d'une représentation culturelle est peu influent sur la demande.

Le lieu, sa réputation et sa proximité géographique

Par exemple, pour les musées et les monuments (musée d'Orsay, château de Versailles...), la stratégie consiste à individualiser le lieu et à lui faire acquérir une réputation de « lieu obligé » à relier à la notion de « must » (Gombault *et al.*, 2006).

Le lieu culturel est un outil à exploiter dans les stratégies de positionnement des institutions culturelles (Mencarelli, 2008). En conséquence, il est une source de différenciation pour les responsables culturels, ce qui nécessite de prendre en compte :

- **sa valeur utilitaire et fonctionnelle** (proximité, confort...) ;
- **sa valeur esthétique** qui attire le public par des aspects visuels (par exemple : architecture du musée « Palazzo Grassi » à Venise). Les architectes, à l'origine de ces lieux, peuvent être qualifiés de « starchitectes » : c'est le cas de Frank Lloyd Wright pour le musée *Guggenheim* à New York, de Jean Nouvel pour le musée du quai Branly et la Philharmonie de Paris,

de Zaha Hadid pour la bibliothèque de Vienne, de Franck Gehry pour la fondation Louis Vuitton… ;

- **sa valeur émotionnelle :** on peut citer la Cour d'honneur du Palais des papes, lieu mythique du festival d'Avignon où de nombreux spectacles ont été présentés, aussi bien des œuvres classiques de Molière, Shakespeare, Brecht, Sophocle que des pièces contemporaines comme celle de la troupe les « Deschiens » ou des ballets comme celui de Pina Bausch ;
- **sa valeur de distinction sociale** (Opéra « la Scala de Milan », festival d'opéra à Orange).

***La marque*[8]**

D'une façon générale, la marque correspond à un élément de distinction de différentes offres culturelles : il peut s'agir du nom d'un lieu (musée du Louvre, *Guggenheim*…), d'un festival (Festival de Cannes…), d'une institution culturelle (la Scala…), d'un musicien (Wolfgang Amadeus Mozart), ou d'un auteur (William Shakespeare)… C'est la garantie d'une ou plusieurs qualités. La marque exprime une valeur, une expertise, une histoire, un engagement, une caution, qui permettent d'aider le consommateur dans son processus de décision. Très fréquente dans les produits de consommation, l'extension de marques existe aussi dans le champ culturel : par exemple, dans le sillage du musée *Guggenheim* de New York, est apparu le *Guggenheim* de Bilbao en 1997. D'autres exemples peuvent être cités : Louvre Lens, Louvre des sables ou Pompidou Metz, Pompidou Malaga.

Dans le domaine culturel, l'univers des marques marchandes peut croiser celui des arts de différentes manières. Vukadin (2018) rappelle la théorie de l'infusion de l'art (*art infusion theory*) développée par Hagtvedt et Patrick (2008) qui ont montré l'influence positive de l'art sur la perception et l'évaluation des consommateurs à l'égard de produits faisant l'objet d'une association à un artiste.

Cette association à une marque peut nuire à l'artiste, car elle entre dans un contexte de sphère marchande et peut lui donner une image négative. Elle peut au contraire le valoriser et « artifier » la marque associée, le concept d'artification étant défini comme « un processus de transformation du non-art en art, résultat d'un travail complexe qui engendre un changement de définition et de statut des personnes, des objets et des activités » (Heinich et Shapiro, 2012 ; Shapiro et Heinich 2012). Dans ce cadre, il est à noter que

8. « Construire une marque forte », voir chapitre 7.

ces dernières années, le statut de l'artiste a énormément évolué : il tend à devenir un « artiste-entrepreneur », moins frileux quant aux opportunités de partenariat avec une marque.

Les artistes contemporains peuvent en effet utiliser les marques dans leurs œuvres, en les commentant, les critiquant ou en interrogeant de manière créative le concept de marque et son rôle dans la culture de la consommation (Michel et Borraz, 2015). Michel et Borraz (2015) constatent aussi que l'on aboutit à une artification contemporaine des marques profitant de la notoriété conférée par une œuvre artistique et/ou par leurs créateurs. En conséquence, ces marques peuvent acquérir le statut de symbole artistique.

D'autres dimensions peuvent intervenir dans le choix du consommateur

- Les caractéristiques liées à l'œuvre : répertoire auquel elle appartient, notoriété du dramaturge, de la pièce, du metteur en scène, des artistes (spectacle vivant), du producteur et/ou des comédiens (cinéma) ;
- les critères d'interprétation (mise en scène, chorégraphie, adaptation…) et le thème, l'intrigue, l'histoire ;
- la qualité de la salle à travers le dispositif scénique (décor, costumes…), l'acoustique et l'éclairage, la visibilité, le confort et la visibilité des places (spectacle vivant, cinéma…)… ;
- la qualité et la diversité de l'offre de services périphériques (accueil, parking, boutiques, restaurants, bars…) ;
- le genre : comédie, tragédie, œuvre de divertissement ou exigeant un effort intellectuel… Le genre de l'offre culturelle est donc une variable importante dans le processus d'évaluation et de sélection du produit culturel. C'est un critère essentiel de positionnement. Par exemple, dans le domaine du cinéma, le film est intégré soit dans des genres « acceptables » et constitue alors une composante de l'ensemble évoqué du consommateur, soit dans des genres « non acceptables », ce qui exclut le film des considérations ultérieures du choix. Ce classement dans les genres acceptables ou non est la résultante de l'appréciation de la proximité entre le film considéré et le prototype idéal de la catégorie à laquelle il est attribué (Bourgeon et Kruger, 1997). Ainsi, un spectateur compare le film à un prototype « idéal » de la catégorie. Plus le film est proche de ce prototype « idéal », plus il a de chance d'être vu. Cette démarche analytique peut s'effectuer à travers le concept de « typicalité » ;

- le temps à consacrer à la sortie culturelle (Bouder-Pailler, 1997) : le rapport au temps dans le contexte des consommations culturelles suppose donc généralement l'élaboration d'une stratégie et une planification dans l'emploi du temps quotidien, c'est-à-dire une véritable gestion des contraintes temporelles ;
- le symbolisme, l'esthétisme et l'hédonisme de l'offre centrale (bien ou service)[9].

L'EXPÉRIENCE DE CONSOMMATION CULTURELLE

Certains attributs des produits culturels peuvent se prêter aux descriptions verbales. Toutefois, nombreux sont ceux qui projettent d'importants indices faisant appel à la vue, à l'ouïe, au goût et aux sensations. La perception esthétique se fonde donc sur l'activité sensorielle, particulièrement développée dans le domaine des arts et de la culture. Le sens ne préexiste pas à une représentation artistique. C'est à travers l'objet que le spectateur vit une expérience à laquelle il donne un sens. Les phénomènes d'expérience sont au centre du concept de perception esthétique du consommateur. Cette expérience va du simple plaisir hédoniste à des sentiments plus élevés comparables à la transcendance.

D'une façon générale, le produit culturel est associé à un ensemble complexe (Gestalt) et peut ne pas être analysé en plusieurs composantes. Le produit est perçu alors selon une approche holistique considérant qu'un ensemble de stimuli interagissent. Le rapport à l'objet culturel fait davantage appel au ressenti ou au vécu qu'à une conceptualisation du produit. Il y a participation, identification et projection de l'individu dans un spectacle ou un roman, par exemple.

Une des caractéristiques de l'art réside donc dans la subjectivité de l'expérience vécue. Chaque individu, observant une peinture, « consomme » une œuvre d'art différente par rapport à une autre personne. Bien que la peinture et tout art du spectacle vivant demeurent constants dans un sens objectif, leur perception ou interprétation par le lecteur est soumise à une variance interpersonnelle. Tout

9. Voir chapitre 1.

individu vit une réaction intellectuelle et émotionnelle différente par rapport à une œuvre d'art, en fonction de ses goûts, de ses expériences passées et de ses valeurs. Les réponses à une production artistique sont alors de différents ordres et se combinent entre elles. En ce sens, il n'existe que très rarement une réponse purement esthétique à une œuvre d'art. Dans la mesure où l'objet culturel n'est pas unidimensionnel, mais polysémique, ses interprétations sont innombrables.

Le rôle des émotions

Dans les modèles traditionnels du marketing, le comportement de l'individu y est décrit comme un processus de collecte et de traitement d'informations, destiné à trouver une solution optimale à un problème de décision associé à un besoin à satisfaire. Cette perspective cognitive ignore les phénomènes incluant notamment les pratiques ludiques, les plaisirs sensoriels, l'expérience esthétique et les réactions émotionnelles, importants dans le domaine des arts et de la culture. Or, le public apprécie l'œuvre d'art, la manifestation culturelle ou le produit culturel à travers les émotions qu'elle provoque en lui. C'est ainsi que l'approche des modèles comportementaux traditionnels du marketing a été améliorée par les apports du modèle expérientiel (Holbrook et Hirschman, 1982 ; Bourgeon, 1994 ; Bourgeon et Filser, 1995).

Cette perspective expérientielle est phénoménologique et vient compléter les théories psychologiques traditionnelles, en mettant en évidence des processus primaires de plaisir, de distraction, d'imaginaire, d'excitation et de stimulation sensorielle dans la consommation, très développés dans le domaine des arts et de la culture.

La perspective expérientielle ne rejette pas les fondements des modèles traditionnels du comportement du consommateur, mais tente « de substituer à la dimension unidimensionnelle des variables issues de la théorie du traitement de l'information un continuum opposant la perspective cognitiviste et la perspective de recherche d'expériences » (Bourgeon, 1994 ; Filser, 1994).

La consommation culturelle est une consommation hédoniste qui désigne les facettes du comportement du consommateur, reliées aux aspects multisensoriels, imaginatifs et émotifs de son expérience avec les produits. Par multisensoriels, nous caractérisons les éléments de l'expérience vécue dans des modalités sensorielles incluant les goûts, les sons, les odeurs, les impressions tactiles et les images visuelles développés au niveau de l'individu.

Le modèle expérientiel a remis en cause le paradigme traditionnel cognition-affect-comportement (« C-A-B »). Il a proposé un schéma élargi du comportement de consommation (Holbrook, 1986) : le modèle « TEAV » (*thought, emotion, activity, values*), qui intègre tous les phénomènes pouvant intervenir dans une expérience de consommation, dont notamment :

- **T** : les pensées, le rêve, l'imagination ;
- **E** : toutes les formes de sensations, de sentiments, de comportements et d'expressions physiologiques ;
- **A** : tous les événements physiques et mentaux liés aux actions et réactions ;
- **V** : tout ce qui peut faire référence aux jugements évaluatifs.

Ce modèle TEAV a substitué à la séquence traditionnelle cognition-affect-comportement (C-A-B) la séquence émotionnelle conscience-émotions-valeur (C-E-V), relativisant la place des facteurs cognitifs et positionnant l'émotion comme fil conducteur du processus.

La plupart des recherches menées après celles d'Holbrook et Hirschman (1982) se sont focalisées sur ce qui se passe *ex ante* (motivations) ou *ex post* (conséquences) à l'expérience. Les travaux de recherche de Roederer (2012), que l'on peut décliner au secteur des arts et de la culture, comblent cette limite en se focalisant sur le vécu de l'expérience de consommation qui comprend ainsi quatre dimensions théoriques stables :

- **hédonico-sensorielle** : émotions, sensations ressenties par l'individu ;
- **rhétorique** : sens symbolique ou métaphorique de l'expérience ;
- **praxéologique** : interactions avec l'environnement physique et social ;
- **temporelle** : gestion du temps accordé à l'expérience.

Les variables explicatives de l'expérience vécue

L'un des principaux apports du modèle expérientiel réside dans le renouvellement qu'il propose des variables explicatives devant rendre compte des différences inter-individuelles du comportement d'achat, de consommation et du vécu de l'expérience des individus.

Le besoin de stimulation et la recherche de sensations

Par niveau optimum de stimulation, on entend l'influence de différentes variables caractérisant le goût de l'individu pour la nouveauté, c'est-à-dire l'attirance pour ce qui est inhabituel, le goût pour le changement et le désir d'acquérir des informations supplémentaires sur les différents produits. Selon les théories de la motivation, le comportement humain est quelquefois provoqué par le désir d'atteindre un niveau satisfaisant de stimulation (Raju, 1980 ; Steenkamp et Baumgartner, 1992). C'est une cause des activités des individus. Plus le besoin caractéristique de stimulation d'une personne est élevé, plus elle s'engagera dans un comportement exploratoire (Berlyne, 1969). Les propriétés d'un stimulus telles que la complexité, l'ambiguïté, la nouveauté, la surprise, l'irrégularité et l'incongruité produisent un certain niveau de stimulation.

Or, l'excitation fait aussi appel aux différents sens de l'individu, avant de déclencher la stimulation. Le concept de « niveau optimum de stimulation » a été opérationnalisé (Zuckerman, 1979), en développant celui de recherche de sensations qui prend en compte les dimensions suivantes : l'aventure et les frissons, les expériences, la non-inhibition et la sensibilité à l'ennui.

L'individu, qui recherche des sensations fortes, éprouve un besoin plus fort que la moyenne de rencontrer des situations, des activités et des idées qui sont nouvelles, changeantes, complexes, surprenantes ou plus intenses. C'est ainsi que les individus, qui sont à la recherche de sensations fortes, semblent posséder certaines caractéristiques, que l'on retrouve chez les innovateurs ou les adoptants d'innovations rapides. Ce résultat permet d'identifier, entre autres, le public d'avant-garde des arts du spectacle vivant.

Une échelle de mesure de la recherche de sensations a été élaborée dans le domaine du spectacle vivant (Bourgeon, 1994 ; Bourgeon et Filser, 1995). Elle a permis de mettre en évidence que les spectateurs, ayant un niveau élevé de recherche de sensations possèdent un besoin fort de stimulation. L'intérêt des individus pour le théâtre, à travers la programmation, est d'autant plus important que le degré de recherche de sensations est élevé. Le public, ayant un niveau élevé de recherche de sensations a une tendance plus forte à vivre de nouvelles expériences, donc à aller voir de nouvelles créations théâtrales. Les réponses à connotations émotionnelles des individus, à l'égard du théâtre, sont d'autant plus importantes que le degré de recherche de sensations est élevé.

En conséquence, la recherche de sensations est une variable importante à prendre en compte par les professionnels dans leur stratégie de construction de l'expérience à vivre par le public dans le domaine culturel (encadré 3.5).

Encadré 3.5 – Sensorialité et corporalité, tendances de consommation culturelle

Le comportement de consommation des arts numériques par les individus est animé globalement par deux phénomènes : la recherche de nouvelles expériences visuelles, sensorielles et auditives, et l'interactivité du public avec l'œuvre. Le caractère multimédia de « l'art numérique » repose sur des images, des sons, des textes et concerne des disciplines très diversifiées telles que l'opéra, le théâtre, la danse... L'art numérique est une esthétique de la surface, de l'immatériel et de l'image luminescente provoquée de façon interactive par le spectateur dans un univers où la dimension temporelle et spatiale est modifiée. Les domaines explorés sont importants et questionnent la perception de la réalité : environnements immersifs, virtualité et interactivité sous forme de dispositifs intégrés dans des créations scéniques (spectacle vivant...).

Les publics sont à la recherche de nouvelles expériences que peuvent leur apporter les arts numériques faisant appel à plusieurs sens. Les individus, ne possédant pas les codes culturels, sont davantage attirés par ce qu'ils peuvent toucher, sentir ou voir. Cet aspect multisensoriel peut justifier l'intérêt du public pour les œuvres numériques. Nous pouvons citer les œuvres de Daan Roosegarde qui font appel à plusieurs sens (vue, ouïe, toucher) des publics. Ainsi l'une de ses œuvres « *Liquid Space* » représente une créature interactive plus ou moins lumineuse, et changeant de dimension (grande, petite) en fonction du comportement du visiteur.

L'orientation classique et/ou romantique du consommateur

L'orientation romantique/classique apparaît comme une caractéristique individuelle explicative du processus de choix d'un type ou d'une forme d'œuvre d'art. Elle apparaît comme un antécédent de la sensibilité esthétique. Le romantisme/classicisme (Bourgeon, 1994 ; Bourgeon et Filser, 1995 ; Mann, 2000) mesure (tableau 3.4) la tendance de l'individu à appréhender la vie dans le domaine des expériences de consommation culturelle, avec passion, émotion et impulsivité (romantisme) ou en préférant les situations nettes, contrôlées et ordonnées (classicisme).

Le romantisme coïncide avec la fin du XVIIIe siècle et conçoit l'expérience de consommation comme une fin en soi. C'est un mouvement culturel qui a introduit les doctrines modernes de l'expression de soi et d'accomplissement. Les romantiques sont opposés aux effets de la révolution industrielle qu'ils considèrent comme désastreux, mais également à ses doctrines et modes de pensée, qu'ils tenaient pour responsables de l'utilitarisme, du matérialisme et du rationalisme. Résultant d'une réaction à la raison et à la science pendant le « Siècle des Lumières », le romantisme a été la panacée de l'artiste qui, rejetant le classicisme et se sentant étranger au monde industriel et commercial qui l'entoure, développe des thèmes tels que la primauté des sentiments, le culte de l'individu et une nouvelle appréciation de la nature.

Tableau 3.4 – Échelle de mesure de l'orientation classique/romantique de la personnalité des individus

DIMENSIONS DE L'ÉCHELLE	ITEMS
L'orientation classique	Je suis une personne « pratique ».
	Je suis une personne organisée.
	Chaque décision à prendre mérite une attention particulière.
	J'aime garder ma maison ordonnée et rangée.
	Je suis une personne précise.
	Je sais où se trouvent mes affaires.
	Je suis une personne réfléchie.
L'orientation romantique	J'aime l'art qui exprime les émotions de l'artiste.
	Dans l'art, la couleur m'attire plus que la forme.
	Je suis une personne excentrique.
	J'aime toucher les sculptures.
	Je suis une personne impulsive.
	Je préfère vivre dans le désordre.
	Je suis facilement distrait(e).

Source : d'après Holbrook et Corfman (1984).

De façon synthétique, l'individu romantique est considéré comme un être sensible, créatif, ouvert d'esprit et peu organisé tandis que le classique est perçu comme étant très organisé, déterminé et se maîtrisant parfaitement. Le classicisme se définit à travers la rationalité et les valeurs cartésiennes d'ordre, de clarté et de rigueur intellectuelle.

Les doctrines romantiques ont permis aux artistes de revendiquer une justification de leur art, en même temps que d'essayer de satisfaire la demande « populaire ». Elles ont fourni parallèlement un nouvel ensemble de motivations pour consommer des produits culturels qui insistent sur la valeur de l'expérience de consommation subjectivement appréhendée.

Cette variable d'orientation classique et/ou romantique de la personnalité des individus est un critère de segmentation des publics dans le domaine culturel.

La nostalgie

La nostalgie peut être explicative du comportement de consommation culturelle dans les domaines suivants : théâtre, musée, cinéma (exemples de films : *Le Petit Nicolas*, 2011 ; *La Guerre des boutons*, 2011 ; *The Artist*, 2011 ; *Stars 80*, 2012 ; *Populaire*, 2012 ; *Marius*, 2012 ; *Fanny*, 2012), musique (ex. : dernière tournée de Michel Polnareff en France, 2023 ; la tournée RFM Party 80 sillonnant, depuis 2012, les routes de France et des pays francophones). Cette variable « nostalgie » agit sur l'implication même du consommateur.

La nostalgie peut se définir ainsi : « La nostalgie est une réaction affective douce-amère, éventuellement associée à une activité cognitive, et qui peut être éprouvée par un individu lorsqu'un stimulus externe ou interne a pour effet de le transposer dans une période ou dans un événement d'un passé idéalisé, s'inscrivant ou non dans son propre vécu. » (Divard et Robert-Demontrond, 1997).

Pour les styles musicaux comme pour les acteurs de cinéma, les préférences se formeraient durant l'adolescence et dans les premières années de l'âge adulte pour évoluer très peu par la suite (Holbrook et Schindler, 1996). La quarantaine serait un âge où la nostalgie commence à se faire sentir de façon plus importante. Pendant cette période, l'écart se creuse entre l'âge chronologique et l'âge perçu. L'âge qu'un individu pense avoir (âge subjectif) prédirait mieux une attitude ou un comportement que son âge réel. Il conviendrait alors d'évaluer l'âge subjectif des individus avant de segmenter le marché à partir d'un sentiment de nostalgie. Mais le problème majeur, relatif à un tel critère de segmentation, réside dans son caractère peu opératoire.

Évolution technologique et expérience de consommation culturelle

Les organisations culturelles et créatives tendent à être massivement influencées par les nouvelles technologies. En effet, on observe une rupture anthropologique au cours des vingt dernières années dues à l'avènement du numérique.

La digitalisation, marquée par le passage au numérique, a profondément transformé le secteur des arts et de la culture au cours de ces deux dernières décennies. Les consommateurs ont de plus en plus accès à la culture par le biais de plateformes numériques, que ce soit pour la musique (Spotify, Apple Music...), les films et séries (Netflix, Disney + ...), les livres (Amazon, Kindle...) ou encore l'art (musée virtuel, NFT...). De plus, la digitalisation a permis l'émergence de nouvelles formes d'expression artistique grâce à la réalité virtuelle et la réalité augmentée. Avec le métavers et l'essor des NFT, des œuvres d'art purement numériques se multiplient.

Internet favorise une démocratisation et une accessibilité à la culture. Il est désormais possible de visiter des musées à distance, d'accéder à un coût réduit à des œuvres littéraires ou musicales et de participer à des discussions en ligne sur diverses formes d'art. Par exemple, la plateforme Google Arts & Culture permet d'explorer virtuellement de nombreux musées et galeries d'art du monde entier.

Par ailleurs, l'expérience vécue par les publics se construit à la croisée d'un contexte personnel (variables individuelles), physique (lieu) et social (autrui). En ce sens, chaque expérience est unique.

Immersion dans l'expérience de consommation culturelle

L'expérience utilisateur, dans un contexte de digitalisation, est enrichie. Cela se manifeste à travers la mise en place d'expositions interactives dans les musées, l'intégration de technologies immersives comme la réalité virtuelle dans les spectacles ou encore la création d'applications mobiles pour enrichir l'expérience de visite muséale. Ces nouvelles formes de muséographie optent pour une démarche faisant appel à l'émotion et aux sensations, éléments déclencheurs du désir de connaissance de la part de l'individu.

De nombreux musées développent aussi une application mobile qui offre des informations détaillées sur les œuvres et facilitent la navigation dans le lieu.

Dans le cadre du marketing expérientiel, les professionnels peuvent ainsi amener l'individu à s'approprier l'expérience, c'est-à-dire à s'engager dans des processus inoubliables afin de vivre une « suite d'immersions » extraordinaires, et à interagir avec l'objet culturel et son environnement.

Dans le domaine culturel, il est important de ne pas définir l'immersion seulement comme « un plongeon dans un contexte expérientiel de type Euro-Disney » (Carù et Cova, 2006). Certes une des dimensions majeures de la consommation actuelle est l'hyperréalité en fonction de laquelle les individus se contentent, pour toute réalité, de celle des images et des copies (plus vraies que la réalité qu'elles sont supposées représenter). L'hyperréalité, « c'est l'idée selon laquelle la réalité est une construction et qu'il est donc possible de construire des choses plus vraies que la réalité même. Le réel n'est qu'une question de contexte, de culture, d'histoire et d'époque. L'hyperréel remet en cause le mythe du réel dans le modernisme » (Venkatesh *et al.*, 1993). La réalité aurait disparu laissant place à un monde caractérisé par l'image, l'illusion et la simulation.

Or, les musées traditionnels sont mus par la recherche d'authenticité, non par de pures inventions. L'authenticité est un concept largement pris en compte par le marketing ayant pour mission, dans le champ muséal, de coconstruire l'expérience de visite dans un monde hyperréel (MacLean, 1997).

En sollicitant les sens, les expositions immersives promettent une facilité de lecture et un sentiment de dépaysement. Les professionnels proposent d'avoir recours à ces expositions spectaculaires et aux expériences séduisantes pour faire venir dans les lieux culturels un public plus large.

Coconstruction de l'expérience de consommation culturelle

Le public peut être amené à bricoler les œuvres, les transformer, les remixer, les commenter etc. Différents qualificatifs peuvent alors être utilisés pour désigner le public « coproducteur », « cocréateur », « *prosumer* » ou encore « pro-am » (professionnel-amateur) (Flichy, 2010). Gamble et Gilmore (2013), à travers de nombreux exemples puisés dans l'industrie musicale, confirment ce paradigme de *co-creational marketing*, la valeur pouvant être créée par chacun des acteurs (producteur/consommateur).

Afin d'illustrer cette tendance, citons le cas des fans, qui adoptent une pluralité de régimes d'engagement (fan-clubs, *street teams*, communautés numériques...), auprès des artistes et des institutions culturelles, ces fans étant à la fois des ressources économiques et de véritables forces de travail pour les organisations concernées (Hein, 2011).

Différentes modalités confirment la coproduction ou la cocréation :

- **au sens financier du terme,** à travers le *crowdfunding* (mode de participation au financement d'un film ou d'un disque, le public devient « producteur exécutif »), ou à travers le mécénat individuel (comme *Les Trois Grâces* de Cranach financées par des dons individuels via un site Internet créé par le Louvre) ;

- **au sens créatif du terme,** les fans, par exemple, peuvent être amenés à participer à l'écriture des paroles de chansons ou à la création d'un clip vidéo, ou à poster leur propre remix ou vidéo sur YouTube… (Gamble et Gilmore, 2013).

Coconstruire l'expérience de consommation culturelle peut correspondre à une coproduction ou à une cocréation pédagogique ou artistique. Sur un plan pédagogique, ce fut le cas du *Sydney Powerhouse Museum*, qui a demandé à ses visiteurs de tagger chaque objet de la collection sur leur site Internet (d'autres musées l'ont proposé également), pour pouvoir proposer, en plus de la terminologie des experts, une classification construite par et pour ses visiteurs. Sur un plan artistique, il est possible de demander au public « cocréateur » de participer directement à la création des œuvres et artefacts destinés à être exposés. Par exemple, en 2009, le musée Malraux du Havre a lancé un appel à une « contribution photographique » sur le thème de la Normandie, dans le cadre de l'exposition « Voyages Pittoresques ». Il a donc été créé un blog invitant les internautes à déposer leur création et à les soumettre aux votes de la communauté dans l'hypothèse de voir leurs images exposées au sein du musée.

Nous pouvons prendre également comme champ de référence celui des arts numériques (encadré 3.6). Depuis les années 1980, en France, le terme « culture numérique » s'est imposé, abordé comme un champ culturel à part entière. Les cultures numériques font référence aux changements de pratiques et aux évolutions relatives à la production culturelle entraînées par le développement et la diffusion des technologies numériques. Elles regroupent un champ très large de domaines culturels et ont pour point commun l'intégration d'un processus numérique et/ou technologique. Deux notions sont primordiales : la première concerne le support, la seconde concerne la relation entre une œuvre et son environnement (relation profonde et interactive entre le spectateur ou visiteur, et l'œuvre d'art en elle-même).

L'art numérique est fondé sur une notion de dialogue entre un médium, un support et un spectateur. L'œuvre, en elle-même, peut être le support, mais elle est aussi une interaction produite, qui repose sur l'expérience procurée au spectateur placé au cœur du processus.

Le but est donc de placer l'individu au centre de l'expérience culturelle dans la mesure où l'action de l'artiste se limite à la création d'un cadre dans lequel une ou plusieurs personnes créent une œuvre. Par exemple, la notion d'interactivité de l'art sur Internet relève d'une relation triangulaire entre le créateur, l'œuvre et le spectateur. Une modification s'opère dans la relation du spectateur avec l'œuvre. Internet permet de mêler des relations contradictoires d'espaces privés et publics, et de créer une troisième dimension dans laquelle le spectateur se sent investi. Trois degrés d'interaction avec le public peuvent être observés :

- **la consultation de l'œuvre** à travers laquelle le visiteur explore ou navigue en construisant son propre parcours ;
- **l'exploration de l'œuvre** où le spectateur peut participer et contribuer à sa création ;
- **l'expérimentation de l'œuvre** dans toutes ses potentialités à un degré d'interactivité très élevé.

Encadré 3.6 – Coconstruction de l'expérience de consommation culturelle : les arts numériques

L'artiste français Michaël Borras, dit « Systaime », fonde le *SuPer Art Modern Museum* (nommé SPAMM), qui réunit les caractéristiques d'un musée, d'une œuvre collective et d'un site Internet. L'exposition en ligne est ludique à explorer et regroupe des œuvres diversifiées de plusieurs auteurs. Si l'on considère l'œuvre de Miltos Manetas « JacksonPollock.org », l'utilisateur peut créer un tableau dans le style de l'artiste Jackson Pollock avec un mélange de couleurs et de jets de peinture. L'internaute face à son ordinateur est au cœur de l'œuvre d'art créant son propre tableau. L'utilisateur n'est plus dans un art figé, mais dans un art dynamique et interactif.

Facilitation du vécu de l'expérience culturelle

Les outils interactifs (technologiques) de médiation concernent :

- **des outils mobiles :** audioguide, applications dédiées sur Smartphone, sur tablette, console de jeux… ;
- **des outils fixes :** borne multimédia à consultation individuelle, table interactive multi-usagers…

Ces outils interactifs de médiation influencent l'expérience de consommation culturelle et peuvent en être de véritables leviers d'enrichissement. Plus particulièrement, dans un musée d'art, l'expérience de visite vécue par un individu, utilisant un outil interactif de médiation, se définit comme un système expérientiel composé de six dimensions évoluant ainsi (Jarrier et Bourgeon-Renault, 2014) :

- **une dimension cognitive :** l'outil interactif de médiation est susceptible d'exercer une influence positive sur l'intérêt et l'attention portés par un individu aux œuvres, sur sa capacité à les observer, à les comprendre, et enfin à les garder en mémoire ;
- **une dimension rhétorique :** l'utilisation d'un outil interactif de médiation participe à la construction de sens donné par l'individu à la visite ou à l'œuvre ;
- **une dimension hédonico-sensorielle :** celle-ci fait référence à la capacité de l'outil à générer des émotions, des sensations positives ou négatives au cours de son utilisation dans le cadre de la visite du musée d'art (divertissement, surprise, évasion, détente, plaisir esthétique, stimulation sensorielle, etc.) ;
- **une dimension temporelle :** l'utilisation d'un outil interactif d'aide à la visite exerce une influence positive sur la manière qu'a un individu de gérer et d'optimiser ses ressources temporelles, ou à évoluer au sein du musée ;
- **une dimension sociale :** l'utilisation d'un outil interactif de médiation par les publics peut favoriser ou entraver leurs échanges avec les compagnons de visite, mais aussi plus largement avec les autres visiteurs et le personnel du musée ;
- **une dimension active :** selon l'outil utilisé par l'individu, ce dernier s'éloignera plus ou moins fortement de la posture du visiteur « simple récepteur » afin de mieux s'approprier tant le lieu que les œuvres.

Valeur, satisfaction et fidélité dans la consommation culturelle

La qualité perçue d'un spectacle, d'une exposition ou de tout autre produit culturel, et la valeur attachée à cet objet de consommation sont les deux déterminants principaux de la satisfaction à l'égard d'une expérience vécue par le consommateur.

La relation valeur/satisfaction

La qualité perçue est un jugement cognitif porté sur un produit (bien ou service) qui n'exige pas de l'avoir utilisé. Par exemple dans le domaine muséal (Passebois, 2003), trois dimensions, participant à la satisfaction du consommateur, sont identifiées dans l'évaluation de la qualité de l'offre muséale :

- l'exposition elle-même ;
- la qualité de l'interaction avec le client lors de la prestation de service (personnel, outils d'information et de formation) ;
- la qualité de l'environnement physique (ambiance du lieu, bar...).

Pendant longtemps, la valeur a été exprimée dans le cadre d'une transaction. Cette perspective se situe avant la phase de consommation et met l'accent sur l'objet de consommation lui-même. Mais elle a tendance à réduire les bénéfices procurés par un produit à des éléments utilitaires ou fonctionnels. La valeur est alors mesurée comme les bénéfices fondés sur les attributs qui influencent l'achat. Or, les individus peuvent opter pour des dimensions plutôt orientées vers l'expérience à vivre lors de la consommation, ce qui est le cas dans le domaine des arts et de la culture. Il est alors possible d'élargir l'approche utilitariste de la valeur, en intégrant d'autres formes de bénéfices et de coûts.

Ainsi peut-on expliquer la valeur attachée par le consommateur à l'objet culturel en identifiant cinq « valeurs de consommation » : valeur fonctionnelle, valeur sociale, valeur émotionnelle, valeur épistémique et valeur conditionnelle (Sheth, Newman et Gross, 1991).

Encadré 3.7 – Illustration des cinq « valeurs de consommation »

Une étude, portant sur les représentations des Français à propos de la gratuité des musées et des monuments, en lien avec leurs projets d'usage et leurs comportements (Gombault, Petr, Bourgeon, Le Gall-Ely et Urbain, 2006) a permis de mettre en évidence les cinq valeurs de consommation muséale et patrimoniale suivantes :

- **valeur fonctionnelle** qui est liée à la capacité des musées et des monuments à proposer une offre « de qualité », en lien avec les œuvres exposées, les lieux et les services mis à la disposition des publics ;
- **valeur sociale** qui est relative à la pratique de visite des musées et des monuments au sein d'un groupe social (famille, amis...) ;
- **valeur émotionnelle :** les musées et les monuments peuvent susciter notamment l'admiration, l'étonnement, la surprise et le plaisir ;

- **valeur épistémique** qui est à rapprocher de la capacité des musées et des monuments à inciter la curiosité et à répondre au désir de nouveauté ou de connaissance des publics ;
- **valeur conditionnelle** qui est définie comme le résultat d'une situation spécifique, liée à des facteurs situationnels (présence de monde ou non, entrée payante ou gratuite, présence d'un guide, occasion particulière de visite...).

Une approche relationnelle de la valeur est ainsi apparue progressivement en complément de l'approche transactionnelle dominante, et s'est développée dans une perspective expérientielle qui prend en compte l'expérience vécue par l'individu pendant la consommation. En termes de valeur, l'accent est alors mis sur la valeur d'usage ou valeur de consommation, appréhendée en termes de sens. Elle ne correspond plus à la décision d'achat elle-même, mais représente la conséquence des expériences de consommation cumulées. Elle est une réponse affective du consommateur à l'égard de l'objet. La valeur n'est plus le résultat d'un calcul, mais le produit d'une expérience (Filser, 2000).

La valeur de consommation est donc interactive, relative, préférentielle et expérientielle et ne réside pas seulement dans le produit culturel lui-même, mais dans l'expérience de consommation qui en découle et qui peut contribuer à accroître la satisfaction.

Plusieurs études ont été menées afin d'identifier le concept de valeur expérientielle dans la consommation culturelle (Pulh, 2002 ; Aurier, Evrard et N'Goala, 2004 ; Passebois et Aurier, 2004 ; Bourgeon *et al.*, 2006 ; Collin-Lachaud et Passebois, 2006 ; Mencarelli, 2008). Elles ont étudié l'interaction entre un consommateur et un produit culturel, c'est-à-dire la relation personne-objet (modèle RPO). Elles ont ainsi défini plusieurs dimensions de la valeur selon leur dimension expérientielle ou non expérientielle et selon le caractère intrinsèque/extrinsèque de la consommation culturelle, sur la base d'une distinction entre valeur orientée vers soi et valeur orientée vers les autres.

La relation satisfaction/fidélité

La satisfaction peut être envisagée dans une perspective « expérientielle » à l'issue d'une expérience ou d'un ensemble d'expériences cumulées avec un produit culturel. En conséquence, c'est un élément clé de la relation durable « consommateur/objet culturel ».

La fidélité à l'égard d'un produit culturel ou d'une marque (nom d'une institution culturelle...) est une tendance délibérée à racheter le produit ou à fréquenter de façon régulière un lieu culturel. Il existe deux dimensions dans la fidélité : une dimension attitudinale (en termes de préférence à l'égard d'une institution) et une dimension comportementale (en termes d'intensité de consommation/fréquentation).

La satisfaction conditionne la nature (forte ou faible) de la relation, l'attachement des individus au produit ou à l'institution, et le désir d'engagement de ces derniers.

La satisfaction est aussi à l'origine de la confiance du public envers l'institution culturelle : la confiance correspond à la croyance des individus en la qualité de l'offre proposée. Dans un tel contexte de confiance, le public a la certitude que la structure met tout en œuvre pour aider sa rencontre avec l'objet culturel et qu'elle maintiendra son comportement dans la durée. La satisfaction cumulée n'est pas le seul facteur explicatif de la confiance : la réputation de l'institution (à travers les médias, les leaders d'opinion...) y contribue fortement.

Selon une étude (Passebois, 2003), dans le domaine muséal, la fidélité fait intervenir des composantes différentes selon que l'on se situe du côté des publics novices ou des experts. Elle s'explique, pour les novices, par la qualité des expositions et par la confiance accordée à l'institution dans sa programmation. L'offre centrale de service est alors fondamentale pour expliquer la relation novices/institution. Pour les experts, la satisfaction cumulée est au cœur du processus de fidélisation. La satisfaction expérientielle demeure un déterminant important de la fidélité que celle-ci soit appréhendée sous forme d'intentions comportementales ou d'intention d'engagement.

CONCLUSION

Deux logiques de consommation culturelle différentes peuvent coexister entre elles : une logique de consommation éducative, ludique et festive (*edutainment*) et une logique existentielle ou phénoménologique caractérisée par la recherche d'hédonisme (recherche de plaisir), d'esthétisme et de symbolisme (importance de l'imaginaire, du rêve).

L'apparition chez le consommateur de tendances, qui le rendent à la fois exigeant et versatile (affectif, émotif...), conduit à privilégier, en direction des publics, des orientations plus interactives et participatives de la part des responsables culturels. Afin d'attirer ce consommateur épris de sensations fortes et attentif aux présentations hyperréelles, les professionnels mettent en application le principe d'immersion (ex. : cas des « muséographies immersives »), à l'origine d'un nouveau genre culturel. Cependant, certains individus peuvent rencontrer encore des difficultés à déchiffrer le langage des formes, de la mise en espace et de la scénographie. Des études doivent donc être réalisées auprès du public final afin de mieux le comprendre.

Les tendances de la consommation culturelle peuvent s'analyser sous différents aspects :

- **le rapport de l'individu à lui-même (à son corps), aux autres et au produit :** approche sensible de l'objet culturel à travers un style esthétique différent ou développement de l'altérité ;
- **le rapport de l'individu au temps :** la variable « nostalgie » apparaît de plus en plus importante, de même que le besoin de vivre « tout, tout de suite » dans un cadre d'hypermodernité ;
- **le rapport de l'individu au lieu et à l'espace** (participation ou appropriation) ;
- **le rapport aux us et coutumes :** on assiste à une « transgression » des habitudes culturelles (disparition des frontières culturelles, éclectisme et mélange des genres). Les expériences culturelles sont désormais « décloisonnées » (Lahire, 2004).

À l'heure actuelle, il apparaît donc complexe de définir les frontières entre culture légitime et culture de masse (opposition que l'on peut qualifier aussi de la manière suivante entre culture élitiste et culture populaire, ou encore entre culture savante et culture divertissante) d'où, en marketing, la difficulté de mener une démarche de segmentation des publics de la culture à l'aide de techniques traditionnelles (méthode du questionnaire).

CHAPITRE 4

Faire une étude de public

Par Christine Petr

INTRODUCTION

Lorsqu'on réalise une étude de public, on applique une démarche rigoureuse permettant d'obtenir des informations utiles et fiables pour orienter la stratégie et aider à prendre des décisions.

Ces informations portent sur les publics que sont les visiteurs et spectateurs effectifs et potentiels. Le prisme de ce qui est l'objet de l'attention peut varier. Il peut s'agir d'une œuvre ou d'un artiste, mais aussi d'une marque, d'un établissement culturel, d'une exposition, d'une performance, d'un événement ponctuel ou d'un bouquet d'offres comme lors d'un festival.

Chaque situation d'étude correspond à la combinaison originale d'une problématique, d'un contexte artistique et culturel et de contraintes d'environnement. Pour mener une étude qui soit vraiment adaptée à la situation, la démarche consiste à engager une réflexion *ad hoc.* Cette réflexion implique plusieurs étapes : la délimitation du sujet d'étude, la recherche des informations déjà disponibles, les choix méthodologiques de la collecte, la conception opérationnelle du terrain, puis l'exploitation des résultats via leur diffusion et l'élaboration des choix (stratégiques ou opérationnels).

Dans le cadre de ce chapitre, les aspects opérationnels et d'analyses statistiques ne sont pas abordés. Nous renvoyons le lecteur vers les ouvrages et manuels de référence en la matière. En revanche, l'ambition de ce chapitre est d'aider le lecteur à savoir comment envisager et concevoir une étude de public dans le champ culturel.

Telle la vigie qui informe le capitaine, l'étude apporte des éclairages sur la situation de l'organisation au sein d'un environnement en permanente évolution et fournit des indicateurs sur la pertinence *a priori* des actions. Le principe est de concentrer son énergie pendant un temps sur la compréhension du marché pour revenir ensuite aux tâches habituelles. On en ressort enrichi par des connaissances acquises à travers le diagnostic. L'étude n'est donc pas un inhibiteur de l'action, mais un « détour de production » (Eugen Von Böhm Bawerk, 1929).

Dans la majorité des cas, les acteurs culturels ne sollicitent pas de budgets pour réaliser des études. Pourtant une étude permet d'améliorer l'action immédiate ou l'action à long terme. Ce chapitre est l'occasion de présenter les étapes clés de la construction de la démarche d'étude du public.

IDENTIFIER L'OBJECTIF DE L'ÉTUDE

Il faut identifier très tôt comment intégrer les conclusions de l'étude dans l'action à long terme (la stratégie) et dans les pratiques quotidiennes et régulières (l'opérationnel). Pour cela, il faut identifier les questions managériales prioritaires (tableau 4.1) en les hiérarchisant selon les caractéristiques d'urgence, d'importance et d'utilité immédiate des résultats.

Tableau 4.1 – Des questions managériales aux objectifs des études de public

TYPES DE QUESTIONS	OBJECTIFS DE L'ÉTUDE DU PUBLIC	ATTENTE MANAGÉRIALE
Qui est (/n'est pas) mon public ? Qui consomme... ? Qui est spectateur de... ? À quoi ressemble le public de... ?	1) Décrire le public de l'offre 1a) Étudier le profil sociodémographique du public 1b) Identifier des publics homogènes en termes de comportements, d'attentes ou de représentations	Investigation de l'audience
Mon public a-t-il apprécié... ? Est-il satisfait de... ? A-t-il l'intention de revenir ?	2) Comprendre et mesurer le vécu du public effectif	
Que pense le public de... ? Que signifie... pour le public/non-public ?	3) Chercher et donner le sens : connaître le point de vue du public et du non-public 3a) Connaître les représentations du public sur son institution : quelles appréciations ? quelles images associées ? quelles croyances ? etc. 3b) Savoir ce qui se dit sur Internet et les réseaux sociaux numériques	
L'action envisagée améliore-t-elle l'accessibilité de l'offre ? Pour accroître les ventes/l'audience/la fréquentation, faut-il faire... ? Doit-on plutôt... ou plutôt... ? L'action A est-elle plus efficace que l'action B ? L'action choisie doit-elle être menée... (définir la période, durée, cible et zone de diffusion) ?	4) Évaluer la performance des actions menées 4a) Analyser le potentiel d'une action en termes d'amélioration de l'accessibilité à l'offre 4b) Valider le choix d'une action parmi plusieurs 4c) Préciser et adapter le champ d'application d'une action pour l'optimiser	Optimisation de l'accès à l'offre
Quel est le public, en qualité et en quantité, qui sera intéressé et consommateur de l'offre Y ? Quels services/offres/œuvres seront appropriés pour quels publics ? Quel est le niveau de l'offre à prévoir ? Quelle sera la fréquentation ? Combien de représentations/copies faut-il prévoir ? Quelle doit être la jauge (nombre potentiel de places à vendre) ?	5) Prévoir les types et niveaux de consommation 5a) Prévoir la demande (type de public qui sera intéressé et consommateur) 5b) Anticiper le nombre de consommations (en termes de tickets vendus, nombre de représentations, etc.)	Prévision de la demande

Étudier l'audience : connaître le public, ses attentes et son vécu

Si le public est présent dans les institutions et établissements culturels, il reste en partie inconnu pour ces structures. Sans une démarche volontariste d'étude, il est difficile de qualifier avec précision les publics. Par exemple, un responsable d'exposition dispose assez facilement des chiffres de fréquentation de son événement. En revanche, s'il veut connaître la composition de son public, savoir si ce dernier a apprécié et compris les choix muséologiques faits et, plus simplement savoir s'il est satisfait de son expérience de visite, il doit s'engager volontairement dans une démarche d'étude. Ce choix étant fait, il faut ensuite choisir le type d'outil à privilégier car le traditionnel questionnaire n'est pas forcément l'instrument de mesure le plus adapté (Leyendecker, 2005).

Dans les lieux superstars, le nombre de visiteurs est tellement important qu'il devient impossible de le décompter précisément. Aussi, si la quantification du public est parfois complexe, la description du public demeure un défi essentiel et quotidien.

La difficulté rencontrée pour la qualification du public s'explique souvent par la pluralité des publics simultanément présents. Le public culturel est très hétérogène : il n'est pas « un », mais au contraire pluriel. C'est face à cette hétérogénéité que l'étude marketing prend tout son sens. En effet, la segmentation du marché vise à relever les similitudes et les différences qui animent chaque type de spectateurs, d'auditeurs et de visiteurs. Or, cette logique de repérage de groupes homogènes en termes d'attentes, de motivations ou de représentations, résonne fortement avec les préoccupations quotidiennes de l'acteur culturel.

Outre la description et la quantification du public – objectifs qui impliquent souvent des approches quantitatives fondées sur un questionnaire – l'investigation du public peut aussi correspondre à des études plus en profondeur et plus compréhensives. On veut par exemple :

- comprendre pourquoi et comment les publics s'approprient un genre (ex. : le hip-hop) et rejettent un autre (ex. : la techno) ;
- découvrir les codes d'une pratique (ex. lors de la visite d'un musée : règle du silence et des chuchotements, mains croisées dans le dos, ralentissement du rythme de déambulation des visiteurs) ;

- dresser le portrait symbolique d'une culture de consommation (ex. : la tribu des amateurs de hard rock ou les fans du *street art*) ;
- anticiper des changements dans les usages pour savoir comment adapter l'offre et la diversité des supports (ex. : l'essor des livres numériques, le développement du streaming ou des *escape games* artistiques, TikTok comme outil de communication pour les artistes, etc.) ;
- évaluer la pertinence réelle, au-delà des effets de modes, de nouvelles propositions technologiques (ex : pour visiter un musée ou un centre historique, doit-on proposer les applications d'aide à la découverte culturelle utilisant la réalité augmentée et téléchargeable sur le téléphone portable ? Que faut-il vraiment penser des réseaux sociaux : outil de recrutement de nouveaux publics, outils de fidélisation, ou simple support complémentaire à la communication multicanale ?).

Ce genre d'études sur le vécu des consommateurs cherche à comprendre comment le public reçoit les propositions et évalue les expériences culturelles. Les études s'accordent parfaitement avec les motivations et les missions qui animent nombre de professionnels de la culture puisqu'elles portent sur la compréhension de l'appropriation des offres et genres culturels. Ces études sont parfois qualifiées d'études « de réception » car elles aident le médiateur culturel à orienter la réception de l'œuvre en lui suggérant des actions d'accompagnement de ces offres.

Gérer sa réputation et optimiser sa médiatisation numérique

Depuis le Web participatif, les individus s'expriment sur Internet. Ils deviennent des créateurs de contenu. La communication d'une institution culturelle, d'un événement artistique comme un festival, et bien sûr de l'artiste lui-même et des collectifs, s'en trouve impactée. Soit les avis sont positifs et il y a des effets de buzz très intéressants pour les acteurs culturels qui font l'objet de ces contributions sur Internet, soit les avis sont plus ambigus, négatifs ou contrastés, et cela peut nuire au lancement d'une nouvelle proposition artistique en freinant l'envie de spectateurs potentiels qui lisent ces avis. La situation de communication a ainsi radicalement changé : elle n'est plus *top-down* et gérée seulement par l'acteur culturel autrefois émetteur des messages. Il faut aujourd'hui tenir compte des contributions sur Internet, y répondre dans la mesure du possible, et idéalement savoir en tirer profit pour rassurer sur la qualité du contenu de l'offre culturelle et motiver les spectateurs à en savoir plus et à découvrir l'artiste ou la proposition alors que, sans ce bouche-à-oreille numérique (le « *word-of-mouse* » qui transfère sur Internet le traditionnel « *word-of-mouth* » du monde réel), ils ne s'y seraient pas intéressés.

La prise de pouvoir médiatique des publics culturels conduit les institutions, les agents et les artistes à compléter leur stratégie de communication en y ajoutant un volet de communication digitale et de *social selling*. Pour répondre à cette nouvelle exigence, la partie étude des publics impose de consulter désormais les commentaires du public, des influenceurs, et les échanges entre les « amis » numériques (*fans, followers*...), et d'évaluer les commentaires ou les vidéos de *lives* transmis via les RSN (réseaux sociaux numériques).

Ces commentaires sont postés prioritairement sur les sites web collaboratifs 2.0 créés par les acteurs culturels eux-mêmes (Gauzente *et al.*, 2013). Aussi, aujourd'hui, pour évaluer son e-réputation, il faut avoir une vision élargie de ce qui se dit et se partage sur les différentes plateformes digitales d'échanges, de publications et de streaming. Il faut concrètement aller consulter et analyser le contenu présent sur les DSP (*digital social platform* ou *social media sites*) tels qu'Instagram, YouTube, Facebook, Twitter, TikTok, Pinterest, Snapshat, Sina Weibo... Il faut alors évaluer les performances de visibilité et d'avis (citations, visuels, commentaires, *likes*...) sur les différents forums, média et *blogs* créés et mis à disposition du public. Plus récemment, il convient d'être attentif à ce qui peut apparaître et au potentiel promotionnel des nouveaux espaces virtuels tels que le métavers ou les univers de jeux vidéo. Ainsi, des choix d'apparence de personnages (les *skins* sur le jeu en ligne Fortnite d'Epic Games par exemple) peuvent, par leur ressemblance physique à un artiste, contribuer à faire le buzz, positif ou négatif, de cet artiste.

Ces espaces d'échanges, de jeux et de streaming relient les membres du public avec l'organisation. Ce sont des espaces « public-organisation » conçus et adaptés aux potentialités d'Internet. Si ces espaces permettent aux membres du public de rebondir sur les commentaires des uns et des autres, il s'agit d'espaces *Peer-to-Peer* ou *C-to-C* (*Consumer-to-Consumer*), c'est-à-dire des espaces d'échanges « public-public ».

Les personnes qui s'expriment dans ces espaces virtuels sont souvent des personnes impliquées vis-à-vis de l'organisation, de la marque ou des collectifs artistiques, ce qui peut donner lieu à des commentaires et suggestions très utiles. Il faut aussi s'attacher à les identifier individuellement car ils peuvent être des acteurs communicants efficaces pour les structures culturelles et les artistes. Grâce aux outils d'analyse de la présence sur les réseaux sociaux, cette identification est devenue assez simple d'utilisation. Mais il faut être vigilant à bien dépasser la seule analyse quantitative et comptable de l'activité sur Internet et sur les RSN. Bien que ce soit moins facile que les évaluations quantitatives, il faut évaluer les performances qualitatives (analyse de sentiments) de ce qui se passe via les espaces numériques.

Le b.a.-ba : l'étude de la fréquentation des sites Internet

L'analyse sur Internet passe d'abord par l'analyse du comportement des visiteurs des sites Internet. Il s'agit de savoir combien il y a de visites quotidiennes, de clics, de taux de conversion, et de temps moyen passé sur les différentes pages du site. Cette analyse des audiences doit ensuite être faite en repérant les origines géographiques, la nature des outils utilisés (Smartphones, tablettes ou PC), et les types de trafic (accès direct, résultats naturels, sites référents, résultats de campagne, etc).

La démarche est donc :

- **d'une part quantitative,** pour mesurer l'importance de l'activité et vérifier si la stratégie web atteint le niveau espéré de performance en termes de visibilité et de citations ;
- **d'autre part qualitative** : en effet, il s'agit aussi de mieux connaître les internautes qui visitent les sites, de pouvoir identifier les thématiques qui les intéressent (qui cherche à savoir quoi ?), de renforcer leur engagement en proposant un abonnement aux newsletters, aux flux d'information en temps réel, voire des réservations et de l'achat direct en ligne ou du streaming.

Pour collecter et analyser les informations sur les visiteurs d'un site Internet (identité, cheminement, source de trafic...), il existe des outils logiciels et des services *web analytics*. Pour les choisir, il faut se référer aux classements opérés par des acteurs du Web (comme le blog du modérateur) et être vigilant au respect de la vie privée des individus par ces outils. En effet, en 2022, un gestionnaire de site français a été mis en demeure par la CNIL et a été assigné à se mettre en conformité avec le RGPD au risque de devoir payer une amende représentant 4 % de son chiffre d'affaires à cause de son utilisation de Google Analytics, dont l'anonymisation des données, traitée aux États-Unis, était jugée non conforme au règlement européen en vigueur depuis 2018.

Le choix doit donc se faire en fonction des coûts, des garanties RGPD, et des contraintes de temps face au retour attendu de cette connaissance fine des audiences.

Le Web 2.0 : l'étude des commentaires faits sur les réseaux sociaux numériques

Les acteurs culturels exploitent les technologies permettant d'être présents sur les réseaux sociaux numériques (Gauzente, Kuntz-Cosperec et Petr, 2014).

Il faut cependant être très vigilant sur la chimère que peuvent représenter les chiffres sur le nombre d'abonnés et d'amis numériques. Ces chiffres indicateurs complémentaires de la renommée ne sont en rien significatifs de l'image de la structure culturelle ou de l'artiste et de sa capacité à interagir réellement avec ses abonnés et publics, ce qui est pourtant le but initial de ces réseaux sociaux (RSN). Dans l'analyse des réseaux sociaux, il faut donc aller encore plus rapidement au-delà des seules mesures comptables.

Ainsi, au-delà du nombre de *followers* ou de *fans*, du nombre de *likes*, ce qui compte vraiment, et même plus que le nombre d'interactions (nombre de *posts*, de partages, de *retweets*, de commentaires, de transferts), c'est le contenu de ce qui est échangé sur les sites et réseaux participatifs.

Les questions suivantes peuvent se poser :

- Que dit-on de mon établissement, sur les pages de mon compte, mais aussi sur d'autres réseaux et plates-formes sociales virtuelles ?
- Quelle est la nature de ce qui est dit ?

Est-ce pour parler de mon organisation ou activité :

- de manière positive (appréciations positives : remerciements, compliments, conseils, etc.) ;
- de manière neutre (on fait simplement passer de l'information sans qu'il y ait vraiment de valeur ajoutée de jugement), ce qui démultiplie les sources d'information, mais n'est pas forcément très rentable en termes d'efficacité, et ne conduit pas à envisager de s'investir plus largement dans cette stratégie du Web collaboratif ;
- de manière négative (appréciations négatives : reproches, déception, non-satisfaction...) ?
- Qui s'exprime le plus ? Ai-je un large réseau de contributeurs ? Est-il étroit ? Sont-ils des contributeurs réguliers, que je peux vraiment considérer comme des amis et des relais de la vie de mon établissement et de mon projet artistique ? Si oui, qui sont-ils et n'aurais-je pas intérêt à rentrer plus en contact avec eux, surtout s'ils ont un profil de contributeurs type

« *critics* » (Forrester, 2011), c'est-à-dire qu'ils commentent les blogs et donnent leurs avis sur les offres et produits ?

Pour évaluer le poids de sa présence sur les réseaux sociaux, la qualifier et aussi repérer qui s'exprime le plus (puisqu'il s'agit de potentiels alliés qui surfent sur le Net), l'artiste ou l'établissement culturel peut utiliser là encore de nombreux outils et services disponibles dont certains sont gratuits, comme SocialMention.

L'intérêt de ces outils est de donner à l'artiste ou à l'établissement culturel une appréciation des effets de sa présence sur les réseaux sociaux à travers divers indicateurs tels que des critères de portée, de puissance, de passion, de sentiment. Concernant ces indicateurs, il faut s'attacher à comprendre la méthode de calcul utilisée pour pouvoir bien cerner leur utilité. Ainsi, il faut différencier :

- les scores de portée supérieurs aux autres, c'est-à-dire ceux qui ont une plus forte probabilité de faire l'objet d'échange sur les réseaux sociaux ;
- les scores de sentiment, c'est-à-dire le ratio de mentions positives par rapport aux négatives ;
- les scores de passion élevés (probabilité que ceux qui échangent et parlent des offres le fassent régulièrement, indiquant ainsi un degré d'implication et d'attachement important).

Dans cette perspective, l'analyse de l'activité sur les réseaux sociaux numériques permet d'avancer dans une démarche proactive de gestion de la réputation et de stimulation de la notoriété. Pour répondre à ces ambitions de communication virale et virtuelle, il faut exploiter les outils d'analyse pour identifier les réactions faites à des contributions sur ses propres pages des réseaux sociaux, pour relever les mots-clés les plus utilisés lorsque les internautes parlent de l'offre culturelle en question pour ensuite les évaluer, pour relever la nature positive, neutre ou négative des commentaires pour améliorer la gestion de la réputation de cette offre et comprendre les sources de regret. De plus, ces outils d'analyse permettent aussi d'identifier les mots de référence et de catégorisation qui sont les plus utilisés. Ceci permet de savoir sur quels réseaux sociaux il y a le plus de commentaires concernant l'offre artistique et culturelle et d'envisager alors l'abandon des efforts sur le réseau social sur lequel les « amis » sont peu présents pour aller vers les réseaux sociaux que les publics cibles fréquentent et utilisent davantage. Cela consiste à évaluer les *top keywords*, les *top hashtags*, les *main sources*, etc. Grâce à l'intelligence artificielle, ces analyses sont de plus en plus aisées à mener.

Enfin, et en préalable à une approche de type relations presse dédiée à des individus qui aiment parler de l'acteur culturel sur les réseaux sociaux, et qui sont donc des leaders d'opinion potentiels, voire des prescripteurs, il s'agit de relever ceux qui communiquent le plus. Connaissant ces *top users* du nom de l'établissement, de l'artiste, de l'événement, on peut alors envisager d'engager une approche personnalisée de ces communicants qui contribuent sur le Net et les réseaux sociaux numériques (Hajkel-Elsabeh et Alloing, 2014).

Optimiser l'accès à l'offre

Les réflexions sur l'accès à l'offre culturelle portent à la fois sur l'accessibilité symbolique aux œuvres (symbolique car les difficultés d'accès à la culture peuvent être liées à des barrières psychosociologiques), et sur l'élaboration de prix et de politiques tarifaires, sur la communication et sur la distribution. Ces études visent donc à améliorer la médiation et la diffusion de l'offre à travers des éléments tangibles (ex. : par les tracts publicitaires, la tarification d'accès, les actions de médiation culturelle, etc.) sur lesquels les professionnels culturels peuvent en partie agir. Ces derniers veulent aider le public à accéder à l'œuvre tant par des actions stratégiques à fort pouvoir symbolique (ex. : la gratuité d'accès, les événements, les *escape games*, les projets immersifs, les univers virtuels...) que par des actions objectives d'aide à l'accès physique et numérique (ex. : la mise en place d'un service d'information et de réservation, le référencement dans de nouveaux lieux de vente, la diffusion de messages aux moments et endroits adéquats, offres de streaming, numérisation des offres, etc.).

Lorsque les études sur l'accès à l'offre concernent les contenus proposés, il est question avant tout d'accessibilité « symbolique » (ce qui nécessite la mise en place de moyens pour permettre l'accès à la culture à un public plus large de non-initiés). En effet, certains publics peuvent penser ne pas être légitimes à fréquenter des lieux et genres culturels. Face à des déclarations du type « ça, ce n'est pas pour moi », il faut alors privilégier les outils et les analyses permettant de comprendre les représentations que ces non-publics peuvent avoir de ces formes artistiques. Ces blocages dépassent ou imposent une vision élargie des publics dits « empêchés ». Dans ces situations, il est conseillé, par exemple, d'utiliser des techniques telles que la sémiotique qui permet de cerner le sens associé à ces représentations et à de tels sentiments d'illégitimité. Il peut aussi être pertinent d'adopter une approche ethnographique participante, telle qu'elle est pratiquée par les anthropologues, pour s'intégrer dans le groupe pour mieux comprendre ce qui motive ces croyances et pouvoir les déconstruire.

Lorsque les études portent sur le prix, de nombreuses difficultés apparaissent. D'une part, il faut être prudent à l'égard des études déclaratives. Le consommateur manque souvent d'honnêteté pour parler de ce sujet parce qu'il est toujours difficile de parler d'argent. D'autre part, en raison des contraintes liées aux spécificités du secteur, le prix du billet d'un spectacle n'est pas que fonction des coûts de production, mais est surtout déterminé en fonction des possibilités de la demande sociale, par des dispositions législatives (par exemple, la loi Lang de 1981 sur le prix du livre) ou le développement de modèles économiques nouveaux (les plateformes de streaming, les achats à l'écoute). C'est pour de telles raisons que les études sur la tarification et les prix sont complexes car il ne faut pas dépasser divers seuils (pouvoir d'achat, prix psychologique, prix de référence) pour éviter de voir s'écarter des publics.

Lorsque les études concernent la communication, il faut identifier les médias les plus utilisés et les axes de communication les plus performants en termes d'attention, d'attractivité, de compréhension, d'agrément, de mémorisation, et d'incitation à l'achat.

Lorsque ces études portent sur la distribution physique de l'offre (lieux de vente, intermédiaires, bornes ou guichets), il faut envisager les modes de vente dématérialisés (le *e-ticketing* proposé par les plates-formes de vente en ligne). Il s'agit ainsi d'identifier les lieux physiques et les sites Internet qui font office de points de vente visités par les publics que l'on cherche à atteindre. Par exemple, le référencement d'un livre peut se faire dans les librairies adéquates par leur positionnement de généralistes ou de spécialistes. Pour vendre les billets d'un festival de musiques actuelles, on va négocier le droit d'installer un stand d'information et de réservation lors d'une autre manifestation de musiques actuelles en ayant une approche multicanale optimisée. Un questionnement est alors possible : sur quels espaces virtuels et sur quels lieux physiques être présent pour améliorer et multiplier la possibilité d'acheter ?

Les études sur l'accès à l'offre peuvent aussi être distinguées selon leur moment par rapport à l'action managériale : en amont, lors des choix stratégiques, ou en suivi d'action, lors des choix tactiques. Le premier niveau d'action est d'orienter en profondeur les choix. On souhaite connaître au préalable les lieux et réseaux fréquentés et les sites web consultés, les sources d'information utilisées et l'ensemble des consommations culturelles du public, pour orienter les choix dictant la fonction de médiation. Les études préalables aux actions de médiation rendent l'action culturelle plus certaine. Le second niveau d'action a une portée immédiatement opérationnelle. Il s'agit de tester par exemple diverses variantes d'outils de communication déjà créés ou en cours de construction. Ainsi, ces études correspondent le plus souvent à des tests entre options alternatives. Elles offrent alors des réponses sur les actions les plus performantes (ex. : le tract « A » plutôt que le tract « B » car les intentions d'en savoir plus sont plus élevées avec le premier tract) et sur les modifications mineures à apporter à chacun (ex. : la police de caractères *Times* rend le tract moins lisible). Sur les environnements virtuels, ces tests se font de manière systématique (encadré 4.1).

Encadré 4.1 – La rentabilité des tests A/B

« On fait beaucoup de tests A/B de nos jours, comme ça on peut montrer qu'une icône a un taux de conversion supérieur à une autre, par exemple. En fait, on teste tout ! Si vous allez sur la page de téléchargement d'un de nos jeux, vous verrez des *screenshots*, des descriptions, des icônes. Vous pouvez être sûr que tout ce que vous voyez a été testé avant. On a fait cinq versions de la page avec des visuels différents et on a regardé celle qui marchait le mieux. [...] Par exemple, on crée environ cinq publicités Facebook pour un jeu chaque semaine. Sur ces cinq, il y en a trois qu'on va jeter au bout de 24 heures. [...] Sur une page, on a 100 000 visites par jour avec un taux de conversion habituel de 10 %. Si on réussit à augmenter ce taux de 3 à 4 %, au bout du compte, cela fait une augmentation significative du nombre de téléchargements. Ce qui fait que tous ces tests sont rentables. Par rapport au coût de développement d'un jeu, cela ne représente qu'une petite fraction du budget. »

Source : extrait d'entretien, responsable produit, entreprise de développement et d'édition de jeux vidéo.

Anticiper la demande : prévoir le type et les volumes de consommation

L'anticipation de la demande flirte avec le Saint Graal de la prévision du succès. En effet, pour celui qui connaîtrait les clés du succès d'une offre, la recherche de talents, la programmation et le référencement deviendraient des pratiques sans risque où les seuls problèmes seraient ceux de la disponibilité et de l'exclusivité des artistes.

Dans l'idéal, les études devraient permettre de repérer les éléments explicatifs des succès passés et, par suite, les éléments garantissant les succès futurs. L'idée est de s'appuyer sur les succès et échecs du passé pour sélectionner parmi les offres émergentes celles qui ont le plus de chance d'être appréciées par le public. Bien que le produit culturel soit un éternel prototype, ce qui empêche toute reconduction déterministe, on espère cependant construire ou sélectionner des propositions qui ont des chances de rencontrer un bon accueil de la part du public.

D'un point de vue logistique, la prévision de la demande répond à des besoins concrets d'anticipation de l'accueil du public. Il faut être capable d'évaluer *a priori* la fréquentation d'une exposition, de prévoir des mois à l'avance le nombre de spectacles pour une tournée, etc. Il s'agit d'anticiper les volumes de consommation pour calibrer la distribution. Il faut ne pas prévoir trop d'unités afin d'éviter les salles vides et la gestion des invendus. Mais il faut aussi en prévoir suffisamment afin d'éviter les ruptures de stocks, ce qui se traduit pour les arts vivants par des guichets fermés trop tôt et l'ajout de la mention « complet » sur la campagne d'affichages programmée pour promouvoir le spectacle. Cette gestion prévisionnelle de l'audience est une thématique très sensible dans le secteur culturel. S'il y a trop peu de monde, cela conduit à des difficultés d'équilibre budgétaire. S'il y a « du » monde, cela donne de l'ambiance et joue positivement sur l'expérience vécue de tous. Mais s'il y a « trop de » monde, cela conduit à des gênes physiques objectives (difficulté de déplacement, attente, etc.), et à des gênes symboliques et expérientielles (impression d'être dans un hall de gare, désacralisation du lieu, banalisation de l'expérience). Outre la sécurité et la logistique, une trop forte affluence conduit à une baisse de la qualité de l'expérience (Krebs, Petr et Surbled, 2007).

SE RENSEIGNER SUR L'EXISTANT

Pour continuer la démarche qui consiste à préciser et à recentrer un sujet d'étude, l'analyse des informations déjà disponibles s'avère nécessaire. Il faut engager une recherche sur l'information existante (dite « secondaire »).

Cette information secondaire peut être suffisante et suffisamment certaine pour éviter l'étude *ad hoc*. Mais dans la majorité des cas, elle est insuffisante ou correspond à des contextes trop différents. Dès lors, se renseigner sur l'existant permet, non pas d'éviter une étude, mais de mieux la construire (portée, type de variables à mesurer, précautions d'échantillonnage, etc.).

Apprendre des autres : le *benchmarking*

Le *benchmarking*, ou étalonnage, consiste à apprendre de l'expérience d'autrui, idéalement en se comparant aux meilleurs. Par exemple, pour créer un festival d'art lyrique, il est conseillé de débuter l'investigation en listant les festivals ayant ce positionnement. Puis, une rencontre avec les acteurs professionnels du milieu apparaît nécessaire afin d'obtenir un bilan de leur activité et des facteurs inattendus qui ont contribué à leur positionnement actuel. Cette quête de renseignements doit être formalisée, systématique et rigoureuse (utilisation d'un guide d'entretien pour recueillir les discours que l'on exploite après chaque interview, tenue d'un journal de bord des interviews, etc.).

Il arrive que la situation concurrentielle empêche les acteurs professionnels d'échanger. Il faut alors chercher l'information auprès de sources appartenant à d'autres secteurs ou métiers. L'idée est de trouver des partenaires qui, n'étant pas en compétition directe, peuvent s'exprimer librement sur leur expérience. Ainsi, on peut aller chercher les informations dans d'autres lieux (à l'étranger), dans d'autres secteurs (rencontrer les personnalités de la musique actuelle plutôt que celles de la musique classique), ou encore dans d'autres genres au sein d'un même secteur (rencontrer des éditeurs spécialisés dans les genres littéraires tels que *Fantasy*, Historique, Jeunesse, Policier, Fantastique, si l'on est soi-même sur le genre de la *Chick-Lit*).

Faire de la recherche documentaire

La recherche documentaire consiste à recueillir des données déjà collectées par d'autres. L'étude des sources internes, des sources externes, des panels et des baromètres est très rentable dans notre société où l'information est foisonnante (Audras et Sansaloni, 2001).

Les sources internes d'information sont :

- la comptabilité ;
- les statistiques de vente ;
- le fichier des clients et abonnés ;
- les rapports et comptes rendus des personnels en contact avec les publics cibles (le public final, les artistes, les agents, les journalistes, les mécènes, les entreprises partenaires, les sponsors, les élus, etc.) ;

- les courriers (physiques ou numériques) spontanément émis par le public (réclamation, congratulation, suggestion).

Cette dernière source mérite beaucoup d'attention car, pour un client qui s'exprime auprès de l'organisation, de nombreux autres demeurent silencieux même s'ils sont mécontents.

Les sources externes d'information sont :

- la presse généraliste et les revues spécialisées. On citera de manière non exhaustive les revues comme *La Scène, Le Journal des Arts, Les Inrockuptibles, l'OCIM*, etc. ;
- les organismes publics et privés qui publient des études secondaires et fournissent des indicateurs socio-économiques. Ces organismes proposent des publications dont le prix varie entre 500 et 2 000 euros selon l'organisme et la récence de l'étude. Lorsque ces études ont été soutenues par le service public (voir les publications de la Documentation française, les travaux et les bases de données de la Direction des études, de la prospective et des statistiques (DEPS) du ministère de la Culture), la publication est très abordable (30 à 70 euros). Les études ainsi mises à disposition présentent parfois des limites dans la mesure où elles ont été conçues pour d'autres et dans d'autres contextes. Mais ces études, souvent nationales, ont l'avantage d'être de bonnes bases pour se comparer et se situer ;
- les fédérations et syndicats professionnels, les organismes parapublics de soutien et les centres de recherche. Ces structures sont composées en grande partie d'associations, d'établissements publics, d'organisations non gouvernementales et de laboratoires universitaires de recherche en sciences humaines et sociales (SHS), missionnés par leurs commanditaires pour des tâches d'intérêt général et collectif. Elles offrent des supports techniques et informationnels au service de la profession et du secteur. Il existe des organismes généralistes missionnés tels le DEPS, l'Observatoire des politiques culturelles, ou l'Observatoire de la fonction territoriale.

De plus, chaque sous-secteur culturel dispose :

- d'un ou plusieurs syndicats professionnels ;
- d'une direction au niveau des services centraux du ministère de la Culture ;
- d'une direction au niveau des délégations territoriales ;
- de nombreuses organisations collectives structurantes.

Ces structures doivent être consultées en priorité car elles mettent régulièrement en place des dispositifs pour suivre l'activité économique de leur secteur (enquêtes barométriques ou observatoires).

Enfin, on peut s'abonner à des panels, consulter des baromètres ou acheter des accès aux plateformes de diffusion.

- Les panels sont des échantillons de consommateurs, de spectateurs ou d'institutions réinterrogés de manière régulière. La fiabilité et la rapidité des retours d'informations des panels sont fonction du degré d'accès de l'industrie culturelle à Internet. Pour l'industrie musicale qui a surfé la première sur le Net, les parts de marché des différents labels et distributeurs, les classements des titres, les données de diffusion de chaque titre, les entrées et sorties de *playlists*, les profils et couleurs musicales des radios, etc., sont pratiquement disponibles en temps réel. En revanche, il faut être plus patient pour les secteurs où la saisie est manuelle.
- Les baromètres sont des dispositifs d'enquêtes qui consistent à répliquer régulièrement la même enquête. À la différence du panel, ce n'est pas l'échantillon qui est stable mais l'enquête, c'est-à-dire que, de manière périodique, les mêmes questions sont posées à un échantillon d'individus qui, lui, peut être modifié.
- Les données des plateformes de diffusion, de distribution et de streaming permettent d'obtenir des données par artiste et par proposition artistique.

Ceci permet d'évaluer, par plateforme média, l'audience numérique (*followers*, amis, abonnés) et les niveaux d'engagement et d'interaction avec ces audiences. Les analyses sur les audiences peuvent y être très poussées (Wiart, 2018).

CONCEVOIR L'ÉTUDE

Le problème de l'institution culturelle ou de l'artiste doit être traduit en problème d'étude. Définir la démarche méthodologique de l'étude exige alors de se poser diverses questions pratiques :

- Le questionnement direct du public donnera-t-il des résultats fiables ?
- Cherche-t-on à comprendre le sens ?
- Doit-on contrôler l'environnement au cours de la collecte d'information ?
- Faut-il calculer les erreurs de prédiction des résultats ?

© TeresaSuarez

Madame Arthur à Pigalle, le cabaret clubbing tendance de Paris : création permanente et publics renouvelés. Sur la photo : Bili L'arme à l'œil – Maud'Amour – Charly Voodoo – Odile de Mainville – La Briochée

voir chapitres 2, 3, 4 et 5

© JulienBenhamou

Théophile Alexandre, contre-ténor et danseur contemporain dans No(s) Dames, hommage dégenré aux héroïnes tragiques d'opéra : l'inclusivité dans la culture

voir introduction et chapitres 2, 3 et 5

© ClaireGrellier

Festival Climax de l'écosystème Darwin à Bordeaux : culture et développement durable, Bordeaux

voir chapitres 1 et 2

© AlexandreYoussef

Publics à l'Atelier des Lumières, exposition Van Gogh, la nuit étoilée, 2019 : le succès de l'immersion, nouveau dispositif numérique dans les lieux culturels

voir chapitres 2, 3 et 6

© AnneGombault

Visiteur au Louvre Abu Dhabi : innovation et glocalisation du patrimoine

voir chapitre 6

© DidierDoustin

Petit gamer : les jeux vidéo,
première industrie culturelle

voir chapitres 3 et 7

Affiche du film *The Eternal Daughter* (Joanna Hogg, 2022) : une pluralité de marques culturelles pour positionner le film sur le marché de l'art et essai (média, réalisateur, festival, actrice, réalisatrice, producteur, distributeur)

voir chapitres 2 et 7

© LauraLeLandais

Concert au Bataclan : l'importance du marketing expérientiel dans la culture et le regain du live dans le marketing de la musique complémentaire au streaming

voir chapitres 2, 3, 5 et 7

Le questionnement direct du public donnera-t-il des résultats fiables ?

La démarche la plus usuelle de l'étude du public est souvent l'enquête par questionnaire. Cependant, quand on cherche à connaître et à comprendre le point de vue du public, le questionnement et la déclaration directe et spontanée ne sont pas toujours de bonnes options. Le public n'est pas forcément en mesure de fournir une information de qualité. Il faut alors s'orienter vers d'autres types d'enquêtes : les méthodes d'observation, les méthodes de simulation des influences sociales et les méthodes d'aide à la transposition. Le choix de l'une ou l'autre de ces options dépend des raisons pour lesquelles le questionnement direct n'est pas fiable.

Les méthodes d'observation

On choisit les méthodes d'observation lorsque le public exprime des difficultés à s'exprimer sur les véritables raisons de son comportement de consommation. Le public ne dit pas la vérité soit involontairement parce qu'il ne se souvient pas bien de ses consommations, soit volontairement parce qu'il souhaite se mettre en valeur ou avoir l'air « conforme » au groupe auquel il appartient (on pensera à la pression sociale du groupe chez les adolescents). Ainsi, peu de personnes déclarent facilement qu'ils consomment des produits qu'ils jugent « trop » ou « pas assez » culturels lorsqu'ils sont interrogés en face-à-face.

Des précautions dans la rédaction et dans l'ordre des questions permettent de réduire ces biais déclaratifs, mais ils ne peuvent être totalement éliminés. Dès lors, le recours aux données indirectes de billetterie et de ventes (bases de données, panels de distributeurs) est utile. En complément, on peut préférer suivre concrètement les faits et gestes des individus via des méthodes d'observation comportementale (Blondeau, Meyer-Chemenska et Schmitt, 2020 ; Petr, 2004). Ces approches de suivi des comportements peuvent aussi intégrer une analyse par les traces numériques, comme lorsque l'on trace les déplacements des visiteurs dans les salles d'un musée grâce au Bluetooth activé de leur Smartphone (voir le projet *Art Traffic at the Louvre*, https://senseable.mit.edu/louvre/). Dans le cas précis de l'étude de parcours de découverte d'un lieu artistique ou d'une exposition, on peut ainsi s'appuyer sur des enregistrements vidéo des parcours de visite (Vom Lehn, 2010). Pour définir un parcours d'exposition, il est aussi pertinent d'activer les dimensions sensorielles, cognitives et émotionnelles. Ceci peut passer par le fait de faire « revivre » et raconter l'expérience du visiteur (Dubuis *et al.*, 2023).

Enfin, pour éviter ces biais de déclaration présents dans le cadre des consommations culturelles et des pratiques artistiques, il peut être utile d'exploiter des techniques permettant de simuler une recherche d'information et la prise de décision qui en découle. Des outils récemment remis à jour comme les tables d'information numériques (*digital information display board*) permettent ainsi de mettre les participants à l'étude face à une situation de choix (Petr et Hess-Miglioretti, 2010). Dans cette perspective, l'ajout de certaines approches basées sur l'observation de l'état émotionnel de l'individu mis en face d'offres culturelles comme miroir de l'état émotionnel montre aussi des potentiels pour prévoir les intentions vis-à-vis d'exposition (De Sainte Maresville et Petr, 2023).

Ces méthodes d'observation se distinguent selon que la démarche est participante ou non (les sujets observés sont ou ne sont pas informés de l'observation). Ces méthodes se distinguent aussi selon le référentiel utilisé (encadré 4.2).

Les méthodes de simulation des influences sociales

On choisit les méthodes de simulation des influences sociales lorsque les déclarations individuelles des consommateurs n'ont pas de sens hormis au niveau collectif. Face à des consommations culturelles fortement influencées par le comportement des autres consommateurs, les propos individuels sur les intentions d'achat et de pratique doivent être traités avec prudence. Dès lors, plutôt que l'enquête directe et ponctuelle, il faut privilégier les protocoles qui recréent et simulent les réseaux et les processus d'influences sociales, que ce soit dans le monde réel ou via le Web (*bulletin board, blog, focus chat*, communauté *online*).

Les méthodes d'aide à la transposition

Enfin, on choisit les méthodes d'aide à la transposition quand l'étude doit porter sur un environnement qui n'existe pas aujourd'hui. C'est ainsi le cas lorsque l'on prévoit l'ouverture d'un nouveau centre culturel. Le manageur a besoin de dépasser les effets « lune de miel » liés au changement de l'environnement et à la proposition d'une nouvelle offre. Il faut prévoir l'aménagement intérieur en fonction des usages effectifs qui vont s'établir quand son lieu existera.

Il faut donc prévoir et quantifier des usages qui n'existent pas encore. N'ayant pas d'autres options, on conserve la verbalisation et de la déclaration directe (ex. : décrire les intentions de venue et les projets d'utilisation du lieu), après avoir utilisé des techniques pour aider le répondant à se projeter dans l'espace-temps qui intéresse le responsable.

Encadré 4.2 – Le référentiel de l'observation

L'observation « macroscopique » : l'observation indirecte de données agrégées

Elle consiste à consulter des bases de données qui retracent les comportements à un niveau agrégé. Ainsi, pour étudier les achats de bandes dessinées, on consulte les bases de données de ventes d'établissements partenaires. Les publics ne déclarent pas les produits qu'ils apprécient et achètent, ce sont des distributeurs et des éditeurs qui livrent leurs scores de ventes. Aucune solution n'étant absolument parfaite, cela introduit d'autres biais si la collecte n'est pas une remontée automatique de chiffres de ventes via des outils informatiques de *reporting*. L'arbitrage entre observation et déclaration dépend des effets de valorisation sociale et de l'implication des partenaires à remonter une information de qualité.

L'observation « microscopique » : l'observation directe des faits et gestes d'un individu

Elle s'intéresse aux comportements au cours d'une expérience culturelle. Par exemple, on étudie les comportements de visite des publics lors d'une exposition. Cela consiste à regarder les zones de l'exposition fréquentées par les visiteurs, le temps passé, etc. Plutôt que de les interroger sur les œuvres qui les ont intéressés, on observe les zones fréquentées et on relève les comportements qui expriment de l'intérêt.

L'observation « biologique » : l'observation directe de l'activité psychophysiologique d'un individu

Elle consiste en des analyses menées dans des conditions de laboratoire. Les individus sont soumis à un stimulus esthétique (visionnage d'un film, lecture d'une œuvre littéraire, écoute d'une musique, etc.). L'analyste récolte, via des appareillages sophistiqués, des données physiologiques (les mesures de la dilatation des pupilles, de l'activité cérébrale, de l'activité respiratoire, de la conductance cutanée, des mouvements et clignements des yeux, de la contraction des muscles du visage, du niveau de sudation de la paume de la main, etc.).

Ces données sont des indicateurs des réactions physiologiques de l'individu à ce stimulus. Le potentiel est alors de mettre ces éléments mesurant l'état émotionnel (positif *versus* négatif) en lien avec ce qui est fait (les gestes et les actions de l'individu) et ce qui est regardé par le visiteur (via des lunettes d'*eye tracking*).

Cherche-t-on à comprendre le sens ?

Comprendre le sens est essentiel pour les produits et les expériences culturelles. Comment les individus évaluent-ils une œuvre d'art ? Quelles significations lui attribuent-ils ? Quelles combinaisons d'éléments ont permis de conduire à l'émergence du sens et du message que l'œuvre d'art délivre ?

Ces questions relèvent de la compréhension de la symbolique d'une œuvre. Pour y répondre, l'option méthodologique est d'utiliser l'approche sémiotique. Depuis les travaux de Floch (1990), le potentiel de la sémiotique comme outil d'étude opérationnel est régulièrement souligné par les chercheurs qui s'intéressent à l'analyse des objets et des pratiques symboliques. Dans le cadre de la découverte du patrimoine, il peut ainsi s'agir d'exploiter les outils de condensation du sens tels que le carré sémiotique pour partir des faits observables nombreux et variés, et repérer les éléments récurrents et opposés. Par la suite, utilisant une construction sémantique et logique des quatre positions possibles du sens, il est possible de structurer les points cardinaux du sens attribué à la pratique culturelle en question (encadré 4.3). L'intérêt est ensuite de pouvoir y situer les différentes logiques comportementales qui ont émergé de l'observation et qui correspondent à des flux de fréquentation du site, à la fois homogènes entre eux mais autonomes par rapport aux autres flux (Petr, 2002).

Les postulats de la sémiotique renvoient aux « signes perceptibles » (ex. : les vêtements, la gestuelle, les mots utilisés, etc.) qui sont des outils permettant de comprendre et d'interpréter le sens profond de l'objet culturel étudié (ex. : la personnalité d'un personnage).

Dans cette logique d'analyse du sens, deux types d'outils sémiotiques sont disponibles :

- **Les outils logico-sémantiques** permettent d'analyser comment les différents sens attribués à une expérience culturelle se structurent. Ainsi, des outils d'interprétation relativement simples, tels le carré sémiotique (encadré 4.3), permettent de repérer les différentes logiques de la pratique en question. Ayant compris dans quelle logique de pratique se positionnent les visiteurs d'un site historique, on peut alors mieux saisir la cohérence et les variations de leurs actes. Il devient alors plus facile d'y répondre avec pertinence par des choix d'aménagement, par la proposition de formules de visites adéquates, etc.

- **Les outils d'analyse narrative** permettent de se pencher sur les récits d'œuvres ou de pratiques. Ces outils aident à comprendre la structure des récits, qui concernent directement l'œuvre (ex. : un livre, un film, etc.) ou les expériences vécues par les publics (ex. : le récit d'une visite, un texte rédigé par un observateur qui accompagne un spectateur, etc.). Un exemple de ce type d'analyse consacrée à une œuvre est celui de l'analyse de l'œuvre cinématographique d'*Amélie Poulain* (Bô, 2002) pour repérer les éléments symboliques qui ont conduit au succès populaire.

Encadré 4.3 – Analyse sémiotique de la visite des alignements de carnac : vers une axiologie du patrimoine

L'objet de patrimoine est un objet d'éducation par lequel on acquiert de la culture générale

Efficacité, utilité, praticité, commodité

VALEURS UTILITAIRES

L'objet de patrimoine est un objet de transcendance, un catalyseur de la réalisation personnelle

Identité, statut, écologie, humanisme, réalisation de soi

VALEURS EXISTENTIELLES

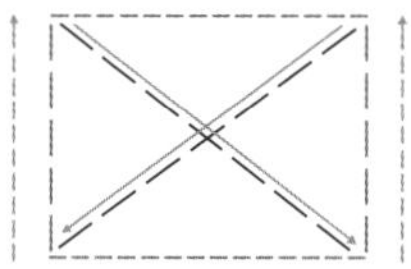

VALEURS NON EXISTENTIELLES

Rapports qualité/prix quantité/prix, économie, sécurité, calcul, rationnalité

Le patrimoine est considéré comme un produit au même titre que tout ce qui est mis en marché. Aussi, il est possible et souhaitable de vérifier le contenu de l'offre, de l'évaluer et de la comparer selon des attributs mesurables (prix, durée de visite, nombre d'éléments visités, thèmes abordés dans la présentation...).

VALEURS NON UTILITAIRES

Plaisir, beauté, luxe amusement, goût

Grâce au divertissment, aux discussions et aux jeux que sa découverte permet ou favorise, le patrimoine est un objet de convivialité, de partage et de retrouvailles

Relations	**Opérations**
------ contrariété	——→ négation
— — — contradiction	- - -→ assertion (implication)
— — — complémentarité	

Source : traduit de Petr (2002).

Doit-on contrôler l'environnement au cours de la collecte ?

Pour savoir si l'ajout d'une musique sur la visite virtuelle d'un musée a un effet positif sur l'intention de visiter ce musée (encadré 4.4), l'ambition de l'étude est de tester des liens de « cause à effet ».

Dans de tels contextes, l'objectif est de vérifier l'effet d'une cause, ici l'ambiance, sur une conséquence, ici l'intention de visite. On cherche à savoir comment une variable donnée (la variable indépendante « X ») en influence une autre (la variable dépendante « Y ») à travers une relation de causalité. Dans ce cas d'expérimentation, on fait varier la variable indépendante mais on contrôle les autres variables (ex. : pas d'informations sur des expositions temporaires à venir, même densité de visiteurs mis en scène, etc.). De cette manière, selon le principe scientifique de « toutes choses étant égales par ailleurs », il s'agit d'évaluer avec certitude l'effet des variations de la variable indépendante (l'ambiance générale) sur la variable dépendante (l'intérêt pour le musée). D'un point de vue concret, cela signifie qu'il faut définir un plan d'expérience (ou plan expérimental).

Encadré 4.4 – Une étude expérimentale sur la visite virtuelle : quelle ergonomie pour favoriser l'envie de visiter le musée ?

Conditions expérimentales

Le plan expérimental est le suivant : S61 <S2*F2>.
Quatre configurations expérimentales :

- **Condition contrôle :** ni figurant, ni ambiance sonore.
- **Condition figurant :** présence de figurants dans chaque salle du musée.
- **Condition sonore :** présence d'une ambiance sonore tout au long de la visite.
- **Condition mixte :** présence de figurants et d'une ambiance sonore.

Résultats principaux et recommandations

Les internautes font une visite virtuelle plus longue lorsqu'on leur propose une ambiance sonore et ils apprécient la cohérence des informations sensorielles présentées (ils acceptent mieux l'ambiance sonore en présence de figurants). Dès lors, une visite virtuelle qui éveille l'intérêt pour le musée doit proposer une ambiance sonore et des figurants. Elle permet alors une meilleure immersion dans un environnement jugé plus réaliste.

Source : Baron S. (2010).

CHOISIR LA TECHNIQUE DE COLLECTE

Quatre techniques principales permettent de produire des résultats :

- l'interrogation par un questionnaire ;
- la mise en discours à travers l'entretien ;
- l'observation des comportements ;
- les mesures psychophysiologiques, bien qu'il s'agisse d'une technique encore peu usuelle et que l'on pourrait classer dans l'observation.

Le choix de l'une ou l'autre de ces techniques dépend du type de données que l'on cherche à obtenir (figure 4.1).

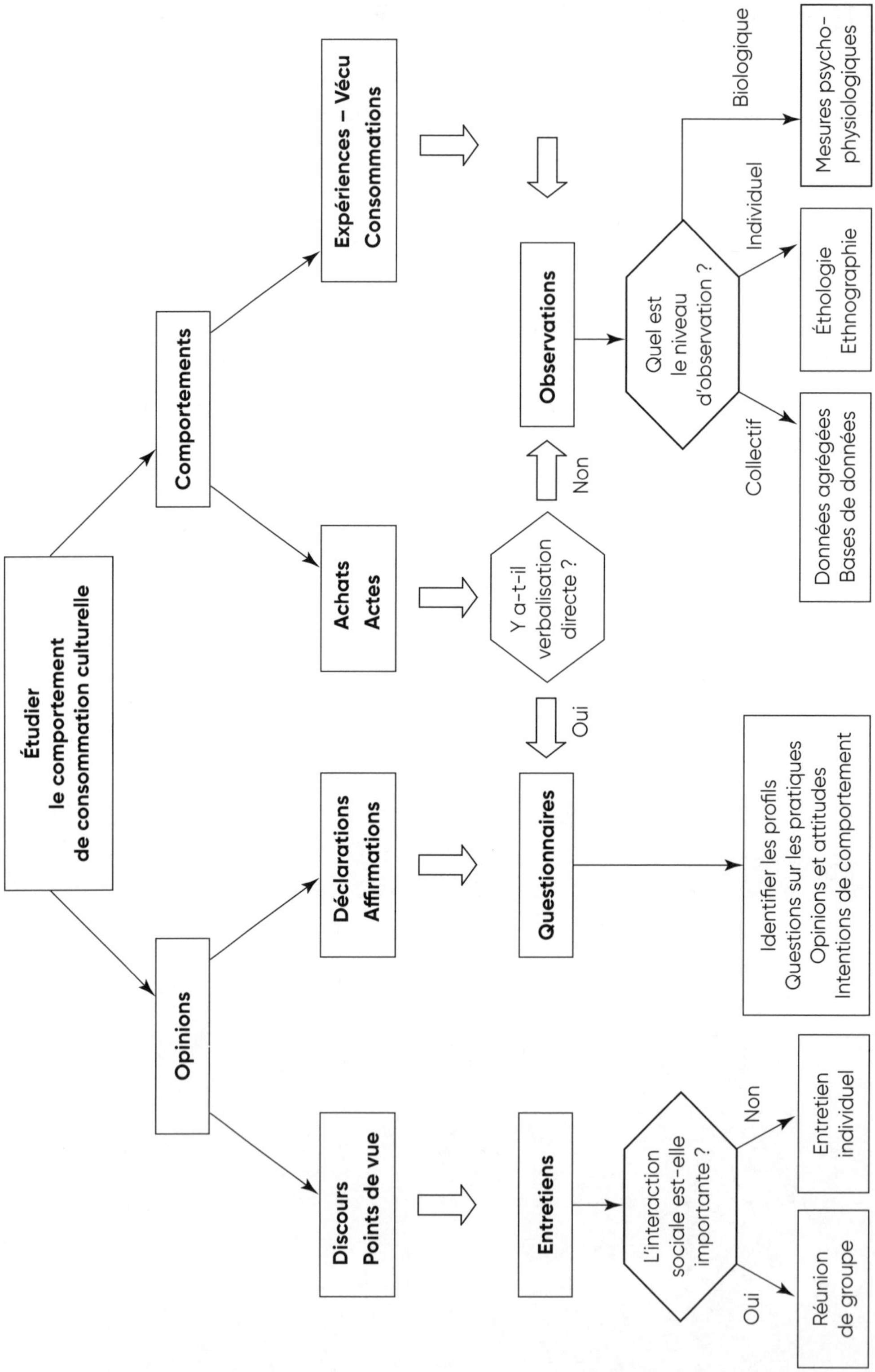

Figure 4.1 *– Choisir la technique d'étude*

Le questionnaire

Le questionnaire est l'outil de base pour obtenir des informations sur le public et ses pratiques. Bien qu'il s'agisse d'un outil usuel et largement répandu, il faut se souvenir que rédiger un « bon » questionnaire est une tâche difficile. Ds erreurs de conception peuvent conduire à des « mauvaises réponses » de la part du répondant.

Son administration dans des enquêtes par sondage permet d'obtenir rapidement des résultats quantifiés. Pour que les résultats soient généralisables et que l'on puisse faire des calculs sur les erreurs de prédiction, le défi méthodologique tient dans la constitution de l'échantillon. Il faut proposer ce questionnaire à un échantillon représentatif.

Représentatif s'entend ici au sens de « ressemblant » : l'échantillon est une miniature la plus conforme possible à la population de départ. Par exemple, un échantillon représentatif présente les mêmes proportions sociodémographiques que la population dont il est issu.

De nombreux ouvrages (Caumont et Ivanaj, 2017 ; Evrard *et al.*, 2009 ; Jolibert et Jourdan, 2006 ; Gianelloni et Vernette, 2019) traitent de la façon de rédiger et d'élaborer un questionnaire. Ils permettent de répondre aux questions suivantes :

- Comment concevoir et tester un questionnaire ?
- Comment concevoir des échelles de mesure de variables ordinales ou scalées (échelles psychométriques…) qui soient fiables, sensibles et valides ?
- Comment s'adapter aux contraintes de « mode d'administration » choisi (en face-à-face, par téléphone, dans la rue, websurvey, etc.) ?
- Comment concevoir l'échantillonnage et s'assurer un échantillon représentatif ?
- Comment contrôler la collecte et préparer les données pour les analyses ?
- Comment choisir et procéder aux analyses statistiques (analyses bivariées et multivariées) ?

L'entretien (individuel ou de groupe)

On distingue l'entretien selon qu'il est individuel ou de groupe. Le choix de l'une ou l'autre de ces formes d'entretien dépend de l'importance de la dimension sociale de ce que l'on étudie. Ces deux types d'entretien ne sont pas interchangeables au sens où l'on n'obtient pas le même type de conclusions. Ainsi, s'il est important d'obtenir des avis socialement partagés, on va privilégier les réunions de groupe. À l'inverse, si on souhaite que l'individu exprime des opinions personnelles, on va préférer l'entretien individuel. Compte tenu de leur complémentarité, il est fréquent de combiner ces deux types d'entretien. La démarche idéale pour explorer un nouveau sujet est de commencer par une série d'entretiens individuels pour préciser la problématique et y répondre, puis de mener deux ou trois réunions de groupe pour obtenir des avis collectivement partagés et/ou repérer les conflits et oppositions (comme les oppositions relevées entre les adeptes du « théâtre total » et les amateurs de « théâtre détente », Cibois, 2003) et de terminer par une seconde série d'entretiens individuels pour aller plus loin dans la compréhension des freins et motivations de chaque segment (les « idéaux types » de Max Weber).

Pour mettre en place un entretien, individuel ou de groupe, il faut suivre des règles telles que la rédaction des phrases introductives et explicatives. De même, le choix des participants répond à une exigence de qualité de l'échantillon pour garantir des résultats valides. Selon Egon Brunwik (1956), pour que les résultats d'une étude qualitative soient généralisables (validité externe), il convient d'avoir une double représentativité : a) au niveau des participants de l'étude et b) au niveau des situations étudiées. Il faut donc opérer des combinaisons des situations et des individus de manière que toutes les manières de voir et vivre le phénomène soient bien présentes dans le corpus de données. Le maître mot de la sélection de l'échantillon n'est donc pas la représentativité de la structure de la population, mais la diversité de la population et des situations de consommation pour atteindre la représentativité du phénomène. Par exemple, si l'âge, le niveau social, la localisation de l'habitat, les contraintes professionnelles et familiales influencent les possibilités et l'envie de s'approprier une offre culturelle, on constitue un échantillon en tenant compte de ces variables clés. Il faut aussi veiller à ce que les données collectées (le « corpus ») incluent les différents cas de figure de la consommation culturelle : en famille, en solitaire, en semaine, en week-end, hors vacances, pendant les vacances, etc.

La démarche méthodologique consiste à élaborer des guides d'entretiens (interview individuelle) et d'animation (réunions de groupe ou *focus group*) dont le principe est de proposer des thèmes de discussion en laissant le répondant relativement libre de ses réponses. La logique d'investigation est intensive puisque l'on se focalise sur chacun des répondants pour bien saisir les antécédents et les implications de leurs prises de position individuelles. Dès lors, si le corpus de données peut être important (des milliers de pages de texte), l'échantillon d'individus interrogés reste de petite taille. Offrant la qualité d'une analyse affinée et pointue d'un sujet, les méthodes qualitatives ont le défaut de ne pas permettre la généralisation statistique à la population de référence.

Les études par entretien sont surtout utilisées pour élaborer des théories et générer des hypothèses. Toutefois il est possible de procéder à des traitements quantitatifs des données tels que des comptages de mots, des analyses des correspondances entre des mots et thématiques, etc. L'encadré 4.5 est un exemple de représentations visuelles que l'on peut créer (via ici le logiciel libre R et l'interface Iramuteq dédiée à l'analyse des textes). Dans cette figure, le nuage de mots est construit sur la base des fréquences des mots collectés lors des entretiens réalisés avec des visiteurs des abords du Château des Ducs de Bretagne à Nantes. On y voit le mot-clé très fort « Bretagne » représenté au milieu et en plus grand dans le nuage de mots. Dans une approche complémentaire, l'extrait des verbatim des responsables de communication d'établissements culturels permet de synthétiser les idées-forces quand les chercheurs leur demandaient de parler de leur stratégie digitale de manière générale et de leur perception des potentiels des RSN. L'analyse a montré, comme le soulignent les verbatim, que Facebook était perçu comme un moyen d'avoir un regard différent dans la communication et la relation aux publics. Ces derniers n'étaient plus qualifiés de « publics » mais dénommés comme « les gens » et les RSN apparaissaient comme un moyen permettant d'« aller vers les gens ».

Encadré 4.5 – Verbatim et nuage de mots

Quelques verbatim sur le rôle de Facebook en tant qu'outil de communication

« L'objectif de Facebook est de donner l'envie aux gens d'aller voir » ;
« Ça apporte réellement quelque chose de concret Facebook, c'est de voir comment les gens réagissent » ;
« Les gens sont très présents sur Facebook » ;
« Vous communiquez avec les gens juste par Facebook » ;
« On a quelquefois des gens qui nous envoient un message Facebook pour nous dire : j'ai besoin d'une information ».

Source : d'après Gauzente, Kuntz et Petr (2014).

Un nuage de mots : Qu'évoque ce monument pour vous ?

Source : d'après le projet d'étude sur le musée du château de Nantes, encadré par Petr et Aquinila (2023).

L'observation des comportements

C'est souvent pour contourner les biais de valorisation sociale et de mémorisation que l'on choisit les méthodes d'observation. Il faut alors choisir le mode d'approche des comportements : l'observation est-elle formalisée *ex-ante* ? Plus concrètement, doit-on avoir une liste préétablie des éléments à observer ?

Si la liste des comportements à observer est formalisée. Cela revient à construire et utiliser une grille d'observation comportementale. La discipline de référence est l'éthologie (sciences des mœurs et des comportements en milieu naturel). À titre d'illustration, l'encadré 4.6 présente la grille récapitulative des comportements qu'il faut recenser et comptabiliser pour étudier l'impact d'une solution mobile d'aide à la visite (Petr et Ngary, 2012).

Encadré 4.6 – Un exemple d'étude éthologique dans le domaine muséal : la grille récapitulative des comportements relevés durant les séances d'observation

CATÉGORIES	ITEMS COMPORTEMENTAUX ET DÉFINITIONS	VARIABLES
Direction regard	Regarder tablette ; Regarder quelqu'un ; Regarder œuvre Balayer du regard (regard tout autour) ; Fixer œuvre (regard < de 10 sec.) ; Fixer tablette (regard < de 10 sec.) ; Sourire (bouche s'étire, joues remontent, et yeux qui se plissent légèrement)	Durées + occurrences
Vocalité	Rire (mouvement prononcé de la bouche accompagné de sons plus ou moins bruants) ; Bâiller (grande inspiration involontaire en ouvrant grand la bouche) ; Chuchoter (son audible à 1 m de distance mais paroles non distinguables) ; Parler normalement (son audible à 1 m de distance + paroles distinguables) ; Parler fort (son audible au-delà de 2 m de distance + paroles distinguables)	Nb occurrences
Interaction avec la tablette	Mettre 1 casque ; Ôter casque ; Donner tablette ; Montrer tablette (orienter écran tablette vers qqn) ; Tenir à 1 main ; Tenir à 2 mains ; Cliquer (touche l'écran tactile avec l'index) ; Pointer du doigt l'écran)	
Autres interactions Environnement (social + physique)	Lire l'encadré/le panel expliquant œuvre, Écrire ; Pointer du doigt œuvre ; Hausser les épaules ; Gestes (d'explication) accompagnant discours ; Prendre en photos ; Se faire prendre en photo	
Comportement exploratoire	Entrer dans pièce ; Sortir pièce ; Marcher lentement ; Marcher rapidement (se hâter) ; Courir ; S'arrêter ; Reculer (faire des pas en arrière sans se retourner) ; Tourner sur soi (faire un tour sur soi sans se déplacer) ; Approcher de l'objet en se déplaçant ; Approcher de l'objet sans se déplacer ; Approcher de quelqu'un (familier) ; S'asseoir ; Se lever ; Se retourner ; Revenir sur ses pas (faire des pas en arrière en se retournant)	
Comportements auto-centrés	Se gratter ; Se toucher les cheveux ; Se ronger les ongles ; Croiser les jambes ; Croiser les bras	

Source : adapté de Petr et N'Gary (2012).

Si la collecte se fait sans hypothèse préalable précise, la discipline de référence est l'ethnologie (sciences des ethnies). L'observateur part sur le terrain en adoptant une approche ethnographique, c'est-à-dire avec des thématiques et axes d'observation plutôt qu'avec des listes précises et formalisées de comportements à observer.

Toutefois, même si la collecte est totalement exploratoire et n'exige que le « papier crayon », il faut formaliser la présentation de l'étude auprès des observateurs. Ceci permet d'avoir des collaborateurs et des assistants qui seront plus impliqués dans la démarche de collecte et dès lors, plus à même de produire des conclusions et analyses de qualité.

Les mesures psychophysiologiques

La mesure des réponses psychophysiologiques de l'individu vise à approcher le vécu et le ressenti du consommateur lors d'une expérience culturelle. Ces mesures présentent la qualité des données d'observation (Wang et Minor, 2008), à savoir qu'elles sont mesurées de manière objective par des appareils (mesure de l'ouverture de la pupille, clignement des yeux, enregistrement des pulsations cardiaques, etc.) et offrent des potentiels intéressants pour la mesure des émotions. C'est justement ce potentiel d'étude fine des émotions qui suggère de fructueuses collaborations entre les physiologistes, les neuroscientifiques et ceux qui s'intéressent à l'étude des expériences de consommation où les émotions sont au cœur de ce qui est recherché (Roullet et Droulers, 2010).

Divers freins logistiques et de prise en main des outils de mesure physiologique jouent parfois en défaveur d'une utilisation régulière de tels outils de mesures psychophysiologiques. Les freins logistiques concernent le fait que ces appareillages sont moins performants quand ils sont mobiles ce qui impose encore aujourd'hui de préférer un protocole d'étude en laboratoire. Or, pour mesurer les ressentis au cours d'un concert, plutôt que de proposer des photos et des enregistrements *live* du concert pour tenter de mettre dans l'ambiance du concert un nombre restreint de répondants, on préférera des mesures et des approches plus flexibles, même si elles sont moins objectives que la mesure physiologique.

Les freins de prise en main correspondent au temps d'apprentissage nécessaire pour savoir comment bien positionner les capteurs sur les répondants. Il faut aussi apprendre à calibrer les mesures compte tenu des paramètres de l'environnement dans lequel a lieu l'étude (une salle équipée de néons peut par exemple parasiter les ondes émises concernant l'électroencéphalogramme). Enfin, il y a des coûts d'apprentissage pour développer des compétences en termes d'analyse. À défaut, il faut s'allier avec des spécialistes capables d'aider à interpréter les données dans le but de transformer la suite de courbes et de données obtenues en une conclusion exploitable (encadré 4.7).

Encadré 4.7 – Traduire les résultats en une conclusion exploitable : le cas de l'analyse des expressions faciales

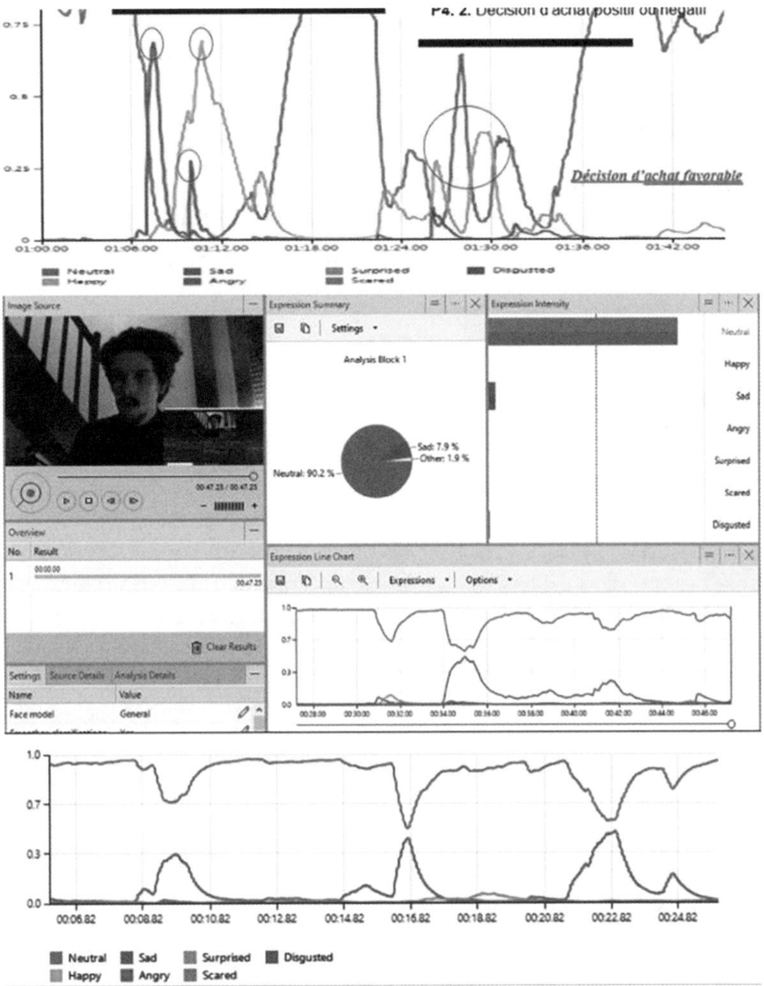

Désormais ce sont finalement les freins financiers qui sont aujourd'hui les moins importants. Si le prix des appareillages de mesure, tel celui d'un oculomètre (matériels et logiciels), reste important dès lors que l'on recherche des outils performants et précis offrant des lectures et interprétations neuropsychologiques quelque peu automatisées (entre 20 000 et 30 000 euros), il y a de nombreuses offres d'accès à cette technologie en mode location mensuelle pour un tarif aux alentours de 600 euros HT, quel que soit le prestataire (Tobii, SMIvision, etc.).

Dans la mesure où les coûts sont très faibles, l'utilisation de ces appareillages se développe de plus en plus. Toutefois, il faut rester vigilant sur le fait que de tels outils doivent être utilisés comme de vrais outils d'analyse et pas seulement comme des outils de communication. Ainsi, les retours d'une étude par *eye tracker* ne visent pas seulement à présenter des visuels de carte de chaleur qui montrent quels points et éléments ont été regardés, il faut aussi se pencher sur la séquence des points de fixation pour savoir ce que les individus ont regardé et dans quel ordre. Ces outils permettent ainsi de repérer si un format carré plutôt que rectangle par exemple, est plus adapté pour une lecture centrée sur ce qui intéresse le responsable culturel : le nom de l'événement, le logo, les éléments esthétiques, les dates et autres informations pratiques, etc. (encadré 4.8).

Encadré 4.8 – L'*eye tracking* : qu'est-ce qui est regardé et qu'est-ce qui est lu ?

L'*eye tracker* est un appareil qui permet de collecter et de retracer le mouvement des yeux des individus qui acceptent de participer à une étude. Après une phase rapide de calibrage qui consiste à fixer des points sur un écran d'ordinateur, un système de caméra enregistre des images des yeux pour calculer où porte le regard du participant.

Les indicateurs à utiliser sont :

- la représentation cartographique des temps de regards passés sur les différentes zones du visuel, la *heatmap* ou carte de chaleur indique les zones où le regard reste le plus longuement ;
- la comparaison de la séquence des points de fixation est à comparer selon les formats choisis (par exemple, un format carré *versus* un format A4) ;
- il faut alors regarder les informations qui sont non seulement vues mais aussi lues (analyse des décrochages du regard).

L'utilisation de ce type d'outils est aussi l'occasion de relever de possibles éléments visuels qui, bien qu'esthétiquement louables et/ou artistiquement non négociables, sont peut-être dans le même temps des éléments qui viendront parasiter la lecture des informations clés telles que la mention aux dates et lieux, aux artistes principaux, aux modalités de réservation, etc. Il va de soi, qu'une fois encore, il ne s'agit pas d'interdire ou de diriger les choix liés à l'artistique, mais plutôt de prendre la mesure des actions de médiation qu'il faudra peut-être alors mener en parallèle pour rééquilibrer une possible dérive de la perception du positionnement de l'événement à cause de certains attributs du visuel et de sa mise en forme.

CONCLUSION

L'étude de public : c'est possible !

Pour mener une étude de public, même si elle est menée par des membres extérieurs à l'organisation (instituts d'études ou laboratoires universitaires), il faut que l'acteur culturel s'investisse dans la démarche. Sinon, l'investigation du public est sans objet et inutile.

Cette obligation de s'impliquer comme condition du succès de l'étude peut paraître surprenante pour le responsable qui n'a pas la connaissance des techniques d'étude ou la légitimité concernant l'investigation du public. Deux points essentiels méritent cependant d'être rappelés.

D'une part, une étude de public n'est qu'une démarche qui repose sur des méthodes mobilisées et mises au service du management culturel. Il n'y a pas de recettes toutes faites. Il faut à chaque fois connaître clairement les informations qui seront utiles pour prendre des décisions et s'adapter aux contraintes logistiques et financières. C'est donc les techniques d'étude qui s'adaptent aux contraintes pour devenir une proposition d'étude *ad hoc*. Ce n'est pas la technique qui doit contraindre et structurer la recherche sur le terrain. Ce sont les besoins et le contexte environnemental du manageur culturel qui imposent et agencent les choix méthodologiques de l'étude.

D'autre part, il ne s'agit pas d'étudier n'importe quel public. Il est question d'étudier le public de l'organisation commanditaire et de la concurrence, de même que le non-public. Ce public n'est pas un inconnu que l'on interroge sans être impliqué ni intéressé par ses réponses. Il s'agit soit du public actuel soit du public probable de nouvelles propositions. Les bases d'une relation de qualité entre l'acteur culturel et ses publics exigent le respect des répondants, de leurs réponses et de leurs refus de répondre. Les études sont une occasion de contact avec les publics de l'établissement et, à ce titre, elles doivent être soignées autant que s'il s'agissait d'une action de communication auprès du public final.

Pour qu'une étude ne reste pas « lettre morte »

Il faut veiller à la bonne diffusion des résultats pour que tous les efforts menés ne soient pas vains. Pour qu'une étude ne reste pas « lettre morte », il faut que la diffusion des résultats soit organisée et pensée.

Cette diffusion passe en premier lieu par la rédaction d'un rapport d'étude. Le souci majeur à ce stade de l'interprétation des données est de proposer des recommandations « entendables » par l'organisation et ses personnels. Dès lors, si cela est nécessaire pour éviter des blocages de principe, on peut considérer que les termes trop commerciaux ou marketing (cibles, consommateurs, segmentation, points de vente, etc.) doivent être traduits en termes plus « acceptables » (publics, individus ou usagers, découpage du public, partenaires de diffusion, etc.).

La diffusion des résultats passe en second lieu par la production des documents intermédiaires de synthèse. La plupart des personnels n'ont ni le temps ni l'intérêt pour lire en détail les conclusions de l'étude. Il faut aussi prévoir de « l'animation » autour de la présentation et de la diffusion de ces documents. Il faut créer de l'intérêt, voire une attente, vis-à-vis des résultats. Un dernier conseil est de concevoir ces rencontres et animations comme des ateliers collectifs. Obéissant au principe des groupes de travail, il s'agit lors de ces présentations de discuter les diverses recommandations et d'obtenir l'adhésion de principe des personnels conviés.

Enfin, il faut adopter une démarche de préconisation parce que l'on ne fait pas des études pour faire des rapports, mais pour opérationnaliser et répondre à des objectifs stratégiques (encadré 4.9).

Encadré 4.9 – Exploiter les fichiers pour orienter la stratégie

Les structures artistiques et culturelles disposent d'un outil important de connaissance du public et de ciblage des actions de communication : il s'agit du système de traitement d'information, sous forme de bases de données.
L'information que renferment les bases de données, jusqu'à ces dernières années, a souvent été mal utilisée : trop peu d'exploitations approfondies des informations existantes sur le profil des spectateurs ont été réalisées.
Une distinction doit être opérée entre :

- **Les fichiers de clients centrés sur les publics actuels :** ce sont les plus performants en termes de fidélisation et d'accroissement des pratiques. Le couplage, avec un logiciel de billetterie dans une institution culturelle, permet une sélection des individus puisque ces derniers sont recensés non seulement à partir de leurs caractéristiques individuelles (nom, prénom, localisation géographique, âge...), mais en fonction de leurs pratiques culturelles. Des traitements statistiques (analyses de données...) peuvent ainsi être opérés sur leurs goûts, leurs usages.
- **Les fichiers de prospects :** ils favorisent un accroissement des publics, mais sont moins efficaces. Ils sont constitués par des données relatives à des personnes ayant manifesté, à une occasion ou une autre (par téléphone, courrier, mail ou lors de festivals), un intérêt par rapport à l'organisation culturelle et ses projets.
- **Les fichiers externes** permettent l'élargissement des publics : la démarche peut consister à échanger son propre fichier contre celui d'une autre structure culturelle intervenant sur un secteur proche. Il est possible alors de communiquer avec des individus présentant une convergence d'attitudes et de comportements avec ceux du public habituel.

La gestion de ces fichiers s'inscrit directement dans la politique de programmation de l'établissement (mieux gérer les productions artistiques, fidéliser, élargir et renouveler les publics).
Ils peuvent aider à calculer le taux de pénétration de différents segments du marché potentiel et de définir des priorités aux actions à mener, saison par saison, voire à moyen terme, concernant :

- la reconquête de segments constitués d'anciens spectateurs (anciens abonnés ou non) ;
- le renforcement ou la fidélisation d'autres segments de spectateurs (abonnés fidèles ou publics habituels non abonnés) ;
- la conquête de nouveaux segments de publics (ceux de la concurrence).

PARTIE 2

LES SPÉCIFICITÉS SECTORIELLES DU MARKETING DES ARTS ET DE LA CULTURE

CHAPITRE 5

Le marketing des arts du spectacle vivant

Par Dominique Bourgeon-Renault

INTRODUCTION

Ce chapitre propose d'analyser la problématique stratégique du domaine des arts du spectacle vivant.

Mais qu'entend-on par spectacle vivant ? L'art du spectacle vivant naît de la rencontre d'un ou plusieurs artistes sur scène avec le public. Art de l'éphémère et de l'émotion, il est perçu comme étant un « espace charnel », sensible et authentique, un lieu de contact et de sensations ressenties en direct et partagées. La notion de spectacle vivant s'est considérablement développée à travers un large spectre de disciplines qui dépassent l'univers éclaté du théâtre, de l'opéra, de la musique ou de la danse pour inclure désormais le cirque, la rue et les festivals. Les lieux se sont diversifiés pour sortir des théâtres et salles de concert et aller dans les rues, les entreprises, les friches, les appartements et autres lieux « improbables » (Bélit, 2006). Certaines formes artistiques du spectacle vivant présentent une évolution positive : le nombre de compagnies de danse a ainsi doublé, de 1998 à 2002 (Rapport Latarjet, 2004)[1]. Le nombre de compagnies de cirque de rue a presque triplé de 1990 (150 compagnies) à 2008 (415 compagnies). En ce qui concerne la danse, l'Office national de la diffusion artistique (Onda) a ainsi développé, à partir de 2009, un soutien à la diffusion des pièces chorégraphiques dans les Centres chorégraphiques nationaux (CCN) et Centres de développement chorégraphique nationaux (CDCN), et a manifesté, depuis

1. Latarjet B. (2004), *Pour un débat national sur le spectacle vivant*, compte rendu de mission, rapport au ministre de la Culture et de la Communication, Paris, avril.

2015, un soutien spécifique à la diffusion du répertoire d'un chorégraphe sur un territoire dans les lieux de programmation pluridisciplinaire.

Cependant, le spectacle vivant connaît des difficultés d'exploitation importantes. L'insuffisance de gains de productivité dans le processus de production en fait une activité structurellement non rentable (Baumol et Bowen, 1966)[2]. En effet, les institutions artistiques et culturelles sont certes des entreprises obéissant à une logique de firme. Mais leur mode de gestion est différent de celui des entreprises marchandes. La recherche de profit maximum, la nature de la production, le processus technologique et la demande ne prennent pas la même signification.

La croissance des coûts du spectacle vivant paraît être avant tout la conséquence de choix artistiques et de modes de gestion qui leur sont liés. Entre autres, ce champ est confronté à des problèmes administratifs, juridiques et à de multiples contraintes (gestion des salariés intermittents du spectacle) sans oublier les dimensions de la relation économie/spectacle vivant (Rapport Latarjet, 2004).

La France est un pays qui se caractérise par une politique « d'exception culturelle », ce qui légitime de la part des structures culturelles un fort appel aux fonds publics. En revanche, dans d'autres pays européens (ex. : Italie...) ou au Canada et aux États-Unis, les organisations culturelles adoptent des modalités de financement différentes, davantage orientées vers les entreprises et les particuliers (mécénat, don, etc.).

En France, l'intervention de l'État, à travers l'octroi d'importantes subventions, apparaît certes nécessaire, mais ne suffit pas pour résoudre les difficultés économiques de ce secteur. De nombreuses causes sont à l'origine de ce malaise (encadré 5.1) : la concurrence du disque (d'Angelo, 1989), de l'audiovisuel et du cinéma, la priorité donnée par les ménages à d'autres dépenses pour d'autres produits culturels (Internet, téléphonie, numérique...) et un contexte sociétal dans lequel le temps libre et les moyens financiers n'évoluent pas dans le même sens.

Encadré 5.1 – La concurrence entre différentes formes artistiques

Le théâtre a été fortement concurrencé, pendant la seconde moitié du XIXe siècle, par l'apparition du music-hall, du cirque et du café-concert. Mais, la fréquentation des salles de spectacle vivant a surtout connu ses premières difficultés avec le développement du cinéma et l'émergence des moyens de communication de masse.

2. Pour une présentation de l'analyse de Baumol et Bowen, voir chapitre 2.

Après la deuxième guerre mondiale, nous assistons à une véritable explosion de la consommation culturelle, provoquée par l'essor de produits industriels à usage individuel et domestique au détriment de l'évolution d'un théâtre « artisanal ». La télévision est présentée comme l'une des causes fondamentales de la baisse de la fréquentation des salles de spectacle vivant. C'est le « ciment » culturel des familles de la classe moyenne (Coulangeon, 2005).
De même, avec le développement du cinéma « parlant », le théâtre se voit « dépouillé », par le cinéma, de ses textes et parfois de ses comédiens. Le cinéma puise aussi de l'inspiration et des potentialités dans le théâtre. Le cinéma ne remet pas en cause la pièce en elle-même ou le texte théâtral, mais il fait perdre tout attrait scénique aux pièces. En conséquence, la scène et la représentation théâtrale doivent trouver un autre positionnement. Cette nouvelle tendance donnera naissance, au milieu du siècle, au théâtre populaire et au « nouveau théâtre ». Le premier répond à un engagement politique et social, tandis que le second correspond à la recherche d'une nouvelle forme et d'un autre objet permettant au théâtre, face à l'émergence du spectacle mécanisé, de suivre l'exemple de la peinture qui, confrontée à l'évolution de la photographie, a peu à peu abandonné la représentation réaliste au profit de formes ou d'objets débouchant sur l'abstraction.

Le spectacle vivant est un secteur, en France, où les pouvoirs publics et les entreprises ont longtemps raisonné dans une optique de politique d'offre et n'ont pas suffisamment réfléchi en termes de demande. Or, nos modes de vie et de consommation culturels se trouvent bouleversés par la numérisation de la culture développée par Internet (Chantepie, 2007).

Il est donc important de se tourner vers le public qui est la base même des institutions artistiques et culturelles en termes de recettes propres et de légitimité sociale. En conséquence, en tant que discipline de gestion, le marketing peut, à moyen terme, permettre la réconciliation entre les organisations artistiques et culturelles, et leur public.

LA PLURALITÉ DES PUBLICS

La fréquentation des structures culturelles institutionnalisées diffusant des spectacles vivants – théâtre, concert, opéra, ballet – demeure faible en France comme dans la plupart des pays d'Europe à la différence des salles de cinéma, des musées et des lieux de patrimoine. Cependant, entre autres dans le cas de l'opéra, perçu comme une pratique « bourgeoise » inaccessible comparé à d'autres loisirs (télévision, cinéma...), les professionnels tentent, à l'heure actuelle, de renouveler les publics en direction des jeunes. Par exemple, l'Opéra de Paris renforce l'innovativité artistique de son offre en privilégiant l'originalité de ses mises en scène (exemple : mixage de genres culturels), ce qui attire un nouveau public plus jeune et plus éclectique.

Le spectacle vivant est un univers éclaté et multidimensionnel qui n'attire pas un public, mais des publics diversifiés en fonction des formes artistiques proposées. Le tableau 5.1 montre ainsi les disparités de fréquentation en fonction des genres artistiques offerts.

Tableau 5.1 – Les pratiques culturelles des Français (1973-2018)

En %

	1973	1981	1988	1997	2008	2018
Écoutent de la musique (hors radio)	**66**	**76**	**73**	**76**	**81**	**81**
dont : tous les jours ou presque	*9*	*19*	*21*	*27*	*34*	*57*
Regardent la télévision	**93**	**95**	**95**	**94**	**98**	**94**
dont : tous les jours ou presque	*65*	*69*	*73*	*77*	*87*	*78*
dont : 20 heures ou plus par semaine	*29*	*35*	*43*	*46*	*43*	*40*
Durée moyenne d'écoute (en heures par semaine)	16	17	20	22	21	19
Jouent aux jeux vidéo	**n.d.**	**n.d.**	**n.d.**	**19**	**36**	**44**
dont : tous les jours ou presque	*n.d.*	*n.d.*	*n.d.*	*n.d.*	*6*	*15*
Écoutent la radio	**88**	**89**	**85**	**88**	**87**	**82**
dont : tous les jours ou presque	*72*	*72*	*66*	*69*	*67*	*60*
Durée moyenne d'écoute (en heures par semaine)	17	16	17	17	15	12
Ont lu au moins un livre (hors bande dessinée)	**69**	**72**	**73**	**71**	**67**	**62**
1 à 9	24	32	34	37	39	34
10 à 19	17	18	17	17	14	14
20 et plus	28	23	22	18	14	15
Ont lu une bande dessinée	**n.d.**	**n.d.**	**41**	**33**	**29**	**20**
Ont fréquenté une bibliothèque	**n.d.**	**n.d.**	**23**	**31**	**28**	**27**
Sont inscrits dans une bibliothèque	13	14	17	21	19	15

En %

	1973	1981	1988	1997	2008	2018
Sont allés au cinéma	**52**	**49**	**49**	**49**	**57**	**63**
1 à 2 fois	14	12	15	13	16	15
3 à 11 fois	23	22	20	23	27	30
12 fois et plus	15	15	14	14	13	17
Ont assisté à un spectacle[3]	**33**	**33**	**36**	**39**	**42**	**43**
dont : spectacle de danse	*6*	*5*	*6*	*8*	*8*	*9*
dont : spectacle de théâtre	*12*	*10*	*14*	*16*	*19*	*21*
dont : concert de musique classique	*7*	*7*	*9*	*9*	*7*	*6*
dont : concert de rock ou de jazz[4]	*7*	*10*	*13*	*13*	*14*	*11*
dont : concert de jazz	*n.d.*	*n.d.*	*10*	*9*	*10*	*8*
dont : concert de rock	*n.d.*	*n.d.*	*6*	*7*	*6*	*4*
dont : spectacle de variété	*12*	*10*	*10*	*10*	*11*	*15*
dont : spectacle de cirque	*11*	*9*	*9*	*13*	*14*	*11*
Ont assisté à un festival (domaine : musique, spectacle vivant, photographie ou autre)	**8**	**7**	**n.d.**	**n.d.**	**16**	**19**
Ont visité un musée, une exposition ou un monument historique	**41**	**40**	**39**	**42**	**39**	**44**
dont : musée ou exposition	*28*	*29*	*30*	*33*	*30*	*29*
dont : monument historique	*32*	*31*	*28*	*30*	*29*	*34*

Source : enquête sur les pratiques culturelles, 1973-2018, DEPS, ministère de la Culture (2020).
Champ : personnes âgées de 15 ans et plus, vivant en ménage ordinaire. France métropolitaine
Note : les résultats concernent la pratique au cours des douze derniers mois.

Ce chapitre se consacrera plus spécifiquement au spectacle vivant.

Selon l'étude « Cinquante ans de pratiques culturelles en France » (ministère de la Culture, 2020), les sorties culturelles des Français, âgés de 15 ans et plus, sont de plus en plus importantes en 2018. Ces derniers sont de plus en plus

3. L'édition 2018 de l'enquête prévoit un plus grand nombre de modalités que les précédentes pour décrire les spectacles auxquels les répondants ont pu se rendre au cours des 12 derniers mois. En ajoutant les concerts de musiques du monde, de musiques traditionnelles, de RnB, de musiques électroniques, techno, de hip hop, rap, de métal, hard rock et l'opéra, ce taux de pratique atteint 49 % en 2018, soit 6 points supplémentaires. La structure sociodémographique des publics, avec ou sans ces modalités supplémentaires, reste sensiblement la même.

4. Les concerts de rock et de jazz étaient réunis sous la même catégorie « concerts de musique pop ou jazz » en 1973 et « concerts de musique pop, de folk, de rock ou de jazz » en 1981.

nombreux à se rendre au moins occasionnellement dans les institutions et lieux culturels : 43 % de ces Français sont allés voir un spectacle vivant en 2018. Leur expérience de consommation culturelle est différente selon les genres musicaux : la plus faible fréquentation concerne les spectacles de musique classique, de danse, de rock ou jazz et de cirque.

Il a pu être observé que l'art vivant attire tous les âges, même si les plus de 60 ans se déplacent moins pour aller voir un spectacle. Entre 52 % et 54 % des personnes en dessous de 60 ans se rendent à un spectacle vivant au moins une fois par an. Le pourcentage est de 38 % pour les plus de 60 ans. De plus le public aurait une tendance à être plus féminin que masculin.

Les spécificités du public du théâtre

Sur le plan artistique, le théâtre se relie aux arts du langage, comme pratique d'un texte, et aux arts du corps, comme pratique d'une représentation. Il est à la fois une production littéraire et une représentation : à la fois renouvelable donc « éternel » et jamais reproductible à l'identique donc « ponctuel » et « éphémère ».

Les attentes des publics

Environ 21 % de la population française (tableau 5.1) sont allés au moins une fois au théâtre au cours des douze derniers mois (2018). Plus d'un tiers du public de théâtre est constitué de cadres supérieurs et de professions intellectuelles. L'élargissement sensible du public de théâtre au cours des vingt dernières années est dû à l'augmentation des spectateurs occasionnels : cette tendance est à observer surtout chez les moins de 30 ans (scolaires, sorties en couple ou entre amis, en recherche de sociabilité).

Le théâtre remplit un rôle éducatif et/ou distractif et exprime son offre au lecteur-spectateur en termes de connaissances et d'expérience. Le théâtre n'est pas seulement une source d'éducation. Il répond à une logique de divertissement qui fait de lui un lieu de loisir. Il fait vivre au public des émotions, des pulsions, en conséquence une expérience (rire, vécu de sensations…) à laquelle l'individu donne un sens. Cela ne se fait pas sans le spectateur. Une partie de l'expérience vécue est caractérisée par une dimension esthétique.

Le public de théâtre se place dans un nouveau rapport avec le théâtre. Auparavant, il avait un rapport uniquement pédagogique par rapport à cet art : apprendre, réfléchir sur la vie, sur les rapports humains et sur la société. Aujourd'hui, le public se place dans un contexte de recherche d'expérience : le théâtre est devenu une sortie de divertissement pendant laquelle on a juste envie de se détendre, en couple ou entre amis. Le public réagit de plus en plus « à la carte » en fonction de ce qui l'intéresse, le passionne et veut être surpris. Les spectateurs recherchent la nouveauté, la diversité des styles et l'évasion.

La fréquentation des institutions théâtrales

Des enquêtes annuelles menées par la DMDTS (direction de la musique, de la danse, du théâtre et des spectacles) indiquent, ces dernières années, une relative augmentation de la fréquentation des théâtres nationaux, des CDN (Centres dramatiques nationaux), des scènes nationales et des théâtres privés.

La Comédie Française, le Théâtre national de Chaillot, le Théâtre national de la Colline, le Théâtre national de l'Odéon-Théâtre de l'Europe, le Théâtre national de Strasbourg et le Théâtre national de l'Opéra-Comique sont les six théâtres nationaux ayant une mission de service public en tant qu'établissements publics sous tutelle du ministère de la Culture : favoriser la création contemporaine et demeurer ouvert au plus large public. Ils diffusent leurs productions par des échanges et des tournées tant au niveau national qu'international. Hors Théâtre national de Chaillot, pilier de la politique publique de la danse, et hors Théâtre national de l'Opéra-Comique (art lyrique), l'activité des quatre autres théâtres nationaux est liée à des choix de gestion qui vont dans le sens d'une très légère augmentation du nombre de représentations (1 076 représentations en 2007-2008 contre 1 092 en 2018-2019). Les entrées annuelles sont passées de 566 333 en 2007-2008 à 610 170 en 2018-2019)[5].

Les Centres dramatiques nationaux (38 CDN en 2019, ayant le statut de SA, SARL, SCOP...) disposent d'un théâtre et d'équipes permanentes. Rattachés à un lieu, ils demeurent des établissements privés et ont une vocation régionale. Leurs activités allient la production, la coproduction et l'accueil de compagnies théâtrales. La structure théâtrale doit acquérir un rayonnement régional, voire national, en recherchant l'audience d'un large public et la conquête de nouveaux spectateurs. Les CDN dont la mission est de développer la création contemporaine ou avant-gardiste, affichent une hausse des représentations (5 262 représentations en 2007-2008 contre 5 972 en 2019) et une légère baisse des entrées (1 184 944 entrées annuelles en 2007-2008 contre 1 165 139 en 2019).

5. Source DGCA/DEPS, chiffres du ministère de la Culture, 2019.

Les scènes nationales regroupent les maisons de la culture, les centres d'action culturelle et ceux de développement culturel. Leur évolution (plus de 2,4 millions d'entrées en 2022) est sans doute à associer à leur programmation diversifiée (théâtre, danse, musique). Elles peuvent offrir des spectacles « transversaux », intégrant plusieurs disciplines et associant les nouvelles technologies (cinéma, vidéo, numérique...), ce qui propose au spectateur une version vivante de plusieurs formes artistiques dans un cadre de création contemporaine.

Quant à l'évolution de la fréquentation des théâtres privés (2 935 000 entrées annuelles et 15 598 représentations, en 2005, contre 6 755 506 billets vendus et 41 998 représentations, en 2019), elle peut s'expliquer par les tendances du public à rechercher, dans l'expérience vécue, le divertissement et le « fun » plutôt qu'une stimulation purement intellectuelle et de réflexion.

Plus particulièrement, le théâtre vivant produit du sens, ce qui ne correspond pas aux besoins des masses qui souhaitent du spectaculaire. Il est fréquent d'accuser les responsables professionnels de pratiquer un théâtre élitiste et distinctif. Les politiques culturelles cherchent cependant à concilier production de sens et production de spectaculaire.

Le renouvellement du public de l'opéra

Comment se positionne l'opéra au sein du domaine musical en général ? Lahire (2004) propose la typologie suivante des genres musicaux en fonction de la notion de « légitimité » qui est à rapprocher du concept de distinction sociale (Bourdieu, 1979). « Face à ceux qui pensaient (et pensent parfois encore) que la sensibilité culturelle ou esthétique est une chose innée ou en tout cas inéducable, la théorie de la légitimité culturelle s'est attachée à montrer qu'il existe une correspondance statistique entre la hiérarchie des arts (ou des genres) et la hiérarchie sociale/scolaire des consommateurs ou des publics » (Lahire, 2004). Cette théorie confirmerait la distinction entre les arts de la culture « savante » ou « cultivée » et ceux de la culture « populaire » ou de « masse ». Lahire (2004) distingue ainsi :

- **les genres musicaux à « faible » légitimité culturelle :** chansons, variété française, variétés internationales (disco, dance, techno, funk...), rap, hard rock, punk, trash... ;
- **les genres musicaux à « moyenne » légitimité culturelle :** rock... ;

- **les genres musicaux à « forte » légitimité culturelle :** musique classique, jazz, musique d'opéra ;
- **les genres musicaux inclassables :** musiques du monde (reggae, salsa, musique africaine...).

Même si l'opéra fait partie des genres musicaux à forte légitimité culturelle, les maisons d'opéra ont pris en considération de façon importante l'enjeu du renouvellement et de l'élargissement du public depuis ces dernières décennies. Les politiques qu'elles ont mises en œuvre pour les publics commencent à produire des effets positifs, même si les projets ambitieux qu'elles engagent ne sont pas suffisamment mis en valeur et reconnus au niveau national.

Le profil sociodémographique des publics

Les spectateurs de l'opéra et les politiques menées par les maisons d'opéra, en matière de relation avec les publics, ont fortement changé depuis le début du siècle.

Le public est devenu pluriel et nombreux. Depuis les années 1980-1990, suivant les modèles initiés par l'État pour le théâtre et la danse, l'opéra s'est progressivement ouvert à tous les publics. Contrairement aux idées reçues, le public de l'opéra est aujourd'hui largement pluriel, attirant des spectateurs issus de toutes les catégories d'âges et de catégories sociales. Il attire un public nombreux qui ne se cantonne pas à l'élite des grandes villes : plus de 2,6 millions de spectateurs par an dans les maisons et festivals d'opéra (rapport du ministère de la Culture, juillet 2021).

Cependant, durant la dernière décennie, la moyenne d'âge des publics d'opéra était encore de soixante ans : 50 % des spectateurs de l'opéra ont plus de 60 ans. Chez le public habitué (assistant à plus de deux spectacles d'opéra au cours des 12 derniers mois), les plus de 60 ans représentent 30 % de ce public (chiffres du ministère de la Culture, 2018). Il existait également une proportion significative des jeunes (moins de 30 ans) à l'intérieur de ce type de public habitué. Cela peut s'expliquer par la politique tarifaire des organisations d'opéra destinées aux jeunes (entre cinq et dix euros le prix du billet avec la « carte culture »). Grâce à ces actions visant à rajeunir le public, on a pu constater une évolution de la présence des moins de 25 ans dans les spectacles d'opéra : les jeunes représentaient 5,6 % de l'audience d'opéra en 2015 et 6,7 % en 2016.

De plus, le public de l'opéra était principalement féminin (64 % de femmes), mais chez les habitués le public avait tendance à être masculin (57 % du public habitué).

En ce qui concerne la catégorie socioprofessionnelle et le niveau d'études, le public de l'opéra montre encore à l'heure actuelle de grands écarts entre les catégories sociales supérieures et les moins favorisées : selon les statistiques du DEPS, la proportion de cadres ou d'employés intermédiaires est de 28 % pour le public de l'art lyrique contre 17 % pour les autres catégories de musique ; la proportion du public ayant fait des études universitaires est de 47 %, comparativement à d'autres catégories de musique (22 %). Seulement 2 % de l'ensemble du public de l'opéra n'ont pas de diplôme, alors que 15 % ont un diplôme Bac + 4 ou équivalent. Certaines catégories sociales sont sous-représentées (ouvriers, employés, cadres intermédiaires). Les freins sont davantage psychologiques que matériels et culturels : les personnes, appartenant à ces catégories, ne vont pas à l'opéra parce qu'elles ne se sentent pas impliquées et concernées, par manque de sensibilisation et d'information sur ce qu'est un spectacle d'opéra. De plus, les catégories socioprofessionnelles des dirigeants, des cadres supérieurs et des responsables d'entreprise vont moins ou ne vont plus à l'opéra par manque de temps et de motivation. Ce constat montre la difficulté de conserver un public traditionnel qui tend à disparaître.

À titre de synthèse, le point fort de ce secteur est que la mission de service public des organisations d'opéra exige l'ouverture de cet art au plus grand nombre.

Le développement du numérique

Pour pallier la fermeture des salles pendant la crise sanitaire, les structures d'opéra se sont retrouvées à entretenir leur lien avec le public par l'intermédiaire d'outils numériques. Ainsi, pendant la période de confinement en France, on a vu émerger la diffusion gratuite de spectacles en streaming mis à disposition par les établissements d'opéra sur les plateformes gratuites ou encore sur les réseaux sociaux comme Facebook.

Ces diffusions numériques ont réuni un public nombreux. Les productions de l'Opéra de Paris, par exemple, ont été visionnées en streaming par 2,5 millions de personnes pendant la période d'annulation des représentations publiques. La consommation de spectacles d'opéra en streaming a donc augmenté en raison du confinement de la population.

Ces pratiques culturelles numériques se développent depuis 2020 et constituent un canal de diffusion complémentaire pour les structures d'opéra.

Pour l'avenir de l'opéra, les jeunes (scolaires, universitaires) garantissent cependant un taux de renouvellement des publics sans distinction de catégories sociales. Il faut aussi prendre en compte les catégories de jeunes publics éloignées géographiquement et culturellement des lieux culturels des centres urbains, ce qui incite à proposer des « expériences lyriques décentralisées et itinérantes » à travers par l'exemple l'usage de plateformes de streaming.

Les maisons d'opéra chercheront donc dans le futur à attirer un nouveau public, particulièrement les jeunes. Bien que le prix d'un billet d'opéra soit facilement abordable pour ces jeunes, ces derniers sont minoritaires dans l'audience de spectacles d'opéra. En effet, d'autres freins, notamment la représentation de l'opéra comme étant une activité culturelle difficile d'accès, conduisent à ne pas fréquenter ces lieux.

Face aux difficultés rencontrées pour rajeunir le public et attirer les publics oubliés, des initiatives sont tentées en France (encadré 5.2).

Encadré 5.2 : Le concept d'« opéra coopératif »

Nous pouvons citer « La Fabrique Opéra » (créée dans l'Isère, par le chef d'orchestre Patrick Souillot en 2007) qui propose une nouvelle approche de la production de spectacles lyriques. C'est une association qui crée des opéras coopératifs. Son parti pris est de fédérer et d'impliquer des jeunes issus d'établissements d'enseignement technique et professionnel dans la conception et la réalisation des éléments de mise en scène d'un spectacle lyrique : costumes, coiffures, maquillage, décors, organisation. Elle n'évoque pas l'idée de sensibilisation ou d'éducation pour faire venir le public, mais met en avant une mobilisation d'une population et d'un territoire autour d'un projet commun. Le concept est centré sur la réalisation d'un opéra pour les jeunes et par les jeunes. Elle implique des jeunes apprentis en écoles de coiffure, couture, maquillage, graphisme, menuiserie, traitement des métaux pour travailler avec le metteur en scène et mettre à disposition leurs compétences au service de l'opéra. D'autres lycéens et étudiants (par exemple, en audiovisuel) prennent part, dans leur cursus, à la réalisation du projet. « La Fabrique Opéra » permet de rendre les compétences locales actrices du projet d'opéra. Ces conditions de création sont une valeur ajoutée propre à susciter l'engouement des habitants du territoire de Grenoble. Près de 500 jeunes sont réunis autour de chaque production. Cet engagement des jeunes se prolonge à travers des actions culturelles d'un genre plus classique (par exemple, les répétitions sont ouvertes à un public scolaire du CM1 à la troisième). Par son action, La Fabrique Opéra redonne à l'art lyrique son caractère populaire. Cette approche facilite la transmission aux futures générations d'un genre culturel « difficile ». Elle investit des salles populaires pour y jouer de l'opéra et montrer ainsi sa volonté de lutter contre le cloisonnement social et culturel associé à l'opéra. Elle offre des tarifs attractifs (recours au modèle de franchise associative), et propose un système de traduction en français sous forme d'une narration pour faciliter la compréhension de l'histoire. « La Fabrique Opéra » lève ainsi de nombreux freins qui ont éloigné le grand public de l'opéra.

L'émergence du public du « nouveau cirque »

En France, la pratique représente moins de 10 % des entrées du spectacle vivant au début des années 1980 et est passée à 16 %, 30 ans plus tard, sous l'impulsion d'une volonté politique et artistique « Il y a eu une évolution des mentalités, du goût du public », analyse Pascal Jacob dans son ouvrage *Une histoire du cirque* (2016). « Le développement du cirque contemporain à partir des années 1980 a donné de nouveaux territoires à explorer », avec des spectacles repensés. Des cirques comme Plume ou les Canadiens du Cirque du Soleil (encadré 5.3) ont supplanté l'offre du cirque traditionnel, en se concentrant sur les acrobaties et en abandonnant la notion de « numéros » pour concevoir les spectacles comme un tout.

Le cirque correspond chez les individus à une fascination pour des êtres exceptionnels « qui ne trichent pas » et il est d'ordre poétique, à travers un attachement à la dimension naïve de cet art par la féerie et le merveilleux. L'amour du cirque est fondé sur une très forte dimension symbolique, sur un mythe ancestral et sur la richesse de l'imagerie (Guy, 1992).

Le public est surtout familial, à la recherche de « réenchantement » (Ritzer, 1999). Le cirque est avant tout un spectacle pour tous, tous âges et toutes catégories sociales confondus.

Les motivations du public à l'égard du cirque sont diverses. Les adeptes du cirque traditionnel le perçoivent comme une école de persévérance, de courage et le témoignage d'un savoir-faire humain, et ceux du « nouveau » cirque privilégient pour leur part la créativité. L'attirance de certains spectateurs pour « les numéros classiques, anciens » ou pour « les spectacles qui choquent » montre qu'il y a la place à la fois pour un cirque à l'ancienne (cirque traditionnel) et pour un cirque « dérangeant » (nouveau cirque).

Le cirque a connu trois évolutions majeures :

- **la première est d'ordre structurel :** le cirque a d'abord évolué dans son organisation et son économie. Autrefois, 80 % des artistes étaient issus d'une famille de cirque, ils ne sont plus que 5 % aujourd'hui. La plupart des artistes sortent maintenant des écoles, essentiellement françaises, allemandes, russes ou, depuis peu, ukrainiennes. Ils puisent leur expérience dans celle de leurs aînés, mais ils n'hésitent pas à la transformer, donnant ainsi naissance à des performances où l'originalité a une grande importance ;

- **la deuxième évolution correspond à la diminution des chapiteaux au profit des théâtres de cabaret**. L'impulsion a été donnée en Allemagne (le plus illustre est le *Wintergarten* à Berlin, avec une salle de 3 000 places) ;
- **la dernière évolution marquante,** de ces dernières années, coïncide avec l'émergence d'un « nouveau cirque ».

Dans la Rome antique, un cirque était une arène où se déroulaient des courses de chars. Dans une acception moderne, un cirque est une troupe d'artistes qui se composent d'acrobates, de clowns, de magiciens... On peut ainsi y admirer le travail des prestidigitateurs, des mimes, des lanceurs de couteaux, des jongleurs, des funambules, des trapézistes, des cracheurs de feu... Les arts de la Piste ou « nouveau cirque » ont pris le relais du cirque traditionnel ces dernières années. En France, on compte à l'heure actuelle environ 500 compagnies et près de 2 000 artistes de cirque. Depuis 2020, dans un souci de protection des animaux de cirque, la ministre de la Transition écologique a annoncé la fin progressive de la présence d'animaux sauvages sur la scène tels que les tigres, les éléphants ou les ours, dans les cirques itinérants. Le cirque traditionnel est en voie de disparition au profit du cirque contemporain ou « nouveau cirque » (Arts sauts, Cirque baroque, Les oiseaux fous...). Quelques spectacles d'exception subsistent (le Cirque Zingaro ou la Volière Dromesco) dans des environnements poétiques et théâtralisés. En revanche, le Cirque Archaos remplace les animaux par des motos. Le théâtre est particulièrement présent : le Cirque du Soleil en est une très belle illustration (encadré 5.3). La poésie est aussi au rendez-vous : par exemple le Cirque Plume.

Le cirque offre une diversité de propositions tant dans la forme que dans la pluralité des spectacles. Cirque de ville ou cirque itinérant, cirque traditionnel ou cirque contemporain, la scène de cirque est un lieu où l'artiste de cirque peut explorer sans limites. En plus d'un quart de siècle, la définition du cirque s'est transformée et élargie attirant aussi bien davantage de spectateurs que de professionnels de la scène artistique qui se sont emparés de ses codes pour développer écoles, festival et nouveaux projets (encadré 5.4).

Encadré 5.3 – La stratégie innovatrice du cirque du soleil

Fondé en 1984 par des artistes de rue et par Guy Laliberté et Daniel Gauthier, le Cirque du Soleil (qualifié de cirque théâtral) est une entreprise et une marque de renommée internationale, dont le siège social international est situé dans le quartier Saint-Michel à Montréal. Il a su renouveler les codes d'un secteur d'activité en déclin et a conquis un nouveau public. Sa capacité d'innovation et sa stratégie de développement sont considérées comme exemplaires. Depuis 2008, des spectacles fixes sont aussi présentés en Asie, à Tokyo et Macao, etc.

La croissance de l'entreprise repose, depuis sa création, sur le développement géographique auquel s'est ajoutée une diversification progressive de ses activités. Pour cela, de nombreux partenariats stratégiques avec des marques leaders des secteurs complémentaires ont été déterminants : alliance avec les casinos de Las Vegas, les parcs Disney d'Orlando puis Tokyo pour monter des spectacles fixes.

Le Cirque du Soleil a obtenu des droits pour mettre en scène des spectacles sur les Beatles, Elvis Presley et Michael Jackson. Il s'est associé à James Cameron comme producteur exécutif, et à Andrew Adamson comme scénariste et réalisateur, pour concevoir un long-métrage 3D (premier d'une série de plusieurs films). Il offre au public des expériences immersives dans son univers onirique et merveilleux qui propose également une gamme complète de produits dérivés. L'entreprise s'est aussi lancée dans le *licensing* et la conception de restaurants, bars, spas… Le Cirque du Soleil fait même son entrée dans le milieu des boîtes de nuit en s'associant au *Light,* qui a comme ambition d'être la plus grande boîte de nuit de Las Vegas.

D'une façon générale, sa capacité à réenchanter le monde s'explique par la diversité des techniques et des talents artistiques ajoutée aux technologies utilisées, afin de renouveler sans cesse l'intérêt du public. Les productions proposent des expériences dans des univers exceptionnels qu'il s'agisse d'un spectacle en live, d'une production audio-visuelle ou de la conception d'un lieu comme le pavillon du Canada dans une exposition universelle. La marque de fabrique du Cirque du Soleil est la capacité à provoquer des sensations, des émotions, des ébahissements, à toucher l'imaginaire et à susciter des ressentis profonds. Chaque individu, quels que soient sa culture, son genre ou son âge, trouve son bonheur pour des raisons diverses : qualité esthétique et artistique, exploits physiques et athlétiques, performances technologiques et architecturales.

Ancien artiste de rue, Guy Laliberté a décidé de fuir l'océan rouge (Kim et Mauborgne, 2005) des cirques pour créer un océan bleu de divertissement théâtral. Ses spectacles combinent le cirque et le théâtre pour adultes, présentant des acrobaties et prouesses physiques sur fond de scénario et de musique originale. La stratégie de l'océan bleu du Cirque du Soleil s'est distinguée des cirques traditionnels, ce qui a donné lieu à des forces opérationnelles très différentes : réduire les coûts de production (en raison de la modification de la nature des spectacles) ; supprimer les numéros d'animaux ; éviter la « starisation » des artistes (anonymat, ce qui évite une concurrence) ; réduction à une scène (au lieu de trois anneaux).

Le Cirque du Soleil a augmenté ainsi sa valeur grâce à un spectacle innovant et à une demande accrue. Cette hausse de la valeur de la production est liée à la

musique, l'éclairage, l'intrigue et l'art (composantes expérientielles pour le spectateur). La sophistication s'est accrue pour égaler les spectacles prestigieux de Broadway, ce qui a permis d'augmenter le prix des billets jusqu'au niveau du théâtre, bien au-delà des prix pratiqués dans les cirques grand public.
Le Cirque du Soleil offre essentiellement le meilleur du cirque et du théâtre, créant une nouvelle forme de divertissement, tout en éliminant tout ce qui était superflu. Ce faisant, il a su créer un produit nouveau qui a rendu la concurrence des cirques inutile.
L'innovation de rupture et la stratégie Océan Bleu (Kim et Mauborgne, 2005) qui ont marqué le lancement du Cirque du Soleil étaient facilement imitables. Pour conserver le leadership, l'entreprise a su adopter des stratégies plus classiques : conquête de nouveaux marchés à l'international, recherche de partenaires techniques et commerciaux. Sans cela, elle n'aurait pas conservé sa position sur son cœur de métier.

Source : extrait de l'étude d'un cas d'innovation « Le Cirque du Soleil », Corinne Baillie, mars 2011, CNAM 2010-2011 (UE Culture de l'innovation).

En France, la transformation économique du cirque l'associe désormais aux arts du spectacle vivant et lui permet de bénéficier des mêmes possibilités de financement (subventions…).

Encadré 5.4 – La diffusion du cirque sur le territoire

Les festivals dans les arts du cirque voient le jour au début des années 1990. Par exemple, le festival Furies, de Chalons en Champagne, mêle la rue et le cirque de création, donnant lieu à quarante représentations sur une semaine. Il investit les rues, les jardins et inscrit les habitants dans un projet de création contemporaine de la parade. Quant au festival CircA dans le sud de la France (conçu pour les rencontres interprofessionnelles), il invite les écoles de cirque et les compagnies dans un véritable festival montrant toutes les formes des arts du cirque.
D'autres initiatives développent l'accueil des compagnies de cirque au sein de Paris (exemple : création de l'Espace Chapiteau du Parc de la Villette). Une Charte d'accueil des cirques en ville a été finalisée en 2001.
L'une des premières écoles de cirque est l'École nationale Fratellini, fondée en 1974 par Annie Fratellini et Pierre Etaix. Renommée Académie Fratellini en 2003, elle forme avec son Centre de formation d'apprentis (CFA) de Saint-Denis de nombreux jeunes circassiens, venus du monde entier. Deux autres cursus proposent une formation diplômante en France :

- le Centre national des arts du cirque (CNAC) à Chalons-en-Champagne ;
- l'École nationale des arts du cirque de Rosny-sous-bois.

La Fédération française des écoles de cirque, située à Montreuil en Seine-Saint-Denis, est un réseau de 150 écoles de cirque réparties sur le territoire et enseignant toutes les disciplines du cirque contemporain.

Afin de soutenir la création artistique présente sur les scènes de cirque, le ministère de la Culture, les directions régionales des affaires culturelles (DRAC) et les communes proposent de multiples aides en soutien aux différents acteurs des métiers du cirque :

- l'aide nationale à la création pour les arts du cirque ;
- les aides à la production dramatique sur crédits déconcentrés ;
- l'aide à l'itinérance des cirques de création ;
- l'aide à l'itinérance des cirques de famille ;
- la création ouverte aux arts de la rue et arts du cirque ;
- les aides déconcentrées au spectacle vivant.

Cependant, le soutien à la création circassienne ne se fait pas seulement par différentes aides financières. Il s'organise aussi grâce à la présence d'organismes, de pôles et de dispositifs qui œuvrent au rayonnement du cirque. Né en 2016 de l'alliance de « Hors les murs » et du Centre national du théâtre, ARTCENA, le Centre national des arts du cirque, « aide les professionnels à mettre en œuvre leurs projets et à construire l'avenir des arts du cirque, de la rue et du théâtre ». Son support se concrétise dans l'aide à la diffusion des œuvres, la constitution d'archives fiables, l'accompagnement des professionnels du secteur ou encore le développement à l'international des arts du cirque de la rue et du théâtre.
Depuis 2010, le ministère de la Culture a également lancé la création de Pôles nationaux des arts du cirques (réseau de 14 établissements répartis sur tout le territoire) qui ont pour but d'aider à la production et à la diffusion des spectacles, au développement des publics et à l'accompagnement professionnel des artistes. La France est ainsi le pays européen où le plus grand nombre de festivals et de manifestions circassiens sont organisés.

Source : ministère de la Culture.

Les spectacles vivants hors les murs

Ce genre culturel, concernant les spectacles de rue et les festivals, a connu une progression spectaculaire ces dernières années manifestant une présence croissante de cette forme d'expression. Les spectacles de rue ont connu une forte progression au cours de ces dix dernières années et concernent des situations différentes : grands événements nationaux, animation de centre-ville ou de lieux commerciaux, festivals des arts de la rue, autre festival (théâtre, musique)…

Les arts de la rue : qui est le public ?

Plus particulièrement, la fin du XXe siècle a été marquée par le développement et la reconnaissance de différents courants artistiques qui donnent naissance à ce que l'on appelle les « arts de la rue » réunissant théâtre, cirque, danse, marionnettes, musique et arts plastiques. À travers eux, les formes artistiques du spectacle vivant évoluent. Ils répondent à une volonté de « casser » le cadre trop étroit des institutions artistiques (inscription dans l'espace public, cadre festif...), ce qui donne lieu à de multiples initiatives : Musique dans la rue, le Royal de Luxe, Chalon dans la rue... Les modes de consommation s'externalisent par rapport à une salle de spectacle traditionnel et se produisent dans la rue, sur les places ou les berges d'un fleuve, dans des espaces inhabituels (port, gare, friche industrielle...). L'engagement de l'artiste, au sein de la cité, a fondé cette volonté de rencontre avec le public au-delà des lieux « sacrés » de la culture (théâtre, salles de concert...). Le lien que le spectacle vivant crée avec son environnement évolue. Les expériences couvrent de nombreux champs disciplinaires : du théâtre aux arts plastiques, en passant par la musique et la danse, et aussi récemment par le multimédia. Elles sont nourries de traditions ancestrales, comme les spectacles forains, qui revendiquent l'esprit de convivialité et de proximité avec le public pour en renouveler les codes et les langages. Ainsi les arts de la rue s'affirment-ils comme l'une des expressions les plus abouties de la créativité contemporaine d'une grande exigence artistique dans l'espace public. Ils sont caractérisés par le mélange des genres et l'interaction avec un public éclectique, en conséquence ils peuvent être identifiés comme une forme décloisonnée de l'art postmoderne.

L'évolution du spectacle vivant est marquée par l'innovation et des stratégies de rupture. Les manifestations « hors les murs » ou en dehors des lieux institutionnalisés transgressent les codes traditionnels de la création artistique et adoptent des stratégies disruptives en offrant des esthétiques différentes et divers formats de spectacles en renouvellement permanent. Le public en recherche de sensations, stimulation, variété, surprise et de lien social apprécie ces nouvelles formes de spectacle vivant qui suscitent sa curiosité et ses émotions.

Le public, qui est-il ? « On appelle spectateur ou spectatrice une personne qui décide ou accepte de passer un peu de son temps à une proposition de spectacle dans l'espace public. Le simple fait de s'arrêter devant une proposition de spectacle, c'est-à-dire d'interrompre l'activité – fut-elle une promenade ou un simple trajet – qui l'a conduit dans l'espace public, fait du passant un spectateur. La durée de son attention ou de sa participation au spectacle n'entre pas en jeu » (Guy, 2004 ; Gonon, 2007).

En choisissant l'espace public comme espace de jeu et d'enjeu, les arts de la rue inventent des démarches singulières d'écriture artistique et entraînent le public dans une dynamique originale.

Le public est très diversifié : tout âge, toute catégorie socioprofessionnelle... Ce public se caractérise par sa volatilité et peut « zapper » : ainsi peut-il se rendre d'un spectacle à l'autre sans en attendre la fin.

Ce public se caractérise par son dynamisme et sa volonté de faire la fête. La dimension festive est en effet très forte dans ce domaine. Elle est intensifiée par d'autres attentes du public (la surprise, l'émerveillement...) à l'égard de créations que le public n'a pas l'habitude de découvrir lors de spectacles « traditionnels ». Le public est à la recherche de spectaculaire (Debord, 1992).

L'hétérogénéité du public des festivals

L'essor de festivals montre l'engouement tant des artistes que des spectateurs pour cet art. Les manifestations sont consacrées aux musiques actuelles, à la musique classique, lyrique ou contemporaine, au théâtre, à l'humour, au cirque, à l'audiovisuel ou aux arts de la rue. Toutes les régions françaises en dénombrent en moyenne des dizaines, voire davantage.

On constate un renouveau constant qui montre l'intérêt des Français à aller dans un festival. En tant que bénévoles ou spectateurs, le temps d'une journée ou tout un week-end, 19 % des citoyens déclaraient en 2018 être allés à au moins à un festival chaque année. La scène est renouvelée et foisonnante, même si certains festivals subsistent depuis des décennies.

Les festivals, à l'origine, ont pu constituer une tentative de démocratisation : par exemple le festival de Bayreuth, qui porte sur l'œuvre de Wagner et qui l'associe à un cérémonial populaire, date du XIXe siècle. Or, à travers ces événements, se cachent non seulement une pratique de la culture (festival de théâtre d'Avignon, de musique à Aix, de jazz à la Roque d'Antheron ou à Marciac), mais également une volonté de développement territorial et local (Eurockéennes de Belfort). Les festivals entraînent de nombreuses retombées économiques qui varient selon la typologie et le mode de gestion de l'événement. Ils sont vecteurs de développement local en favorisant le tourisme et créant des emplois (encadré 5.5).

Encadré 5.5 – Le festival des vieilles charrues : pilier du développement local en Centre-Bretagne

En 1992, naît l'association des Vieilles Charrues, à la suite du succès d'une fête qui avait été organisée par quelques jeunes gens du pays Centre Ouest Bretagne, à Landeleau (10 km environ de Carhaix). C'est en 1994 que la musique a pris de l'importance dans ce festival sans pour autant lui retirer son esprit festif et burlesque. En 1995, le festival s'installe à Carhaix au centre-ville et dure trois jours. En 1998, face au succès grandissant (400 000 personnes en 1997), le festival s'installe à Kerampuilh, magnifique amphithéâtre naturel. Cette année-là, les organisateurs attendaient 60 000 personnes, mais ce sont 100 000 festivaliers qui se sont déplacés. Les années suivantes sont marquées par une augmentation régulière de la frequentation.

Issu d'une simple fête, ce festival devient un exemple tant au niveau national qu'international. Il a été créé afin de dénoncer l'abandon du Centre Ouest Bretagne. L'objectif premier est de faire revivre le territoire. Les retombées économiques du festival sur la ville de Carhaix sont impressionnantes. La population tout entière, qui voit son mode de vie évoluer au fil du temps, participe à la création et à la construction de l'événement. Ce festival est l'une des plus belles illustrations d'un développement local réussi dans différents domaines (économique, touristique, emploi, patrimonial, social, culturel...) et en perpétuelle évolution.

Face aux différents festivals proposés en France, la distinction suivante (Pulh, 2002) peut être mise en évidence :

- **les festivals d'art institutionnalisés :** cette catégorie désigne les festivals dont les thèmes s'inscrivent dans la tradition des Beaux-Arts (musique classique, musique sacrée, art lyrique, théâtre...) ;
- **les festivals « décloisonnés » :** il s'agit de manifestations qui cherchent à lever les freins des individus à l'égard de la culture (cirque, musiques actuelles, rock...). Les nouvelles pratiques de consommations culturelles et touristiques incitent ainsi les collectivités locales à encourager la création de festivals, que l'on pourrait qualifier « d'animation ». Les festivals de rue constituent le symbole même de ces manifestations. Le décloisonnement et le caractère parfois gratuit de ces manifestations favorisent la mixité des publics initiés ou non, dans des endroits souvent atypiques (zones commerciales, lieux réhabilités, anciennes usines...), différents des lieux traditionnels (théâtres ou opéras), ce qui peut encourager l'accès à la culture pour tous.

Le festival d'Avignon (encadré 5.6) occupe une position intermédiaire en raison de la présence d'un festival « in » (programmation officielle) et d'un festival « off » (offrant des conditions spécifiques de prix).

Encadré 5.6 – Le festival d'Avignon : une fête, une communion dans la ville

Jean Vilar crée le festival de théâtre d'Avignon en 1947. À travers ce projet, il opte pour le développement d'un théâtre populaire de création. Selon lui, « le théâtre doit être un service public accessible à tous. Il faut redonner le sens de la fête au théâtre. C'est la vraie signification des journées d'Avignon. Faire d'un haut lieu traditionnel de la France la source de nouvelles créations ». Selon la volonté de son créateur, le festival doit garder la notion de fête, de communion, de moment exceptionnel. C'est probablement ces marques « fête, communion, moment exceptionnel » qui, dans la tradition de la ville, prendront tout leur sens. Par ailleurs, le lieu choisi par Jean Vilar était différent de ceux auxquels étaient habitués les amateurs de théâtre. Ce choix confirme une réflexion et une ouverture vers la possibilité d'utiliser d'autres lieux que ceux définis traditionnellement pour la représentation théâtrale.

Jean Vilar souhaite que les spectateurs soient actifs, ainsi les spectacles sont commentés et discutés avec le public dans le « Verger ». Il fera également du festival un lieu de réflexion sur le développement culturel en créant « les rencontres d'Avignon ». Le premier colloque du genre réunira pendant une dizaine de jours des professionnels du théâtre, des enseignants, des sociologues, des syndicalistes, des administrateurs d'état.

Le festival « off » apparaît dès 1970. « Je suis très heureux qu'il y ait un festival hors festival. Et j'estimerais que je n'aurais pas perdu mon travail si ces spectacles étaient meilleurs que les miens » (Vilar, 1970).

Le festival « in » attire un large public, mais aussi la presse nationale et les professionnels du spectacle. À la recherche de reconnaissance et d'institutionnalisation, les troupes du « off » viennent en Avignon espérant être remarquées par les professionnels. Mais elles rencontrent de nombreuses difficultés : salles mal équipées, comédiens contraints d'assurer la promotion, prix exorbitants des locations de salles...

Plus spécifiquement, dans le domaine des musiques actuelles (notamment, musique électronique), il est possible selon Didry (2022) de mettre en évidence les trois tendances observables depuis 2020 :

- les festivals « grand public » qui intègrent de plus en plus d'électro dans leur programmation (Solidays, We love Green, Mainsquare, etc.) ;
- certains festivals électro qui s'ouvrent à d'autres styles (le rap en particulier) pour toucher une clientèle plus large (Insane Festival, Delta Festival) ;
- les festivals qui restent 100 % électro et cultivent l'aspect expérientiel en travaillant sur la scénarisation de l'espace ou le choix de lieux atypiques

(Yeah festival ou Cocorico Festival dans des châteaux, Marvellous Island festival sur une île...). Cette recherche de déconnexion par la musique et le décor est une des spécificités des festivals électro.

LE MARKETING AU SERVICE DU SPECTACLE VIVANT

Face à l'usage du marketing, les professionnels évoquent la nécessaire primauté de l'offre sur la demande : la création est le fait de l'artiste, indépendamment de toute influence du marché et de la demande. Il semblerait que l'on attende que le produit soit sur le marché pour observer la réaction du public, ce qui peut expliquer l'échec de nombreux spectacles et légitimerait la nécessité d'un financement indépendant de la demande. Dans ce cadre, nous retrouvons la controverse (développée dans le chapitre 2) concernant l'approche du marketing, dans le domaine culturel : doit-il être orienté « offre » ou « demande » ? Le marketing ne peut se concevoir uniquement comme une réponse à la demande : il doit être au service du projet artistique, tout en se tournant vers les publics pour tenir compte de leurs attentes. Par ailleurs, la notion même de demande de spectacles est complexe car à la demande du public final s'ajoute celle d'un grand nombre d'acteurs (les pouvoirs publics, les collectivités locales ou territoriales, les mécènes, les diffuseurs) qui contribuent, pour certains, au financement des activités. Enfin, l'offre de spectacle vivant connaît une profonde évolution à travers une offre diversifiée d'activités événementielles caractérisée par le développement exponentiel des festivals (Pulh, 2002).

Quelques pistes stratégiques

Les professionnels doivent imaginer le comportement plus ou moins actif des spectateurs lors de leur sortie à un spectacle. Ils sont ainsi amenés à déterminer, dans la définition de leur offre globale, le champ d'action qu'ils laissent à leurs spectateurs lors de la manifestation culturelle (Pulh, Bourgeon et Bouchet, 2005). Si les décideurs souhaitent donner aux publics la possibilité d'agir activement dans leur consommation et dans la construction de leur offre, ils sont amenés à les engager dans une logique d'appropriation (enracinement actif). Dans le cas contraire, l'offre sera construite de façon à favoriser une participation simple (interaction réactive) du public.

Les stratégies marketing d'offre de spectacle vivant

Des travaux de recherche (Pulh, Bourgeon et Bouchet, 2005), s'inspirant de Cova et Cova (2004), proposent plusieurs stratégies marketing qui sont mises en relation avec les profils des publics de spectacle vivant et construites autour de deux *continuums* (figure 5.1) :

- **L'axe vertical** oppose un marketing orienté sur l'expérience vécue individuellement (stratégie marketing *one to one*) à un marketing portant sur la création d'interactions permettant à des groupes d'individus de vivre des expériences partagées (stratégie marketing « tribal »).
- **L'axe horizontal** oppose une stratégie marketing « d'appropriation » qui concerne le public pouvant coconstruire son expérience (enracinement actif) à une stratégie marketing « de participation » où le spectateur est simplement réactif vis-à-vis de l'événement proposé.

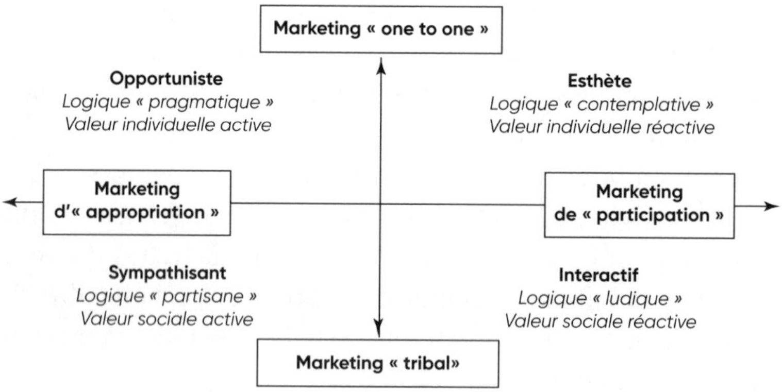

Figure 5.1 *– Proposition de stratégies marketing liées aux profils d'expériences de consommation de spectacles vivants (Pulh, Bourgeon et Bouchet, 2005)*

Quatre types de stratégies marketing se dégagent en fonction de quatre logiques de consommation de la part des publics :

- **une stratégie d'« esthétisation » en direction des spectateurs adeptes d'une logique de consommation « contemplative » :** de la part des professionnels, il s'agit d'offrir un spectacle où sont valorisées la qualité de la représentation, la beauté des décors, la prouesse des acteurs… ;
- **une stratégie axée sur la dimension de « divertissement » en direction des spectateurs manifestant une logique de consommation « ludique » :** il s'agit

de proposer un spectacle qui suscite des réactions émotionnelles et ludiques. Le spectacle offert devient un moyen de faire la fête entre amis ou de faire une sortie récréative en famille ;

- **une stratégie de « soutien » en direction des spectateurs optant pour une logique de consommation « partisane » :** le spectacle engage les consommateurs concernés à soutenir l'événement pour assurer la qualité et le bon déroulement de celui-ci ;
- **une stratégie de « notoriété » en direction des spectateurs montrant une logique de consommation « pragmatique » :** il s'agit de mettre en place des moyens qui garantissent la réputation d'un lieu ou d'un spectacle, et d'offrir ainsi une manifestation culturelle dont la renommée est locale, nationale ou internationale. Ces actions peuvent concerner les financeurs.

Ainsi, les prestataires de spectacles vivants peuvent-ils développer une ou plusieurs stratégies marketing dominantes selon les logiques de consommation du public qu'ils souhaitent privilégier (Pulh, Bourgeon et Bouchet, 2005). Par ailleurs, ils doivent définir un positionnement et peuvent trouver des voies de différenciation en focalisant sur les différentes facettes de la valeur associée par les spectateurs à leur expérience de consommation culturelle. Des travaux de recherche (Pulh, 2002) confirment que leurs stratégies s'orientent déjà sur l'efficience du spectacle offert, sur son excellence, son hédonisme et son esthétisme, mais elles peuvent aussi valoriser les composantes de l'événement en termes de statut (festival d'Orange), de dimension intellectuelle (festival de la Roque d'Antheron), d'éthique (Téléthon), de spiritualité (Journées Mondiales de la Jeunesse) ou encore de lien social (festival des Vieilles Charrues, Royal de Luxe).

Les professionnels doivent donc spécifier le rôle qu'ils souhaitent confier ou non aux consommateurs dans la création de leur propre expérience et, d'autre part, rechercher les facteurs clés du positionnement à donner au spectacle afin de renforcer son attractivité[6].

La construction de l'expérience à vivre par le spectateur

Sur un plan managérial, afin de favoriser la fréquentation des spectacles vivants les responsables professionnels peuvent appliquer le principe d'immersion en jouant sur la construction de l'expérience à vivre par le spectateur (Bouder-Pailler et Damak, 2004). Le public est amené à ouvrir ses canaux sensoriels à travers une mise en scène de l'espace (couleur, forme, espace, matériau, texture,

6. Voir chapitre 2.

lumière, style, décor...). La théâtralisation, la spectacularisation des lieux et le contraste des contextes (mélange du passé, du présent et du futur) peuvent susciter une ambiance favorable à cette expérience à vivre. L'hyperréalité et le réenchantement (Ritzer, 1999) contribuent à enrichir les dispositifs expérientiels en direction du consommateur en créant une ambiance spécifique. La notion de festivité est également très importante pour donner une dimension expérientielle à l'offre culturelle.

Dans un contexte de marketing expérientiel ou de *co-creational marketing*, il est possible d'associer le public au spectacle, comme cocréateur (*prosumer*), ce qui peut représenter une condition nécessaire à sa satisfaction. Dans ce cadre, nous pouvons citer le Théâtre du Rond-Point qui présente un dispositif numérique à ses spectateurs pour interagir avec la pièce *Théâtre sans animaux*[7]. De même, en Europe, afin d'ouvrir les portes de leur structure, les professionnels de 100 opéras organisent, durant un week-end (printemps 2014), des actions intitulées « Opéra pour tous » qui consistent à offrir au public des spectacles où ce dernier peut participer en chantant. Il est possible aussi pour le visiteur d'essayer les costumes et de bénéficier de maquillage.

Il est donc possible de favoriser une appropriation, par le public, de la manifestation culturelle, ou simplement sa participation. Il s'agit alors de proposer une offre susceptible de susciter des réactions émotionnelles, ludiques et esthétiques, en réponse à l'objet culturel, et d'impliquer ainsi le public. Par exemple, les dispositifs interactifs de médiation peuvent favoriser la médiation entre l'œuvre et le public, contribuent à l'immersion du spectateur et influencent la valorisation de son expérience vécue.

En conséquence, les professionnels doivent prendre en compte les éléments favorisant la participation ou l'appropriation, individuelle ou collective, de l'offre culturelle par le public, c'est-à-dire (Pulh, Bourgeon et Bouchet, 2005) :

- **mettre à disposition des services directement reliés à l'offre centrale** qui visent à aller au-devant du public ou à s'en rapprocher, et qui favorisent la création ou la construction de l'expérience en travaillant sur les aspects cognitifs, esthétiques, hédonistes et/ou festifs des spectacles (en direction du public initié et, en particulier, du non-public et des spectateurs occasionnels) : par exemple, l'organisation de rencontres avec les acteurs et les professionnels des spectacles, la mise en place d'ateliers de découverte, l'offre d'outils (technologiques) interactifs de médiation ;

7. Source : *News Tank Culture*, décembre 2013.

- **mettre en place des services périphériques très distincts de l'offre centrale** (ex. : restaurants, cafétéria, boutiques de produits dérivés) qui facilitent ou qui prolongent l'expérience de visite. Par exemple, l'Orchestre Lamoureux (théâtre des Champs Élysées) propose une garderie musicale pour les enfants de 3 à 6 ans (trois concerts du dimanche sont ainsi concernés). Les enfants sont accompagnés par un ou plusieurs musiciens qui les guident dans l'exploration du monde sonore. L'activité, outre celle d'assurer la garde des enfants, a pour objectif de faire découvrir à l'enfant la musique (travail sur la mémoire et la concentration), de stimuler sa curiosité et son imagination ainsi que son goût du collectif.

La politique de prix

Comment une organisation culturelle élabore-t-elle sa politique tarifaire ? Les décisions de programmation, de création, de coproduction ou d'achat de spectacles sont le fait des directions artistiques. Elles font partie intégrante de la politique générale des institutions culturelles. La politique tarifaire en est un corollaire. Il apparaît alors nécessaire de définir une politique tarifaire en cohérence avec le projet global de la structure. Or, les tutelles jouent un rôle important. Dans le cas de théâtres nationaux, les modifications de tarif doivent être soumises à leur ministère de tutelle et la nouvelle tarification n'est appliquée que si elle a été préalablement approuvée. Pour les autres institutions culturelles, les tutelles interviennent plus modérément, mais influencent fortement la fixation des prix : maintien des prix dans certaines fourchettes, demandes d'augmentation des ressources propres…

En France, on peut constater, une relative homogénéité des niveaux de prix moyens des spectacles (théâtre, danse, lyrique, musique, variétés), offerts par les structures culturelles fortement subventionnées. Ces variations des prix moyens entre régions sont faibles. Mais ces moyennes cachent des disparités importantes, en particulier, en fonction de l'image, la réputation, la taille et la localisation du lieu de représentation. Ces facteurs sont aussi explicatifs des différentes stratégies de prix pratiquées par les institutions culturelles à caractère privé.

Les disparités trouvent également leur explication dans les genres, le contenu et la notoriété des spectacles. Ainsi, par exemple, les prix des spectacles de danse, à Paris, sont tirés vers le haut en raison de la présence, dans les représentations, d'artistes étrangers de renommée exceptionnelle.

Les éléments de la politique tarifaire actuelle (élargissement ou simplification de la gamme des tarifs, critères de fixation des formules tarifaires...) sont donc complexes.

À partir de ce constat, il paraît intéressant d'analyser les principes fondamentaux sur lesquels repose l'offre tarifaire des institutions de spectacle vivant.

Les modes de financement des organisations artistiques et culturelles

Le secteur des arts vivants fait appel à de nombreuses ressources extérieures sous forme de subventions (État, collectivités territoriales, etc.) et de recettes privées (mécénat, don).

Le poids de la subvention

En France, l'État verse environ le tiers des aides publiques aux grandes structures de création et de production (centres dramatiques nationaux et régionaux, orchestres, opéras...), et les collectivités locales les deux tiers. Le budget total 2023 du ministère de la Culture s'élève à 11 milliards d'euros (direct et indirect) soit une augmentation de 527 millions d'euros (par rapport à 2022) : 4,2 milliards d'euros de crédits budgétaires, en hausse de 271 millions d'euros par rapport à 2022 (+7 %), complétés par 3,8 milliards d'euros consacrés à l'audiovisuel public, 2 milliards d'euros de dépenses fiscales et 769 millions d'euros de taxes affectées (au financement de la production cinéma et audiovisuelle et du jeu vidéo, ainsi qu'à la musique et au théâtre privé). L'une des priorités du budget est de développer l'éducation artistique dès le plus jeune âge de même que motiver la jeunesse pour la culture. Entre autres, il est proposé d'élargir le pass Culture et de déployer le plan 100 % EAC (éducation artistique et culturelle). En 2023, 208,5 millions d'euros sont consacrés au pass Culture d'abord généralisé aux jeunes de 18 ans en mai 2021 et ensuite étendu aux moins de 18 ans à compter du 1er janvier 2022. Le budget spécifique de la culture pour 2023 est de 2 milliards d'euros, dont 432 millions d'euros consacrés au spectacle vivant. Ce montant global se répartit notamment entre les institutions nationales que sont les opérateurs de l'État (établissements directement subventionnés par le ministère comme l'Opéra de Paris, la Cité de la musique etc.) et les autres structures qui sont situées à 85 % en région. Les autres structures institutionnalisées sont des lieux de création, de production ou de diffusion situés sur l'ensemble du territoire, destinés au théâtre, aux arts du cirque, de la rue, à la musique, à la danse ainsi qu'aux programmations pluridisciplinaires.

De plus, une stratégie sera renforcée pour les industries culturelles et créatives. Un plan d'investissement et d'innovation intitulé « France 2030 » a été créé en 2021, d'une part, pour accélérer les industries créatives et culturelles à travers le soutien de projets d'innovation concernant les systèmes de billetterie, la numérisation du patrimoine et de l'architecture, les technologies immersives et de diffusion audiovisuelle pour le spectacle vivant..., d'autre part, pour développer des studios de tournage et de production numérique pour les filières de l'image. Dans ce volet « France 2030 », il est prévu aussi d'encourager les offres culturelles immersives s'appuyant sur les technologies de réalité virtuelle et augmentée, de métavers, de *mapping* vidéo, de son binaural, etc.

Cependant, tous ces efforts publics ne suffisent pas à résoudre toutes les difficultés financières qui ne sont pas propres aux organisations culturelles françaises. À titre de comparaison du modèle culturel de la France avec d'autres pays, nous pouvons citer, par exemple, le « Royal Opera » de Londres, qui, en 1998, en déficit, a envisagé sa privatisation, plutôt que de solliciter un accroissement des subventions (Benhamou, 2004).

Par ailleurs, si nous comparons le système de financement des organisations culturelles canadiennes à celui des institutions françaises, il est à noter que la part des financements publics canadiens (subventions provinciales, fédérales ou municipales), dans les festivals, est nettement moins importante qu'en France (encadré 5.7).

Encadré 5.7 – Exemple du festival de la chanson de Tadoussac au Québec

Ce festival présente un budget dans lequel les ressources autonomes (billetterie et « commandites ») représentent environ 60 % du chiffre d'affaires tandis que les subventions publiques sont de l'ordre de 40 %. Les entreprises privées sont une source de financement incontournable. Au Québec, l'intervention de ces entreprises se fait par le biais de « commandites » qui désignent « une somme d'argent versée par une entreprise privée ou d'état, finançant en totalité ou en partie une organisation indépendante en contrepartie d'un plan de visibilité ». Si l'on étudie l'évolution de la structure budgétaire des festivals, depuis 1985, on constate que la part du financement public baisse régulièrement. Ce recul des subventions publiques engendre un manque de financement que les festivals sont tentés de combler en se tournant vers d'autres financeurs : les entreprises. Il n'existe aucune loi encadrant les pratiques des commandites : tout repose sur la négociation entre l'entreprise commanditaire et le festival. La commandite est un outil de financement et de promotion. Un contrat est signé entre les partenaires et porte sur la « visibilité » donnée au commanditaire : visibilité de son logo, lieu d'apparition (programmes, site web, publicités, communiqués de presse, banderoles, fonds de scènes...). Un même festival peut avoir plusieurs commanditaires. L'effet pervers de cette pratique est que les commanditaires peuvent imposer ce qu'ils souhaitent, surtout au niveau des festivals de taille modeste. Ces derniers n'ont pas le public nécessaire et ne peuvent pas négocier avec de gros commanditaires. Le rapport de force est alors inégal entre les deux parties.

Le recours au financement privé

En France, on assiste à une dégradation du rapport entre l'offre de spectacles et le nombre de spectateurs. Certains parlent de « crise » car il est difficile de trouver les moyens de réguler les échanges dans un système où ce n'est pas la demande qui crée l'offre. Mais c'est l'offre qui sollicite des subventions pour satisfaire un marché où la demande finale (les publics) n'est pas toujours suffisante. Les sorties de crise possibles (entre autres, celle du Covid 19) pourraient s'envisager à travers un recours aux modes de financements publics et/ou privés externes.

Aux États-Unis, l'État participe très faiblement à l'activité du spectacle vivant : la part de l'aide financière publique au profit des théâtres y serait de l'ordre de 5 %. Ce pourcentage peut être inférieur : 2 % de subventions publiques dans le budget du *Metropolitan Opera* à New York. Le système repose sur des organisations privées non marchandes qui sont autonomes par rapport à l'État et qui bénéficient de la liberté des institutions, sans but lucratif, autorisées à recevoir des dons et à se développer grâce aux mécènes (Benhamou, 2004).

En France, le financement de certaines organisations culturelles peut être privé : c'est le cas des théâtres privés, mais pas uniquement. La stratégie de mécénat s'est ainsi développée de façon importante dans tout le secteur du spectacle vivant. L'enquête Admical-IFOP (2023) en témoigne. Cofinancée par le ministère de la Culture, elle indique que 22 % du montant total du mécénat des entreprises correspond à du mécénat culturel en 2021 avec un niveau de recettes d'environ 230 millions d'euros (37 % des entreprises mécènes). Comme exemple de mécénat, on peut citer le gala d'ouverture de l'Opéra national de Paris qui avait été prévu le 22 septembre 2020 au Palais Garnier, à Paris, mais qui s'est produit finalement le 27 janvier 2021 sur la plate-forme vidéo de l'institution (en raison de la crise sanitaire). Les 1 200 spectateurs de cette soirée de levée de fonds (dont les billets ont été vendus de 80 euros à 5 000 euros), ont pu assister, depuis leur domicile, à la représentation filmée à huis clos. Cet événement a pu se réaliser grâce au soutien de Chanel et de Rolex, mécènes réputés pour l'opéra et la danse. Un million d'euros (montant identique à celui de 2019) a été collecté. Jean-Yves Kaced, directeur du développement et du mécénat à l'Opéra national de Paris, précise « Une minorité de spectateurs a demandé le remboursement de ses places [...]. Ce maintien du gala est une manifestation remarquable de soutien à la maison dans ce contexte sanitaire ». Il s'est produit un effet d'aubaine pour l'institution qui traversait une crise économique.

Encadré 5.8 – Le mécénat dans le spectacle vivant, en France

Suite à la signature de la charte pour le développement du mécénat culturel en mars 2005[8], des interlocuteurs « mécénat » se mettent en place dans les directions régionales des affaires culturelles (DRAC) et dans les chambres de commerce et de l'industrie (CCI), afin de favoriser la rencontre entre les entreprises mécènes et les projets culturels. Alors qu'elles sont fortement réticentes à jouer un rôle purement financeur, palliatif d'une diminution des subventions publiques (« ce n'est pas aux entreprises de financer ce que l'État ne finance plus »), les entreprises sont plus attentives lorsqu'il s'agit de développement local et de rayonnement d'une ville ou d'une région. Au-delà du simple apport financier, elles cherchent à participer plus particulièrement à un projet précis pour lequel leur intervention sera plus visible. Les projets d'action culturelle, de sensibilisation des publics, de renouvellement du matériel ou de restauration d'un site patrimonial, par exemple, entrent dans ce cadre. Sans remettre en cause l'indépendance et la compétence de la structure culturelle en matière artistique, les entreprises peuvent à différents niveaux (médias, technologies...) apporter leurs savoir-faire spécifiques.
Dans le domaine du spectacle vivant, on peut distinguer deux grands types de mécènes potentiels : les mécènes nationaux (grandes entreprises, fondations, sociétés civiles : Caisses des dépôts et Consignations, SACEM, ADAMI, SACD, SPEDIDAM[9]...) et les mécènes locaux (entreprises régionales...). Selon les régions, la pratique du mécénat culturel est plus ou moins développée et ancrée dans les habitudes. Certaines grandes fondations d'entreprises possèdent un département dédié spécifiquement au domaine culturel, d'autres peuvent s'y intéresser à travers un appel à projet ponctuel (l'éducation, les jeunes, la politique dans la ville...). Les sites Internet des entreprises et fondations concernées, ainsi que les répertoires consacrés au mécénat comme ceux de l'ADMICAL[10], de la Fondation de France ou l'Institut de France fournissent les critères et les informations nécessaires à la constitution d'un dossier de demande de mécénat.

8. Signature de la charte pour le développement du mécénat culturel entre le ministère de la Culture et l'Assemblée des chambres françaises de commerce et d'industrie, mardi 15 mars 2005.

9. SACEM : Société des auteurs, compositeurs et éditeurs de musique.
ADAMI : Société civile pour l'administration des droits des artistes et musiciens.
SACD : Société des auteurs et compositeurs dramatiques.
SPEDIDAM développe des actions générales pour la défense des droits attachés à la propriété littéraire et artistique (s'occupe de la rémunération des artistes, de la sonorisation concert et de la sonorisation des spectacles).

10. Association pour le développement du mécénat industriel et commercial.

Les réductions d'impôts sont les suivantes :

- **Pour les entreprises (article 238 bis-1 du CGI) :** une réduction d'impôt de 60 % du montant de leur don effectué en numéraire, en compétence ou en nature, est possible dans la limite de 0,5 % du chiffre d'affaires HT, avec la possibilité, en cas de dépassement de ce plafond, de reporter l'excédent au titre des cinq exercices suivants.
- **Pour les particuliers (articles 200 et 200 bis du CGI) :** une réduction d'impôt de 66 % du montant de leur don effectué en numéraire ou en nature (le don d'une œuvre à un musée de France, par exemple) est envisageable dans la limite de 20 % du revenu imposable, avec la possibilité, en cas de dépassement de ce plafond, de reporter l'excédent au titre des cinq exercices suivants.

Les motivations qui amènent une structure culturelle à rechercher un soutien (mécénat, sponsoring) auprès des entreprises peuvent être diverses (encadré 5.8). Certaines organisations culturelles y voient un moyen de pallier les restrictions budgétaires publiques auxquelles elles se heurtent, d'autres font appel aux entreprises lorsqu'il s'agit de mettre en place un projet pour lequel leurs propres ressources financières, humaines, technologiques, médiatiques ou de compétences sont insuffisantes.

Cette démarche de recours à l'entreprise se heurte cependant à des difficultés. Certes, certaines structures culturelles sont satisfaites du rapprochement culture/entreprise au nom de l'intégration de l'une et l'autre dans la cité, tandis que d'autres craignent l'ingérence de valeurs d'entreprise telles que celle de rentabilité financière au sein d'organisations culturelles dont le but est de défendre la prise de risque et le soutien aux nouvelles formes artistiques. À travers le mécénat (loi du 1er août 2003), il s'agit d'éviter de transformer un acte philanthropique, concrétisé par un don en faveur d'une activité d'intérêt général, en une simple transaction commerciale.

D'autres initiatives se développent à l'heure actuelle. Si nous reprenons l'exemple de la « Fabrique Opéra », la stratégie repose sur un modèle économique novateur fondé essentiellement sur des recettes propres : en 2012, la billetterie, les programmes et les encarts publicitaires représentent 60 % des ressources totales du budget ; le mécénat et les partenaires privés contribuent aux ressources globales à hauteur de 28 %, et les subventions publiques à hauteur de 12 %. Le succès de l'opération est tel que « La Fabrique Opéra » a donné naissance à un fonds de dotation.

Une autre possibilité, le *crowdfunding*, caractérise l'ensemble des financements participatifs. Cette modalité de financement est apparue avec

Internet et les réseaux par lesquels des particuliers investissent dans le but de financer un projet culturel. C'est *My Major Company* qui en est le précurseur en 2007, en lançant un mode de financement communautaire. Dans le domaine théâtral, un nouveau site (*My show must go on*) a vu le jour, en 2013, dont le but est de permettre aux internautes de produire des spectacles vivants en sollicitant la participation financière des spectateurs. Les institutions culturelles peuvent aussi introduire, dans leur stratégie, la recherche de financement pour des projets particuliers. C'est le cas du théâtre Les Déchargeurs qui propose au public « d'adopter un fauteuil » pour financer sa rénovation.

Les pratiques tarifaires

Si le plus souvent, l'objectif premier d'une entreprise s'exprime en termes de rentabilité, le secteur du spectacle vivant, en France, peut ne pas considérer cet objectif comme prioritaire. En termes de politique de prix des organisations culturelles, et en raison des spécificités du secteur, il est difficile de se référer aux mécanismes de marché habituels (Rouet, 2002) reposant sur la théorie économique classique (coûts, économies d'échelle). Le prix, dans le secteur culturel subventionné, est déconnecté du coût de production.

L'approche par les coûts

Pour de nombreuses institutions culturelles, l'approche par les coûts ne semble pas déterminante dans l'offre tarifaire, en conséquence, la prise en compte du prix d'achat ou de production des spectacles implique deux types de politiques :

- **une politique recherchant l'équilibre global** des recettes propres de la structure, les bénéfices réalisés sur un spectacle pouvant compenser les pertes sur un autre. Cette approche conduit à définir un prix unique, indépendamment de la notoriété des spectacles produits ou achetés, et se traduit donc par une simplification de l'offre tarifaire ;
- **une politique recherchant un équilibre sur chaque spectacle ou type de spectacle** qui implique la mise en place de différentes catégories de tarifs. L'offre tarifaire apparaît alors plus complexe, aussi bien pour les tarifs pleins que pour l'abonnement.

L'élaboration du prix lui-même est donc un exercice difficile si l'on veut tenir compte d'une certaine réalité économique. Les organisations semblent privilégier l'équilibre annuel d'exploitation et effectuent des péréquations de prix entre spectacles (cette préoccupation est à relier à celle des stratégies de production et, en conséquence, à celle du nombre de représentations). D'autres cherchent à atteindre cet équilibre par spectacle. Ceci explique les écarts de prix entre genres dans une institution.

La politique de prix est donc définie en fonction de tarifs qui peuvent fluctuer à travers les pratiques de tarifs préférentiels et de formules de fidélisation.

Les tarifs préférentiels

De nombreux avantages tarifaires ont été mis en place par les institutions, conduisant à plusieurs offres tarifaires en fonction de la fidélité des spectateurs à l'organisation (adhérents ou abonnés), de leur âge, de l'étape dans leur cycle de vie (familles avec enfants), de leur statut et de leur modalité de sortie (groupes). Répondant à une segmentation de plus en plus grande des publics, les tarifs se sont multipliés sans que les avantages soient, à l'exception des tarifs pour le jeune public, réellement convaincants. Les bénéficiaires d'avantages tarifaires sont les demandeurs d'emploi, les étudiants, les scolaires, les groupes, les « jeunes », les personnes âgées et les professionnels. Globalement, les réductions de prix accordées à ces publics sont assez proches. Mais, ces avantages sont variables selon les structures : ainsi les lieux conventionnés pratiquent-ils les plus fortes réductions par rapport au tarif plein.

Les gestionnaires semblent également préoccupés par le nombre de places gratuites (invitations) dans les salles qu'ils ne savent pas comment réduire sans risquer les réactions négatives des bénéficiaires. Des tentatives modestes d'introduire des tarifs réduits pour les professionnels ou certaines autres catégories confirment la prise en compte du problème.

On peut observer d'autres pratiques de tarifs préférentiels comme la vente de billets « dernière minute » ou de billets en attente. Les billets « dernière minute » sont des billets à forte remise, offerts peu avant une représentation, soit habituellement trente minutes avant le spectacle, soit à toute heure le jour du spectacle, selon la préférence de l'organisation. De nombreuses organisations utilisent cette stratégie pour vendre l'excès de capacité parce qu'il est préférable de réaliser de faibles recettes plutôt que de ne rien recevoir du tout. Les prix des billets « dernière minute » varient habituellement de la moitié à moins de la moitié du prix. Les billets en attente, quant à eux, sont vendus très peu de temps avant le début de la représentation. Ils correspondent à des places qui ont bien été réservées par le public intéressé, mais qui ne sont pas retirées avant le spectacle.

Les formules de fidélisation

Une étude (Petr, 2005) confirme que l'abonnement recule pour laisser place à d'autres formules de fidélisation. Quelques résultats montrent que :

- l'abonnement occasionne une perte de liberté : la perte du « droit de choisir » et une réduction du choix ;
- il contraint à l'exclusivité d'une organisation culturelle face à une offre pléthorique ;
- il impose une prise de décision trop programmée et anticipée.

Cependant, les abonnements dominent parmi les formules tarifaires de fidélisation du public.

D'autres formules tendent à se développer : exemple, la carte Pass… De nombreux dispositifs d'aide au public apparaissent également tels que les chèques (chèques « fidélité » ou chèques « théâtre ») ou les cartes culture. Ces formules, s'apparentant à une subvention directe au consommateur, sont des moyens d'action sur les individus afin d'accroître la fréquentation des lieux culturels tout en permettant d'élargir les publics : les jeunes, les personnes à faibles revenus… Ces pratiques peuvent s'envisager comme des mesures de discrimination positives (en faveur de certaines catégories de public) ou négatives (non favorables à l'augmentation des ressources propres).

La gestion des salles de spectacle

Afin d'atteindre un objectif de remplissage maximal d'une salle, plusieurs actions peuvent être menées :

- la modulation de la jauge ;
- la baisse du nombre de représentations ;
- la programmation sans risque ;
- la recherche de publics.

Face aux contraintes budgétaires des financeurs, les institutions cherchent le plus souvent à accroître le taux de remplissage de leur salle en évitant, dans la mesure du possible, d'augmenter les tarifs, ce qui explique la tendance actuelle à vouloir réduire les représentations dans certaines organisations culturelles. Les prix pratiqués constituent les ressources de billetterie des salles et ne semblent pas évoluer rapidement.

D'autres stratégies peuvent être adoptées et consistent soit à produire « sans risque » avec une bonne notoriété, soit à mener une démarche de prospection et de conquête de spectateurs.

À l'heure actuelle, comme cela a été présenté précédemment, les organisations culturelles associent des partenaires financiers ou mécènes désireux de partager avec elles une part des projets culturels qui les animent. Quel que soit le type d'engagement choisi, tout partenaire bénéficie d'un accès privilégié aux spectacles d'une saison (ex. : en contrepartie d'un engagement monétaire, le partenaire financier peut bénéficier d'invitations, de réservation de places en première catégorie, de location d'espaces, de communication...).

De plus, afin d'intervenir sur la fréquentation des salles et favoriser la diversité des publics, d'autres stratégies pourraient être utilisées telles que le *yield management* ou le partenariat entre institutions.

Dans le cadre des journées « Tous à l'Opéra ! », les Opéras ont décidé d'ouvrir leurs portes gratuitement dans un objectif de faire venir les publics ayant des difficultés d'accès à la culture. Des stratégies de *pricing* (billets à prix réduits) avaient déjà été mises en place ces dernières années pour compenser la baisse des subventions publiques. Mais pour augmenter le taux de remplissage des salles, des stratégies de *yield management*[11] ont surtout été finalisées en proposant une modulation tarifaire horaire ou journalière afin d'influer sur les flux de publics (par exemple, augmenter les prix des représentations du week-end les plus appréciées). Les opéras, théâtres et orchestres peuvent ainsi adopter une démarche novatrice afin de maximiser leurs ressources propres de billetterie qui peuvent augmenter de 5 à 7 % au minimum. La tarification peut tenir compte des segments de publics, mais aussi du genre de spectacle, de la période de réservation ou des horaires. Cette stratégie repose sur des études de publics afin de mieux connaître les cibles et sur des stratégies marketing de relation avec les individus ou CRM *(Customer Relationship Management)*. Par exemple, en 2014-2015, l'Opéra de Paris, pionnier dans cette démarche, a préconisé d'appliquer une stratégie de *yield management* en proposant une politique tarifaire expérimentale, ce qui a permis une augmentation de 10 % à 20 % de ses recettes.

De plus, depuis quelques années, les organisations culturelles élaborent des relations de partenariat en matière de tarifs préférentiels. Ce partenariat est beaucoup plus développé dans les lieux aidés et/ou labellisés par le ministère de la Culture

11. Pour une présentation du *yield management*, voir chapitre 2.

(CCN[12], CDN[13], compagnie, établissement public national ou régional, scènes nationales, SMAC ou scènes de musiques actuelles…) que dans les lieux privés. En effet, la concurrence est beaucoup plus vive entre les structures relevant du secteur privé qu'entre celles bénéficiant de financement public.

Les stratégies en matière de tarifs préférentiels, avec des structures de proximité, représentent la part la plus importante des partenariats établis entre les organisations culturelles. C'est le cas, entre autres, de l'association « tickets théâtre » concernant une vingtaine de théâtres de Paris et Île-de-France ou des stratégies de réduction pour les spectacles de plusieurs festivals auxquels participe l'institution concernée. Il est aussi possible de développer le partenariat dans le cadre d'un réseau culture, tel que celui des théâtres nationaux : formules croisées entre la Comédie Française et le Théâtre de la Colline auxquels s'ajoutent ponctuellement les musées d'Orsay et de Beaubourg.

Le souci d'une meilleure prise en compte de la politique tarifaire est général. Certes, les responsables des institutions tentent de mieux connaître leurs publics, mais cette connaissance, pour permettre une bonne adaptation des outils tarifaires, se doit d'être assez fine. Les coûts de ces opérations étant élevés, chacun procède de façon plus ou moins artisanale à des études de marché sous forme d'enquêtes. Ces études, pour les mêmes raisons, ne peuvent s'étendre au non-public, laissant ainsi de côté une partie de la demande potentielle. De ce fait, ce sont les spectateurs fidèles qui sont sollicités.

En conséquence, l'adaptation de la politique de prix des organisations culturelles à la demande du public nécessite la mise en place d'outils d'évaluation complexes.

La communication du spectacle vivant

La politique de communication des institutions culturelles est l'un des axes principaux à privilégier, dans leur stratégie, afin de répondre à l'objectif d'augmentation de fréquentation des lieux culturels.

Les actuelles actions de communication de ces institutions peuvent porter sur les objectifs suivants :

- maintenir une identité cohérente ou en rechercher une (communication institutionnelle, relations publiques vers certains publics ou partenaires, réflexion sur le choix ou la modification du nom des institutions…) ;

12. CCN : Centre chorégraphique national.

13. CON : Centre dramatique national.

- fidéliser les publics actuels ;
- conquérir de nouveaux publics : lesquels ?

Nous voyons se développer, à l'heure actuelle, un marketing collaboratif grâce aux technologies de l'information et aux réseaux dématérialisés (Facebook, blog, myspace, twitter, YouTube) qui facilitent la participation du public dans le domaine de la communication. Cela permet aux institutions culturelles de profiter du potentiel « viral » de chaque membre du public, via son réseau social, mais aussi de resserrer ses liens avec les individus qui ont participé personnellement à son rayonnement, en propageant la « bonne nouvelle ».

Encadré 5.9 – Actions de communication à l'opéra

Afin de conquérir de nouveaux publics, à titre d'exemple, citons la campagne de communication de la saison 2022/2023 de l'Opéra national de Paris (OnP) qui a enregistré et diffusé sur les réseaux sociaux (plus précisément sur Facebook), en août 2022, les réactions de différentes personnes dans les rues de Paris lorsque ces dernières ont (re)découvert l'un des airs mythiques de la *Flûte enchantée* de Mozart (1791)[14] : l'air de la Reine de la Nuit (Quatuor Zaïde). Cette opération de communication a permis à l'OnP d'aller à la rencontre du non-public et de lui faire découvrir les avantages expérientiels des spectacles d'opéra. La diffusion dans les réseaux sociaux a touché un public plus large qui (re)découvre aussi en même temps l'opéra mythique de Mozart.
En ce qui concerne le public fidèle de l'opéra, l'innovation de produit a souvent besoin de pédagogie pour être acceptée par le spectateur. En effet, l'innovation portant sur la forme d'un opéra peut avoir besoin d'un travail pédagogique afin de faire comprendre au public fidèle les avantages qu'offrent ces nouveautés en termes d'ouverture et d'accessibilité à l'œuvre par tous. Un exemple de ce genre d'action est celui de l'Opéra national du Rhin en juin 2019 lors de la communication de leur nouvelle production du spectacle *Don Giovanni* de Mozart[15]. Cette maison d'opéra a organisé des rencontres entre les publics et le metteur en scène du spectacle afin que ce dernier explique ses choix d'interprétation et de mise en scène de l'œuvre lyrique. Ainsi, Marie-Eve Signeyrole (le metteur en scène) expliquait l'importance pour elle de faire découvrir cet opéra à un public plus jeune à travers ses choix scéniques.

Source : Gaztelumendi A. (2022).

14. Page Facebook de l'Opéra national de Paris (23 août 2022). Programmation – saison 22/23. Campagne de communication « (Re) découvrez l'opéra mythique de Mozart, https://www.facebook.com/operadeparis/videos/1509794252789108

15. Marie-Eve Signeyrole (2019, 14 juin). Présentation de la production de l'Opéra national du Rhin Don Giovanni. Salle blanche de la librairie Kléber. Strasbourg, https://www.facebook.com/events/2263260020557945

Stratégie de communication[16]

Avant l'élaboration d'une stratégie de communication, une réflexion préalable est à mener :

- **Pourquoi ?** Il s'agit de définir clairement les objectifs (à quantifier) : exemple, augmenter le niveau des subventions de 10 % ou/et augmenter la part de marché de 5 % (élargir le public ou améliorer la billetterie).
- **Qui ?** Cette question vise à définir clairement la source émettrice que le récepteur doit être capable d'identifier en même temps que la prise de connaissance du message.
- **À qui ?** La connaissance de la cible en termes de caractéristiques du public[17] (âge, profession, public initié, public occasionnel, non-public, habitat...), de freins, de motivations et de besoins en information, est primordiale pour la réussite de l'opération. La réponse à cette question guide le choix des supports (affichage, presse, radio, cinéma, télévision...) et le ton employé pour l'action de communication.
- **Quoi ?** Il faut énoncer le contenu du message qui sera véhiculé en regard des objectifs : exemple, le message « Autour de l'échange et de la rencontre ».
- **Comment ?** Il s'agit de définir les outils et les canaux (communication publicitaire, marketing direct, relations publiques, relations avec la presse et les médias, utilisation d'Internet : création de sites, blogs, élaboration et circulation de *newsletters*...) qui vont être utilisés et les raisons de leur choix.
- **Avec quels effets ?** Il s'avère de mesurer le degré d'efficacité de l'action de communication.

Pour faire connaître leur programmation et leurs spectacles, les lieux culturels (CCN, CDN, théâtre de ville, opéra, théâtres privés, festivals...) utilisent chacun environ six médias, en moyenne, parmi les médias suivants : mailings ciblés (plaquette, journal), affichage local ou national, partenariat avec audiovisuel (radio, TV), presse régionale ou nationale (et/ou spécialisée), propre site Internet ou celui de la ville. Les médias nationaux (audiovisuels et affichage) sont essentiellement utilisés par les festivals.

16. Voir chapitre 2 « Encadré 2.6 – Les featurings comme forme de communication partenariale entre marques de rap. »

17. Voir chapitre 2.

Les problèmes rencontrés en matière de communication

Les supports de communication

L'adaptation des supports de communication, en fonction de cibles diverses comme l'envisagent certaines structures culturelles, présente des faiblesses : manque de lisibilité, inaccessibilité, intellectualisme. Des critiques sont à formuler en ce qui concerne le contenu des messages et la qualité des supports (affiche, brochure, dépliant, tract, flyer, carte postale...).

Par exemple, l'affiche et le visuel sont conçus par l'équipe de création. Pour ses membres, le signifiant dépasse souvent le cadre du signifié. Or, le destinataire, extérieur à la démarche, se trouve dans l'incapacité de comprendre le message qui lui est adressé.

Il serait plus judicieux de rechercher des qualités rédactionnelles universelles afin de faire l'unanimité des lecteurs. Un souci d'harmonisation des images du spectacle vivant et des langages améliorerait la conception des publications et la compréhension des messages. Toutefois harmonisation ne signifie pas assimilation. En fonction du genre même des spectacles, la communication doit sauvegarder certains caractères propres des représentations.

L'évaluation de la communication d'une institution culturelle est liée, d'après les professionnels, aux qualités des supports. Mais cette perception est trop réductrice, elle ne considère pas l'ensemble des éléments qui attestent de la qualité de la communication.

***La connaissance des publics*[18]**

À ce sujet, trop peu nombreuses sont les institutions qui cherchent à vérifier l'impact de leurs actions de communication auprès des publics. Lorsque des études sont menées, de nombreux problèmes se posent quant à l'absence de savoir-faire technique ou quant à la qualité des dispositifs de recueil de données.

Par ailleurs, très souvent, il est à déplorer l'absence de prospection individuelle, alors que la plupart des institutions culturelles poursuivent l'objectif de communication de conquête de publics nouveaux.

18. Voir chapitre 4.

L'absence d'indicateurs de mesure

De nombreux professionnels déplorent l'absence d'indicateurs permettant de rapprocher l'effort de communication des organisations culturelles et les résultats de leur activité.

Les résultats financiers (recettes) et physiques (taux de remplissage) représentent des critères d'évaluation de l'ensemble de l'activité de l'entreprise. Mais la réussite d'un spectacle, la notoriété d'un lieu culturel et l'impact d'actions de communication ne s'évaluent pas seulement en termes de critères financiers ou d'effectifs de spectateurs.

Même si la valeur d'un spectacle est liée à sa mise en relation avec le public, sa réussite est corrélée à l'œuvre elle-même, c'est-à-dire à sa qualité. Les tentatives de mesure des actions de la communication des institutions culturelles soulèvent, en réalité, le problème de la « qualité » du spectacle.

La politique de distribution

Comment se structurent les fonctions de production et de diffusion du spectacle vivant ?

En amont, les organisations de production sont les structures artistiques : compagnies (de théâtre, de danse, de marionnettes, etc.), groupes musicaux, orchestres permanents, cirques, etc.

En aval, on trouve :

- **d'une part des entreprises** dont la fonction est la diffusion de spectacles (organisateurs, tourneurs, promoteurs, etc.) ;
- **d'autre part un réseau de salles qui accueille des spectacles :** réseau subventionné, petites, moyennes ou grandes salles privées, centres culturels, etc.

Il est à souligner que des prestataires de services se situent en amont de la production ou à la charnière entre production et diffusion : agents artistiques, prestataires techniques (son, lumière, décors, etc.), prestataires auxquels on peut ajouter les opérateurs de billetterie.

Pendant longtemps, nous avons distingué les produits reproductibles (livre, disque...) des produits non reproductibles (ou semi-reproductibles) à l'identique. Cette non-reproductibilité (ou reproductibilité limitée) est une caractéristique de la valeur d'usage du produit qui peut se présenter sous une forme immatérielle (spectacle vivant) ou matérielle (sculpture d'art). Mais ce critère de reproductibilité peut être remis en cause. Par exemple, en ce qui concerne le spectacle vivant, sa diffusion sur les écrans se développe. En effet, il est possible d'assister à des retransmissions en direct au cinéma ou sur des plateformes web. L'Opéra National de Paris a passé ainsi une alliance avec les cinémas UGC pour présenter Viva l'Opéra. Il est alors intéressant de s'interroger sur l'impact que peut avoir une diffusion *Live* du spectacle vivant chez soi (sur un ordinateur ou une tablette), ou bien au cinéma. L'œuvre diffusée sur les écrans est-elle perçue comme étant identique à l'originale ? Les publics la reçoivent-ils comme étant « authentique » et en sont-ils satisfaits ? Il semblerait que l'expérience sur le Net suscite, chez les individus, une intention d'aller voir un spectacle dans une salle. Une forme hybride entre *live* et diffusion sur les écrans serait-elle à l'origine d'un nouveau modèle économique ?

Un maillage de canaux de distribution

En réalité, si sur le plan économique les fonctions sont bien identifiables, dans de nombreux cas les entreprises et acteurs sont présents sur toute la chaîne de fabrication et de diffusion de spectacles. Les théâtres nationaux, les centres dramatiques nationaux, les théâtres privés, les cirques ou cabarets par exemple, produisent et diffusent la majorité de leurs spectacles. Inversement, les tourneurs (diffuseurs) sont des intermédiaires qui organisent la diffusion d'un spectacle pour le compte du producteur, dans le cadre de contrats qui peuvent être des contrats de cession du droit d'exploitation, des contrats de coréalisation ou des contrats de promotion locale.

Il n'y a donc pas *un* mais *des* circuits de production et de diffusion de spectacle vivant et/ou différents modes d'organisation de la filière (encadré 5.10).

Encadré 5.10 – Un maillage de canaux et de lieux de distribution de plus en plus étendu

À titre d'exemple, le système développé par l'Opéra repose sur une interconnexion de tous les canaux de distribution. L'Opéra national de Paris vend des centaines de milliers de billets par an et est en tant que tel un gros opérateur de billetterie en France. Il s'est doté ces dernières années d'un système performant de billetterie, sélectionné sur appel d'offres. Ce système lui permet de vendre en temps réel les billets des deux lieux (Bastille et Garnier) en interconnectant l'ensemble des canaux de

distribution : billetteries sur sites, plateau téléphonique, vente en ligne (en constante augmentation) et vente par correspondance.
Par ailleurs, l'Opéra continue d'attribuer des contingents de places à divers opérateurs extérieurs : agences de théâtre, agences de voyages, grands opérateurs de billetterie, à condition que ceux-ci éditent des billets et non des contremarques.

Source : d'après Vauclare et Pussier (2004).

Ces circuits combinent les logiques de fonctionnement y compris en ce qui concerne l'émission et la distribution des billets de spectacles. Trois cas peuvent être identifiés :

- **Le producteur est le diffuseur de son spectacle et assure lui-même la distribution de celui-ci :** exemples nombreux des lieux de théâtre (publics ou privés), de musique, voire de festivals.
- **Le producteur cède son spectacle à un diffuseur unique :** il ne présente pas lui-même son spectacle, mais fait appel à un diffuseur auquel il cède (contractuellement) son droit de représentation. Par exemple, de nombreux lieux de diffusion fonctionnent en « achetant » des spectacles : scènes nationales, théâtres de ville... Le diffuseur gère le plateau artistique.
- **Le producteur représente directement son spectacle en recourant à des diffuseurs multiples ou promoteurs locaux :** c'est le cas du domaine du spectacle de variétés. Les tourneurs remplissent cette fonction depuis de nombreuses années dans le théâtre. Le producteur reste en charge du plateau artistique et éventuellement de la billetterie.

La billetterie, interface entre l'offre de spectacles et la demande du spectateur

La billetterie connaît depuis quelques années une mutation qui a un impact important, tant sur l'organisation de la filière que sur le comportement des spectateurs. Elle peut intervenir sur le positionnement même de l'ensemble des acteurs de la filière. Traditionnellement, la billetterie était une billetterie sur site (le lieu de spectacle), gérée en interne par le lieu. Aujourd'hui, un peu plus de la moitié des institutions culturelles utilisent désormais une billetterie informatisée. Par ailleurs, la billetterie s'est délocalisée, selon les lieux et les types de spectacle, sous des formes multiples : kiosques, magasins de la grande distribution, vente par correspondance de places et/ou d'abonnement, réservation et achat par téléphone, par Internet... L'activité de billetterie s'est externalisée avec l'apparition depuis une dizaine d'années d'opérateurs spécialisés sur le marché de la réservation et de la vente de billets.

On peut distinguer quatre types d'opérateurs (Vauclare et Pussier, 2004) :

- **des opérateurs « classiques » :** il s'agit des sociétés Ticketmaste, Ticketclic (né d'un partenariat Télérama pour 35 % du capital et OmniTicket Network pour 65 %), et de la Fnac qui a développé avec Carrefour le Réseau France Billet. Ces trois opérateurs ont chacun leur propre stratégie, mais ils ont comme point commun d'avoir développé des plates-formes de gestion et d'achat de billets multicanaux (points de vente, téléphone, Internet...) ;
- **des *start-ups* :** Théâtre Online et Webguichet se positionnent sur une offre exclusive de spectacles vivants et ont créé un partenariat avec les lieux. Tous deux ont développé leur propre système de vente en ligne et une formule d'abonnement ;
- **des opérateurs *discount* :** BilletRéduc, ZePass... sont des opérateurs de vente en ligne ;
- **des opérateurs qui se positionnent sur des stratégies de niche :** Box-office et Chèque-théâtre qui vendent des places de première catégorie.

Des plateformes d'échange existent sur Internet, proposant la revente de billets à caractère occasionnel, de particulier à particulier, sans but commercial (cela concerne les personnes ne pouvant pas se rendre aux représentations au dernier moment). Il s'agit de sites tels que PriceMinister, LeBonCoin, eBay...

Néanmoins, en matière de billetterie, le responsable de l'émission et de la distribution de billets est le producteur du spectacle ou, si le spectacle a été vendu (contrat de cession du droit d'exploitation), l'organisateur du spectacle qui peut se dérouler dans un lieu fixe (théâtre, salle...), mais pas seulement (festival...).

En aval de la chaîne de production d'un spectacle, la mise en vente des billets relève de la stratégie marketing qui semble conditionner l'économie du spectacle tout entière.

Cependant, si la majorité des lieux combine plusieurs canaux de vente de billets, la billetterie demeure dans l'ensemble très majoritairement interne : réservation et vente sur site, par téléphone, par Internet. Les opérateurs extérieurs (grands opérateurs de billetterie, comités d'entreprise, agences spécialisées, offices de tourisme ou tours opérateurs...) se développent cependant au sein de l'ensemble de la billetterie.

Ce sont les lieux « privés » et les festivals qui externalisent le plus leur billetterie. En ce qui concerne la plupart des lieux « publics », l'externalisation de la billetterie est encouragée par le développement de la vente en ligne et la crainte de disparaître au milieu d'une offre pléthorique de spectacles.

De plus, la plupart des lieux se heurtent au problème de la fidélisation de leur public. Le public « nomade » *zappe* d'un type de spectacle à l'autre, d'un lieu à l'autre. C'est un problème auquel sont également confrontés les opérateurs de billetterie.

En ce qui concerne la relation « au public », les distributeurs disposent de fichiers. Cet outil facilite la relation au client (GRC), appelée aussi CRM (*customer relationship management*), ce qui représente un atout primordial surtout dans le contexte de la culture numérique. Par ailleurs, les distributeurs envisagent de développer la vente de billets de concerts de leurs artistes sur leur site qui dispose d'une « fan base » différente de celles qui existent sur les sites de réseaux sociaux tels que *Facebook* ou *Twitter*.

CONCLUSION

D'une façon générale, les développements précédents confirment que les contraintes économiques interviennent sur toute considération artistique, au moment de prendre la décision de création d'un spectacle ou de choix d'une programmation.

Le système d'offre du spectacle vivant, en France, est rendu complexe par la multiplicité des acteurs qui le composent : les pouvoirs publics, les collectivités locales ou territoriales, les mécènes, les diffuseurs et le public. On identifie ainsi des demandeurs de premier rang se situant en amont de la production : il s'agit des pouvoirs publics – État et collectivités locales ou territoriales – ou des entreprises, mécènes ou « *sponsors* », tandis que les demandeurs de second rang (en aval de la production) correspondent aux diffuseurs et au public.

Le mouvement de décentralisation a relayé la politique de l'État aux collectivités locales, aux communes, aux villes et aux régions qui en partagent désormais la charge, ce qui les a précipitées dans une perspective concurrentielle. L'État a transféré, dans le domaine culturel, des compétences et des responsabilités qu'il détenait exclusivement. Il s'agit d'étendre à d'autres villes que Paris, à d'autres territoires les bénéfices de l'art et de la culture. Ces autres villes ou territoires ont mesuré la nécessité de marquer leur existence et leurs actions au niveau des citoyens. Les activités culturelles sont apparues comme des vecteurs stratégiques de diffusion de cette réalité locale (Bourgeon, Filser et Pulh, 2003). Les politiques des villes et d'aménagement du territoire prennent un tournant en faveur par exemple des arts de la rue. Alors que le spectacle vivant était perçu dans les années 1960-1970 comme le support à une politique centralisée (à travers la création des maisons de la culture, des centres d'action culturelle et des centres de développement culturel), la période actuelle est davantage celle d'une appropriation de la création culturelle par des entités territoriales décentralisées, poursuivant des objectifs diversifiés qui deviennent un facteur important de l'offre de spectacle vivant.

CHAPITRE 6

Le marketing du patrimoine culturel

Par Anne Gombault

INTRODUCTION

Du latin *patrimonium* désignant le bien qui vient du père, le patrimoine peut être défini par extension comme le bien commun d'un groupe humain, considéré comme un héritage transmis par les ancêtres. Construction philosophique, politique et sociale des XVIIIe et XIXe siècles[1], l'ancienneté devenant valeur et l'intérêt naissant pour les repères du passé, le patrimoine figure un pont entre le passé et l'avenir, ce rôle d'agent de transmission générationnelle rejoignant son sens original d'héritage. Derrière cette apparente évidence, la notion de patrimoine cache une genèse chaotique et une réflexion encore en évolution aujourd'hui qui lui fait recouvrir un champ étendu « en réinvention perpétuelle » et à « la cohérence illusoire »[2].

Selon les normes de l'Unesco, communément admises, le patrimoine culturel dans son ensemble recouvre plusieurs grandes catégories de patrimoine :

- le patrimoine matériel : le patrimoine culturel mobilier (biens meubles artistiques, scientifiques et techniques) ; le patrimoine culturel immobilier (éléments bâtis, monuments, sites archéologiques) ; le patrimoine culturel subaquatique (épaves de navire, ruines et cités enfouies sous les mers...) ;

1. Pour une histoire du patrimoine, voir Poulot (1998), qui analyse l'évolution protéiforme de la notion de patrimoine et de sa fonction, de la construction de la nation à la constitution des héritages collectifs.

2. Selon les expressions de Poulot (1998).

le patrimoine naturel (sites naturels ayant des aspects culturels tels que les paysages culturels, les formations physiques, biologiques ou géologiques...) ;

- le patrimoine culturel immatériel, selon la définition de l'Unesco dans sa *Convention pour la sauvegarde du patrimoine culturel immatériel* (2003, ratifiée en 2006) : « Les pratiques, représentations, expressions, connaissances, savoir-faire – ainsi que les instruments, objets, artefacts et espaces culturels qui leur sont associés – que les communautés, les groupes et, le cas échéant, les individus reconnaissent comme faisant partie de leur patrimoine culturel. Ce patrimoine culturel immatériel, transmis de génération en génération, est recréé en permanence par les communautés et groupes en fonction de leur milieu, de leur interaction avec la nature et de leur histoire, et leur procure un sentiment d'identité et de continuité, contribuant ainsi à promouvoir le respect de la diversité culturelle et de la créativité humaine. »

Même si le patrimoine culturel matériel est forcément lié au patrimoine immatériel dont la valorisation est croissante, ce chapitre se concentre plutôt sur le marketing du patrimoine culturel matériel, principalement mobilier et immobilier, majeur dans la tradition occidentale. Dans une perspective générique, il aborde différentes formes et acteurs de la production du patrimoine : les œuvres d'art et les objets culturels, les musées en tant que lieux de conservation, d'étude et de diffusion du patrimoine, les monuments, les bibliothèques, les sites naturels, les territoires. L'art contemporain fait partie du patrimoine culturel d'aujourd'hui ou de demain et leurs acteurs sont communs au patrimoine en général : musées, monuments et sites, fondations, foires, galeries privées, maisons de vente. Ce faisant, les développements du chapitre ne prétendent ni à l'exhaustivité[3], ni à la présentation des caractéristiques spécifiques de chaque forme de patrimoine. Ils visent plutôt à cerner leurs problématiques et pratiques communes en matière de marketing. En ce début des années 2020, le patrimoine connaît une importante transformation parce qu'il est traversé par de nouveaux enjeux stratégiques[4] : une glocalisation accélérée, une économique numérique croissante, une responsabilité inclusive et une nouvelle conscience écologique.

3. Il n'inclut pas de développement spécifique sur les arts visuels, le marché de l'art, le patrimoine naturel ou encore les bibliothèques.

4. Voir la partie 2 du chapitre 2 pour la présentation de ces nouveaux enjeux stratégiques.

DE LA PATRIMONIALISATION DU MONDE AU MARKETING STRATÉGIQUE DU PATRIMOINE

L'offre patrimoniale, devenue pléthorique, place désormais les publics au cœur de ses missions. Sa numérisation accroît le phénomène. Cette évolution a logiquement entraîné l'apprentissage du marketing stratégique dans un secteur qui en était très éloigné ; apprentissage accéléré ces dernières années par un contexte de glocalisation, qui lie culture, innovation technologique et sociale, et développement durable.

La patrimonialisation du monde

Sous les facteurs croisés de l'augmentation du niveau d'éducation et du niveau de vie, de l'avènement des industries culturelles, de la civilisation des loisirs et du « culte moderne des monuments » (Riegl, 1903), de la volonté de conservation et de diffusion du patrimoine des politiques publiques, des considérables investissements publics et privés consentis, l'offre patrimoniale a été développée de façon extraordinaire dans le dernier tiers du XXe siècle : création, protection, extension, rénovation, modernisation de sites. Amougou (2004, 25-26) décrit cette « patrimonialisation » du monde, qu'il définit comme :

« Un processus social par lequel les agents sociaux (ou les acteurs si l'on préfère) légitimes entendent, par leurs actions réciproques, c'est-à-dire interdépendantes, conférer à un objet, à un espace (architectural, urbanistique ou paysager) ou à une pratique sociale (langage, rite, mythe, etc.) un ensemble de propriétés ou de « valeurs » reconnues et partagées d'abord par les agents légitimés et ensuite transmises à l'ensemble des individus au travers de mécanismes d'institutionnalisation, individuels ou collectifs nécessaires à la préservation, c'est-à-dire à leur légitimation durable dans une configuration sociale spécifique. »

L'explosion de l'offre

À partir de la fin du XIXe et pendant tout le XXe siècle, l'exceptionnel héritage patrimonial de l'Europe a été inventorié, classé, protégé. C'est la France qui invente cette notion de classement d'objets monumentaux à des fins conservatoires, suivie très vite par d'autres pays comme l'Angleterre, l'Allemagne, l'Italie ou la Suisse. Depuis, cette institutionnalisation du patrimoine s'est largement développée au niveau international, national, régional et local. Elle a permis de fortement le valoriser grâce à différents labels comme celui très puissant du Patrimoine mondial de l'Unesco (encadré 6.1) et bien d'autres, par exemple « Patrimoine européen », « Villes et Pays d'art et d'histoire » en France.

Encadré 6.1 – L'institutionnalisation du développement du patrimoine : le patrimoine mondial de l'Unesco

L'Organisation des Nations unies pour l'éducation, la science et la culture (Unesco) encourage l'identification, la protection et la préservation du patrimoine culturel et naturel à travers le monde considéré comme ayant une valeur exceptionnelle pour l'humanité. Cette mission fait l'objet d'un traité international intitulé Convention concernant la protection du patrimoine mondial, culturel et naturel en 1972. Dans une logique d'application universelle, les sites du patrimoine mondial appartiennent à tous les peuples du monde, sans tenir compte du territoire sur lequel ils sont situés. En 2023, la liste du patrimoine mondial comporte 1 157 biens, dont 900 biens culturels, 218 naturels, et 39 mixtes, répartis dans 165 États parties. 55 sont déclarés en péril. Depuis septembre 2012, 195 États parties ont ratifié la Convention du patrimoine mondial.
En conséquence, le nombre des monuments protégés augmente (en France en 2023, la protection au titre des monuments historiques concerne près de 46 000 immeubles et 300 000 objets), les objets et lieux de patrimoine se multiplient, dont les musées (encadré 6.2). Il en résulte une offre patrimoniale abondante et très diversifiée, qui ne cesse de croître, dans un inventaire infini, une « inflation sans bornes », « une obésité contemporaine de la mémoire »[5].

Encadré 6.2 – Le boom des musées

Née au XVIIIe siècle, diffusée au XIXe siècle, c'est après une période difficile dans la première moitié du XXe siècle que l'institution-musée se renouvelle fondamentalement entre 1960 et aujourd'hui (Ballé et Poulot, 2004). En lien avec la croissance mondiale du tourisme, les musées se propagent, se déconcentrent et se diversifient en revisitant ou en investissant de nouvelles spécialités : art classique, moderne et contemporain, dont la valeur symbolique s'accroît et attire le plus grand nombre de visiteurs (par exemple musée national d'Art moderne du Centre Pompidou à Paris,

5. Selon les expressions d'Olivier Mongin, « L'inflation sans bornes du patrimoine », *Esprit*, Novembre, 2013, p. 160.

De Young Museum à San Francisco, *National Gallery of Victoria* à Melbourne, *Tate Modern* à Londres, musée national de Corée à Séoul, MAHTAF à Doha...), préhistoire (musée national de Préhistoire des Eyzies-de-Tayac...), histoire, ethnologie (musée canadien de la Civilisation à Hull, musée du quai Branly à Paris, musée *Te Papa* de Wellington, MUCEM-musée des Civilisations de l'Europe et de la Méditerranée à Marseille...), immigration (*Ellis Island Immigration Museum* à New York...), sciences et techniques (Cité des Sciences et de l'Industrie à Paris, *Science Centre Singapore*, *Boston Museum of Science*, *National Museum of Emerging Science and Innovation* à Tokyo...) histoire naturelle (*Naturhistorisches Museum* de Vienne, Muséum d'Histoire naturelle de Toulouse...), environnement (musées d'arts et traditions populaires ou écomusées comme celui de la Causse Méjean dans le Parc national des Cévennes...), industrie (musées d'entreprise comme le *Henry Ford Museum* à Dearborn...), autres industries créatives comme le design (*Design Museum* à Londres, *Vitra Museum* à Weil am Rhein...) ou encore le sport (fondation du musée du sport de Finlande, Musée olympique de Lausanne...). Dans les années 1980 et 1990, cette nouvelle institution-musée s'ouvre largement à des publics divers et à son environnement en général. Ses missions, ses infrastructures, ses équipes, ses moyens, sont complètement repensés. Son identité organisationnelle a profondément changé, non sans crise (Gombault, 2003). Au début des années 2000 puis 2010 et 2020, dans un environnement hypermoderne, glocalisé et numérisé, ce mouvement de transformation se poursuit, le musée devenant un des catalyseurs d'une nouvelle ère créative et sociétale. En 2022, le Conseil international des musées (ICOM), principal acteur du secteur muséal, publie une nouvelle définition du musée qui l'appelle à être un lieu favorisant l'inclusion, la diversité et la durabilité et accorde une attention particulière aux aspects éthiques des œuvres muséales. En 2023, d'après l'Unesco, le monde compte 95 000 musées contre 22 000 en 1975.

Ce boom des musées peut aussi s'interpréter comme un marqueur du capitalisme esthétique qui profite à l'art en général. L'*artfairisation* par exemple décrit le phénomène de multiplication des foires de l'art – de 68 en 2005, elles sont passées à près de 400 en 2022 – mais également le pouvoir de légitimation que les plus prestigieuses d'entre elles détiennent. Les chiffres de fréquentation ne cessent de croître (800 000 visiteurs pour la Biennale de Venise en 2022) malgré des prix d'entrée élevés. La visite d'une foire fait partie aujourd'hui des sorties culturelles des classes moyennes supérieures au même titre que les expositions « *blockbusters* ».

Le public au cœur de nouvelles missions

Le public est au cœur de la métamorphose ; la place qui lui est désormais accordée est politique, économique et sociale. Il répond à l'appel de cette nouvelle offre patrimoniale, et continue ainsi de la susciter : c'est l'affluence avec une fréquentation d'ensemble record qui croît de façon spectaculaire en l'espace de 50 ans. Le Louvre, aujourd'hui le musée le plus visité du monde, illustre la tendance, avec une fréquentation multipliée par quatre entre la fin des années 1970 et aujourd'hui (autour de 8 millions). Tout comme les Journées du Patrimoine qui accueillaient 12 à 13 millions de visiteurs en 2019. Il faut cependant noter que les disparités entre les sites sont importantes et se renforcent, figurant un star-system patrimonial dans lequel quelques lieux attirent la majorité des visiteurs, tandis qu'une multitude de sites se partage les autres. Par exemple, en France, quelques grands musées nationaux réalisent à eux seuls presque la moitié de la fréquentation annuelle des musées. De la même façon, la tour Eiffel réunit un peu plus de la moitié de visiteurs (environ 6 millions de visiteurs) que la centaine de monuments historiques nationaux (10 millions). Si la crise du Covid-19 a logiquement fait chuter les fréquentations du patrimoine en 2020 et 2021, elles se sont presque complètement rétablies à partir de 2022, même si le comportement de fréquentation a en partie changé[6].

Il résulte de ce mouvement de patrimonialisation du monde un changement des missions, aujourd'hui plurielles, des institutions du secteur. Traditionnellement centrées sur une mission de conservation des artefacts culturels, elles se sont progressivement focalisées sur une mission d'accueil des publics avec des fonctions complémentaires d'éducation, d'accessibilité, de loisir et de divertissement. Plus encore, les institutions les plus en pointe, revendiquent aujourd'hui une fonction de *hub*, carrefour créatif d'une culture participative (encadré 6.3).

Encadré 6.3 – Le patrimoine à l'ère de la culture participative : l'exemple du *Museum of World Culture* de Göteborg

En 2011, Mats Widbom, directeur du *Museum of World Culture* à Göteborg en Suède, expliquait déjà comment les valeurs au cœur de son musée – transparence, ouverture, hybridité, réciprocité – corollaires à une globalisation croissante, étaient présentes de multiples façons, dans l'architecture, la programmation et les actions du musée. Le musée fournit à ses visiteurs des opportunités nouvelles d'exercer leurs droits d'accès à travers des stratégies participatives et de cocréation de contenu, des méthodes interactives et un usage actif des réseaux sociaux. De plus, le *street art*, l'art mural et des œuvres de commande sont en partie installés dans les passages publics du musée, qui devient ainsi une sorte d'agora contemporaine, une place au centre de la vie artistique, spirituelle et politique de la cité. C'est aussi une arène pour les performances artistiques, pour les débats, pour les événements. Cette

6. Voir ci-après dans le chapitre.

perspective, qui embrasse le concept d'un musée accessible pour la discussion et la participation, représente un changement délibéré, loin du concept de musée « temple du savoir ».

Source : Libraries and Museums in an Era of Participatory Culture, *Rapport du Partnership project of The Salzburg Global Seminar and the Institution of Museums and Libraries Services*, coordonné par Rogers N. et Seidl-Fox S., 19-23 octobre 2011.

Il résulte également de la patrimonialisation du monde, un effet de « *commodification* » par lequel des organisations utilisent le patrimoine quitte à le transformer pour en faire un produit de divertissement commercial, souvent dans un contexte touristique, comme dans les parcs d'attractions ou à la montagne par exemple (encadré 6.4).

Encadré 6.4 – Du Puy du Fou au Mont Blanc : l'engouement du public pour le patrimoine

Parc à thème historique

Le succès du Puy du Fou célébrant l'éternel vendéen, parc préféré des Français après Disneyland Paris, avec une fréquentation annuelle supérieure à 2,3 millions de visiteurs, et une exportation croissante à l'international, s'explique non seulement par les qualités organisationnelles évidentes du projet, mais aussi par un engouement certain du public pour une célébration collective d'une histoire et d'une culture régionales mises en scène, participatives avant l'heure (avec la mobilisation de milliers de bénévoles vendéens), festives et spectaculaires. Et ce malgré une lecture discutable de l'histoire de France comme souligné par de nombreux historiens.

Montagne créative

Les mondes traditionnels de la montagne exaltent sa naturalité pure tandis que ses mondes contemporains en font un « espace créatif » autour de cet imaginaire : le patrimoine naturel de la montagne est devenu la ressource de développement d'actives industries créatives dont en premier lieu le tourisme, les loisirs et les sports de montagne, l'architecture, le design, l'hôtellerie, le cinéma, la gastronomie, la mode... Les activités de montagne actuelles reconstruisent une autre montagne, hyperréelle à l'authenticité inventée, « commodifiée », hyperludique, stylisée, spectaculaire et compétitive. Par exemple, le Mont-Blanc surfréquenté, vaste terrain de jeu des sports de montagne les plus traditionnels (alpinisme, ski, randonnée) aux plus créatifs *(ultratrails*, *speed riding*, parapente, *snowparks*...), multiplie les innovations touristiques : « Refuge du Goûter » design, « Pas dans le vide » pour les sensations fortes, festivals en tout genre...

Le tourisme profite largement de son interdépendance au patrimoine. Et inversement, l'appartenance du patrimoine à la civilisation des loisirs explique largement son interdépendance au tourisme. À la fois cause et conséquence de la croissance du tourisme de masse, la fréquentation patrimoniale ou tourisme culturel, difficile à évaluer, ne cesse de croître. Elle est estimée par l'Organisation mondiale du tourisme à environ à un tiers du tourisme mondial (qui a franchi le cap d'1,5 milliards de touristes en 2019). Troisième secteur économique mondial après la chimie et les carburants, le tourisme contribuait alors à 10 % du produit intérieur brut (PIB) mondial. Après une croissance régulière, le secteur a subi un coup d'arrêt conjoncturel pendant les deux ans de la pandémie pour revenir quasiment à son niveau précédent en 2023, encore freiné par la lente reprise du tourisme international chinois.

Ce tourisme prend aujourd'hui une nouvelle forme, plus créative (encadré 6.5). En France, deux exemples[7] pertinents : depuis 2011 le « Voyage à Nantes » a transformé Nantes en la plus grande ville créative de France ou encore Arles, une *small creative city*, classée au patrimoine mondial tout en ayant réussi à attirer différentes industries créatives : photographie, art contemporain, mode, édition, architecture. En Arabie saoudite, l'agence française Afalula a pour mission d'accompagner son partenaire saoudien, la Commission royale pour AlUla (RCU), dans la transformation de la région d'AlUla et de son exceptionnel patrimoine archéologique en une destination culturelle et touristique mondiale durable, sous forme de musée vivant à ciel ouvert.

Encadré 6.5 – Le tourisme créatif

Après un tourisme de masse centré sur le *having holidays*, puis un tourisme culturel de *must see sights*, les consommateurs chercheraient à vivre des expériences touristiques créatives. Richards et Wilson (2006) en identifient trois types convergents : l'expérience d'activités spectaculaires ; l'expérience d'espaces créatifs ; la coproduction d'autres activités créatives, le développement personnel servant de base à l'expérience touristique. Ce « tourisme créatif » est défini comme un tourisme qui offre l'occasion aux visiteurs de développer leur potentiel créatif à travers une participation active aux expériences caractéristiques offertes par la destination touristique, qui leur permet de se transformer. Il sous-tend que, par cette participation,

7. Voir le voyageanantes.fr et arlestourisme.com

le touriste devient l'habitant du territoire qu'il visite, qu'il fait partie de la communauté en co-créant avec elle et que l'habitant devient le touriste de son propre territoire, en le revisitant par la création.

Source : Gombault (2011).

En raison de cette « culturalisation » des pratiques touristiques (Craik, 1997), les touristes, longtemps mal aimés par les professionnels du patrimoine, sont devenus en général – et devraient être à défaut – le premier segment ciblé par les stratégies marketing du patrimoine.

Le comportement de visite du patrimoine

L'examen comparé des études officielles de publics réalisées dans différents pays de l'Union européenne permet de dégager plusieurs grandes caractéristiques de la fréquentation du patrimoine dans cette partie du monde.

En une année, plus de la moitié des Européens visitent des monuments historiques (palais, châteaux, églises, jardins, etc.), presque la moitié visitent des musées ou des galeries, plus d'un tiers une bibliothèque publique. La fréquentation de ces lieux se répartit assez également entre les sexes : presque autant de femmes qui visitent un peu plus les bibliothèques publiques que d'hommes qui visitent un peu plus les monuments. Il faut noter que la visite des monuments historiques est la première activité de fréquentation d'équipements culturels à toucher plus de la moitié des habitants de l'Union européenne.

En France comme ailleurs, la pandémie de Covid-19 a freiné l'appétence des visiteurs à rentrer dans des lieux fermés. Ils ont privilégié les sorties en plein air (promenades, plages, randonnées...), ce dont témoigne aussi la très forte résilience des parcs de loisirs et des parcs à thème, comme Océanopolis et le Futuroscope qui dépassent en 2022 leur fréquentation de 2019 (Gombault *et al.*, 2023). La pandémie a entraîné une évolution du choix des destinations à la faveur d'un tourisme de proximité et rural. La recherche de liberté se trouve dans la nature : les publics ont vécu une période d'enfermement et de contrainte à la mobilité, la reconnexion à la nature, évolution durable du comportement, étant perçue comme une réponse à ce vécu, ainsi qu'à la crise climatique. La quête de sens et la motivation solidaire ou environnementale dans les loisirs et le tourisme sont également plus fortes. Les sites de visite ne semblent pas tous répondre complètement à cette préoccupation.

Le développement d'Internet et du numérique modifie le comportement de fréquentation des publics du patrimoine, qui sont de plus en plus nombreux à coupler leur visite physique avec des visites en ligne avant, pendant et après ou à seulement réaliser des visites ou d'autres activités *online* (comportement croissant mais encore minoritaire)[8]. L'accès numérique est devenu leur premier moyen d'information pour visiter, et les dispositifs numériques sont considérés comme d'importantes aides à la visite.

Même avec l'adoption du numérique, la fréquentation du patrimoine, croissante, reste malgré tout encore élitiste en Europe, comme partout dans le monde, et plus encore dans les musées, alors que les monuments attirent plus largement, notamment dans un contexte touristique. La majorité des visiteurs du patrimoine, qu'ils soient cadres ou étudiants, a donc fait des études supérieures. Ils sont plutôt âgés : en France[9], la visite de musée apparaît plus fréquente chez les seniors (la moitié des 60 ans et plus ont visité un lieu muséal durant les douze derniers mois) que chez les 30-44 ans (35 %). Ils préfèrent l'art et l'histoire tandis que les jeunes et les âges intermédiaires plébiscitent d'abord les sciences. Pour la moitié d'entre eux, les visiteurs de musées et de monuments viennent en famille ou entre amis. En somme, le public vient davantage, mais sa répartition sociale reste structurellement la même qu'autrefois avec un niveau élevé d'éducation, de statut social et de revenu. L'accessibilité progresse, mais lentement et de façon peu efficiente au regard des politiques mises en œuvre depuis plusieurs dizaines d'années. Les institutions ayant de bonnes pratiques font de la diversité et de l'intégration des objectifs de leur politique des publics. Par exemple, la *Pinacoteca do Estado de São Paulo* au Brésil travaille avec les populations marginalisées (enfants et adolescents, adultes de milieux très défavorisés, sans domicile fixe, drogués…). Le Brésil a déclaré que l'accès et la participation de ses citoyens aux activités culturelles étaient un droit fondamental, qui allait au-delà d'un accès physique, mais impliquait des dimensions intangibles, cognitives et attitudinales. Pour pourvoir cet accès, la *Pinacoteca* a créé des formations spécifiques aux travailleurs sociaux et aux éducateurs, des activités de proximité avec des projets d'habitation et des visites de groupes mensuelles adaptées à ces segments de visiteurs. Une organisation qui ne travaille pas à faire tomber les barrières de l'accès les maintient activement. La neutralité n'est pas possible.

Pourtant, depuis les années 1980, les représentations que se font les publics des lieux de patrimoine ont changé, et de façon corollaire leurs projets d'usage et

8. Pour la France, voir les résultats du Gece en 2023 sur les données de fréquentation numérique : première édition du baromètre des sorties et pratiques culturelles en ligne avec un focus sur les musées et lieux patrimoniaux (gece.fr)

9. Voir l'étude de Berthomier et Jonchery (2023).

comportements de visite. Elles sont marquées par trois caractéristiques liées qui ne cessent de s'affirmer : la désacralisation du patrimoine, son appartenance au monde marchand et son rattachement principal à l'univers des loisirs et du tourisme, comme le montrent divers travaux à l'étranger comme en France (Gombault *et al.*, 2006). De façon cohérente avec cette représentation, les sites patrimoniaux sont de plus en plus assimilés par les publics à des lieux de loisirs qui offrent des prestations de services. La dimension idéologique et politique du patrimoine s'estompe pour laisser la place à un univers de consommation : le patrimoine est toujours perçu comme un bien commun mais la visite des sites est vue comme un produit culturel. Cette dernière est alors mise sur le même plan que les autres loisirs, voire entre en concurrence avec eux. L'authenticité consubstantielle au patrimoine (encadré 6.6), mais aussi l'esthétique, le spectaculaire et le divertissement sont au cœur de l'expérience. Ces dimensions s'opposent parfois ou de plus en plus souvent se combinent, comme dans le cas du nouveau Grand Musée égyptien (GEM) qui accueille la statue colossale de Ramsès II dans son hall. Même dans la commémoration d'une histoire collective et la révérence au passé, les visiteurs manifestent un intérêt croissant pour des expériences nostalgiques divertissantes (Goulding, 1999).

Encadré 6.6 – La quête d'authenticité au cœur de l'expérience patrimoniale : deux exemples

Les ateliers d'artiste : peux-tu les voir ?

Il n'y a rien ou presque dans l'Atelier Cézanne d'Aix-en-Provence, quelques meubles et objets, un chevalet… Pas une œuvre. Rien que la maison et son jardin, qui ne ressemblent plus à ceux de l'époque mais qui abritent toujours l'atelier. Et c'est pour y pénétrer, en silence, que les visiteurs s'y pressent par dizaines de milliers chaque année. Alors que viennent chercher les visiteurs en montant la rue sur les hauteurs de la ville, puis l'escalier pour se rendre dans ce petit endroit ? Ils veulent voir la lumière du jour de la grande verrière sous laquelle Cézanne a peint les baigneuses, ils veulent imaginer sa présence, sentir ou voir qu'il a vécu et qu'il a peint là durant les dernières années de sa vie, se recueillir… (Derbaix et Gombault, 2016).

La mode du vintage : une expérience nostalgique

Il y a ceux qui ne jurent que par les « fringues » *vintage*, les meubles *vintage*, les hôtels *vintage*, les voitures, les motos, les vélos et même les *boards (skate, surf) vintage*, il y a ceux qui rachètent des vinyles, ceux qui ne shootent qu'à l'argentique et ceux qui cherchent des radios, des juke-boxes ou des jeux vidéo collectors. Ils courent les quartiers pleins de boutiques de seconde main, les ventes aux enchères, les ventes privées sur Internet ou en appartement, les blogs ou les puces. Après quoi courent-ils, à s'enivrer de ce patrimoine vernaculaire ? Schiavone (2013) analyse que la principale motivation de ces communautés de pratique serait la réaction au changement technologique. Les grandes marques l'ont bien compris, qui font du neuf avec du vieux (*vintage innovation*), les petites entreprises aussi. Le « *kidulting* » qui consiste à divertir les adultes avec des souvenirs d'enfance, bat son plein : jouets pour adultes, restaurants offrant une immersion dans les expériences de sa génération (« Les fils de maman »), piscines à balles, machines à pop-corn et autres dispositifs multisensoriels régressifs (Dopamine Land à Londres et Madrid). Le marché en pleine croissance dépasserait le milliard d'euros. Le succès du film *Barbie*, plus gros score au box-office américain en 2023, marque cette tendance.

Source : Schiavone (2013).

Diversité et inclusion du patrimoine

Si la notion est largement partagée aujourd'hui dans le monde à l'exception logique des pays non démocratiques, ce sont les institutions patrimoniales des pays anglophones, aux États-Unis et au Canada (Québec francophone inclus), en Grande-Bretagne et en Australie, qui ont affirmé l'impératif de la diversité et de l'inclusivité dans leurs programmations et leurs politiques du public. Dès les années 1980, les musées anglais, canadiens, américains et australiens intègrent la diversité des populations locales dans leur politique des publics, en pratiquant un marketing communautaire agile. Par exemple, de 2007 à 2020, la conservatrice Nathalie Bondil dirige et transforme le musée des Beaux-Arts de Montréal[10] en intégrant parfaitement cette question. Sa formation multiculturelle et son expérience sur les deux continents américains et européens, en font une des directrices les plus compétentes sur le sujet en France[11], en poste à partir de 2021 à l'Institut du monde arabe où elle réalise des expositions inclusives comme « Habibi, les révolutions de l'amour » en 2022.

Le mouvement *woke*[12], la vague #MeToo et le débat postcolonial vont accélérer cet enjeu sociétal majeur de l'inclusion. Par exemple, dans une ville comme Chicago en 2022, avec à sa tête la maire engagée Lori Lightfoot, noire et homosexuelle, on ne dénombrait pas moins de quatre expositions dédiées à des minorités. L'appel sociétal est si important que la France, plutôt réticente au sujet, dans sa tradition universaliste, commence à l'embrasser, mais timidement, à part quelques exceptions notables. Le Centre Pompidou, qui avait courageusement

10. Voir Houd C. (2020), La vision engagée et humaniste de Nathalie Bondil, *La Presse*, lapresse.ca, 28 août.

11. Voir la Masterclass de Nathalie Bondil, Museum & Exhibitions Director, Institut du monde arabe, KEDGE Arts School, YouTube.

12. Voir la deuxième partie du chapitre 2.

ouvert la voie en 2009 avec l'exposition « Elles », ne la fermera plus jusqu'à l'exposition « Alice Neel, un regard engagé » en 2023. Acte majeur, en 2012, le musée du Louvre présidé par Henri Loyrette inaugure le département des Arts de l'Islam, projet dirigé par la conservatrice Sophie Makariou[13], extrêmement visionnaire des enjeux sociétaux et géopolitiques contemporains. Plus tard, dans le sillage de son influence québécoise avec la présidence de Guy Cocheval à qui succède Laurence Des Cars, le musée d'Orsay ouvre en 2019 l'exposition « Le modèle noir de Matisse à Géricault », qui vise à lutter contre l'invisibilisation des personnages de couleur dans les tableaux du XIXe siècle : l'exposition attire les foules, mais n'évite pas la critique essentialiste. Autre exemple, en 2023, la ville de Rouen programme une exposition sur la mémoire normande de la traite négrière, et met en avant la notion de matrimoine (encadré 6.7) : Nicolas Mayer-Rossignol, son maire, féminise les noms des rues de la ville et installe la statue de Gisèle Halimi sur la place de l'hôtel de ville. Citons enfin la Fondation Van Gogh à Arles présidée depuis 2014 par Maya Hoffman qui a présenté plusieurs expositions inclusives, dans une approche très américaine, dont en 2023 « Action, geste, peinture : femmes dans l'abstraction, une histoire mondiale (1940-1970) ».

Encadré 6.7 – La notion de matrimoine

La notion de « matrimoine » se concentre spécifiquement sur la reconnaissance et la préservation du patrimoine culturel, historique et artistique lié aux femmes. Alors que le patrimoine traditionnellement se réfère souvent aux biens culturels et historiques hérités des générations passées et mis en valeur par la société, le matrimoine met en lumière les contributions des femmes à la culture et à l'histoire en cherchant à les préserver et à les promouvoir. Le matrimoine englobe divers aspects de la culture et de l'histoire des femmes, notamment les œuvres d'art, la littérature, la musique, les sites historiques, les archives, les traditions orales, les objets artisanaux, et bien plus encore. Il vise à reconnaître le rôle important des femmes dans la création et la préservation de la culture et de l'histoire de la société, qui ont souvent été négligées ou minimisées dans le passé. L'idée derrière le concept de matrimoine est de rétablir l'équilibre dans la représentation et la préservation du patrimoine culturel, en mettant en avant les réalisations et les contributions des femmes et en garantissant qu'elles ne soient pas oubliées dans les récits historiques et culturels. Cette notion est souvent utilisée dans le contexte des mouvements féministes et de l'égalité des sexes pour promouvoir une compréhension plus complète et inclusive de l'histoire et de la culture.

13. Voir Makariou S. (2021), *Le partage d'Orient*, Paris, Stock.

Dans ce contexte appelant à une forte responsabilité des musées en matière de diversité, la question de la restitution des objets d'art s'est invitée et a gagné en importance au cours de ces dernières années, dans un débat récurrent, complexe et sans consensus. Elle concerne principalement les artefacts culturels qui ont été acquis ou pris par des musées occidentaux pendant l'époque coloniale ou d'autres périodes de l'histoire, souvent de manière controversée (pillage, vol, acquisition douteuse) ou sans le consentement des communautés ou des pays d'origine. De nombreux pays et communautés ont demandé la restitution de leurs œuvres d'art et de leurs objets culturels, affirmant que ces objets font partie de leur patrimoine culturel et qu'ils devraient être retournés pour des raisons historiques, culturelles et morales. Les musées occidentaux possèdent d'importantes collections d'œuvres d'art et d'artefacts culturels provenant du monde entier, y compris de régions ayant été soumises à la colonisation, et argumentent souvent que ces objets ont été acquis légalement à l'époque et qu'ils sont conservés et exposés dans un but éducatif et culturel. La question de la restitution soulève de nombreux débats et défis, notamment juridiques, éthiques, politiques et pratiques. Il est parfois difficile de déterminer la légitimité des revendications de restitution, de définir les critères pour la restitution, et de décider où les objets restitués seront finalement hébergés. Au fil des années, certains musées occidentaux ont commencé à travailler sur des initiatives de restitution, en renvoyant des objets à leurs pays d'origine. Par exemple, entre autres, le musée du quai Branly-Jacques Chirac à Paris a restitué un certain nombre d'objets à des pays africains, notamment au Bénin et au Sénégal ; le musée *Weltkulturen* de Francfort, en Allemagne, a restitué des objets au Cameroun et à la Namibie ; le musée de l'Afrique à Tervuren, en Belgique, a restitué des objets au Rwanda et à la RDC. La restitution d'œuvres d'art est souvent le résultat de négociations bilatérales entre les pays d'origine et les institutions détentrices. Plusieurs pays ont également plaidé pour la création de mécanismes juridiques internationaux pour faciliter la restitution. La question de la restitution d'œuvres d'art est complexe et nuancée, et les opinions varient largement sur la meilleure façon de gérer ces revendications. Certains acteurs soutiennent fermement la restitution en tant que moyen de réparer les injustices historiques, tandis que d'autres plaident pour des solutions alternatives, telles que le prêt à long terme ou le partage des œuvres d'art, afin de garantir un accès plus large à la culture mondiale.

L'adoption numérique du patrimoine

Le secteur numérique a apporté des possibilités techniques majeures au secteur du patrimoine qui le transforment profondément. Un nouveau carrefour de connaissances a émergé de cette rencontre, autour de la notion de *digital heritage*, portée par des associations, des revues, des colloques scientifiques et professionnels. Les usages du numérique pour les organisations du patrimoine se déploient à trois niveaux[14] :

- La conservation des œuvres, à travers leur numérisation, mais aussi des techniques d'aides à la conservation. Par exemple, l'archéologie sous-marine utilise des techniques de relevé 3D, d'imagerie numérique et de conservation-restauration pour optimiser les conditions de travail des archéologues sous-marins et améliorer leurs connaissances, comme lors de la fouille, en rade de Toulon, en 2012, du navire de Louis XIV, La Lune, qui a sombré corps et biens en 1664.
- La diffusion des œuvres, avec différents volets : d'une part l'accessibilité des œuvres à distance (par des modalités d'indexation dont les métadonnées), notamment via des banques de données numérisées souvent publiques, ou bien via des musées virtuels (par exemple le Google Art Project – 45 000 œuvres) ; d'autre part, de nouveaux moyens de médiation culturelle au sein des musées, monuments et autres lieux d'art, qui agissent sur l'expérience des visiteurs par des techniques de réalité augmentée, de 3D et d'interfaces homme-machine, mais qui aussi sollicitent leur participation. Les pays dotés d'un patrimoine riche, développent activement ce type d'outils, y voyant là une opportunité sans précédent de valorisation de leur patrimoine (encadré 6.8).
- La communication institutionnelle : le numérique apporte de nouvelles techniques de communication pour augmenter la notoriété et la réputation des organisations patrimoniales, et ainsi mieux communiquer leur offre et la rendre attractive. Comme les entreprises de grande consommation, les organisations du patrimoine les plus innovantes ont investi dans des sites internet à la pointe, développent d'actives stratégies sur les réseaux sociaux, etc.

Encadré 6.8 – Les vertus de l'*open content*

Après le *Rijksmuseum* d'Amsterdam, le *Metropolitan Museum of Art* de New York, et la *Smithsonian Institution* de Washington, les musées de Toulouse et de Rennes, et plus récemment ceux de la ville de Paris ou de Reims, ont, à leur tour, décidé d'autoriser la libre utilisation des images des œuvres de leurs collections. De nouvelles

14. Les développements suivants sont extraits de Gombault et Décamps (2014), *Enquête pour le projet européen (Interreg-Sudoe) TRANSCREATIVA*.

villes et institutions françaises envisagent de choisir cette stratégie de l'ouverture, dite également *open content*. Elles ont de bonnes raisons de le faire !

- Libérer les images pour faire rayonner le musée, sa collection, gagner en notoriété et réputation, et mieux valoriser sa marque : c'est notamment le cas pour des institutions de taille moyenne, qui ne bénéficiaient pas d'une marque forte. Le *Rijksmuseum* est ainsi devenu un « grand musée du Monde » après avoir lancé en 2013 son projet *Rijkstudio*, alors même que ses galeries étaient fermées. De même, le volume des retombées médiatiques a fortement monté lorsque le *Met* ou les musées de Toulouse, Rennes et Paris ont « libéré leur collection ». Cette diffusion libre des reproductions des œuvres autorise également des actions audacieuses de promotion comme le partenariat de Paris Musées avec des influenceurs pour réinterpréter certains de ses tableaux célèbres et d'utiliser ces détournements comme des outils de promotion. Cette mise à disposition des images n'empêche évidemment pas le musée de protéger, valoriser et monétiser l'usage de sa marque.
- Augmenter l'audience web : l'*open access* augmente radicalement et massivement l'audience des ressources numériques du musée. L'exemple récent des musées de la Ville de Paris peut en témoigner : leur site web collection, passé en *open content* en janvier 2020, a comptabilisé en 2022 près de 8 millions de visites (+270 %) et 67 % de l'audience totale des sites des 11 musées. Pendant la même période, 2,5 millions d'images d'œuvres ont été téléchargées. Du côté du *Met*, les résultats sont tout aussi exemplaires, et sur une durée plus longue. En février 2020, pour le troisième anniversaire de son programme *open access* du *Met*, le musée de New York a annoncé que ses œuvres d'art avaient atteint « un nombre phénoménal de 225 millions de vues annuelles sur Wikipédia » et que leur référencement sur Google et Google Images avait été considérablement amélioré.
- Engager les publics : en 2023, le site web du *Rijksmuseum* revendique plus de 600 000 comptes personnels créés pour pouvoir accéder aux plus de 730 000 images d'œuvres, librement téléchargeables en haute définition. Avec sa collection partagée, le *Getty Museum* « imagine de nouvelles interactions avec ses publics, comme en témoigne le *Getty Challenge*, organisé à l'occasion du confinement ». La mise à disposition libre des ressources iconographiques des musées, incluant l'usage commercial, conduit également à se rapprocher des créateurs d'aujourd'hui. Le *Met* et le *Rijks* mettent ainsi leur corpus d'images à disposition d'artistes ou de développeurs qui peuvent les réinterpréter et les diffuser auprès du grand public sur Internet, les réseaux sociaux ou dans des applications mobiles. Les deux musées sont allés encore plus loin en organisant des concours par lesquels des créateurs imaginent de nouveaux produits dérivés inspirés de la collection, dont certains sont vendus dans la boutique physique et numérique officielle du musée.
- Attirer des mécènes : avec l'*open content*, les équipes peuvent imaginer les partenariats de manière différente. Les projets de libre accès des musées d'Amsterdam, Cleveland ou Chicago ont ainsi été partiellement financés par des mécènes.

Source : Pierre-Yves Lochon, fondateur et administrateur du Clic France, http://www.club-innovation-culture.fr

Parmi d'autres outils numériques, les NFT (*non-fungible tokens*) sont apparus comme une nouvelle ressource à explorer pour les musées. Ces jetons sont des actifs numériques uniques qui sont stockés sur une *blockchain*, assurant la sécurité et la transparence des transactions et des données. Plusieurs musées ont utilisé les NFT à titre expérimental, faisant émerger trois modèles principaux pour l'adoption des NFT dans la stratégie numérique : comme outil de collecte de fonds, comme outil de gestion de communauté et de marketing, et comme outil éducatif[15].

Ces enjeux représentent des opportunités importantes pour les entreprises du numérique qui coproduisent ces innovations technologiques et deviennent ainsi partenaires des organisations patrimoniales (voir chapitre 2).

Le développement du marketing du patrimoine

« *No longer a dirty word* », écrivait déjà Ruth Rentschler en 2007[16] à propos du marketing des musées. Après avoir été longtemps rejeté, le marketing est maintenant mieux compris et plus utilisé par les professionnels du patrimoine.

L'organisation de la fonction

La conjonction du développement de l'offre patrimoniale avec un puissant mouvement de réduction des dépenses publiques et de dérégulation de services collectifs a entraîné une remise en question des modes de gestion traditionnels : États-Unis, Canada, Grande-Bretagne, Australie, Europe, Asie... Leur modernisation a notamment entraîné une transformation de l'organisation des sites, une professionnalisation et une diversification des compétences. La fonction marketing a émergé de ce changement et s'est organisée progressivement, à des degrés divers suivant la taille des organisations : encore embryonnaire dans de nombreux sites, elle peut être très sophistiquée dans les plus performants. Les divers modes d'organisation de la fonction marketing relèvent de deux logiques plus ou moins élaborées suivant les sites : soit, très fréquemment en Europe, une structure de type *in-outside*, centrée sur l'offre du site, disséminée dans la structure générale et ayant un rôle support auprès des autres

15. Source : Tolman E. (2022), « Implementing Non-Fungible Tokens in Museums' Digital Strategy: An Exploration of Emerging Models », Mémoire pour l'obtention du diplôme de MSc Arts & Creative Industries Management, KEDGE Business School.

16. Dans Rentschler et Hede (2007, 12).

fonctions pour les aider à promouvoir leurs actions ; soit une structure de type *outside-in*, centrée sur les publics, regroupant toutes les activités d'interface avec les publics, ayant un rôle leader auprès des autres fonctions et reportant directement à la direction du site. Par exemple, en 1999, les deux tiers des plus grands musées américains et la moitié de tous les musées d'art américains, quelle que soit leur taille, s'inscrivent dans cette deuxième logique, et déclarent employer un directeur du marketing ainsi qu'une équipe[17].

Les études de public constituent un premier indice de la présence d'une fonction marketing. Si un service intégré en la matière reste rare et nécessite une taille critique, un service mutualisé et/ou la commande d'études externalisées sont plus courants, portant sur la fréquentation, l'expérience du visiteur, les projets de faisabilité, la création ou la rénovation d'un établissement, d'un site, d'un musée, d'une exposition, ou encore sur des études consacrées à l'expérience du visiteur, sa satisfaction. En 2023, c'est le marqueur du *data management* qui montre une démarche marketing. Par exemple, Universcience (Cité des Sciences et Palais de la Découverte) implémente à la fois CRM et base de données, veille des réseaux sociaux, *datawarehouse* et tableaux de bord, parcours d'achat en ligne.

Les objectifs

La particularité en même temps que le défi de la fonction marketing du patrimoine, comme celle du spectacle vivant et des organisations culturelles en général, réside dans le fait d'amener différents publics à s'impliquer. Il s'agit autant de créer, d'augmenter, de fidéliser et de diversifier la fréquentation d'un site, que de pouvoir générer les revenus nécessaires à la survie et/ou développement de son activité.

L'erreur la plus fréquente des sites est de ne pas bien identifier et/ou de sous-estimer le rôle des publics intermédiaires, alors que c'est d'un bon marketing relationnel avec eux que dépend en premier lieu la réussite du site. Prescripteurs (organisations de l'éducation, du tourisme, de l'événementiel, médias…), financeurs (organisations publiques, entreprises et fondations, mais aussi particuliers, c'est-à-dire les visiteurs finaux), concurrents indirects (du patrimoine, de la culture et des loisirs en général avec lesquels des actions communes peuvent être menées), fournisseurs (souvent spécifiques), la gestion complexe de ces différents segments requiert compétences et outils *ad hoc* et

17. Source : *Audience Building : Marketing Art Museums*, Smithsonian Institution, Washington, 2001.

en premier lieu un plan marketing qui assure la pertinence, la cohérence et l'opérationnalité des différentes actions.

En ce qui concerne les publics finaux, plusieurs problématiques sont récurrentes :

- Première problématique : appréhender la diversité des visiteurs potentiels et de leurs attentes, afin de réussir à les faire venir (première visite) et revenir (fidélisation). À défaut d'études, la segmentation des lieux de patrimoine est souvent artificielle, c'est-à-dire bâtie sur des segments considérés *a priori* comme typiques de la demande patrimoniale : scolaires, familles, jeunes, retraités, touristes... Cette non-prise en compte de la spécificité de chaque offre patrimoniale, de son positionnement, de son marché potentiel et de la nécessité d'un ciblage, nuit à l'efficacité des actions marketing.

- Deuxième problématique : la démocratisation de la fréquentation. Cet objectif stratégique, largement partagé par les lieux d'art et de patrimoine, est l'objet d'une réflexion nourrie depuis sa définition dans les années 1960. La notion, assez abstraite, a évolué vers celle d'accessibilité, physique, intellectuelle, sociale, qui prévaut actuellement en France, puis d'inclusion sociale – le patrimoine comme outil de réflexion, d'expression et d'intégration des différents groupes de la société – et enfin d'engagement des publics dans leur visite, notions récentes défendues de façon proactive par les Anglais, les Américains et les Australiens notamment.

- Troisième problématique, pour amener les visiteurs précisément à s'impliquer dans l'activité de visite, il faut leur proposer une expérience attractive, qui les intéresse et soit pertinente pour eux. Ces motivations expliquent le développement d'offres numériques et notamment le succès des dispositifs d'immersion qui, après une phase essentiellement expérimentale, deviennent peu à peu un élément central dans la stratégie d'innovation des musées, monuments et lieux culturels. Le déploiement de ces nouvelles formes d'expériences artistiques et culturelles vise à rajeunir et diversifier les publics, en renouvelant l'offre d'activités. L'immersion dans les lieux culturels prend aujourd'hui trois formes majeures : réalité virtuelle et mixte, *mapping* vidéo extérieur ou intérieur et expositions immersives intérieures. D'abord outil de médiation, l'immersion (encadré 6.9) devient ainsi pour les institutions culturelles un moyen innovant de diversifier leur programmation, de valoriser leur collection, de faire rayonner leur marque, de répondre à une demande d'un public plus jeune et de créer une nouvelle source de revenus dérivés. Elle est devenue centrale dans l'accessibilité de l'offre. Derbaix *et al.* (2020) ont mené en 2019 une recherche centrée sur l'expérience vécue à l'Atelier des Lumières (Exposition « Van Gogh, La nuit étoilée ») à Paris, auprès de 110 visiteurs dont les réactions ont été recueillies *in situ*. Elle a mis en évidence l'impact significatif de l'immersion et de l'authenticité perçue sur la satisfaction ainsi que l'impact de l'immersion sur l'authenticité perçue (ses dimensions de singularité et de projection) et cela pour tous les répondants qu'ils aient ou non une grande fréquentation d'expositions « classiques » ou un degré d'expertise par rapport aux œuvres de l'artiste.

Encadré 6.9 – Musées, monuments : les nouvelles frontières de l'immersion

Avec la réalité virtuelle ou mixte et le *mapping* vidéo, l'immersion se déploie de plus en plus largement dans les musées et lieux de patrimoine. La réalité virtuelle (VR) a fait son entrée dans un musée en 2016 en Floride, au *Salvador Dalí Museum* dans le cadre d'une exposition sur l'artiste surréaliste et Walt Disney. Cette médiation via un casque VR a ensuite été proposée par le musée de l'Orangerie sur les *Nymphéas*, par la *Tate* sur Modigliani ou par le musée du Louvre sur Léonard de Vinci. Des lieux culturels français ont également décidé d'offrir la réalité mixte sur casque Hololens de manière permanente : le Muséum national d'Histoire naturelle (MNHN) et le musée de la Libération à Paris, et l'aquarium Nausicaá à Boulogne-sur-Mer. Utilisant la technologie émergente de la VR collective, l'Institut du monde arabe a pu accueillir en 2022 plus de 100 000 voyageurs pour la visite VR de la pyramide de Kheops. Les expériences de réalité virtuelle ou mixte dans les lieux culturels restent cependant encore limitées par des contraintes de gestion matérielle et des flux. Ce n'est pas le cas de l'immersion par projection vidéo, qui ne nécessite pas d'équipement individuel. Le *mapping* vidéo est devenu une forme d'exposition en 1977, aux Baux-de-Provence, lorsqu'une ancienne carrière a été transformée en Cathédrale d'Images par Albert Plecy pour y faire découvrir les chefs-d'œuvre de l'histoire de l'art. En 2012, le lieu a été repris par Culturespaces et rebaptisé Carrières des Lumières. Depuis 2018, le concept a été décliné dans six lieux à Paris, Bordeaux, Amsterdam, Séoul, New York et Dortmund, avec une fréquentation de 3 millions de visiteurs en 2022. Cette forme d'expérience culturelle a engendré de nouveaux producteurs comme l'australien Grande Experiences et le belge *ExhibitionHub*, mais également l'ouverture rapide de lieux permanents dédiés aux « expositions » immersives. Le CLIC (Club innovation et culture) en recensait plus de 80 dans le monde au 30 juin 2023. À lui seul, le canadien *Lighthouse Immersive*, né en 2020, a ouvert 12 espaces en Amérique du Nord et y a notamment présenté l'expérience Van Gogh, qui a vendu plus de 5 millions de tickets en deux ans, pour un prix moyen de 30 euros. Après avoir programmé un spectacle immersif sur le même artiste, le Dalí de Floride et l'*Indianapolis Museum of Art* ont décidé d'ouvrir un espace permanent, qui diffusera des programmes achetés à des producteurs. Certaines institutions se sont lancées dans la coproduction de nouvelles « expositions immersives » : le musée Dalí, le *National Museum of Australia* et le MNHN, respectivement sur l'artiste catalan, sur l'art aborigène ou sur les écosystèmes. En 2023, le musée d'Orsay collabore sur deux programmes immersifs qui feront le tour du monde : le premier en *mapping* vidéo, conçu en Corée, tandis que celui en réalité virtuelle collective est produit à Paris.

Source : Pierre-Yves Lochon, fondateur et administrateur du Clic France, http://www.club-innovation-culture.fr/

La territorialisation des stratégies

Cette orientation du patrimoine vers ses publics a été récemment comprise dans une mission plus large de développement économique, social et environnemental de leur territoire et de la société en général, qui entraîne une territorialisation très forte des stratégies marketing.

Patrimoine culturel et développement durable

Tant dans ses effets positifs pour les territoires que par les dangers qu'ils véhiculent, le mouvement massif de patrimonialisation du monde est fortement relié par ses acteurs à l'idée de développement durable, défini par le rapport Brundtland[18] comme un développement qui répond aux besoins du présent sans compromettre la capacité des générations futures de répondre aux leurs.

Les effets positifs : le patrimoine comme industrie créative[19]

Le patrimoine est désormais considéré par les politiques publiques comme une industrie créative, durable par excellence qui permettrait un développement économiquement viable, socialement équitable et respectueux de l'environnement. Les territoires urbains sont les premiers vecteurs de cette logique d'action, comme le reflète leur engouement pour le développement de centres-villes et de quartiers rénovés, de friches industrielles transformées en lieux culturels[20], de méga-événements culturels (festivals, biennales, capitales européennes de la culture...). Le patrimoine est devenu central dans les programmes de

18. Brundtland G. H. (1987), « Notre avenir à tous », *Rapport de la Commission mondiale pour l'environnement et le développement*.

19. Voir chapitre 1.

20. Par exemple, la Belle de Mai à Marseille, le Cent quatre à Paris, le Lieu Unique à Nantes, la Tabakelera à Donostia-San Sebástian, Le Tacheles à Berlin, le Flon à Lausanne, la Custard Factory à Birmingham... L'Europe compte plus d'une centaine d'*Art Factories* installées dans des anciens bâtiments industriels, qui associent sauvegarde du patrimoine, formes artistiques émergentes et interdisciplinaires, économie sociale et solidaire.

régénération urbaine partout en Europe, la tendance étant à la transformation d'anciens sites industriels en quartiers culturels, où s'installent des entreprises créatives qui alimentent la créativité des autres secteurs du territoire. Le Royaume-Uni en est le meilleur exemple, depuis la fin des années 1990, avec une extraordinaire politique volontariste, animée par de multiples actions de rénovation, d'extension, de programmation et de promotion (Londres, Liverpool, Newcastle, Cardiff, Bristol, Manchester, Sheffield…).

De façon plus ancienne, la France, première destination touristique du monde (encadré 6.10) avec en 2019, 90,9 millions d'arrivées de touristes internationaux, devant l'Espagne (71,7 millions) et les États-Unis (50,9 millions), la Turquie et l'Italie, a confirmé sa position après la pandémie malgré un léger recul conjoncturel dû à l'absence des touristes chinois. Elle bénéficie largement de son exceptionnelle offre patrimoniale, même si elle n'est pas toujours suffisamment valorisée en région. Elle tire cependant moins de valeur économique du tourisme que les États-Unis par exemple.

Encadré 6.10 – Le patrimoine, élément attractif prioritaire d'une destination

La valorisation du patrimoine constitue un *primary asset*, c'est-à-dire un élément attractif prioritaire d'une destination ; les villes superstars, qui proposent une expérience patrimoniale complète, ville-monument-musée-culture-divertissement, comme Venise, Paris ou New York en sont l'archétype. Même si les mécanismes sont complexes (Greffe, 2003), l'activité générée par le patrimoine peut être une manne pour un territoire. Le Viaduc de Millau par exemple attire chaque année plus d'un million de visiteurs qui assurent des revenus croissants au territoire. La création *ex nihilo* ou la rénovation d'un musée ou d'un monument important sur un territoire défavorisé ou sinistré vise toujours cet impact, alors qualifié de « *Cinderella Effect* », magistralement démontré à Bilbao. Les pays émergents du Sud, qui ont bien compris cette dynamique, s'y sont engouffrés depuis longtemps avec plus ou de moins de succès : citons l'exemple du Maroc qui s'emploie à promouvoir un tourisme authentique, propre et responsable, qui accélère le développement économique du pays sans pour autant dénaturer son patrimoine naturel et culturel.

Sur le volet économique, les effets (directs, indirects et induits) du patrimoine sont recherchés en termes de dépenses des visiteurs, d'emplois du territoire, de revenus des résidents locaux[21] : par exemple la région Sud ou la région

21. Les études d'impact économique local du patrimoine, diverses et complexes, sont à manier avec rigueur et prudence (Nicolas, 2007).

Occitanie ont mené ce type d'étude. Si cet impact économique est aujourd'hui de plus en plus recherché de façon générale sur le territoire, dans le cadre de cette nouvelle économie de la culture, c'est encore principalement par le tourisme qu'il est attendu et advient dans la plupart des régions du monde.

Sur le volet social, le mouvement d'appropriation de nouveaux espaces culturels des territoires par les publics et la population en général en a fait des vecteurs de médiation : friches, lieux industriels, patrimoine bâti et immatériel, zones urbaines moins favorisées, nouveaux investissements dans les institutions, équipements et établissement culturels, restauration et rénovation d'espaces publics. La valorisation du patrimoine se veut alors porteuse de diverses perspectives de revitalisation communautaire (cohésion sociale, sens de l'appartenance, dialogue, participation, citoyenneté, développement local...) et de promotion de la diversité culturelle (valorisation des cultures, traditions et savoir-faire locaux), avec des enjeux associés de lutte contre l'exclusion, d'affirmation identitaire et de revitalisation territoriale. Ces apports rejoignent les préoccupations des politiques publiques : changements sociaux en général, santé, éducation, paix sociale, etc. Mais l'effort doit être soutenu pour être durable : par exemple, le Conseil économique et social de la région d'alors Nord-Pas-de-Calais a remarqué que si Lille 2004[22] avait permis de faire progresser la mixité sociale avec des actions comme Culture Commune dans l'ex-bassin minier, les Beffrois de la Culture ou les Maisons Folie, l'impact à long terme de ces actions était discutable (Gombault, 2014).

Enfin, la préservation de l'environnement est une motivation croissante de la valorisation du patrimoine, plus forte cependant dans les pays riches et les destinations haut de gamme, car elle nécessite des investissements importants et des systèmes d'acteurs intégrés, que dans les pays du Sud, où elle représente un défi permanent. L'objectif consiste à concilier satisfaction des besoins économiques, sociaux et esthétiques et maintien de l'intégrité culturelle, des processus écologiques essentiels, de la diversité biologique et des systèmes vivants. La pandémie a accéléré cette prise de conscience écologique dans le patrimoine aussi, dans les contenus[23] et la médiation mais aussi dans les processus de gestion, mettant en exergue la question de l'impact carbone de la mobilité des œuvres et des visiteurs. À ce jour, les bonnes pratiques[24] ne sont pas encore intégrées au niveau stratégique par la plupart des sites. On observe quelques expérimentations à l'avant-garde, par exemple à l'international le musée d'Ethnographie de

22. Avis du Conseil économique et social régional de la région Nord-Pas-de-Calais, 7 février 2006, « Lille 2004, tremplin pour l'élargissement du public ? », rapporteur : Jean-Pierre Lavieville.

23. Voir chapitres 1 et 2.

24. Voir le guide d'orientation de l'ICOMOS sur les objectifs de développement durable (ODD) pour les acteurs du patrimoine et du développement.

Genève a intégré la durabilité (à court, moyen et long termes) dans ses objectifs stratégiques tout en prenant en compte les effets et les impacts de l'institution sur la société et l'environnement dans son ensemble. Citons aussi les plans durables du MACBA, de l'*Australian Museum*, du *Guggenheim Bilbao Museum* ou du *Prado*. Plusieurs musées et monuments ont désormais créé des postes de cadres dédiés à cette responsabilité de développement durable.

Le patrimoine au risque du développement des territoires ?[25]

L'impact du patrimoine est tel pour les territoires qu'il peut paradoxalement en résulter des dommages pour ceux-ci, si cet engouement est mal maîtrisé. D'abord l'instrumentalisation du patrimoine est parfois dénoncée comme une menace pour son identité propre et ses fonctions symboliques historiques et culturelles (Urry, 2002). De plus, elle alimente « la machinerie patrimoniale » dénoncée par Jeudy (2001), c'est-à-dire l'obsession de notre société contemporaine à conserver le patrimoine. Ensuite, les effets économiques du patrimoine sont complexes et peuvent s'avérer contre-productifs. D'après les travaux de Greffe (2003), l'investissement patrimonial serait plus profitable aux territoires dans lesquels il n'a pas de rôle moteur et où son intégration économique est forte (comme dans les métropoles) que dans ceux où il augmente le poids de ressources patrimoniales faiblement intégrées (cas des villes de taille réduite, du milieu rural et des pays pauvres). Un tel investissement ne peut être source de développement que s'il se fonde sur un diagnostic précis de l'impact économique potentiel (demande, emploi, foncier...), de la capacité d'intégration des acteurs au développement du territoire et de la gouvernance territoriale du patrimoine.

Spécifiquement, le développement incontrôlé du tourisme de masse a été souvent accusé, à juste titre, de nuire[26] à la conservation du patrimoine : dégradation d'artefacts physiques vulnérables par leur hyperfréquentation (Lascaux fermé au grand public), couplé à un manque d'entretien (*Pompei* en danger, le Colisée[27], etc.), déstructuration des communautés locales (aliénation des aborigènes d'Australie), pollution du paysage (littoraux défigurés par les complexes hôteliers), etc. La pandémie de 2020 à 2022 a renforcé cette conscientisation mondiale du surtourisme. Par exemple, la crise traversée par Venise désertique,

25. Voir chapitre 1.

26. D'autres facteurs menacent le patrimoine : les conflits armés et la guerre, les séismes et autres catastrophes naturelles, la pollution, le braconnage, l'urbanisation sauvage, la crise économique... Aux termes de la Convention de 1972, le Comité du patrimoine mondial peut inscrire sur la Liste du patrimoine mondial en péril des biens menacés dont la protection exige de grands travaux et pour lesquels une assistance a été demandée, ce qui lui permet d'accorder une assistance dans le cadre du Fonds du patrimoine mondial.

27. La pénurie de fonds publics dédiés à la culture en Italie a des conséquences désastreuses pour ses monuments. Par exemple, le Colisée qui attire 6 millions de visiteurs par an, s'effrite fortement ; il bénéficie d'un mécénat de Tod's pour financer des travaux importants jusqu'en 2016. Le site de Pompéi, affecté par de nombreux dommages dus à la mauvaise gestion du site, est en cours de restauration grâce à l'engagement de l'Europe.

cas extrême, a relancé sa réflexion écologique (Rosin et Gombault, 2021)[28], sans véritablement changer les choses. D'autres grands sites du tourisme mondial ont cependant pris en considération la question de l'impact de leur surfréquentation pour chercher une meilleure gestion des flux pour un développement plus durable. On peut citer la méthode des quotas de l'*Alhambra* de Grenade accessible seulement sur réservation, ou des *Cinque Terre* avec un billet journalier qui permet de financer l'entretien de leurs sites naturels.

Les chercheurs du tourisme s'accordent à penser aujourd'hui que si les flux sont bien maîtrisés, ces « passants qui ne font que passer », comme le disent Lazzaroti et Violier (2007), ne détruisent pas le patrimoine mais l'entretiennent et le vivifient. Montrer les œuvres les sauve : leur diffusion fait croître leur valeur symbolique et la possibilité de les préserver. Seuls quelques sites superstars, notamment les sites naturels (Calanques de Marseille, île de Porquerolles, îles de Port-Cros et du Levant, Lavezzi ou encore l'île de Bréhat, falaises d'Etretat...) sont menacés par le surtourisme en France. 80 % des touristes se concentrent sur 20 % du territoire. La majorité des lieux de patrimoine manquent, au contraire, de visiteurs.

Plus largement, les acteurs du patrimoine veillent à la conservation de la diversité et de l'authenticité de ce patrimoine, qui constituent les premiers enjeux de la patrimonialisation du monde. Par exemple, l'Asie doit relever d'importants défis dans la conservation du patrimoine matériel et immatériel dans les villes et paysages asiatiques et les dangers le menaçant : modes de vie moderne et changements sociaux dans les activités des communautés (vallée de Katmandu, sanctuaire *Byōdō-in* à Kyoto au Japon, palais du *Potala* à Lhassa, en Chine...), augmentation soudaine du tourisme (ville de Lijiang dans la province du Yunnan).

Cependant, contrairement aux idées reçues qui évoquent l'érosion des cultures singulières et l'occidentalisation du monde, la diversité culturelle sort plutôt globalement gagnante de la mondialisation qui met en relation les différences pour aboutir, non pas à une uniformisation, mais à des hybridations. C'est alors l'expression d'un processus de démocratie culturelle qui s'affirme progressivement, non exempt certes de difficultés, entre cultures des sociétés hégémoniques et non hégémoniques.[29]

Le respect de l'authenticité s'inscrit dans la politique mondiale de développement durable préconisée par l'Unesco. Il passe par le souci d'une « conservation intégrée »

28. Voir aussi Gombault A. et Rosin U. (2020), « Venise au pic de la crise : comment sortir de l'ultra-dépendance au tourisme ? », *The Conversation*, theconversation.com, 1er avril.

29. Créé en 1965, l'*International Council on Monuments and Sites* (ICOMOS) est une organisation internationale non gouvernementale de professionnels, qui se consacre à la conservation et à la protection des monuments, des ensembles et des sites du patrimoine culturel dans le monde.

du patrimoine architectural et urbanistique dans son contexte géographique, socio-économique et culturel et notamment par la préservation du patrimoine immatériel qui l'entoure – langues, dialectes, traditions orales, coutumes, artisanat, fêtes religieuses et populaires, marchés – la ville du Caire par exemple, prise dans les contradictions du tourisme de masse que ses monuments génèrent, réfléchit à cette problématique. Le marketing du patrimoine est souvent accusé de menacer cette authenticité dans un discours très idéologique rejetant la désacralisation du patrimoine et la culture de masse. Il s'inscrit en cela dans la lignée des réflexions des années 1930 de Walter Benjamin, puis surtout dans les années 1960 d'Adorno et Horkheimer, philosophes de l'École de Francfort, nostalgiques d'une expérience culturelle authentique libre, ou dans le sillage de Baudrillard ou d'Eco, les années 1970 et 1980, dénonçant l'hyperréalité du patrimoine. Le développement du marketing du patrimoine à la fin du XXe siècle marque en effet, sans doute, la transformation du patrimoine en industrie culturelle, c'est-à-dire en lieux de production, autant que de reproduction, d'expériences culturelles. Le déplorer revient à nier l'identité contemporaine du patrimoine, sa nécessaire accessibilité et responsabilité sociale, et son ancrage dans la société du XXIe siècle.

Pour trouver l'équilibre entre protection et développement du territoire, les acteurs publics et privés du patrimoine utilisent différents moyens qui se sont diversifiés ces dernières années et offrent des résultats satisfaisants : moyens doctrinaux (par exemple, les chartes de l'ICOMOS, comme la Charte internationale de l'ICOMOS pour le tourisme culturel patrimonial, approuvée lors de l'assemblée générale en octobre 2022 à Bangkok, le code de déontologie des musées américains) ; moyens juridiques (inventaire, classement…) ; moyens techniques (mesures de protection contre les risques naturels et humains, gestion des flux touristiques, renforcement de la participation des populations locales et marketing pour valoriser les sites).

Des stratégies marketing glocales

La mondialisation du marché du patrimoine a des conséquences directes sur les stratégies de l'offre qui tendent à devenir « glocales ». Le concept de glocalisation, contraction des mots « globalisation » et « localisation », inventé par des sociologues[30] pour dire la nécessité de penser dans un cadre de référence global l'action locale, décrit de façon appropriée, la présence de stratégies à la fois globales et très localisées.

Même si le processus se développe d'une façon inégale et fragmentée, la patrimonalisation est globale au sens économique d'une convergence des marchés

30. Notamment Robertson qui théorisa le terme issu à l'origine des milieux d'affaires japonais.

du patrimoine et du déploiement de l'ensemble d'une chaîne de création de valeur sur toute la planète. Les sites, monuments, musées dits « superstars » (Frey, 1998) sont de puissants vecteurs de ce mouvement d'intégration (encadré 6.11). À la différence du reste des offres culturelles nationales, leurs stratégies sont quasi industrielles, rendues possibles par des investissements colossaux (Grand Louvre augmenté du Louvre-Lens et du Louvre Abu Dhabi, rénovation du MOMA, nouveau musée de l'Acropole...). Ils sont depuis longtemps entrés dans une phase de mondialisation de leur attractivité, au plus près des mouvements actuels du tourisme : l'arrivée des nouveaux publics issus d'Asie principalement (dont l'Inde et la Chine) ne cesse de faire considérablement croître leur fréquentation. Le coup d'arrêt conjoncturel de leur fréquentation résultant de la crise du Covid-19 de 2020 à 2022 n'a pas empêché celle-ci de repartir de plus belle en 2023, malgré un effort de régulation de ces sites (*Taj Mahal*, musée du Louvre, etc.).

Encadré 6.11 – La stratégie marketing des musées et monuments superstars

Dans ses travaux, Frey (1998) qualifie de « superstar » les musées dont la réputation se construit autour de différents éléments stratégiques caractéristiques : l'offre d'une valeur artistique et/ou culturelle reconnue comme exceptionnelle et d'un intérêt architectural distinctif, l'attraction de visiteurs par millions, le statut de *must* pour les touristes, le développement d'une offre commerciale significative incluant un impact substantiel sur l'économie locale. Les musées qui réunissent ces caractéristiques sont peu nombreux mais dominent le monde muséal, par leur poids culturel et économique : c'est « l'effet superstar » théorisé par Rosen (1981), identifié dans différents domaines du champ culturel et applicable au patrimoine général. L'identité et la réputation des musées et des monuments superstars se construisent dans une large interaction de l'offre et de la demande. Ils implémentent une stratégie de « super-offre », qui consiste, à partir et/ou en se dotant d'artefacts culturels exceptionnels reconnus et d'un intérêt architectural distinctif, à offrir une expérience riche et diverse à tous les segments de publics et à la valoriser économiquement et socialement de multiples façons. Les publics participent largement à la construction de cette starisation par leurs représentations, usages et comportements patrimoniaux. Ils consacrent les musées et les monuments superstars en les visitant en masse physiquement ou virtuellement, comme une réponse à l'offre pléthorique issue de la patrimonialisation du monde. En simplifiant son choix, le statut de superstar attire un consommateur sous contraintes spatio-temporelles-budgétaires, mais en quête d'expériences. Les publics sont les premiers bénéficiaires de cette course à la réputation. L'offre s'enrichit et sa qualité ne cesse de s'améliorer, l'accès digitalisé la rend globale. Le mouvement se propage partout et accompagne le développement des territoires : Amérique, Europe, Moyen-Orient, Asie, Australie, Afrique.

Les sites, monuments et musées de plus petite taille s'inscrivent dans des politiques territoriales pensées à l'échelle locale mais qui peuvent être tout aussi performantes. Le positionnement repose alors sur les notions d'authenticité, de charme ou de niche, et après la pandémie de proximité. La pandémie a entraîné une évolution du choix des destinations à la faveur d'un tourisme de proximité (Gössling *et al.*, 2021) et rural (Marques *et al.*, 2022). La proximité et la visite au moindre coût permettent de faire face à la conjoncture actuelle. Par conséquent, la concurrence *de facto*[31] de l'offre patrimoniale s'est sensiblement intensifiée. Face à cette concurrence, des stratégies de « coopétition »[32], se mettent en place ; parmi les nombreuses formes qu'elles prennent, citons le passeport Musées Suisses qui donne accès à plus de 500 musées et châteaux dans toute la Suisse, détenu aujourd'hui par plus d'un million de personnes. Cette opération exemplaire crée une communauté tarifaire grâce à des partenariats avec un réseau bancaire, les chemins de fer fédéraux, une agence de location de vacances. Dans des régions moins touristiques, c'est la valorisation particulière d'un site qui peut créer une dynamique : cas du Château Fort de Sedan, le plus grand d'Europe, devenu le haut lieu touristique des Ardennes, après avoir bénéficié d'un ambitieux projet de restauration et d'aménagement qui lui fait loger aujourd'hui un musée, un auditorium, un hôtel trois étoiles et même l'office de tourisme.

LE MARKETING-MIX DES LIEUX DE PATRIMOINE

C'est premièrement autour des actions-produit que s'organise la valorisation de l'offre patrimoniale que les autres variables du mix, communication, distribution et prix, doivent ensuite accompagner.

31. Par exemple, dans des régions très touristiques comme la Provence ou la Toscane qui sont des *musts*, en elles-mêmes, par la beauté et la richesse de leur patrimoine, on dénombre des centaines de sites, qui essaient, avec diverses réussites, d'attirer les publics.

32. Néologisme né de la combinaison des mots « coopération » et « compétition », la « coopétition » désigne le fait que, dans un environnement complexe, les organisations peuvent être amenées à coopérer sur certains points tout en se concurrençant sur d'autres.

Les actions-produit : valoriser l'offre patrimoniale

La production d'expériences est la stratégie marketing principale des lieux de patrimoine pour rencontrer leurs publics. La qualité de l'expérience vécue par le visiteur est présentée dans la littérature comme le premier critère de mesure de leur succès (Anderson, 2004).

Les artefacts culturels au cœur de l'expérience

La source première de l'expérience offerte par les lieux de patrimoine aux visiteurs se situe traditionnellement dans l'aura des artefacts culturels qu'ils présentent, c'est-à-dire, telle que la définissait Benjamin (1939, 2005, p. 22), le caractère symbolique issu de l'unicité et de l'authenticité des œuvres. Pour préserver cette aura, les différents acteurs du patrimoine dont les sites mènent des politiques actives[33]de conservation et de diffusion des artefacts culturels. L'expérience se structure ensuite par les formes de la rencontre entre cette aura et le visiteur. Pendant les deux premiers tiers du XXe siècle, les lieux de patrimoine ont laissé les visiteurs livrés à eux-mêmes, sans accompagner cette rencontre. Depuis les années 1970, ils se sont lancés dans une « orchestration proactive d'eux-mêmes » (Kotler, 2003), dont l'espace est le premier témoin.

Travailler sur l'espace

L'espace physique de l'offre a pris une nouvelle importance depuis les années 1960. Il n'est plus cet attribut de l'offre supplémentaire permettant de mieux apprécier un monument, un site ou les collections d'un musée, d'une galerie, mais la matérialisation de l'offre d'expériences du lieu, qui permet son accessibilité. Celle-ci se réalise à la fois par son environnement physique et par son architecture extérieure et intérieure.

La nécessité d'un marketing intégré de la destination

L'emplacement du site est le premier élément de l'offre spatiale de l'expérience de visite d'un lieu de patrimoine. Les sites interagissent de plus en plus avec leur environnement physique, proposant *de facto* une expérience couplée avec celle de la découverte du territoire dans lequel ils s'inscrivent – ville,

33. Ces politiques du patrimoine en tant que telles ne sont pas présentées ici.

région, pays – tout en apparaissant comme un marqueur de cette destination. Ainsi, les routes, itinéraires et réseaux divers pouvant être définis comme des « suggestions de visite thématiques » se sont développées sur la base de leur fonction historique de rapprochement des sites qui partageaient une même vocation (routes de la Soie, Chemins de Saint-Jacques-de-Compostelle). Elles sont devenues un « produit d'appel » qui permet à la fois d'améliorer la communication et la distribution de sites particuliers et d'un patrimoine précis, en le rendant plus visible et plus accessible, mais aussi de favoriser une meilleure programmation. Un marketing intégré de la destination est donc nécessaire pour concevoir l'expérience, la segmenter, la positionner, et la promouvoir auprès de différents publics. La qualité de ce marketing expérientiel intégré dépend de plusieurs facteurs : l'unicité de l'offre, la qualité de ses aménagements externes et internes, sa mise en réseaux, la maîtrise de ses capacités d'accueil et de développement. Le Château de Chenonceau par exemple, le plus visité des châteaux de la Loire avec près de 900 000 visiteurs annuels en 2019, gère bien cette problématique souvent qualifiée dans la littérature patrimoniale de « mise en tourisme » et particulièrement aiguë pour la majorité des lieux de patrimoine ; par exemple les sites religieux (encadré 6.12).

Encadré 6.12 – Diversifier l'offre touristique d'un site religieux

Sept sites de pèlerinage en Europe (Altötting, Czestocowa, Fatima, Lorette, Lourdes, Saint-Jacques-de-Compostelle et Patmos), accueillant chaque année plus de 20 millions de visiteurs de 150 pays, se sont groupés dans le réseau Coesima afin de se doter d'instruments de gestion pour favoriser leur développement touristique en sortant d'une orientation exclusive vers l'activité de pèlerinage, sans mise en valeur de leur patrimoine. Par exemple, Lourdes s'est appuyée sur des études de clientèles et sur la concertation de l'ensemble des partenaires (villes, sanctuaires, offices de tourisme, prestataires…) pour diversifier son offre de tourisme religieux : développement d'une offre liturgique et touristique combinée pour l'avant et l'arrière-saison ; création d'événements ; renforcement de l'offre liturgique spécifique aux pèlerins d'un jour ; développement de packages touristiques spécifiques à destination des enfants, des familles, et des jeunes de 20-30 ans, e-tourisme… Grâce à la technologie numérique, les « cathédrales digitales »[34] sont apparues avec d'abord une offre de spectacles multimédia, à base de *mapping* vidéo, sur leur façade principale (Rouen, Amiens, Reims, Notre-Dame de Paris, Basilique de Montréal…). Depuis 2023, l'entreprise Luminescence propose à l'intérieur de la Cathédrale Pey-Berland de Bordeaux, et dans d'autres églises en France, un spectacle immersif multisensoriel.

34. Voir Allal-Chérif O. et Gombault A. (2019), « Cathédrales numériques ; restaurer et visiter Notre-Dame grâce aux nouvelles technologies », *The Conversation*, theconversation.com, 29 avril.

L'architecture du site, facteur majeur de l'expérience de visite

L'architecture des sites fait partie intégrante de leur offre. Par son aura, elle fait d'eux des icônes culturelles, qui aident à établir ou à renforcer l'identité d'une ville ou d'un autre territoire sur une carte touristique. L'architecture des monuments par exemple joue aujourd'hui un rôle si important dans leur pouvoir d'attraction qu'elle finit par éclipser leurs fonctions et leur contenu de mémoire et d'histoire. Le « monument forme », vestige artistique qui s'impose par ses qualités exceptionnelles rencontre plus de succès que le « monument trace » (à fonction de témoignage) ou le « monument message » (à fonction de transmission), qui eux-mêmes tendent à fonctionner aujourd'hui comme des « monuments formes » (Debray, 1998). Ainsi les touristes se pressent-ils davantage à la Sainte Chapelle pour admirer le « joyau du gothique français », avec son « ensemble unique de quinze verrières et sa grande rose formant de véritables murs de lumière » plutôt que pour y voir les reliques qu'elle abrite, sa raison d'être originelle (MacCannell, 2005). Autre exemple, la consommation esthétique des *bunkers* du mur de l'Atlantique détourne leur commémoration : « objet de pèlerinages touristiques, on s'y rend avec un caméscope ou un appareil photo et on ramène de belles images de cette masse de béton noir qui s'inscrit dans le paysage » (Loyer, 1998). Confirmant cette tendance, les lieux et galeries d'art investissent les monuments : la galerie londonienne *Riflemaker* a ouvert ses portes en mai 2004 à Soho dans la boutique d'un armurier dans laquelle tout a été conservé en l'état et qui lui a donné son nom (Morel, 2008). Cette évolution du sens des monuments à leur dimension esthétique et emblématique de leur architecture rejoint « l'ère architecturale » des musées (encadré 6.13), qui les pousse vers une contextualisation historique, en gommant les frontières entre les œuvres et/ou les objets et leur mode de présentation (Gervereau, 2006).

Encadré 6.13 – L'ère architecturale des musées

C'est après la Seconde Guerre mondiale que les musées occidentaux se libèrent de l'architecture classique « d'espaces sanctuaires » conservant « des reliques », tant critiquées, entre autres par Paul Valery, pour promouvoir des formes libres liées au projet spécifique de chaque musée pour mettre en valeur ses collections comme un élément central de la révolution stratégique et organisationnelle qu'ils connaissent. Cette évolution étonnante commence en 1959 avec le bâtiment du musée *Guggenheim* de Franck Lloyd Wright à New York et se confirme en 1977 avec le centre Georges Pompidou à Paris, de Renzo Piano et Richard Rogers. Les deux musées sont considérés comme les actes fondateurs de cette nouvelle fonction architecturale des musées, résolument postmoderne, d'*exciting mass medium*, attirant les visiteurs avec des créations esthétiques extraordinaires. En 1977, Baudrillard dénonce « l'effet Beaubourg » et plus tard les musées américains, comme des lieux de simulacre cachant le réel. Ils sont en fait devenus des lieux de production d'expériences. Chaque pays, chaque ville, même modeste, voulant cette « cathédrale de son temps » et les « *starchitects* » y trouvant un terrain d'expression privilégié, le mouvement s'est poursuivi partout dans le monde, avec de multiples constructions ou de rénovations : entre autres, la pyramide du Grand Louvre de Peï, le musée juif de Libeskind à Berlin, la Pinacothèque d'art moderne de Braunfels à Munich, la *Tate Modern* d'Herzog et De Meuron à Londres, le MOMA de Tanigushi à New York, le Louvre-Lens transparent de l'agence japonaise Sanaa, le Musée national du Qatar de Jean Nouvel, « émergeant d'un désert qui s'est aventuré dans la mer »... Le mouvement n'est pas fini, comme en témoignent les nombreux projets réalisés depuis et en cours. L'architecture contemporaine du musée matérialise l'expérience de visite qu'il offre à ses publics par la traduction spatiale de son identité, tout en étant une source de valeur culturelle en elle-même, qui contribue fortement à l'attractivité et à la réputation du musée. Le *Guggenheim* de Bilbao, musée-monument conçu par Franck Gehry, qui a fêté en 2018 ses vingt ans de succès, constitue l'archétype de cette architecture-chef d'œuvre proposant une expérience attractive pour les visiteurs, ayant apporté une nouvelle image à la ville de Bilbao source d'une régénération urbaine et renforcé la marque multinationale *Guggenheim*. Pour faciliter l'accessibilité (physique, mais aussi sociale et intellectuelle) du musée, l'architecture doit rencontrer son projet culturel, par exemple la façade de « moucharabieh typographique » du musée Champollion – Les Écritures du Monde de la petite cité médiévale de Figeac ou la conception futuriste du musée des Confluences de Lyon visant à confronter les savoirs scientifiques au fonctionnement de nos sociétés. À Marseille, l'architecture du Mucem[35], véritable « épopée sociale » dans sa vision et sa construction par Rudy Ricciotti, est largement à l'origine de son succès. Mais dix ans après son ouverture, l'architecte estime aujourd'hui que le lieu est mal géré. Il accuse la direction de l'établissement d'en faire « une boîte noire sans lumière » aux expositions « dignes d'un musée de province » et « qui hâtent [son] sous-développement », mais aussi de ne pas entretenir correctement le bâtiment[36].

L'architecture intérieure, la muséographie et la scénographie tiennent une place importante dans l'architecture générale du site. Fortement médiateurs de l'expérience, ils ne doivent plus être autoréférentiels, c'est-à-dire générés par un ordre préalable reconnu des objets et des savoirs, mais intégrer davantage, voire totalement un discours propre et des objectifs de communication avec les visiteurs (Davallon, 1995). Les parcours et les expositions permanentes

35. Voir cahier couleur.

36. Source : « "Ils n'en ont rien à foutre" : le Mucem "maltraité" selon Rudy Ricciotti, l'architecte du musée », *Le Figaro*, lefigaro.fr 06/06/23.

comme temporaires sont idéalement conçus comme des environnements hypermédiatiques, réunissant plusieurs points de vue sur un sujet traité dont celui du visiteur. Dans cette perspective, une muséographie spécifiquement expérientielle, dite « immersive », s'est développée remettant en cause les principes didactiques jouant sur l'objectivation (Belaën, 2003)[37].

Animer l'expérience par de multiples services

Les aides à la visite

Au-delà de la présentation des artefacts culturels (expositions, parcours, signalétique...), le secteur du patrimoine s'est pourvu, depuis les années 1970, d'autres aides à la visite : personnel d'accueil, visites guidées ou audioguidées, centres d'interprétation, ateliers pédagogiques, médiathèques, espaces multimédia et divers dispositifs sophistiqués d'*edutainment, gaming*... La Bibliothèque nationale de France est très active en la matière. Autre exemple, en 2023, le château de Versailles a développé, en partenariat avec le CNC, le jeu « *Just Dance* » inspiré du domaine royal et de la musique baroque, pour toucher les jeunes publics. Cet accompagnement de la visite structure le récit et l'histoire qui se noue autour du site lui-même et de son offre : il participe largement à sa narration et, en cela, à la production de l'expérience (Goulding, 2000 ; Carù et Cova, 2006).

Pourtant, cette offre de services est insuffisante et/ou mal maîtrisée dans de nombreux sites, par manque de moyens financiers mais aussi bien souvent par manque de personnel compétent en la matière, voire par résistance idéologique de la culture de l'organisation.

Citons quelques observations simples issues de l'expérience de visiteurs-mystères :

- tel musée des Beaux-Arts d'une ville touristique qui ne se résout toujours pas à proposer des cartels ou des audioguides en anglais pour ses expositions d'été ;
- tel autre récemment rénové où le parcours labyrinthique proposé vous fait passer plus de temps à étudier le plan, qu'à regarder les œuvres ;
- telle exposition absconse ou rien ni personne ne vous tient la main sur le fil du savoir ni sur celui de l'émotion ;
- tel monument au personnel d'accueil tellement glacial que franchir le hall d'entrée pour entreprendre la visite est une gageure ;

37. Voir chapitre 3.

- telle visite guidée d'un château où les enfants de moins de 8 ans sont interdits (« comme les animaux, afin de préserver le prestige du produit » !) ;
- tel grand musée parisien qui n'a toujours pas prévu d'accueil spécifique pour les touristes asiatiques.

À l'inverse, citons quelques sites excellents en la matière : les sites du Québec sont des modèles de médiation (musée de la Civilisation à Québec, Pointe-à-Caillière, musée d'Archéologie et d'histoire de Montréal...). Les sites américains et australiens et anglais sont les champions de l'*edutainement*, et notamment de la « nostalgie récréative » : tels des kaléidoscopes, ils « romancent le passé » par la sélection et la présentation d'artefacts culturels esthétiques, scientifiques et historiques (Goulding, 1999).

L'offre d'une expérience virtuelle[38]

Les technologies multimédia et numériques proposent une nouvelle forme de rencontre : la virtualisation de l'expérience qui favorise l'implication des publics. Cette nouvelle offre, souvent adaptée des médiations préexistantes, contribue à mettre en valeur les musées ou les monuments, en partant de leurs bâtiments, collections et expositions et participe à l'évolution de leurs relations avec les publics, en les personnalisant. Elle permet à ses visiteurs de devenir hyperacteurs, à distance et en relation avec une interface informatique, et de manipuler les données de façon moins solennelle et plus ludique que dans le site réel : œuvres, connaissances, matériaux (examen d'une œuvre aux rayons X) accès aux coulisses, etc. Les dispositifs ne se limitent pas à la préparation ou au complément de visites réelles ou bien à une simple diversification des moyens de diffusion culturelle. Ils permettent également aux visiteurs de communiquer facilement et de façon plus égalitaire avec le musée, en tant que citoyens et clients, pour coopérer ou débattre avec lui, par des forums par exemple. Les technologies numériques de l'information et de la communication interviennent directement dans la valorisation des collections immatérielles : archives et documents, images, sons, musique, récits de vie et témoignages oraux.

L'offre d'autres productions artistiques et culturelles

La production de l'expérience patrimoniale intègre de plus en plus la mise en scène d'autres expressions artistiques et/ou culturelles, comme l'art contemporain,

38. Voir au début du chapitre le développement sur l'adoption numérique du patrimoine comme orientation stratégique forte du secteur et voir deuxième partie du chapitre 2 sur la révolution numérique du secteur culturel.

le spectacle vivant, la littérature et les industries créatives en général (mode, gastronomie, paysagisme, etc.), à la fois produits d'appel et formes d'aide à la visite. L'accueil de festivals et de méga-événements du même type dans les sites patrimoniaux constitue la forme la plus fréquente de cette valorisation de l'offre. Peuvent ainsi être éclairés une région (les expositions internationales comme Saragosse 2008 ou universelles comme Dubaï 2020), une ville (le festival des musiques sacrées de Fès), un site en particulier (Les chorégies d'Orange dans son théâtre antique), un ensemble de sites (Festival des Grands Crus Musicaux dans les châteaux prestigieux du Bordelais). Ces « *packages* de valeur » dites aussi « offres combinées » peuvent être si forts qu'ils deviennent le principal vecteur de médiation du patrimoine : par exemple le festival de Marciac fort de 45 éditions en 2023 ou comment les grands noms du jazz font découvrir la culture du Gers… Ils peuvent aussi prendre un caractère permanent comme le définit en France le label « Centres Culturels de Rencontres » qui met en œuvre un projet de production intellectuelle et artistique dans un monument historique réhabilité ayant une capacité d'accueil et de service : par exemple l'Abbaye de Fontevraud, l'Abbaye-aux-Dames de Saintes, l'Abbatiale d'Ambronnay sont ainsi devenus des lieux de création et de diffusion musicale. Enfin, un site peut être fondamentalement revalorisé par une autre offre culturelle, comme les friches industrielles, par exemple la Belle de Mai à Marseille devenue dans les années 1990 un lieu de production et de diffusion artistique pluridisciplinaire, ou comme d'autres monuments, par exemple l'ancien palais de justice de Nantes transformé en un hôtel haut de gamme incluant un espace dédié à la création artistique contemporaine.

D'autres formes plus légères de *packages* de valeur sont fréquentes : expositions d'art contemporain, résidences d'artistes, lectures, concerts, théâtre, danse, films, et autres performances. Outre la programmation de son auditorium, le musée du Louvre organise ainsi depuis 2007 des nocturnes destinées à voir « Le Louvre autrement », mobilisant par exemple des danseurs créant un dialogue singulier avec les œuvres.

Parfois, ce sont des performances non autorisées qui créent ce dialogue avec les œuvres : par exemple, en mai 2014, le jeudi de l'ascension, une artiste luxembourgeoise Deborah de Robertis, vêtue d'une robe dorée qui rappelle le cadre du tableau, pose assise, jambes écartées, devant le tableau *L'Origine du Monde* de Gustave Courbet, sur un air de l'*Ave Maria*. Intitulée *Le miroir de l'Origine* et conçue comme un hommage à l'œuvre sulfureuse, la performance est applaudie par les visiteurs présents dans la salle. Elle est diffusée en vidéo et largement commentée sur les réseaux sociaux.

Les services commerciaux périphériques

Les services commerciaux périphériques[39], que les lieux de patrimoine développent, permettent d'offrir une « expérience totale » (Frey, 1998), c'est-à-dire déclinée sur tous les segments de l'offre, à leurs visiteurs. En particulier, le marketing de l'expérience patrimoniale s'appuie de plus en plus sur les produits culturels dérivés, c'est-à-dire des objets et des activités connexes à la visite, dont le marché se structure et se professionnalise depuis quelques années[40]. Les ventes de cartes postales, d'affiches, de catalogues, de boissons et de sandwichs continuent à dégager des recettes. Mais les visiteurs cherchent de plus en plus à acheter des objets porteurs de sens, en rapport avec le lieu qu'ils ont visité. Ayant repéré cette tendance, de nombreux responsables de sites cherchent à diversifier l'offre de leurs boutiques (encadré 6.14) afin de proposer des objets vraiment créatifs et inspirés par une collection ou un patrimoine, et non pas seulement la reproduction d'une œuvre ou un objet interprétant une œuvre ou un patrimoine. La gastronomie, les arômes, la musique, les jardins, les styles de vie… sont entrés dans l'univers patrimonial en étant moins considérés comme une forme d'exploitation mercantile des œuvres d'art.

Encadré 6.14 – Boutique et e-boutique, médium de l'expérience culturelle

Une recherche de Kent (2007), menée en Grande-Bretagne et notamment à l'*Imperial War Museum* de Londres, montre que la boutique de musée est devenue une destination en soi, qui offre une expérience très libre et démocratique de l'environnement culturel dans lequel le visiteur est immergé. Cette expérience contraste avec celle plus formalisée qui est offerte par le musée et la complète utilement. Gautier (2003), qui a étudié les librairies de musée en France, observe qu'elles deviennent autant un médium qu'un commerce, une caisse de résonance de leur visite pour les publics. L'immersion dans la visite entraîne chez le visiteur un besoin d'appropriation de l'expérience vécue que va satisfaire l'achat d'un objet culturel, lui permettant de revivre l'expérience. Elle va même parfois lui permettre de la vivre tout court comme pour ces visiteurs qui n'aiment pas voir l'exposition mais qui achètent le catalogue ! La dimension expérientielle des services périphériques est désormais pensée dès l'initiation du projet de valorisation d'un lieu (rénovation, création, etc.). Pendant et depuis la crise du Covid-19, l'*e-commerce* et le *merchandising* des musées se sont développés de façon importante. Le musée du Louvre, par exemple, a désormais sa propre plateforme de vente de produits dérivés issus de ses différents partenariats comme CASETiFY, Uniqlo ou Lancôme.

39. Voir chapitre 2.

40. Comme l'indique Joëlle Marty, présidente de l'association de « Museum & Industries », une association internationale de professionnels des produits dérivés et des boutiques de musée (Dyckmans, 2003).

L'importance de la créativité et de l'innovation

De façon générale, la pandémie a rappelé à quel point la créativité et l'innovation étaient des facteurs clés de succès dans le patrimoine, comme dans d'autres secteurs. Seules les organisations ayant déployé une stratégie de développement d'offre forte adaptée au contexte de confinement et de semi-fermeture se sont avérées performantes avec l'accélération majeure d'une accessibilité numérique dans les plus grands musées du monde (Gombault et Allal-Chérif, 2021). En France, on peut citer le dynamisme de plusieurs sites culturels : entre autres Bibracte, la Saline royale d'Arc-et-Senans, le Mucem, le musée Soulages, la Cité internationale de la Tapisserie à Aubusson, Océanopolis, le château-musée de Foix, ou le Futuroscope (Gombault *et al.*, 2023).

Les autres variables du marketing-mix, au service de la valorisation de l'offre patrimoniale

Les actions de communication, de distribution et de prix concourent en aval à cette valorisation de l'offre.

Communiquer pour attirer

Outre ses autres fonctions classiques d'information et d'éducation, il n'est pas inutile de rappeler ce qui ne semble pas toujours évident aux responsables de sites : la communication doit aussi servir à donner envie de venir aux publics. Parmi les outils utilisés, les relations presse et la production d'événements sont courantes. La publicité est souvent sous-exploitée alors qu'elle s'avère indispensable comme le montrent le succès des Journées du patrimoine ou des sites qui l'utilisent fortement au Canada ou aux États-Unis… L'objectif premier de la communication est d'augmenter et/ou de diversifier la fréquentation ; souvent passé « l'effet lune de miel » de l'ouverture d'un site ou d'une exposition, on observe un déficit de communication. Pour atteindre cet objectif, le e-marketing est en plein développement, y compris dans les organisations de petite et moyenne taille, car le développement d'un site internet et plus encore l'utilisation des réseaux sociaux est à la portée de tous (encadré 6.15).

Encadré 6.15 – Les réseaux sociaux pour communiquer

La plupart des musées et des monuments n'ont pas de gros budgets pour développer les technologies numériques, mais comme tout le monde (ou presque), ils ont accès aux réseaux sociaux et peuvent s'en servir activement. Dans les pays occidentaux, les plus actifs sont présents sur Google Arts et Culture, Facebook, Instagram, Snapchat, Twitter et plus récemment TikTok. Ces réseaux, interconnectés avec leur site web, sont devenus un élément essentiel de la communication des musées pour encourager les fans à se mobiliser pour le musée ou le monument et pour générer des ventes dans leur flux de revenus comme à la *Tate* par exemple (Gombault et Allal-Chérif, 2021). Avec 13,3 millions d'adeptes combinés sur TikTok, Twitter, Facebook et Instagram, le *Museum of Modern Art* de New York, aux États-Unis, était le musée mondial le plus présent sur les réseaux sociaux en mars 2023. Une autre institution new-yorkaise, le *Metropolitan Museum of Art*, occupait la deuxième place à cette date, avec environ 10,7 millions de *followers*.

Plus largement, la stratégie de communication peut être entièrement développée numériquement. Emmanuel Ory, chef du service marketing digital juste après l'ouverture du Louvre Abu Dhabi fin 2017, explique[41] qu'au sein d'un pays jeune, les Émirats arabes unis, dont l'économie numérique est centrale, le musée a imaginé pour son lancement un marketing et une communication 100 % en ligne : marketing d'influence, achats publicitaires et médias, innovation digitale (visite radioguidée sur l'autoroute entre Dubaï et Abu Dhabi), image de marque.

En second lieu, la communication sert à établir, maintenir et développer une relation avec les différents publics. Par exemple la *National Gallery of Victoria*, le musée le plus visité d'Australie avec 1,1 million de visiteurs par an, soigne particulièrement les outils ciblant ses partenaires : affiches, plaquettes, site internet, rapport d'activité… La communication institutionnelle s'avère ainsi particulièrement importante à destination des différents financeurs de l'organisation. La marque en est un vecteur majeur[42] : ci-dessous l'exemple très réussi de la *Tate* (encadré 6.16).

41. Communication au workshop « Digital Cultural Lab » de KEDGE Arts School, 28 septembre 2023.

42. Voir chapitre 2 à propos des différentes stratégies de marques culturelles.

Encadré 6.16 – Patrimoine et marque : le cas de la *Tate Gallery*

Depuis son ouverture en 1897, la *Tate* a connu de nombreux changements de nom et d'identité. D'abord appelée *National Gallery of British Art*, elle est rebaptisée en 1920 *National Gallery, Millbank*. Elle devient officiellement en 1932 *The Tate Gallery* (même elle est déjà connue grâce à son bienfaiteur sous le nom officieux de « *The Tate* »). En 1988, puis en 1993, les branches régionales ouvrent à Liverpool et St Ives : *The Tate Gallery Liverpool* et *The Tate Gallery St Ives*. En 2000, le musée connaît un re-branding majeur. Avec l'ouverture de *The Gallery of Modern art* et la régénération du site de Millbank, il est relancé sous la marque ombrelle « *Tate* », avec *Tate Britain*, *Tate Modern*, *Tate Liverpool*, et *Tate St Ives*, les marques de ses quatre branches. La *Tate* voulait du nouveau qui réinvente l'idée de musée. Wolf Ohlins a créé la marque autour de l'idée « *Look again, think again* ». L'éventail de logos, changeant dans un même registre graphique, indique la collection d'expériences possibles pour le visiteur dans un musée toujours en dynamique. Le brand content, axé sur l'impact sociétal de l'art, constitue la marque (#TateChange). Avec cette stratégie de marque, la *Tate* s'inscrit dans la tendance, initiée par le *Guggenheim*, de faire de la marque des musées un outil de réputation globale pour permettre un accès large à l'art à tous les publics, grand public, artistes, collectionneurs, partenaires.

Maîtriser les réseaux physiques et virtuels de la distribution

La stratégie majeure et centrale de distribution des lieux d'art et de patrimoine, dite de type *pull*, consiste à attirer le public dans ces lieux, par différentes tactiques :

- D'abord par la nature de l'offre elle-même, par sa communication en général (campagnes de notoriété) et particulièrement par une promotion d'image du site lui-même, de sa destination[43], de ses aménagements et de sa communication visuelle d'ensemble, en somme l'incarnation en 3D de sa marque. Par exemple, les galeries d'art contemporain de Londres se sont délocalisées à l'est (*Hoxton square*, puis *Hackney*, *Bethnal Green*), profitant de loyers moins élevés tout en jouant sur un environnement spatial de friches industrielles, en cohérence avec leur architecture minimaliste (comme celle de la galerie *White Cube*). Marque de leur image alternative et de l'authenticité de leur démarche, cette nouvelle localisation leur a amené la clientèle *gentry* de ces quartiers qui comptent désormais pléthore

43. Voir le paragraphe ci-avant sur la nécessité d'un marketing intégré de destination.

d'agences média, bureaux d'architecte, et boutiques à la mode, que ces galeries ont elles-mêmes contribué à créer.

- Ensuite par différents services facilitant l'accès à ce lieu en fonction des caractéristiques, des besoins et des contraintes des différents publics : transports, signalétique, parking, prévente de billets, horaires d'ouverture, événements... Les grands sites excentrés (Mont-Saint-Michel, Pont du Gard...) sont familiers de cette problématique.

- Enfin, pour certains sites qui l'ont inscrit dans leurs missions, par un travail proactif d'accessibilité de l'offre à des publics non familiers de la visite, et/ou défavorisés. Cette accessibilité ne peut être atteinte que par la mise en œuvre d'une politique particulière qui requiert bien davantage qu'une gratuité de l'entrée, action inefficace si elle n'est pas accompagnée. Un développement des publics requiert à la fois une approche ciblée des groupes (ou des communautés) à partir de leurs caractéristiques sociales particulières (ethniques, culturelle, géographiques, démographiques, financières, etc.) et une approche ciblée des individus dans ces groupes, sachant que l'étude monolithique d'un groupe n'est pas toujours la meilleure façon d'attirer plus de visiteurs au musée. Le musée va pouvoir attirer ces publics en établissant une relation active avec eux. Par exemple le *Science Museum*, avant qu'il ne soit gratuit en 2001, était sans doute alors le musée le plus accessible de Londres, tout en étant l'un des plus chers (Jackson, 1999). Poursuivant plusieurs objectifs d'accessibilité – augmenter le nombre des visiteurs, élargir et diversifier la fréquentation, augmenter l'accessibilité intellectuelle, augmenter l'accessibilité physique – le musée s'appuyait sur une segmentation fine de la population par critères démographiques (socio-économiques et culturels) et psycho-graphiques (traits personnels relatifs au fait d'aller au musée ou non)[44] pour travailler à sa programmation en général, au planning de ses expositions et pour proposer des actions particulières à des enfants défavorisés, des parents non-visiteurs ou encore des femmes peu intéressées par les sciences. Chaque équipe d'exposition avait un *audience advocate* (littéralement « avocat des publics ») dont le rôle était d'assurer que l'équipe prenait bien en considération les besoins, les capacités et les intérêts des publics ciblés.

Les lieux de patrimoine étendent leurs accès par d'autres stratégies de distribution de type *push*, visant à pousser les produits vers les clients en utilisant

44. Les catégories considérées étaient l'âge, le genre, le groupe socio-économique, les obstacles physiques et autres à l'accès, le *background* ethnique, le niveau d'éducation, la première langue, le lieu de résidence, le passé de visite du musée ; le passé de visite des musées et des galeries en général ; les motifs de la visite (l'éducation antérieure, l'auto-éducation, l'éducation des enfants, le divertissement).

différentes tactiques : partenariats avec des prescripteurs (tour-opérateurs, offices de tourisme, billetterie événementielle, *e-commerce*), partenariats avec d'autres institutions (prêts d'œuvres, produits itinérants comme les expositions, films, conférences, réseaux d'institution, stratégies d'alliances internationales, comme l'exceptionnel Louvre Abu Dhabi…), branches (*Tate, Guggenheim*…), boutiques situées *extra muros* (celle du MOMA à Soho), etc. Ces stratégies permettent souvent un changement de publics, notamment un rajeunissement ou une diversification de ceux-ci, une optimisation des coûts par un amortissement élargi et la possibilité pour chaque lieu de bénéficier d'artefacts culturels porteurs d'événements (Courvoisier et Courvoisier, 2007).

Les technologies numériques permettent aussi désormais de dépasser les contraintes traditionnelles imposées par la localisation des sites (Bakhshi et Throsby, 2010), soit en facilitant leur accès physique (sites Internet, portail de sites dans une région, réseaux entre sites), soit en permettant un accès virtuel (architecture, collections, activités de médiation interactives…). La quête de nouveaux espaces virtuels des musées stars et superstars, pendant la crise du Covid-19, a été réalisée grâce à deux facteurs organisationnels : la plateformisation et la collaboration. Cette transformation numérique est en soi un changement social profond pour les musées, en les connectant aux enjeux contemporains de la société, bien au-delà du mausolée. D'une certaine manière, les musées n'ont jamais été aussi ouverts socialement. Les musées stars et superstars ont offert un nouvel espace de visite pendant la crise du Covid-19 : des musées à la demande à domicile. Ils ont utilisé la technologie pour rivaliser avec la technologie. Cette conception les rapproche de la plateformisation des industries culturelles (Gombault et Allal-Chérif, 2021). Le divertissement et les loisirs sont très axés sur le streaming, les jeux vidéo et la participation aux réseaux sociaux (Burgess et Green, 2018). La production culturelle dans son ensemble tend à être plateformisée (Nieborget et Poell, 2018). Les grands musées s'inscrivent désormais clairement dans ce nouveau paysage médiatique : ils se sont emparés de ces territoires numériques pour se les approprier et conquérir de nouveaux publics. Dans une économie de l'attention, où le temps est compté, les musées doivent lutter pour trouver une place. Ils utilisent les mêmes dispositifs technologiques que leurs adversaires pour mettre en valeur leurs collections, leurs événements, leurs savoirs, leur architecture, leur histoire. Ils sont devenus des producteurs et des diffuseurs de contenus numériques multimédia accessibles sur leur site web, les médias sociaux et d'autres plateformes. Ils collaborent avec leurs équipes, leurs publics et leurs communautés professionnelles pour promouvoir leurs contenus culturels et co-créer, dans une culture participative (Jenkins, 2006). Au-delà de la quantité de contenu en ligne, c'est surtout sa qualité qui contribuera à renforcer l'engagement et la fidélité du public. Pendant la crise de Covid-19, les musées ont évolué vers un espace plus collaboratif en co-créant avec leur personnel, leur public et d'autres musées (Gombault et Allal-Chérif, 2021). Cette collaboration a été possible grâce à la transformation de l'écosystème des musées par de multiples parties prenantes. Les musées sont devenus des espaces virtuels sans limites physiques et s'invitent dans les maisons de leurs publics. Leurs équipes de travail ont commencé à collaborer les unes avec les autres en changeant leurs rôles pour développer leurs projets numériques complexes avec une créativité florissante (Burgess et Green, 2018). Ils ont co-créé des communautés de pratiques avec d'autres musées.

Définir des stratégies de prix

Pris dans le cercle vicieux de l'inflation des coûts pour survivre ou croître, l'équilibre économique des lieux de patrimoine est le plus souvent difficile à atteindre, et au mieux fragile[45]. En conséquence et à raison, les lieux de patrimoine mettent désormais en œuvre, à des degrés divers, de véritables stratégies de prix, plus ou moins sophistiquées, destinées à assurer tout ou partie (s'ils sont subventionnés[46]) de leur autofinancement tout en leur permettant d'atteindre leurs objectifs de fréquentation en termes de volume et d'accessibilité (Gombault, 2013). Ces stratégies de prix se traduisent par la multiplication des actions-prix (fixées suivant différentes méthodes[47]) et leur intégration croissante dans la stratégie générale du site :

- Prix de l'offre centrale : entrée sur le site, payante ou gratuite. Quand elle est payante, diverses actions sont courantes : discrimination des prix, offres combinées (en interne, avec d'autres sites, avec le territoire…), adhésions… Les prix de ces actions tendant à augmenter régulièrement.
- Prix de l'offre périphérique : accès aux expositions temporaires non incluses dans l'offre centrale, services culturels (visites guidées, conférences, ateliers pédagogiques…), produits d'autres équipements culturels du site (auditorium, cinéma, médiathèque…), produits dérivés, restaurants, services divers, droits d'image, location d'espaces, circulation ou location d'expositions, *fundraising* (mécénat, parrainage, *crowdfunding*…), autres partenariats (avec les tour-opérateurs par exemple)…

45. Selon Greffe (2003), il est difficile pour un monument recevant moins de 100 000 entrées par an d'atteindre le seuil de rentabilité.

46. Les subventions publiques elles-mêmes, étant de plus en plus issues d'une négociation contractuelle avec les tutelles, peuvent être vues comme un prix sanctionnant une valeur d'échange. Les modalités du financement public du patrimoine ne sont pas développées ici.

47. Voir détails Gombault (2013).

L'observation montre un développement croissant de l'offre périphérique dans un contexte marqué de crise, particulièrement dans les pays d'Europe du Sud (Grèce, Espagne, Portugal...) : par exemple l'Italie qui avait déjà externalisé son offre périphérique continue de la développer pour faire face à des coupes drastiques dans les subventions publiques[48].

Quatre configurations génériques de stratégies de prix peuvent être identifiées aujourd'hui pour les musées et les monuments (tableau 6.1).

Comme le montre ce tableau, la gratuité, permanente, ponctuelle (événementielle, temporaire...), catégorielle, est une action-prix particulière de l'offre centrale, qui fait partie intégrante des stratégies de prix des sites, pour des raisons initialement idéologiques, la gratuité étant associée à l'identité originelle des musées et des monuments de mise à la disposition de tous d'un patrimoine collectif. Mais à l'encontre d'une idée reçue, et comme l'ont montré de nombreuses études[49], pour les publics la gratuité est secondaire dans la construction et la réalisation d'un projet de visite ; la clé d'entrée de la fréquentation des musées, résidant avant tout dans l'implication des personnes dans cette activité. En fait, seule une politique d'accompagnement actif de cette mesure, visant à en faire un outil d'implication dans la visite pour les publics, peut produire des résultats. Pour autant, la mesure de gratuité n'est pas neutre : elle dispose d'un pouvoir métamorphique sur la pratique de visite de musées, qui s'exerce de trois façons différentes qu'illustre bien le succès des journées du patrimoine :

- d'abord, elle permet de faire penser aux musées ; elle a clairement un effet promotionnel, surtout si elle est bien communiquée ;
- ensuite, elle améliore l'accessibilité symbolique et/ou pécuniaire des sites de certains segments de visiteurs, intéressés par le site, dotés d'un capital culturel élevé mais ayant de faibles revenus (étudiants, retraités et chômeurs des professions intellectuelles, etc.) ;
- enfin, pour certains visiteurs également, elle change le processus de décision de visite qui apparaît plus simple, moins coûteux, basé sur l'essai et une dimension expérientielle, et en cela, elle lève des barrières psychosociales, qui sont celles qui limitent réellement l'accès au musée.

48. L'Italie ne consacre que 1,1 % de son budget à la culture, un des plus bas d'Europe, alors que l'Italie affirme abriter la moitié du patrimoine mondial. En 2012, Antonio Manfredi, artiste engagé, directeur du musée d'Art moderne de Casoria près de Naples, a brûlé des tableaux et d'autres œuvres d'art pour protester contre les coupes budgétaires de l'État italien dans le secteur de la culture. Ce cri d'alarme a permis de faire affluer les visiteurs, à défaut de faire revenir les subventions.

49. Pour la France, voir la recherche réalisée par Gombault *et al.* (2006).

Tableau 6.1 – Quatre configurations génériques de stratégies de prix dans les musées et les monuments aujourd'hui (Gombault, 2013)

	OFFRE CENTRALE PAYANTE, INCLUANT SOUVENT DES ACTIONS DE GRATUITÉ	**OFFRE CENTRALE GRATUITE (OU CONTRIBUTION VOLONTAIRE)**
Offre périphérique développée payante	**Configuration 1** Autofinancement moyen à élevé Intégration moyenne à élevée entre les décisions de prix de l'offre centrale et celles de l'offre périphérique Apprentissage du rôle stratégique du prix moyen à élevé	**Configuration 2** Autofinancement moyen à élevé Intégration moyenne à élevée entre les décisions de prix de l'offre centrale et celles de l'offre périphérique Apprentissage du rôle stratégique du prix moyen à élevé
	Exemples Grands monuments/musées publics (Louvre, Versailles, *Royal Ontario Museum*) ou privés (tour Eiffel, Vatican, *MOMA*) Moyens et petits musées privés dynamiques (Pointe-à-Callière, Château Ramezay)	***Exemples*** Grands musées nationaux anglais (tous), australiens (*National Gallery of Victoria*) américains (*Smithsonian*), ou privés (*J. Paul Getty Museum*) Grands et moyens monuments publics et privés (grands sites religieux comme Lourdes)
Offre périphérique limitée payante	**Configuration 3** Autofinancement faible à moyen Intégration faible à moyenne entre les décisions de prix de l'offre centrale et celles de l'offre périphérique Apprentissage du rôle stratégique du prix faible à moyen	**Configuration 4** Autofinancement faible Intégration nulle à faible entre les décisions de prix de l'offre centrale et celles de l'offre périphérique Apprentissage du rôle stratégique du prix faible sauf si la gratuité est choisie de manière endogène (*Coventry Transport Museum*)
	Exemples Moyens et petits musées/monuments publics (la plupart des musées européens comme le Musée archéologique de Bologne) ou privés (*Bata Shoe Museum*, Fondation Tàpies)	***Exemples*** Moyens et petits monuments/musées publics, voire privés, si totalement financés par des fonds publics et/ou privés

Dans l'offre centrale et/ou périphérique, la question de la monétisation ou non de l'offre numérique est une nouvelle question apparue à la fin des années 2010 et devenue très aiguë pendant et depuis la crise du Covid-19.

Durant tout le confinement, les musées américains et anglais ont utilisé des plateformes en ligne pour lancer des collectes de fonds et tenter d'éviter l'insolvabilité, ou pour financer leurs programmes virtuels en bâtissant des communautés monétisables. Prolongement des programmes d'abonnement traditionnels, des plateformes d'abonnement, telles que Patreon[50], permettent de réunir des communautés géographiquement dispersées autour de la création de contenu numérique. Les mécènes profitent d'avantages, comme un accès exclusif à un contenu donné ou la possibilité de donner leur avis sur les documents créés. Ces communautés virtuelles permettent d'élargir la communauté des sympathisants, tout en fournissant un flux de revenus régulier supplémentaire. Testées pendant les confinements liés au Covid-19, deux formes de monétisation des contenus culturels en ligne continuent d'être déployées par certaines institutions culturelles: d'une part, les cours en ligne, proposés par la *National Gallery* et le *Victoria and Albert Museum* de Londres, mais également les réseaux de musée français RMN et Paris Musées, au tarif de 100 à 300 euros par série, d'autre part les visites ou conférences virtuelles, avec médiation en direct, commercialisées par certains lieux du Centre des monuments nationaux, mais également par la Fondation Louis Vuitton, au tarif de quatre à sept euros par session.

CONCLUSION

Le marketing permet de valoriser le patrimoine auprès de son environnement et ainsi de le faire vivre. Il souligne sa pertinence et son intérêt pour les publics, développe son attractivité en même temps que ses ressources. Utilisé à bon escient, c'est-à-dire au service des missions définies par le site, il ne constitue pas un danger, comme on peut parfois encore l'entendre en France, mais bien un atout. Chaque site devrait définir et mettre en œuvre une stratégie marketing pour mener à bien ses projets. Comme le disait un professionnel du patrimoine canadien, évoquant la richesse de notre patrimoine : « En France, vous avez de l'or sous vos pieds, mais vous ne savez pas bien le ramasser. Nous, on a moins que vous, mais on le valorise mieux. » Si la France a beaucoup progressé ces vingt dernières années en la matière – offre exceptionnelle qui reste son point fort, numérisation, médiation, études, distribution, prix, tourisme créatif… – un important apprentissage du marketing patrimonial reste encore à accomplir,

50. Voir Accueil – Patreon

afin de le rendre plus professionnalisé en même temps que plus créatif, de favoriser une plus grande accessibilité et une meilleure expérience pour les publics. Les voies de cet apprentissage passent par la production d'offres plus innovantes socialement – numériques, inclusives, écologiques – et le recrutement d'équipes marketing dédiées.

CHAPITRE 7

Le marketing des industries culturelles : musique enregistrée, livre, film et jeu vidéo

Par Stéphane Debenedetti

INTRODUCTION

L'expression « industries culturelles » fait référence aux activités de production et de diffusion en masse de biens culturels (matériels ou digitaux), nés d'un geste créatif et soumis aux droits de propriété intellectuelle. On sait qu'elle nous vient de la critique par les philosophes allemands de l'École de Frankfort (Adorno et Horkeimer, 1947) de l'industrialisation des modes de production et distribution des œuvres, donnant naissance à une « industrie de la culture » accusée de véhiculer des produits stéréotypés et abrutissants. Depuis, et sans y accoler systématiquement de telles connotations négatives, on y associe couramment l'audiovisuel, l'édition, la musique enregistrée, parfois la presse et, petit dernier de cette grande famille, le jeu vidéo. Ce dernier chapitre est consacré à quelques-unes de ces industries culturelles : la musique enregistrée, le livre, le cinéma (en salle), et le jeu vidéo. Au sein de ces filières industrielles qui intègrent la production, la diffusion et la vente, ce chapitre se place plus particulièrement du point de vue de l'éditeur ou du distributeur, en charge du marketing de l'œuvre. Les pratiques commerciales propres aux vendeurs – en ligne (Amazon.com), en magasin (Fnac), ou dans un complexe cinématographique – nécessiteraient un développement spécifique qui n'a pas sa place dans le cadre limité de ce chapitre.

Le terme « industrie culturelle » signale d'emblée une double identité, entre recherche de rentabilité d'un côté (la dimension industrielle), et défense des artistes et de leur œuvre de l'autre (la part culturelle de l'aventure). La structure d'oligopole à frange concurrentielle propre à l'industrie culturelle reflète (en partie) cette double identité, aux niveaux de la production ou de la diffusion. Au centre, quelques gros acteurs nationaux ou multinationaux, aux ambitions financières élevées, occupent en effet l'essentiel du marché, tandis qu'en périphérie (la frange), des centaines, voire des milliers, de petites organisations spécialisées en exploitent les « niches ». Classiquement, on appelle les premiers « majors », et les seconds « indépendants ». Les majors s'inscrivent essentiellement dans une logique d'*exploitation* industrielle d'artistes, genres et styles populaires ayant déjà rencontré le succès, alors que les indépendants suivent plutôt une logique d'*exploration* culturelle d'esthétiques nouvelles ou singulières.

Qu'elles soient majors ou indépendantes, les entreprises des industries culturelles travaillent toutes sur des prototypes (on parle aussi de « singularités »), dont la production et la commercialisation sont marquées par le risque et l'aléa (le fameux « *nobody knows* » de Caves, 2000). Dans ces conditions d'incertitude élevée, on comprend que le recours au marketing rassure en donnant le sentiment d'une certaine maîtrise. L'offre de produits culturels, naturellement très abondante pour répartir ces risques, est stimulée encore par la digitalisation des processus de production et de diffusion. Il en résulte une situation d'hyperchoix pour les consommateurs, laquelle s'accompagne fatalement d'une hypersollicitation, typique de « l'économie de l'attention » qui caractérise notre époque (Citton, 2014). Chaque producteur cherche en effet à capter l'attention et à éveiller le désir d'un public de plus en plus volatil à mesure qu'il est sollicité. Pour orienter ses choix et le convaincre, le marketing mobilise alors diverses formes de prescription (bouche-à-oreille, médias, influenceurs, algorithme…), et ce dans un contexte de digitalisation généralisée où certaines formes de prescription traditionnelle (comme celle « verticale » des critiques des médias) tendent à perdre de leur hégémonie au profit d'autres plus récentes.

La digitalisation actuelle des produits culturels s'accompagne en outre de la « plateformisation » des industries culturelles. Les plateformes digitales peuvent être définies comme des infrastructures numériques facilitant et façonnant les interactions entre des utilisateurs et des fournisseurs de contenus (qui peuvent occasionnellement être les mêmes). Ces plateformes sont largement organisées autour de la collecte, la circulation et la monétisation des data générées par ces interactions (Poell *et al.*, 2019). Un de leur principe de fonctionnement est la recommandation algorithmique, basée sur l'exploitation des données personnelles de navigation des utilisateurs (comme sur Spotify), même si certaines plateformes alternatives peuvent également être fortement éditorialisées (comme la plateforme du cinéma documentaire d'auteur tënk). Après un premier mouvement de désintermédiation dans les années 2000 (systèmes *peer to peer*), les plateformes digitales sont devenues depuis 10 ans les nouveaux intermédiaires incontournables de nombreuses industries culturelles, fonctionnant comme autant de systèmes de filtrage, ou « *gatekeepers* » (Hirsch, 1972), pour les œuvres et les artistes. On verra, selon les industries culturelles considérées, les rôles que peuvent jouer ces plateformes dans le marketing qui y est pratiqué.

Enfin, lorsqu'on accole le mot marketing à l'expression « industries culturelles », les premières images qui nous viennent à l'esprit convoquent invariablement les grandes stars, les blockbusters, les fans hystériques, les campagnes de communication pharaoniques, les chiffres de ventes (ou de *streams*) astronomiques, etc. Ce *star-system* revêt un poids économique et symbolique essentiel dans l'économie de ces filières. Pour autant, les entreprises des industries culturelles sont pour la plupart bien loin de ces excès : l'immense majorité d'entre elles sont des TPE modestes de moins de 10 salariés, quasi artisanales. Les moyens alloués au marketing y sont de fait limités, la séparation entre les activités de gestion (dont le marketing) et les décisions en matière artistique y est beaucoup moins marquée que dans les grandes entreprises culturelles, et l'opinion générale à l'égard du marketing y est, pour le moins, beaucoup plus mitigée. Du reste, loin de l'image (*show*) *business* qu'on leur associe, elles font en France l'objet d'une importante intervention publique (aides directes, crédits d'impôts, etc. ; Busson, Evrard et Paris, 2022 ; Gourdin, 2022), et un nombre non négligeable d'entre elles sont des structures sans but lucratif (à titre d'exemple, 30 % environ des labels discographiques indépendants sont des associations).

Ce chapitre est découpé en quatre parties, correspondant aux quatre industries culturelles qui seront ici étudiées sous l'angle du marketing qui y est pratiqué : la musique enregistrée, l'édition, le cinéma en salle et le jeu vidéo. Chaque partie est structurée de la même façon : l'industrie et le marché sont d'abord succinctement présentés, puis les principales caractéristiques du marketing, stratégique et opérationnel, sont décrites et illustrées.

LA MUSIQUE ENREGISTRÉE

Industrie et marché de la musique enregistrée

L'industrie musicale respecte la structure générale de l'oligopole à frange avec, au centre, les majors multinationales que sont Universal, Sony et Warner, captant environ 70 % du chiffre d'affaires du secteur. Celles-ci sont suivies par un nouvel acteur hybride de taille intermédiaire, Believe, distributeur digital devenu label et éditeur. Dans la frange, quelques gros indépendants (PIAS, Wagram, Because, Tôt ou tard…) masquent une forêt de quelques milliers de TPE indépendantes (le plus souvent de moins de 10 salariés), artisanales dans les faits, et dont 30 % sont sous forme associative. Si, selon la Félin (Fédération des labels indépendants), les indépendants, petits ou moyens, représentent en France environ 80 % des artistes signés, les trois majors pèsent, pour leur part, pour près de 80 % du dépôt légal des phonogrammes.

Les données du SNEP (2023), Syndicat national de l'édition phonographique, décrivent un marché français de la musique enregistrée en croissance de 6,4 % en 2022, et ce pour la sixième année consécutive, toujours portée par la hausse du chiffre d'affaires du streaming. En valeur, le marché représente 920 millions d'euros (2022). Sans surprise, la musique numérique réalise en France l'essentiel des ventes[1], à hauteur de 74 % (*vs* 25 % il y a 10 ans ; *vs* 65 % au niveau mondial). Comme le montre le tableau 7.1, c'est le streaming par abonnement qui domine largement cet ensemble numérique. Le marché physique (CD et vinyle), après une hausse post-confinement en 2021 de 21 %, marque à nouveau le pas (– 12 %), même si les ventes de vinyles restent dynamiques.

Tableau 7.1 – Parts de marché de la musique enregistrée numérique et physique (hors synchronisation et droits voisins)

	% DES VENTES DE MUSIQUE ENREGISTRÉE EN 2022	ÉVOLUTION EN % (2022/2021)
Revenus physiques	26	– 12
dont CD	14,3	– 25
dont vinyles	11,7	+ 13

1. En excluant les revenus générés par les synchronisations et droits voisins. Rappelons que la synchronisation est le placement de musiques dans les publicités, les films, les séries, etc. Les droits voisins ou « droits voisins du droit d'auteur », sont versés aux artistes-interprètes et producteurs de phonogrammes.

	% DES VENTES DE MUSIQUE ENREGISTRÉE EN 2022	ÉVOLUTION EN % (2022/2021)
Revenus numériques	74	+ 12
dont streaming par abonnement	72,5	+ 13
dont téléchargement	1,5	– 16

Source : SNEP, « La production musicale française en 2022 ».

Si le numérique domine largement, une attention portée aux marges de la musique mainstream dévoile une autre réalité commerciale. Par exemple, dans le cas de la musique classique en 2021, 59 % du CA vient encore du marché physique (contre 81 % en 2017). Autre cas remarquable, celui des petits indépendants des musiques actuelles, ces 1 500 TPE qui représentent la majorité des artistes signés : selon une étude de la Félin, le poids du physique dans les ventes y est également de l'ordre de 60 %.

Enfin, la digitalisation et la plateformisation de la musique tendent à redéfinir les contours de l'expérience d'écoute de musique de manière assez radicale : choix algorithmique des titres, écoute sur playlists, singles *vs* albums, playlists d'ambiance, écoutes individuelles au casque sur Smartphone, *skip* précoce, etc. Concernant les choix des auditeurs, pop, rock, chanson, rap et musiques urbaines représentent 80 % des écoutes en streaming audio. Il faut cependant relever que le rap pèse à lui seul 61 % des 200 titres les plus écoutés sur les plateformes. Quant à la musique classique, si le volume des morceaux écoutés en streaming a été multiplié par 10 entre 2017 et 2021, elle ne pèse que 2 % du total des écoutes.

Le marketing de la musique enregistrée

Acteurs et stratégie

Classiquement, le marketing du disque consiste, sur le plan stratégique, à identifier des cibles et des positionnements pertinents compte tenu notamment du genre (et sous-genre) musical. La mise en œuvre de cette stratégie dépend du canal de distribution concerné (physique/numérique) et concerne essentiellement, dans les deux cas, le volet communication.

En termes de ciblage, les labels et leurs distributeurs (physiques et digitaux) s'appuient sur la multitude des genres et sous-genres qui structurent l'espace musical, ainsi que sur les data permettant de viser des cibles digitales sur les réseaux sociaux et les plateformes. L'identité du projet musical ou de l'artiste, son « positionnement » marketing, est clé. Il s'agit d'un mix d'éléments parmi lesquels trône bien sûr le genre musical, rejoint par des éléments visuels (photos et vidéos) ainsi que le *brand content* et le *storytelling* véhiculés sur les réseaux sociaux. En termes opérationnels, le mot marketing dans le monde musical est souvent synonyme de communication, voire de communication digitale. C'est pourtant réduire le marketing du disque à une de ses dimensions, essentielle mais non totalement hégémonique. D'autres leviers sont utilisés pour influencer la ou les cibles visées et véhiculer le positionnement choisi.

En amont de la démarche marketing, des études de marché, principalement chez les majors du disque, participent traditionnellement d'un certain formatage musical dans l'objectif d'optimiser le potentiel commercial de l'œuvre. De leur côté, les indépendants s'enorgueillissent généralement de ne pas se « compromettre » avec le marché, et de produire des œuvres singulières et authentiques respectant la vision artistique de leurs auteurs[2]. Aujourd'hui, le formatage de l'œuvre prend une tournure nouvelle liée à la domination des plateformes de streaming et certains réseaux sociaux : l'optimisation (*cf.* infra). En parallèle des pratiques d'optimisation, des *start-ups* se sont créées (comme Chartmetric) pour vendre à leurs clients l'ensemble des données disponibles concernant les performances des titres sur les plateformes et les caractéristiques de leur public.

L'optimisation de la musique

D'après Morris *et al.* (2021), l'optimisation culturelle est le processus par lequel on mesure, construit, modifie et *designe* des éléments (interfaces, métadonnées, caractéristiques, fonctions…) de biens culturels digitaux pour les rendre plus facilement découvrables, utilisables et valorisables dans un sens économique et culturel. « Optimiser » un titre ou un album pour favoriser sa présence en playlist et sa « découvrabilité » sur les plateformes est désormais pratique courante. Cette optimisation prend différentes formes. Il y a tout d'abord un travail d'*optimisation musicale ou sonore*. Il s'agit d'adapter la musique elle-même, le « son » et la structure d'un titre pour favoriser sa présence en playlist et faire baisser le « taux de skip ». On peut ainsi diminuer la durée d'un titre, précipiter l'arrivée du refrain, amener certains sons impactant dès les premières secondes, ou encore, au niveau

2. « Si tu bordes tout, si tu t'arrêtes aux études de marché, tu ne fais rien. Aucun des projets que j'ai lancés n'aurait été viable si je m'en étais tenu à ces plans » explique Michel Pampelune, alors directeur du label indépendant de musique rock Fargo (interrogé ici par le site aujourd'hui fermé www.coupdoreille.fr).

d'un album, augmenter le nombre de titres, en varier les genres et sous-genres pour permettre à l'artiste d'apparaître sur plusieurs playlists simultanément, etc.

On parle aussi d'*optimisation des métadonnées*, ces données descriptives de la musique qu'il faut stratégiquement renseigner car utilisées par les plateformes et leurs algorithmes : titre de l'album, titre des chansons, langue, durée, genre, sous-genre, *mood,* « dansabilité », etc. Par exemple, certains artistes déclarent stratégiquement des titres ou genres proches des tendances à succès du moment. Enfin, la dernière forme d'optimisation est selon Morris (2020) de nature *infrastructurelle* : elle ne concerne plus la musique ou ses métadonnées, mais la logique même de fonctionnement des plateformes et de leurs algorithmes, qui fera l'objet d'un détournement. Bonini et Gandini (2019) racontent par exemple comment un acteur de l'industrie musicale a demandé aux fans d'un de ses artistes de deviner combien de fois l'artiste en question mentionnait un certain mot dans son nouveau titre. Les fans devaient écouter le titre de nombreuses fois pour trouver la réponse et gagner un prix. L'algorithme a repéré ces nombreuses écoutes et placé le titre sur d'autres playlists, ce qui a généré de nouveaux streams, etc. D'autres pratiques d'optimisation infrastructurelles sont illégales, et pourtant proposées par plusieurs agences de marketing musical, comme l'achat de « faux streams » générés automatiquement par des « fermes à streams » afin de tromper les algorithmes et engager un cercle vertueux d'écoutes. Selon France Info, 7 à 10 % des streams seraient achetés, en particulier dans le rap[3].

De nombreux artistes et/ou labels produisent ainsi aujourd'hui de la musique en ayant en tête des moteurs de recherche, des plateformes et des algorithmes. Ces différentes formes d'optimisation de la musique invitent à repenser la question du marketing de la musique. Par l'optimisation, des labels et agences de marketing digital cherchent à influencer le comportement et l'attitude des consommateurs via la découvrabilité et l'attractivité de la musique déposée sur les plateformes. Lorsque les paramètres de la musique, et dans une moindre mesure ses métadonnées, sont modifiés stratégiquement pour toucher l'auditeur, c'est sur le cœur de l'offre culturelle que porte l'action marketing, dans une logique « orientée vers la demande ». Si l'optimisation fait désormais partie des leviers courants du marketing des productions musicales les plus commerciales, les indépendants se targuent généralement de l'ignorer au nom du respect de l'authenticité et de la singularité de l'œuvre dans une logique de « marketing de l'offre » (voir chapitre 2).

3. De 3 000 à 6 000 euros le million de streams. https://www.francetvinfo.fr/culture/musique/musique-enquete-sur-les-faux-chiffres-du-streaming_5575038.html et https://www.radiofrance.fr/franceinter/c-est-comme-du-dopage-sur-le-tour-de-france-les-faux-streams-polluent-les-plateformes-de-musique-9967064

Les marques musicales

Le rôle de la marque dans la commercialisation d'un disque est clé. L'artiste est bien sûr la marque principale qui, s'il a su développer une communauté fidèle (les fans[4]), notamment sur les réseaux sociaux, pourra donner à ses nouveaux titres l'élan initial nécessaire au succès. On observe également, notamment chez les labels indépendants, combien l'attachement au label permet aux artistes produits sous la marque de bénéficier d'un achat ou d'une écoute attentive de la communauté. Autres marques importantes, et plus récentes : les playlists éditoriales des plateformes (comme « Rap caviar » sur Spotify) constituent de véritables signatures « impactantes » auxquelles certains artistes ou titres ont tout à gagner à être associés.

Distribution physique et digitale

Le levier marketing de la distribution concerne le placement des titres et albums dans les magasins et les plateformes de streaming. Sur le marché physique, l'accès aux grandes surfaces, dont les bacs sont archi-dominés par les sorties des produits stars des majors, est plus compliqué pour les petits labels, qui cultiveront donc un réseau alternatif de disquaires spécialisés, fréquentés par des amateurs qui trouveront là musique à leur goût et conseil personnalisé. Du côté de la distribution numérique, n'importe qui peut aujourd'hui, pour une somme modique, être présent sur une ou plusieurs plateformes de streaming. Par exemple, une entreprise comme Tunecore propose, à l'amateur comme au professionnel, d'accéder aux principales plateformes moyennant des frais forfaitaires relativement modestes, entre 15 et 50 euros par an. Cet accès en deux clics aux plateformes représente toutefois une victoire en trompe-l'œil : d'après Nowak et Morgan (2021), citant Spotify elle-même, la grande majorité des titres, noyés dans les quelque 40 000 sorties quotidiennes, ne généreront même pas assez d'écoutes pour rembourser le coût acquitté pour assurer leur présence en ligne. Dans les deux cas, physique et numérique, si les majors ont leur propre service distribution, les indépendants passent par l'intermédiaire de distributeurs (physiques et digitaux) qui gèrent les relations avec les vendeurs/diffuseurs et organisent la mise à disposition de la musique. Le levier de la distribution dépend alors de négociations interpersonnelles, donc d'une forme de marketing relationnel où le rapport de force entre les négociateurs joue pour beaucoup, dans un contexte de saturation de l'offre.

4. Fans qui, en retour, « cultivent » eux-mêmes leurs idoles. Sur le travail narratif des fans dans l'industrie musicale, voir notamment Galluzzo (2021).

Dans le marché physique, le choix d'un réseau de disquaires adapté à la stratégie choisie (cible/positionnement) est crucial. Notons toutefois qu'environ un tiers des ventes de CD et vinyles se font par correspondance via un site de *e-commerce* type fnac.com ou Amazon (SNEP, 2022). Dans le numérique, ce sont les plateformes qui gèrent la manière dont les titres sont présentés et rendus visibles aux usagers, alors que leurs process sociotechniques restent largement opaques pour les artistes et leurs labels. Les distributeurs digitaux comme Believe, Idol ou Wiseband, ou les services spécialisés des *majors*, assurent les relations avec les plateformes, c'est-à-dire la mise en ligne de la musique et les négociations en vue du placement des titres sur les « bonnes » playlists (sous la forme de pitch). D'où la place prépondérante prise aujourd'hui par ceux que Bonini et Gandini (2019) appellent les « *gatekeepers* de plateforme », c'est-à-dire les acteurs qui filtrent et sélectionnent les titres et artistes qui seront exposés aux auditeurs, et qu'il est donc nécessaire de rallier afin de pénétrer certaines playlists. Ce rôle central, apparu vers 2015 dans la plupart des plateformes, est généralement dévolu à d'anciens journalistes musicaux, DJ, programmateurs de radio, cadres de l'industrie musicale, etc. Ils font aujourd'hui partie des personnes les plus puissantes de l'industrie musicale, et deviennent donc *de facto* des publics prioritaires pour les labels. À travers le cas de Spotify, l'encadré 7.1 revient sur la notion de playlists : toutes les playlists se valent-elles ?

Encadré 7.1 – Les playlists de Spotify

L'atout principal de Spotify réside dans ses playlists. La plateforme n'est pas tant un distributeur de musique qu'un producteur d'« expériences musicales de marque » à travers la curation de playlists. Certains parlent d'ailleurs des playlists comme des « nouvelles radios » (Prey *et al.*, 2022). Mais toutes les playlists n'ont pas la même influence. Tout dépend de qui est propriétaire de la playlist en question. Sur Spotify, on trouve trois types de playlists : les playlists créées par les utilisateurs (il y en aurait plus de trois milliards), les playlists créées par les trois majors de l'industrie musicale (Filtr pour Sony, Topsify pour Warner, Digster pour Universal), et enfin les playlists de Spotify lui-même, largement dominantes en termes de followers. D'après une étude parue en 2018, trois quarts des abonnés aux top 1 000 playlists de la plateforme l'étaient à des playlists produites par Spotify, et 9,3 % des abonnés l'étaient à des playlists algorithmiques de la plateforme. Les playlists des trois majors ne remportaient ensemble qu'environ 7 % des abonnés ; les autres playlists n'ayant chacune qu'un nombre négligeable d'abonnés. Les artistes et labels sont donc de plus en plus dépendants des playlists produites par les plateformes comme Spotify. La Commission européenne a montré en 2018 que l'insertion d'un titre au sein de la playlist Spotify « *Today's top hits* » résultait en un revenu additionnel allant jusqu'à

163 000 dollars. La position du titre dans la playlist est clé : plus le titre est placé en haut de la liste, plus l'impact en termes de revenus est fort. Le placement d'un titre sur une playlist est en partie opaque pour les labels, même si l'on sait que celui-ci dépend de variables comme le nombre d'écoutes, la durée d'écoute et le taux de skip (Bonini et Gandini, 2019).

Une autre décision en matière de distribution échoie au label : le nombre et la temporalité de la sortie de singles en amont de l'album, éventuellement accompagné de visuels (clips et/ou « *canvas* » de quelques secondes pour accompagner le titre sur les plateformes).

La communication média et hors média

L'essentiel du marketing opérationnel de l'industrie musicale prend la forme de campagnes de communication, majoritairement digitales. Des agences spécialisées (comme Vscom ou Tradespotting) se sont créées pour prendre en charge, à 360°, les différents volets de la campagne de communication : investissement publicitaire média offline, relations presse, campagne digitale, etc.

Hors du monde digital, les investissements publicitaires *print* et radio sont à la baisse, voire marginaux pour les acteurs les plus fragiles ou pour certaines esthétiques. Il n'en reste pas moins que les médias traditionnels conservent un rôle dans l'économie générale du secteur : de bonnes retombées médiatiques permettent de crédibiliser le projet musical non seulement auprès du public, mais aussi auprès des disquaires, des « éditos » des plateformes, des programmateurs de radios ou de festival. Des partenariats gratuits ou payants peuvent être noués avec certains médias (les radios, Brut, Konbini…) pour accompagner une nouvelle sortie. Par l'intermédiaire de l'éditeur musical, labels et artistes cherchent également des « synchronisations » de leurs titres avec des films, séries, jeux vidéo, publicités… qui peuvent être la source d'un surcroît de revenus et de notoriété (encadré 7.2).

Encadré 7.2 – 37 ans plus tard… *Running up that hill* court toujours !

Running up that hill, chanson culte de 1985 de la britannique Kate Bush, est le titre le plus streamé en juin 2022 sur Spotify. Sa présence dans la saison 4 de la série *Stranger Things* aurait rapporté à Kate Bush 2,3 millions de dollars de royalties de streaming rien qu'entre le 27 mai (jour de diffusion des sept premiers épisodes de la nouvelle saison) et le 23 juin 2022. Dès le week-end qui suit la diffusion des épisodes, les fans de la série, appartenant principalement à la Génération Z, partagent leur découverte via les réseaux, propulsant le titre en haut des charts. Trente-sept ans après sa première sortie, *Running up that hill* atteint la première place dans plusieurs pays, dont les États-Unis et le Royaume-Uni. Momentanément, elle devient la chanson la plus écoutée du monde. L'album *Hounds of love*, dont est issu le single, devient dans la foulée lui aussi n° 1 aux États-Unis.

Source : cbsnews.com, allocine.com.

Concernant la communication digitale, des agences proposent aux labels et artistes de les aider dans la création et l'animation du profil de l'artiste sur les plateformes et réseaux sociaux (description de l'artiste, photos, vidéos, clips, etc.), dans l'achat de publicité en ligne (display, programmatique, *social ads*, affiliation...), ou encore dans les partenariats promotionnels avec les plateformes, les influenceurs (musicaux, mais aussi lifestyle, sport, gastronomie, etc.) et les curateurs de playlists pertinentes. Certains propriétaires de playlists proposent même d'y vendre une place, mais la pratique, assimilée à l'ancienne *Payola*, est prohibée par les plateformes.

TikTok devient le réseau social incontournable sur certains genres musicaux et certaines cibles visées. Les majors peuvent par exemple y organiser des *challenges* en y mobilisant les communautés de fans pour espérer « allumer la mèche » qui propulsera le titre au sommet des charts. D'après le journal *Le Monde*, « les musiciens ne sont d'ailleurs pas les derniers à jouer ce jeu, comme on l'a vu lors du lancement du dernier single de Drake, Toosie Slide, incluant dès sa conception des indications chorégraphiques clairement destinées à de futurs challenges »[5]. Cette importance prise par TikTok ces dernières années entraîne une nouvelle forme d'optimisation de la musique (*cf.* supra), au goût et format prisés par les jeunes utilisateurs du réseau chinois (rythme dansant, *hooks* efficaces, paroles visant les ados, etc.). Une autre pratique promotionnelle hors média novatrice est pour l'instant réservée aux stars des majors : les concerts virtuels et interactifs dans le métavers. Après Travis Scott[6] et Ariana Grande, c'est Aya Nakamura qui est apparue en live dans le jeu Fortnite (Epic Games) en 2021.

5. Davet S. (2020), TikTok l'accélérateur de tubes, *Le Monde*, 10/7, p. 22.

6. 12,3 millions de joueurs en simultanée sur Fortnite.

Le prix, une variable secondaire ?

Le prix est une variable marketing moins pertinente. D'une part, sur le marché physique, le prix des nouveautés est quasi uniforme quelles que soient les sorties, l'essentiel du prix payé par le consommateur étant capté par les intermédiaires de distribution et les vendeurs. On surveillera cependant l'effet de l'augmentation importante du prix des vinyles décidé par les trois *majors* en 2021 (parfois + 50 %) : les moins de 35 ans, qui représentent en 2022 59 % des acheteurs, n'ont pas un pouvoir d'achat extensible à l'infini dans un contexte inflationniste. D'autre part, sur le marché digital, le consommateur écoute de la musique soit gratuitement (modèle freemium des plateformes, ou piratage), soit en s'abonnant à un service d'écoute en streaming (modèle premium, à plus ou moins 10 euros par mois). La digitalisation des titres interroge cependant la manière dont les consommateurs valorisent aujourd'hui la musique, à la fois en raison de la perte de sa valeur économique (beaucoup d'auditeurs n'achètent plus du tout de titres ou d'albums) et de son omniprésence à tout moment et en tout lieu de la vie quotidienne (susceptible de réduire sa puissance émotionnelle).

LE LIVRE

Industrie et marché du livre

Tout comme la musique enregistrée, l'industrie du livre est, sans surprise, très oligopolistique. Selon le ministère français de la Culture, les deux premiers groupes d'édition (Hachette et Editis) totalisent aujourd'hui environ 35 % des ventes de livres, les quatre premiers (avec Madrigall et Média Participations) environ 70 %, et les douze premiers éditeurs près de 80 %. Dans les franges, des centaines d'acteurs plus petits, indépendants ou sous le contrôle des majors actionnaires, contribuent à la diversité de l'offre éditoriale. Selon le SNE[7] (Syndicat national de l'édition), les ventes de livres ont fléchi en 2022, en valeur (– 5,4 %) comme en volume (– 7,7 %), après une hausse de plus de 12 % en 2021. Toutefois, par rapport à 2019, année de référence pré-pandémie, la hausse reste de 3,7 % en valeur et 3,1 % en volume, avec un chiffre d'affaires total des éditeurs en 2022 de 2,911 milliards d'euros. La littérature générale représente

7. « Les Chiffres de l'édition » du Syndicat national de l'édition, synthèse 2022-2023.

21,6 % du chiffre d'affaires global, et les bandes dessinées (dont les mangas), passant du cinquième au deuxième rang en deux ans, en réalisent 17,7 %, favorisées par le pass Culture mis en place par le ministère de la Culture.

Les ventes de livres en format numérique représentaient en 2022 environ 10 % du chiffre d'affaires des éditeurs, en progression de 4,4 %. Si la part du numérique dans le chiffre d'affaires total de vente de livres des éditeurs est limitée dans le domaine de la littérature (5,5 %), il est très important dans le segment des ouvrages « professionnels et universitaires » (46,2 %). Globalement, les ventes numériques se répartissent à parts égales entre ventes (streaming et téléchargement à l'unité) et abonnement à des portails et bouquets. Cette pénétration relativement faible du numérique dans l'édition peut s'expliquer par les hésitations des lecteurs à quitter le papier pour un nouveau support où il peut de surcroît être compliqué de transposer sa collection (par exemple de bandes dessinées ou de livres d'art), par la faiblesse initiale du catalogue disponible en ligne ou encore par la réticence des éditeurs eux-mêmes à venir concurrencer leur propre offre de livres papier.

Le marché du livre est très encombré, avec 88 nouveaux titres par jour en moyenne en 2022, 317 en 2023 en comptant les réimpressions (SNE 2023). En une décennie, le nombre de livres imprimés déposés au titre du dépôt légal a progressé de 26 %. Ces livres qui sortent sur le marché sont de plus en concurrence avec les livres du fonds, et bien sûr, avec d'autres biens culturels et de loisirs, notamment audiovisuels. Le marketing du livre et la rencontre des lecteurs s'inscrivent donc, là encore, dans une problématique générale propre à « l'économie de l'attention ». Ce marché est en outre en voie de bipolarisation avancée, entre une offre à succès de best-sellers et une myriade de produits de niche qui trouvent leur public sur un créneau spécialisé. Entre les deux, les ouvrages qui se vendent à quelques dizaines de milliers d'exemplaires souffrent le plus.

Le marketing du livre

Acteurs et stratégie

Comme ailleurs dans les industries culturelles, les éditeurs de livres poursuivent généralement un double objectif, culturel et commercial : défendre des auteurs en portant leurs voix singulières jusqu'aux lecteurs, tout en développant les ventes de livres de la maison. Dans les esprits, le marketing éditorial est souvent associé au second objectif au détriment du premier, et au risque concomitant de « formatage » des ouvrages à des fins commerciales et financières. C'est en particulier le cas des éditeurs indépendants dont le discours anti-marketing peut se lire comme le refus de faire primer le commerce sur les choix éditoriaux. Il est révélateur que le Syndicat des éditeurs alternatifs (SEA), par exemple, tienne à préciser que ses membres éditent et publient des livres « en s'attachant avant tout à la mise en valeur d'une œuvre ; ni stratégies marketing ni exploitation de droits dérivés ne président à leurs choix éditoriaux [...] tournés vers la création et éloignés du formatage industriel »[8].

En termes de marketing éditorial, les cibles visées sont multiples : les lecteurs bien sûr, mais aussi les libraires, les journalistes, les influenceurs, les bibliothécaires, et même les auteurs qu'il faut séduire et fidéliser, mais aussi encourager dans leurs pratiques d'autopromotion... Le marketing apparaît alors comme un travail d'équipe : les éditeurs accompagnent les auteurs tout en prenant de nombreuses décisions associées au ciblage, au positionnement, à la couverture, ou encore au titre des ouvrages dont ils ont la charge ; les équipes estampillées « marketing », « communication », « presse » ou « cession de droits » participent chacune à leur manière à convaincre lecteurs, influenceurs, médias ou partenaires de la qualité de la production éditoriale ; les représentants des maisons d'édition ou leurs diffuseurs propagent la bonne nouvelle auprès des points de vente ; les auteurs participent activement à la promotion de leurs propres ouvrages via leurs réseaux et sont associés aux actions du marketing et du service presse... Puis, à leur tour, journalistes, libraires, influenceurs et communautés de lecteurs en ligne participent du sort, symbolique comme commercial, qui sera réservé au livre.

Concernant spécifiquement les lecteurs, les cibles éditoriales sont d'abord définies par le goût pour certains auteurs, genres (*young adult*, romance, poésie contemporaine, polar...) et univers (fantasy, cyberpunk...), doublés d'indicateurs sociodémographiques comme l'âge. Les thèmes associés au livre orientent également les actions marketing vers différentes communautés d'intérêt. En fiction littéraire ou BD, le positionnement de l'ouvrage auprès de la cible s'appuie sur la mise en avant de la marque auteur et de la marque éditeur, ainsi que sur le genre et l'univers, eux-mêmes soulignés par le titre et les visuels des couvertures (encadré 7.3).

8. Source : https://www.lesea.fr/a-propos/

Encadré 7.3 – Le positionnement des ouvrages de Virginie Grimaldi en question…

« Mes ouvrages ont souvent été assimilés à des livres féminins, qui font du bien. Or c'est une fausse étiquette, réductrice… Je n'écris pas des livres *feelgood*. Même s'ils comportent une dose d'humour, ils ne se finissent souvent pas bien. Il faut donc faire évoluer leur positionnement, choisir des couvertures moins *girly*, et repenser sans doute les titres. Je n'assume plus certains d'entre eux. *Le parfum du bonheur est plus fort sous la pluie*, par exemple, je n'ose plus le prononcer ! »

Source : Cosnard D. (2022), « L'autrice de best-sellers Virginie Grimaldi passe chez Flammarion », *Le Monde*, 12 octobre 2022, p. 19.

Les études de marché dans l'édition viennent en renfort des décisions marketing. Elles concernent d'abord les ventes par circuits de distribution via les panels de distributeurs (panel GFK). Certains ouvrages ou collections à fort enjeu peuvent également faire l'objet d'études et tests (concept, ciblage, positionnement, couverture, titre, prix, parfois contenus…), de même que la maison d'édition elle-même (notamment son identité de marque), ou encore, de manière prospective, les grandes tendances sociétales susceptibles d'influencer les pratiques de lecture et l'achat de livres. Les maisons d'édition les plus « commerciales » sont évidemment les plus actives en termes d'études, là où celles qui jouissent d'une légitimité culturelle plus forte, ainsi que les petits éditeurs indépendants, tendent à s'en tenir à l'analyse des ventes par circuit, pour des raisons éthiques, mais aussi souvent financières. Cela dépend toutefois des ouvrages à commercialiser. La directrice marketing de Gallimard Jeunesse explique ainsi : « Quand on a des héros ou des licences comme Trotro ou les Pyjamasques qui évoluent dans des univers très concurrentiels, on peut intervenir un peu plus en support de la réflexion éditoriale en faisant des études de marché ou terrain, en interrogeant les libraires et les familles afin d'identifier les nouveaux segments ou usages qui peuvent s'ouvrir… Cette partie en amont permet de voir comment le marché évolue et ainsi donner quelques *insights* aux éditeurs. » Cependant, ce sont bien les éditeurs qui « décident *in fine* quel fil ils ont envie de tirer, en concertation avec les auteurs »[9].

Pour ce qui est des méthodes d'étude, Internet a favorisé l'éclosion de nouveaux outils. Selon *Le Monde*, la plupart des grands éditeurs travaillent par exemple avec le site de partage de lectures *Gleeph* pour le ciblage de leurs actions marketing sur les réseaux, l'algorithme de recommandation du site permettant de comprendre

9. Interview par l'auteur de Joy Beaugonin, directrice marketing Gallimard Jeunesse et Gallimard BD (décembre 2022).

les préférences littéraires en fonction des lectures réelles (et non des achats, comme sur Amazon) mises en avant par les abonnés sur la plateforme[10]. 34 % des recommandations y déboucheraient sur un achat (Passebois-Ducros, 2022).

L'expérience du livre : format de lecture et couverture

En termes d'expérience de lecture, les maisons d'édition proposent aujourd'hui un vaste ensemble de formats pour s'adapter à différents publics cibles. Il y a bien sûr les multiples formats papier (grand/petit format, poche, versions luxe/prestige, etc.), les nouveaux formats de lecture numérique (ebook, webtoons...), le renouveau des livres audio digitaux (par exemple la marque Écouter/lire de Gallimard), les podcasts, ou encore les « boîtes à histoires » pour enfants (type Lunii ou Merlin). Concernant spécifiquement le livre papier classique, qui représente encore l'immense majorité des ventes, les choix en matière de couverture (première et quatrième) constituent une décision marketing importante dès lors que 79 % des acheteurs de livres disent se laisser séduire en librairie (Ipsos/CNL 2019). Outre les titres et résumés, les couvertures bénéficient de visuels et marques qui participent directement à leur positionnement, et favorisent leur repérage et reconnaissance par le lecteur potentiel. Les couvertures noires au liseré rouge de la collection « Actes noirs » chez Actes Sud en sont le parfait exemple.

Le poids des marques

D'une manière générale, les marques jouent un rôle marketing très important dans l'édition, tant celles-ci sont nombreuses et potentiellement porteuses d'univers et de promesses variés. Les maisons d'édition fonctionnent comme de puissants repères qui « signent » une parution (ex : Éditions de Minuit, Gallimard, Casterman, etc.). L'image de marque de la maison constitue également un actif stratégique, dont les enjeux n'engagent pas seulement la relation aux lecteurs, mais aussi aux journalistes et aux libraires (encadré 7.4).

Encadré 7.4 – Les enjeux de l'image de marque de l'éditeur

« L'image de la Boîte à Bulles est très bonne auprès des gens qui apprécient la force de nos récits, auprès des auteurs, venus du monde entier désormais, qui ont envie d'être publiés, mais dans le microcosme BD, on n'a pas une image suffisamment forte. Par exemple, des libraires spécialisés BD nous disent "vous n'avez pas de

10. François V. (2021), Le livre investit dans l'influence, *Le Monde des Livres*, 19/11, p. 2.

ligne éditoriale compréhensible" alors qu'on est parmi ceux qui ont la ligne éditoriale la plus forte. Seulement, dans le milieu BD, une ligne éditoriale, c'est une ligne graphique. Chez L'Association, les histoires sont très différentes, mais leurs albums, historiquement, c'était toujours en noir et blanc avec un côté un peu symbolique dans leur dessin. Nous, le dessin est avant tout le passeur de l'histoire. Notre ligne éditoriale se définit par le registre de l'histoire, ce sont des témoignages, des (auto) biographies, du documentaire, de l'humain. »

Source : interview par l'auteur de Vincent Henry, directeur de la maison d'édition La Boîte à Bulles (2022).

Les auteurs, dès lors qu'ils ont acquis une certaine notoriété dans leur domaine, constituent pour le lecteur les marques les plus fortes. Il faut compter également avec l'impact des héros récurrents et des *licences* (Lucky Luke, Nestor Burma, Arsène Lupin...), ainsi que des *collections* dans lesquelles ceux-ci apparaissent (Série Noire, Aire Libre...). Se côtoient ainsi, pour un même ouvrage, une pluralité de marques aux valeurs et fonctions différentes (caution, qualité, univers...) qui sont autant de leviers d'action à mettre en avant pour le marketing.

Stratégie de communication

La stratégie de communication média passe, pour les projets des auteurs à succès, par la publicité de masse traditionnelle (affichage, radio, presse). Pour les autres, dont le nom ne génère pas suffisamment de reconnaissance pour justifier un achat d'espace dans les mass médias, la communication digitale offre une alternative intéressante, avec une pluralité de formats : achats de bannières sur des sites spécialisés, posts sponsorisés sur les réseaux sociaux (en fonction des affinités pour un auteur, un univers, un genre...), présentation des sorties sur les pages des réseaux de l'éditeur, en particulier YouTube, Facebook, Instagram et TikTok (*booktrailers*, interviews, vidéos aux formats plus ou moins longs...). En parallèle, les auteurs eux-mêmes participent largement à la promotion de leurs œuvres en alimentant leurs propres réseaux sociaux. Dans le hors-média, le service presse de l'éditeur s'attelle à présenter les parutions aux journalistes, bloggeurs et influenceurs, ces derniers pouvant également être approchés par le service marketing pour la signature de contrats de partenariat rémunérés. Les représentants de l'éditeur ou de son diffuseur rencontrent quant à eux les libraires pour leur présenter les sorties, ainsi que les PLV (publicité et promotion sur le lieu de vente : catalogues, affiches, présentoirs, goodies...), lesquelles soulèvent toutefois de plus en plus de questions en termes de recyclage. Des événements peuvent également être organisés pour « booster » une sortie ou une marque, comme « La Nuit des livres Harry Potter » organisée chaque année par Gallimard Jeunesse auprès des libraires et de leurs communautés de lecteurs fans du petit sorcier. De son côté, le département de cession de droits au cinéma, à la télévision, au théâtre ou à un éditeur de jeu vidéo, va travailler à promouvoir les ouvrages au-delà du domaine éditorial, dans une logique de *licencing* (déclinaison de l'œuvre sur un autre média) ou transmédiatique (extension de l'univers vers d'autres médias).

Marketing de l'influence

Les recommandations des influenceurs de l'Internet (BookTubers, Bookstagrammers, BookTokers) attirent aujourd'hui des millions d'internautes, bien loin du lectorat des magazines traditionnels. Il ne s'agit pas ici de critique littéraire basée sur l'expertise et l'indépendance mais de recommandations de pair à pair, mettant l'accent sur l'émotion, l'immersion et la proximité avec le lecteur. Ces nouvelles sources de prescription s'accompagnent de formats de communication différents, avec notamment l'introduction massive de vidéos ludiques au format TikTok, propres à séduire les plus jeunes (encadré 7.5).

Encadré 7.5 – Le phénomène BookTok

Né en 2020 à l'initiative d'utilisateurs du réseau social chinois TikTok, le phénomène #BookTok génère en septembre 2022 environ 90 milliards de vues dans le monde. Rien qu'en France, selon les statistiques de TikTok, entre janvier et septembre 2022, 376 000 vidéos porteuses du mot-clé #BookTok ont été publiées par des utilisateurs français, générant 1,7 milliard de vues. Les BookTokeurs (généralement des BookTokeuses) présentent à leur communauté leurs coups de cœur dans des vidéos courtes et thématiques au format TikTok, où l'expression des émotions est clé. L'impact de ces vidéos est tel que des maisons d'édition comme Gallimard Jeunesse et Pocket, mais aussi des librairies (où l'on voit apparaître les « *recommandations TikTok* ») l'utilisent dans le cadre de leur stratégie marketing. On raconte souvent l'exemple de l'Américaine Ayman Chaudhary qui a publié en mars 2021 une vidéo sur *Le Chant d'Achille* de Madeline Miller, sorti en 2015. Selon Julie Cartier, directrice adjointe du pôle poche des éditions Pocket : « Les ventes sont passées de 15 000 exemplaires en France à près de 180 000 aujourd'hui. C'est bien un bouche-à-oreille viral via TikTok qui l'a fait décoller ». En mars 2022, selon un rapport du CNL (Centre national du livre), 8 % des 7-25 ans déclaraient choisir un livre en suivant la recommandation d'une BookTokeuse. Le phénomène BookTok a également ses limites : ce sont souvent les mêmes romans qui apparaissent dans les recommandations des intéressés.

Source : « #BookTok, les livres en live », *Libération*, 5 janvier 2023, p. 26-27.

Les influenceurs sont de plus en plus courtisés par les éditeurs : après la télévision, ce sont en effet les réseaux sociaux, YouTube en tête, qui sont les prescripteurs de livres les plus importants (enquête *Livres Hebdo*/Xerfi de mai 2021). Les éditeurs ciblent les influenceurs de deux manières : d'une part, via les relations presse, les attachées de presse leur envoient les ouvrages à sortir comme aux journalistes ; d'autre part, via des partenariats promotionnels rémunérés. Parmi les influenceurs, on distingue les macro, micro et nano influenceurs, selon le nombre de leurs abonnés. Les micro et nano influenceurs compensent la taille limitée de leur public par une plus grande proximité et intimité avec leurs fans. Si certains influenceurs sont spécialisés en littérature (comme « Audrey le souffle des mots »), d'autres n'ont pas le livre pour sujet principal (c'est le cas par exemple des Instamums, ces mamans influenceuses qui mettent en avant leurs enfants et leur vie de famille pour parler vêtements, jeux de société ou... livres). Autre intérêt des influenceurs pour les éditeurs : ils savent bien mieux qu'eux comment produire les contenus adaptés aux différents réseaux sociaux sur lesquels ils sont présents.

Communautés de lecteurs en ligne

Un des éléments les plus marquants du marketing éditorial de ces dernières années est sans doute le rôle croissant des plateformes de lecteurs. La prescription « profane » en ligne – recommandations sociales des sites marchands (Fnac, Amazon...) ou des plateformes contributives de partages de lectures (comme Babelio ou Gleeph) – s'impose en effet de plus en plus face à la critique littéraire classique. Sur les plateformes et réseaux, majoritairement fréquentés par des jeunes entre 18 et 35 ans, les genres romance, fantasy, SF, policier et *young adult*[11] sont particulièrement mis à l'honneur, même si, en s'institutionnalisant, certains réseaux comme Instagram représentent de mieux en mieux la diversité littéraire.

L'existence de communautés de fans en ligne va également favoriser l'émergence de nouveaux *business models* basés sur le financement participatif, via un système de précommandes. Ce modèle réduit les risques liés à l'édition d'un ouvrage, tout en favorisant le marketing et la communication autour de chaque nouveauté via les réseaux mobilisés pour son financement[12]. Enfin, l'engouement des lecteurs peut révéler de nouveaux auteurs auto-publiés sur des plateformes comme Edilivre, Wattpad ou Kindle Direct Publishing.

11. La littérature *young adult* est un concept éditorial importé des pays anglo-saxons qui se définit par l'âge de sa cible (entre 12 et 30 ans), à laquelle sont proposées des histoires reposant sur des problématiques liées au passage vers l'âge adulte, dans un style favorisant une forte identification des lecteurs avec des héros et héroïnes du même âge qu'eux.

12. C'est par exemple le cas de la nouvelle maison d'édition de bandes dessinées Exemplaire (https://www.exemplaire-editions.fr/home).

C'est après avoir autopublié son premier roman en 2012 sur la plateforme Kindle d'Amazon, *Les gens heureux lisent et boivent du café*[13], qu'Agnès Martin-Lugrand a été repérée et finalement publiée par les éditions Michel Lafon. Les auteurs autopubliés à succès bénéficient d'une communauté de fans sur laquelle l'éditeur classique va pouvoir s'appuyer pour promouvoir ses livres suivants.

Distribution et prix

Dans l'industrie du livre, *la distribution* regroupe les tâches liées à la circulation physique des livres (stockage, transport...) et à la gestion des flux entre l'éditeur (ou son diffuseur) et le détaillant (commandes, facturation, retours...). On parle de *diffusion* pour évoquer les opérations destinées à faire connaître les ouvrages auprès des libraires et, plus généralement auprès de l'ensemble des revendeurs, via le travail de représentants, internalisé ou sous-traité.

Selon le SNE, la vente de livres numériques en format digital représente environ 10 % du chiffre d'affaires des éditeurs, et concerne essentiellement l'édition professionnelle et universitaire (67 %). Pour les 90 % restants, soit les ventes physiques, la grande majorité (77 %) est réalisée par le canal traditionnel de la librairie (de la librairie spécialisée aux rayons livres des grandes surfaces alimentaires), alors que 9,9 % du chiffre d'affaires vient de la vente par correspondance (via des groupements d'indépendants, comme leslibraires.fr, des enseignes comme la Fnac ou des *pure players* tels Amazon ou chapitre.com). Ce sont les représentants des éditeurs ou de leurs diffuseurs qui sont en charge des relations avec les librairies réelles ou virtuelles : ils y présentent les nouveautés, les réassorts, les promotions, enregistrent les précommandes, négocient les remises, etc. Ils jouent également un rôle important de remontées d'informations qualitatives aux éditeurs en provenance des libraires. Le travail des représentants est aujourd'hui souvent complété par celui des chargés de relations librairies, ou « surdiffuseurs », apparus ces dernières années pour pallier les difficultés nées d'un contexte d'offre inflationniste et de diminution de l'influence des médias traditionnels.

La question du circuit de distribution est intimement liée à celle du prix[14]. Une attention particulière est portée au prix des livres les plus populaires (héros, licences, best-sellers), dont on sait qu'ils seront largement vendus dans les grandes surfaces alimentaires, et pour lesquels le prix est un déterminant de l'achat plus important

13. Classé n° 15 sur la liste des romans préférés des Français (enquête France Télévision 2022).

14. Dont on rappelle qu'il est unique, quel que soit le lieu de vente, en vertu de la loi Lang de 1981, étendue en 2011 pour le livre numérique.

que pour les livres vendus principalement dans les librairies spécialisées. La marge de manœuvre de l'éditeur sur les prix reste toutefois limitée, seuls 20 % du prix payé par l'acheteur lui revenant en moyenne[15]. Le contexte d'augmentation des coûts du papier et de l'énergie entrave également la possibilité pour l'éditeur de baisser les prix, alors même que les tensions sur le pouvoir d'achat des Français le commanderaient. C'est sur le fond de catalogue – les livres déjà amortis – qu'une politique de prix bas peut être mise en place (comme les collections de livres de poche à 2 euros) afin de toucher de nouveaux lecteurs, ainsi que par le biais de la diversification des formats (citons par exemple les romans graphiques classiques en petit format 14 × 21 cm, à 10 ou 12 euros, parus chez Casterman en 2020).

Enfin, notons que selon une étude de 2022, 60 % des Français ont déjà acheté des livres d'occasion, pour des raisons économiques d'abord, mais aussi écologiques[16]. Le livre a de plus en plus souvent une seconde vie dans les circuits d'occasion sur Internet ou en librairie spécialisée, brocante ou dépôt-vente, ou encore dans l'univers gratuit des boîtes à livres et autres bibliothèques collaboratives.

LE FILM EN SALLE

Industrie et marché du film en salle

D'après le bilan du Centre national du cinéma et de l'image animée (CNC) pour l'année 2022, dix distributeurs de films en salle (qu'on peut appeler *majors*, à l'échelle internationale ou nationale), sur un total de 142, représentent 79,8 % de la part de marché total. Sans surprise donc, le secteur de la distribution du film en salle prend la forme classique de l'oligopole à frange concurrentielle. Les entrées en salle sont de même très concentrées. Sur les 681 longs métrages sortis en 2022, le top 10 représente 26,1 % des entrées, et le top 50, 59,2 %. Avec 13 à 14 sorties en moyenne par semaine en salle, ce marché très concurrentiel voit en outre certaines œuvres très « grand public » s'octroyer une place archi-prépondérante : en avril 2022, *Qu'est-ce qu'on a tous fait au bon Dieu ?* (Philippe de Chauveron) sortait ainsi dans 906 des 2 061 établissements actifs (soit 43,9 % du total). Les entrées ont tendance à se polariser de plus en plus

15. *Vs* 36 % pour le point de vente, 15 % pour la fabrication, 12 % pour la distribution, 8 % pour la diffusion, 8 % pour l'auteur (source : SNE, ministère de la Culture).

16. https://actualitte.com/article/107703/economie/inflation-60-des-francais-optent-pour-les-livres-d-occasion

entre les films dits blockbusters, dont l'ampleur de la sortie commerciale est proportionnelle à celle de leurs budgets de production, et une frange de films indépendants dits de niche rencontrant un public modeste mais fidèle. Entre les deux, lesdits « films du milieu » semblent avoir des difficultés croissantes à trouver leurs spectateurs (Thuillas, 2022).

En 2022, le CNC a comptabilisé 152 millions d'entrées en salle, soit une baisse de 26,9 % par rapport à la moyenne pré-pandémie 2017-2019. Si certains acteurs s'en inquiètent, d'autres y voient le signe d'un goût presque retrouvé pour la salle après une longue période de bouleversement des habitudes de fréquentation, mais aussi de déficit de « locomotives » américaines. La fréquentation encourageante sur les premiers mois de 2023 leur donne plutôt raison. Cependant, l'essor des abonnements aux plateformes de streaming (SVOD, pour *subscription video on demand*) a pu avoir un réel impact négatif, et potentiellement durable, sur la reprise des entrées après les épisodes de confinement et restrictions de 2020 et 2021. L'étude de l'Association française des cinémas d'art et essai (AFCAE) de 2022 a ainsi montré que 41 % des abonnés à un service de SVOD déclarent aller moins souvent (29 %), voire plus du tout (12 %) au cinéma.

Bien sûr, les films ne sont pas uniquement diffusés dans les salles de cinéma. Les droits sont vendus à des éditeurs de vidéos (DVD/Blu-ray/vod), à des chaînes de télévision (payantes ou gratuites) et enfin à des plateformes de streaming. Cependant en France, en vertu de la chronologie des médias, la sortie salle intervient en premier et revêt à ce titre un rôle événementiel et symbolique fondamental, impactant positivement le succès des diffusions à venir sur les autres supports. Alors que les disques ou les livres sortent simultanément en physique et en digital, il faut par exemple attendre 4 mois après la sortie salle pour trouver le film en vod/DVD/Blu-ray, et au moins 15 mois sur les plateformes de streaming. Dans cette partie, seul le cas « premier » de la sortie en salle, organisée par les distributeurs (également appelés éditeurs) de films, sera ainsi examiné.

Le marketing du film

Acteurs et stratégie

Si l'on met de côté le travail de conviction du producteur du film auprès de ses différents partenaires et bailleurs de fonds, le marketing du film dans son sens commun relève du travail du distributeur. Il concerne à la fois les volets promotion, programmation et relation presse. Le marketing s'exerce ainsi en direction de plusieurs publics : les spectateurs bien sûr, mais aussi les exploitants de salle (qu'il s'agit de convaincre en vantant notamment le marketing prévu à l'attention du public final), et via un ou une attachée de presse interne ou externe, les journalistes et autres prescripteurs médiatiques. Les filiales de distribution des majors américaines doivent en outre compter avec un autre public très exigeant : la maison mère aux États-Unis. La communication pour rassurer le studio, quant aux efforts entrepris sur chaque sortie, constitue en soi un important travail qui incombe généralement au responsable de la filiale.

Majors et indépendants optent généralement pour des stratégies de sortie différentes. Depuis les années 1970, les majors développent pour leurs films phare (les fameux *blockbusters*) une stratégie basée sur la saturation des salles (sortie sur une combinaison massive d'écrans), la saturation médiatique (budget publi-promotionnel pharaonique) et la rotation rapide des films (l'essentiel des entrées n'étant réalisé qu'en quelques semaines). C'est la stratégie du « *take the money and run* », devant permettre de remplir les ambitieux objectifs financiers fixés pour chaque film (encadré 7.6).

Encadré 7.6 – Le marketing chez les majors du cinéma

La place importante du marketing chez la major « s'explique par l'impact important des résultats salle sur l'exploitation du film sur les autres marchés, par un contexte concurrentiel intense (des films concurrents, mais aussi des autres formes de loisirs) et par la nécessité d'avoir des résultats rapides compte tenu de la forte concentration des entrées sur les trois ou quatre premières semaines. »

Source : interview par l'auteur d'un cadre d'une filiale française d'une major hollywoodienne (2022).

Les indépendants, qui ne peuvent compter ni sur un budget équivalent, ni sur un public aussi conséquent, jouent une autre partition : celle d'une sortie parfois longuement préparée en amont (circulation dans les festivals, tournée d'avant-premières), modeste en ampleur mais dans des salles choisies, et d'une exploitation durable pour laisser au bouche-à-oreille, alimenté notamment par les prescripteurs cinéphiles, le temps de s'installer. Une telle sortie « qualitative » semble toutefois de plus en plus complexe à assurer dans un contexte très concurrentiel, sous la pression des blockbusters. L'objectif de rentabilité des indépendants est global : il s'agit d'équilibrer les pertes, majoritaires et assumées, par les profits dégagés par le ou les quelques succès de l'année.

Qu'il soit major ou indépendant, la stratégie marketing du distributeur consiste toujours à identifier des cibles, à déterminer le bon positionnement par cible, puis à trouver les outils adéquats pour toucher ces cibles, dans les bonnes salles et avec le bon message. Au-delà de la cible primaire du film (souvent liée à des critères démographiques et culturels, comme le « public du cinéma art et essai, CSP + , 50 + »), le travail va consister à identifier des cibles secondaires et tertiaires dites « affinitaires » en fonction des thèmes du film (encadré 7.7). Par exemple, pour le documentaire *Adolescentes* de Sebastien Lifshitz (2020), une cible affinitaire est constituée des parents d'élèves (touchés via des projections-débats organisés avec l'association FCPE), alors que pour *Kung Fu Panda 3* (Jennifer Yuh Nelson et Alessandro Carloni), il s'est agi des fédérations locales d'arts martiaux (avec lesquelles un concours photo est organisé).

Encadré 7.7 – Les cibles de *Joyland*

Joyland est un film pakistanais de Saim Sadiq distribué par l'indépendant Condor en 2022. Située à Lahore, l'histoire est une romance sur fond de transidentité. Le distributeur définit alors trois cibles. Le récit fait de la communauté queer le cœur de cible. Cependant, cette cible primaire n'est pas suffisamment large, et le film a des qualités cinématographiques susceptibles de séduire également la cible art et essai plus classique qui fréquente le type de salles où *Joyland* sera programmé. Pour ne pas trop bousculer cette cible de séniors, Condor positionne le film comme une romance d'auteur exotique (via le pitch, l'affiche, la bande-annonce). La troisième cible est la communauté indo-pakistanaise. C'est un pari : ce n'est pas une cible facile pour ce genre de films, mais elle remplit fréquemment de grandes salles dans le nord de Paris et la sortie d'un film pakistanais est suffisamment rare pour faire événement. La communauté indo-pakistanaise est « travaillée » sur le terrain, dans les quartiers où elle habite. Un partenariat avec un distributeur spécialisé dans les films indiens est conclu à cet égard.

Source : interview avec Alexis Mas, DG de Condor, par l'auteur (2023).

Pour l'aider dans ces choix stratégiques, le distributeur peut avoir recours à des études de public. Des sociétés spécialisées vendent aux distributeurs *metrics* (notoriété du film, intention d'aller le voir, *first choice*...), sondages (comme l'observatoire de la satisfaction) et tests (affiche, titre, bande-annonce...) afin d'anticiper au mieux la réception du film, dans un contexte où les spectateurs, plus changeants, mais aussi plus résistants aux recommandations des « autorités » (commerciales comme culturelles), semblent de plus en plus difficiles à cerner et convaincre. Une des pratiques emblématiques des études de marché dans le cinéma est la projection test (encadré 7.8).

Encadré 7.8 – La projection test

La projection test consiste à montrer le film à diverses étapes de sa production à un échantillon de spectateurs choisis, puis à recueillir leurs avis sur des éléments comme la musique, les décors, la durée, les personnages, les intrigues et même certaines scènes entières. Des sociétés comme Médiamétrie ou Do the righ film organisent ces séances pour 15 000 à 20 000 euros. « En général, en France les projections test se font surtout sur des grosses comédies qui doivent être efficaces », explique Nicolas Thevenin (distributeur chez SND). « Des films à grand potentiel spectateur où il y a beaucoup de copies et donc d'enjeux. Bien évidemment, plus le film est calibré, plus on a tendance à faire des tests pour voir si le film fonctionne » poursuit-il. Les projections tests peuvent se dérouler bien avant la sortie du film à l'initiative du producteur, et avoir un réel impact sur le montage final. Mais du point de vue du distributeur, la projection test permet avant tout de mieux travailler le marketing des films : « le but est alors d'identifier au mieux à qui s'adresse le film, qui va l'aimer, afin de prévoir une campagne de promotion adaptée : comment construire l'affiche, décider quels sont les acteurs qui répondront aux journalistes, qui participera aux tournées en régions… Pour un distributeur, il n'y a rien de pire que de se tromper de cible dans le lancement d'un film. »

Source : www.cnc.fr/cinema/actualites/
une-projection-test-comment-ca-marche_945445

Bien sûr, la major a plus souvent recours à ces différentes aides à la décision que l'indépendant, principalement pour des raisons financières, mais aussi éthiques. Le petit distributeur indépendant a plutôt recours à des informations qualitatives remontées du terrain (en provenance des festivals, avant-premières, exploitants et journalistes), collectées de manière informelle et artisanale.

Expérience cinéma et prix

Le distributeur a peu de marge de manœuvre en ce qui concerne le produit-film qu'il a la charge de sortir. Il peut proposer un changement de titre (pour les films étrangers), sortir parfois plusieurs versions du film (vo/vf, 2D/3D…), modifier les noms des personnages à l'occasion du doublage/sous-titrage, mais c'est à peu près tout. De même, la variable prix n'est pas de son ressort, mais de celle de l'exploitant de salle. Le rôle réel du prix sur les comportements de fréquentation est d'ailleurs débattu : là où certains le citent comme frein majeur à la fréquentation, d'autres acteurs professionnels relèvent que le prix moyen de la place payée par le spectateur français reste relativement modeste (de l'ordre de 7 euros), mais aussi que les plus gros succès en salle concernent les films aux places les plus chères (en raison notamment des nouvelles technologies de projection 4DX, IMAX, ICE...). On aurait tort cependant de sous-estimer le poids du signal prix envoyé par les plateformes de streaming avec leur abonnement à 10 euros mensuels environ, qui participe à l'instauration d'un nouveau prix de référence potentiellement préjudiciable à certains films en salle.

Communication média et hors média

En termes de communication média, les distributeurs usent toujours de formes publicitaires classiques (bande-annonce dans les salles, affichage, presse, radio), souvent chères pour les indépendants. Un élément clé de la communication est l'écriture du synopsis, qui permet au distributeur de mettre en avant le positionnement voulu du film. Aux outils classiques, s'ajoutent, voire se substituent dans certains cas, les formats publicitaires digitaux : display (bannière, habillage de site, pré et post-roll...), programmatique[17], achat de messages ciblés sur les réseaux sociaux... Pour alimenter les réseaux, des vidéos de multiples formats (divers bandes-annonces et spots de toute durée, du long format à l'ultra-court, vidéos thématiques et éditorialisées destinées à certaines cibles, *brand content*, etc.) viennent accompagner la sortie et soutenir la vie du film en salle, espérant une diffusion virale (encadré 7.9). La segmentation des réseaux sociaux permet de compartimenter les actions de communication, et de toucher une cible avec un positionnement adapté sans dérouter les autres cibles.

Encadré 7.9 – Du *brand content* pour *Top Gun*

Dans le cadre de la campagne de sortie du blockbuster *Top Gun : Maverick* (Joseph Kosinski) en 2022, Paramount Pictures France a produit une vidéo en partenariat avec le YouTubeur Amixem (8 millions d'abonnés). Envoyé par le studio sur le porte-avions Charles de Gaulle, Amixem visite le navire, assiste aux décollages et atterrissages des avions, discute avec les pilotes de chasse, et s'essaye au simulateur de vol d'un Rafale. La vidéo réalise plus de 2,8 millions de vues.

17. Achat automatisé d'espaces publicitaires digitaux pertinents via un système de vente aux enchères en temps réel.

Hors média, avant même la sortie, une tournée des réalisateurs et acteurs du film, lors d'avant-premières ou dans des festivals locaux, peut participer à construire la notoriété du film, mais aussi à évaluer l'intérêt du public afin de mieux anticiper la carrière du film. Toujours dans le hors-média, la sortie du film est en outre fréquemment soutenue par des partenaires média qui vont la relayer (Radio France, Arte, Télérama, Première, Konbini...).

Les prescripteurs

Les différents « assets » de communication mettent souvent en avant les prescripteurs les plus susceptibles de convaincre la cible visée. Les « marques » cinématographiques jouent à cet égard un rôle essentiel pour à la fois positionner et inciter. Il peut s'agir de la réalisatrice (le nouveau Sofia Coppola), du producteur (Studio Ghibli), de l'interprète (Jean Dujardin), du festival ayant présenté ou récompensé le film (Gérardmer), etc. Les critiques des médias sont également souvent cités pour soutenir la campagne publicitaire, notamment des films indépendants. Le bouche-à-oreille, matérialisé par exemple par les « étoiles » des spectateurs du site Allociné, peut également être instrumentalisé à des fins de promotion (voire manipulé[18]). Enfin, la prescription par les influenceurs de l'Internet se développe rapidement pour le film comme dans les autres industries culturelles. Il ne s'agit pas seulement d'influenceurs « cinéma » (comme le Fossoyeur de films, avec ces 800 K abonnés sur YouTube), mais aussi d'influenceurs sur diverses thématiques et sujets de société associés au film permettant de toucher des cibles affinitaires (encadré 7.10). Ceux-ci peuvent être rémunérés dans le cadre de partenariats, ou bien jouer le rôle de porte-parole sur des projets qui leur plaisent.

Encadré 7.10 – Le recours à un influenceur pour une campagne digitale

Pour le film *Les grands esprits* d'Olivier Ayache-Vidal, la société de distribution Bac Films a fait appel à l'agence Lucky Time pour sa campagne. Le film raconte comment un professeur de français du Lycée Henri IV à Paris est envoyé dans un collège de banlieue et doit repenser ses méthodes pédagogiques. Pour toucher la cible affinitaire des professeurs et enseignants du secondaire, Lucky Time a invité Monsieur le Prof, un influenceur s'adressant spécifiquement à cette cible, à voir le film en avant-première. La publication de la bande-annonce sur sa page Facebook,

18. « Astérix », « Vaincre ou mourir » : ces films ont-ils bénéficié de notes et commentaires truqués sur Allociné ?, *Libération*, CheckNews, 11/2/2023.

assortie d'un commentaire élogieux, a réalisé 980 K vues (et 4 500 likes, 1 100 commentaires, 2 800 partages). D'après Pierre Seguy, « avec un coût moyen par vue de 0,02 euro, le budget nécessaire pour obtenir de tels résultats via la régie publicitaire de Facebook s'élèverait à 19 400 euros ».

Source : Seguy P. (2019), « Exploitation des données personnelles. Enjeux et perspectives du data marketing appliqué à la diffusion des films en salles », Mémoire de La Fémis.

Enfin, même si le poids de la parole médiatique tend à s'étioler au sein d'un océan de recommandations plus « horizontales » en provenance des réseaux, le soutien de la critique reste un facteur important notamment dans le cas de films indépendants aux attraits moins évidents (Debenedetti et Ghariani, 2018). C'est le rôle de l'attaché de presse d'identifier les bons interlocuteurs des médias et le bon discours à tenir à chacun.

Distribution en salle : la programmation

Concernant le volet distribution du film (on parle plutôt ici de « programmation »), l'éditeur doit en établir le plan de sortie, en négociant avec les exploitants. Il s'agit de trouver la meilleure combinaison de salles, sur le plan quantitatif (le bon nombre de salles, ni trop, ni trop peu, compte tenu du potentiel estimé du film et du budget de sortie) comme qualitatif (types de salles et caractéristiques de leurs publics). Trouver la bonne date de sortie est une autre décision stratégique, dans un marché tendu qui ne laisse pas toujours le choix, en tenant compte des sorties concurrentes de la semaine envisagée, mais aussi des semaines précédente et suivante, des dates de vacances, de rentrée, des grands festivals, etc.

Les discussions autour de la « chronologie des médias » posent la question de la prééminence de la « sortie salle » sur les autres fenêtres d'exploitation. En 2022, ce mécanisme qui organise en France la diffusion des films après leur exploitation dans les salles de cinéma prévoit l'agenda suivant : dvd-vod-Blu-ray (+ 4 mois), Canal+ (+ 6 mois), Netflix (+ 15 mois), Amazon Prime et Disney+ (+ 17 mois), chaînes de télévision gratuites (+ 22 mois). La perspective de sorties simultanées en salle et sur d'autres fenêtres d'exploitation, comme on a pu en faire l'expérience durant la pandémie, bouleverserait les stratégies de sortie des distributeurs.

LE JEU VIDÉO

Industrie et marché du jeu vidéo

Dernière-née des grandes industries culturelles, l'industrie du jeu vidéo affiche les caractéristiques typiques de ses grandes sœurs : structure oligopolistique à frange, coexistence de majors[19] et d'indépendants, surproduction pour répartir les risques, concentration de la demande et *star-system*, incertitude radicale du succès, dématérialisation progressive de l'offre et des pratiques de consommation, logique de plateformisation, etc. (Benghozi et Chantepie, 2019). Cependant, cette conformité globale de la filière jeu vidéo au modèle classique des industries culturelles ne saurait masquer certaines spécificités importantes, dont deux méritent en particulier qu'on s'y arrête. Premier point, le jeu vidéo relève de l'industrie du logiciel et de l'électronique grand public, c'est-à-dire que les productions vidéoludiques sont numériques – des lignes de codes qu'il est possible de modifier à loisir – et qu'elles supposent la possession de matériels techniques adaptés pour jouer. Second point, l'expérience de consommation du jeu vidéo associe à la dimension hédonique et esthétique une dimension ludique et interactive ; chaque utilisateur s'appropriant le jeu selon ses préférences et habiletés, à l'occasion de parties répétées qui peuvent être très chronophages.

Le modèle traditionnel des consoles de jeux « propriétaires », dont le coût de développement très élevé est associé à un risque important, est aujourd'hui accompagné d'autres options techniques. En termes d'offre de jeu, on distingue ainsi trois segments stratégiques : les jeux sur consoles, de salon (aujourd'hui connectées en ligne) ou portables (type DS de Nintendo ou PSP de Sony) ; les jeux sur PC (eux aussi largement dématérialisés) ; et enfin les jeux sur mobiles.

D'après le Sell (Syndicat des éditeurs de logiciels de loisirs), le marché français du jeu vidéo, incluant matériels et périphériques, s'est tassé de 1,6 % en 2022, avec un chiffre d'affaires de 5,5 milliards d'euros. Cette baisse légère fait suite à deux années de croissance : en 2020, année du confinement, les ventes avaient connu une forte progression (+ 11,7 %, à 5,3 milliards d'euros), avant d'augmenter à nouveau plus modestement de 1,6 % en 2021 (5,7 milliards d'euros). La baisse de 2022 est notamment due à des problèmes d'approvisionnement

19. Les géants Tencent, NetEase, Microsoft, Sony, Activision Blizzard, ElectronicArts, Nintendo... À l'échelle française, c'est Ubisoft qui tient la corde.

de consoles de dernière génération durant la majeure partie de l'année. Si la vente de matériels et accessoires est en baisse, les ventes de jeux progressent de 3 % et se composent majoritairement (56 %) de contenus additionnels.

L'écosystème consoles (hardware, software et accessoires) représente, en 2022, 46 % du chiffre d'affaires total du secteur (– 6,6 % par rapport 2021), l'écosystème PC 28 % du total (+ 5,8 %) et les jeux sur mobiles 26 % (stable). La part des ventes des jeux vidéo physiques diminue, passant de 31 % en 2017 à 18 % en 2021. Les jeux en support dématérialisé progressent d'autant, en raison notamment de l'essor des plateformes numériques de vente en ligne (comme Steam pour les jeux PC), du *cloud gaming* (jeux en streaming), des abonnements numériques, et des extensions payantes téléchargeables (DLC pour *Downloadable Content*) (ministère de la Culture, 2022).

Le marketing du jeu vidéo

Acteurs et stratégie

L'éditeur, qui prend le risque de publier le jeu vidéo, se charge du marketing : études de marché, définition de la stratégie (cibles, positionnement) et des outils du marketing opérationnel. De son côté, le distributeur participe à la campagne promotionnelle, adapte le jeu aux marchés locaux, et endosse une fonction logistique (acheminement des jeux physiques aux magasins, comme Micromania, ou livraison des jeux numériques aux plateformes, comme Steam). Les grands éditeurs (comme le français Ubisoft) intègrent souvent les fonctions de développeur (la création technique du jeu) et de distributeur. Si l'éditeur n'a pas de service de distribution, il use des services d'un distributeur externe (ex : Warner Bros. Interactive Entertainment). Sur certains marchés difficiles d'accès, comme le marché asiatique, il est en outre souvent obligatoire de passer par un distributeur spécialisé, quelle que soit la taille de l'éditeur.

Les objectifs marketing des éditeurs/distributeurs sont simultanément de nature transactionnelle (acquisition de nouveaux joueurs, monétisation lors des sessions de jeu), expérientielle (proposer des jeux ludiques et addictifs) et relationnelle (retenir le joueur le plus longtemps possible dans la franchise). Pour les atteindre, les acteurs du jeu vidéo usent de pratiques marketing essentiellement digitales. Sur PC, console ou mobile, le jeu est aujourd'hui le plus souvent connecté : l'analyse des data (données comportementales des joueurs) permet à la fois d'étudier les usages dans une perspective de ciblage fin des consommateurs, d'adapter le jeu aux comportements ludiques effectifs en proposant des améliorations afin de maintenir l'intérêt des joueurs, et de leur envoyer des messages très ciblés via les réseaux sociaux.

Plus que dans d'autres industries culturelles, la stratégie marketing s'appuie sur des études de marché parfois très poussées. Ces dernières ne concernent pas que l'aval de la démarche marketing (la mise en marché) mais portent également, en amont, sur les caractéristiques intrinsèques du produit. Cet interventionnisme sur le jeu lui-même est encouragé et facilité par sa nature technologique. Contrairement à ce que l'on observe dans la littérature, la musique ou le film, où toute intervention sur l'œuvre est le plus souvent décriée, le discours sur les études de marché dans le jeu vidéo relèverait presque d'une célébration *geek* de la toute-puissance du numérique. Ces études prennent plusieurs formes, du plus classique au plus pointu : les *focus groups* de joueurs, l'analyse des conversations des communautés de joueurs sur les réseaux sociaux et plateformes, les « playtests » qualitatifs et/ou quantitatifs (des joueurs sont invités à tester des jeux en labo), les tests A/B en ligne (pour optimiser les *features* du jeu ou son marketing en comparant les performances de deux ou plusieurs alternatives), l'analyse des data comportementales des jeux connectés, le *machine learning* (algorithmes prédictifs alimentés par le feedback des joueurs), etc. Si les majors intègrent une unité interne de *Business* ou *Market intelligence*, les petits studios indépendants s'en remettent à des solutions externalisées et moins onéreuses : benchmark des jeux similaires, utilisation des données des plateformes (Steam, Apple, Google...), implémentation d'un ou plusieurs logiciels tiers pour collecter les *metrics* des jeux (utilisation, rétention, conversion...), achat des services d'une société d'études spécialisée (comme Play In Lab, par exemple).

Cette pratique extensive des études de marché permet aux studios d'intervenir à tout moment sur le design des jeux ou leur jouabilité (*gameplay*), de proposer des améliorations et mises à niveau performantes, et d'en calibrer les actions marketing. En sollicitant en permanence le feedback des joueurs et communautés pour adapter leur offre, les gros éditeurs de jeux vidéo déploient ainsi une forme de marketing de la demande qu'on serait bien en peine de retrouver ailleurs dans les industries culturelles, y compris à Hollywood ou dans les majors du disque. Classiquement, les indépendants défendent une approche plus orientée vers l'offre, dans une revendication d'authenticité et d'originalité (Styhre et Remneland-Wikhamn, 2020), qui n'exclut pas totalement la barrière financière.

L'expérience ludique

L'expérience ludique, active et interactive, se différencie des formes de réceptions esthétiques plus « passives » propres aux autres productions culturelles. Selon les supports et les jeux, elle peut être individuelle ou collective, amenant alors à la formation de communautés de joueurs dont les interactions participent de l'expérience globale du jeu. Les jeux vidéo présentent aujourd'hui une très grande diversité expérientielle, du jeu *hypercasual* occupant quelques minutes sur son Smartphone, au jeu de rôle massivement multijoueur engageant sur le temps long toute une communauté de joueurs dans une expérience où mondes réel et virtuel se répondent (Trabelsi-Zoghlami *et al.*, 2022).

Conséquence du caractère numérique du jeu, l'expérience de consommation ludique s'adapte parfaitement aux techniques d'optimisation, dont on a déjà parlé au sujet de la musique enregistrée. Comme l'explique Morris *et al.* (2021, p. 166) : « N'importe quel aspect du jeu, de la manière de jouer (difficulté, progression…) à son design (personnages, menus…), peut être modifié à n'importe quel moment, et cette caractéristique du jeu se prête bien aux pratiques d'optimisation »[20]. Ce travail d'optimisation de l'expérience ludique permet d'améliorer l'engagement du joueur et de le retenir dans l'univers du jeu le plus longtemps possible. Le *gameplay* (difficulté, progression…), le *gamedesign* (personnages, menus…), les améliorations (*upgrade*) ou correctifs (*patch*) font l'objet d'une constante attention des éditeurs et développeurs. Il ne s'agit plus seulement d'adapter *ex ante* le produit aux attentes des consommateurs, mais de le faire évoluer *ex post* en temps réel grâce aux data collectées en permanence auprès des joueurs.

D'autres formes d'optimisation aux marchés sont à l'œuvre. L'optimisation aux plateformes de téléchargement d'application de jeux (App Store, comme Google Play) engage la manière d'y présenter les jeux (visuels, bande-annonce, *ratings*…), les métadonnées associées ou encore la fréquence des *updates*, afin d'augmenter sa visibilité sur le site et le téléchargement (Morris *et al.*, 2021). Enfin, l'intégration dans la plupart des cas d'un mode de jeu « spectateur » et la possibilité d'enregistrer sa session visent à permettre la diffusion des contenus vidéoludiques sur les plateformes YouTube et Twitch. Les nouvelles pratiques de consommation des jeux vidéo – on se regarde jouer mutuellement (Kohls *et al.*, 2023) – s'invitent donc, là aussi, dans leur conception même : les jeux d'aujourd'hui doivent être « streamables ».

20. Traduction de l'auteur.

Une autre spécificité du jeu vidéo au sein des industries culturelles est résumée par la notion de « jeu-service » ou *game-as-a-service*. Le plus souvent, ce concept désigne un jeu en ligne gratuit (*free to play*), multijoueur et compétitif. Le jeu est mis à jour et enrichi périodiquement, afin de retenir les joueurs le plus longtemps possible et de favoriser les achats en ligne. S'ils le souhaitent, les joueurs vont ainsi pouvoir acheter des contenus additionnels via des microtransactions, que ces contenus soient purement cosmétiques (décors, vêtements…) ou fonctionnels (personnages, talents, monnaie…), et réaliser des téléchargements payants (DLC). Les nouveaux services proposés sont alimentés en permanence par des data qui en vérifient l'efficacité, c'est-à-dire la performance commerciale. Comme l'explique Métivier (2021, p. 41), « le jeu-service développe très souvent une saisonnalité : chaque mise à jour correspond à un nouveau chapitre, articulé autour d'un thème, qui amène un nouveau catalogue de contenus à acheter ». Fortnite ou World of Warcraft en sont les parangons.

Communication média et hors média

Les jeux blockbusters (dits « AAA », comme Assassin's Creed ou Grand Theft Auto) font souvent l'objet de campagnes publicitaires classiques, à la télévision, dans la presse ou par voie d'affichage dans l'espace public. Mais l'essentiel se joue aujourd'hui sur Internet. Tous les jeux font l'objet de campagnes digitales ciblées, d'ampleur variable en fonction du budget investi, visant à acquérir un nombre suffisant de joueurs pour rentabiliser les investissements. Cela passe par la création d'« *assets* » marketing variés par les éditeurs ou des agences spécialisées : publicités, bandes-annonces, pages dédiées sur les plateformes de vente… Les data et les tests permettent d'en optimiser l'efficacité, et les réseaux sociaux adressent des messages promotionnels très ciblés aux consommateurs. Comme l'explique par exemple le directeur marketing d'Electronic Arts pour la France : « si dans Battlefield vous avez l'habitude de jouer plus avec les chars, on sera susceptible de vous adresser des messages axés sur les nouveaux chars du jeu, avant la sortie du prochain Battlefield »[21].

La communication publicitaire classique est renforcée par le recours à différents prescripteurs. Tout d'abord, les éditeurs, distributeurs et plateformes mettent en avant les évaluations des utilisateurs lambda, à travers leurs *ratings* agrégés et leurs *reviews*. Ensuite, on trouve les journalistes spécialisés, dont l'influence est comme partout ailleurs « diluée » par la multiplication des avis disponibles. Enfin, le marketing du jeu vidéo fait aujourd'hui largement appel aux influenceurs.

21. Source : Jérôme Austin, directeur du marketing Electronic Arts pour la France et le Benelux www.ouest-france.fr/culture/jeux-video-comment-le-marketing-s-adapte-aux-joueurs-4587169

Il peut s'agir d'influenceurs non spécialisés, comme lorsqu'Ubisoft sponsorise une vidéo promotionnelle pour Assassin's Creed Odyssee avec McFly et Carlito, ou d'influenceurs dédiés au jeu – souvent streamers sur YouTube ou Twitch (encadré 7.11) – à l'instar du Joueur du grenier en France, de Ninja ou encore PewDiePie à l'international. C'est l'authenticité et la proximité de ces streamers qui en font la valeur auprès des joueurs (Coavoux et Roques, 2020), et donc des éditeurs.

Encadré 7.11 – Twitch

« Twitch est une plateforme vidéo née en 2011 et spécialisée dans le domaine du jeu vidéo (...) qui permet à ses usagers de diffuser des vidéos en direct. Les vidéastes, ou *streamers*, disposent d'une chaîne, une page web comprenant notamment un canal vidéo, le *stream*. On y voit des parties de jeux vidéo en cours, souvent accompagnées d'un insert filmant le visage du *streamer*, ainsi que différentes informations sur leur chaîne, en surimpression. À côté de la vidéo, une interface de tchat permet aux spectateurs de réagir par écrit et de discuter entre eux ; les streamers leur répondent oralement. Ils peuvent gagner de l'argent via des dons ponctuels de leurs spectateurs, des abonnements à 5 euros par mois, dont la moitié leur est reversée, et un programme publicitaire. »

Source : Coavoux et Roques (2020, p. 173).

Des outils de communication hors média ont également un impact fort sur la carrière commerciale des jeux, comme la participation aux salons ou conventions dédiés au gaming (Paris Games Week ou Twitchcon, par exemple). Les tournois de eSport, comme sur League of Legends, Fortnite, Super Smash Bros ou encore Rocket League, se multiplient et attirent un public toujours plus nombreux[22]. Les opérations de *licencing* (déclinaison de l'univers du jeu sur un autre média) et de transmédia (extension de l'univers vers d'autres médias) permettent de favoriser la longévité d'une franchise en maintenant l'intérêt des communautés de fans, tout en en recrutant de nouveaux. Un cas récent de stratégie transmédia est celui du film à succès « Super Mario Bros Le film », une coproduction Nintendo et Universal Pictures, sorti sur les écrans en 2023. Si l'univers et les personnages du film sont les mêmes que dans la franchise de jeu, le scénario ne duplique pas une version existante du jeu mais propose une toute nouvelle histoire.

22. 22 % des internautes de 15 ans et plus ont consommé ou pratiqué le e-sport en France en 2022 (bilan du CNC 2023).

Prix et distribution

Les distributeurs digitaux gèrent le téléchargement, le paiement, le service client, via leur propre boutique en ligne ou via d'autres sites web (fournisseurs d'accès Internet, sites de *e-commerce*, sites spécialisés…). Les distributeurs physiques, quant à eux, organisent la distribution des boîtes de jeux en magasin spécialisé (Micromania) ou généraliste (Fnac, grande surface…).

En termes de stratégie de prix, les innovations ont été nombreuses depuis l'avènement d'Internet et la généralisation des mobiles. Plusieurs modèles de tarification coexistent :

- **Le modèle *premium* d'achat classique (*pay to play*),** sous la forme d'un achat ou d'un téléchargement. L'acheteur devient propriétaire de son jeu, et en théorie aucun frais supplémentaire ne lui est demandé. Le prix de référence des jeux est lié à leur ambition et complexité, mais aussi leur genre.
- **Le modèle *free to play*** est celui d'un jeu gratuit. Le *business model* est basé sur la publicité et la possibilité d'opérer des micro-transactions payantes, cosmétiques (décors, vêtements, objets) ou fonctionnels (objets, personnages, talents…). À tout moment par exemple en mars 2023, le joueur de Fortnite peut acheter le pack Opératrice optimale pour 3,99 euros ou le pack Légendes animées pour 19,99 euros. Ce modèle fonctionne bien avec les jeux compétitifs en ligne, accrocheurs et faciles d'accès.
- **Le modèle *freemium*** est une sous-catégorie du *free to play* qui nécessite, à partir d'un certain niveau, de débourser de l'argent pour pouvoir finir le jeu. Ce modèle s'appuie sur l'engagement et la frustration du joueur, à l'image du Super Mario Run 3, dont seuls les trois premiers niveaux étaient gratuits. Les 4 % de joueurs *freemium* ayant finalement acheté le jeu ont rapporté 30 millions de dollars en un mois.
- Lorsque les joueurs peuvent acheter des avantages décisifs dans les jeux multijoueurs, leur garantissant une supériorité certaine, on parle de **modèle *pay to win*,** très critiqué par les joueurs (par exemple, Clash of Clans).
- **L'abonnement :** on peut s'abonner à un jeu (World of Warcraft) ou à la plateforme d'un éditeur (Xbox Game Pass, de Microsoft).

Avec les jeux sociaux sur Facebook et les applications mobiles distribués via les boutiques d'applications en ligne, les modèles gratuits de type *free to play* et *freemium*, associés à des micro-transactions, s'imposent de plus en plus face au modèle *premium*, dans la logique du *game-as-a-service*. Pour inciter au paiement, les joueurs de ces jeux gratuits doivent s'engager le plus longtemps possible, ce qui nécessite des jeux instantanément *fun* et accrocheurs. Des mécanismes de rétention (tels que les temps de jeu limités) doivent augmenter le potentiel de monétisation du jeu.

CONCLUSION

Les industries culturelles connaissent aujourd'hui des transformations rapides favorisant l'ancrage et le développement du marketing dans une quête de maîtrise des marchés, tout en limitant la possibilité même, pour les producteurs, éditeurs et distributeurs, d'un contrôle réellement effectif. Comment faire naître le désir chez le lecteur, le joueur, l'auditeur ou le spectateur, dans un contexte marqué par une très concurrentielle « économie de l'attention », par la saturation de l'offre, par une résistance accrue d'un consommateur en quête de relations plus horizontales, par la dilution qui s'ensuit de l'influence des prescripteurs et intermédiaires traditionnels, ou encore par l'émergence et parfois la domination sans partage des plateformes ? En outre, la rapidité avec laquelle les informations circulent sur Internet tend à diminuer encore la capacité de contrôle, par le responsable marketing, de la parole sur l'œuvre. Une conversation digitale s'installe rapidement à laquelle ce dernier ne peut qu'espérer donner l'élan initial. Très vite, des prises de paroles hétérogènes et multiples, amplifiées par les réseaux sociaux, créent un contexte très volatil et parfois déconcertant auquel il peut être compliqué de s'adapter.

La digitalisation de la production, de la consommation, de l'intermédiation et du marketing tend en outre à redéfinir, ou du moins à hybrider, les rôles de chacun dans l'industrie. Le cas du livre illustre bien ce phénomène :

- les lecteurs usagers des réseaux et plateformes peuvent publier des critiques et avis, concurrençant les médias classiques et susceptibles d'attirer l'attention des services presse et marketing des éditeurs ;
- ces mêmes lecteurs peuvent également devenir des auteurs courtisés par les éditeurs dès lors qu'ils rencontrent le succès sur les plateformes d'autopublication ;
- les auteurs professionnels peuvent désormais s'autopublier et promouvoir leurs écrits directement sur les réseaux sociaux sans passer par l'intermédiaire des maisons d'édition ;

- grâce aux réseaux sociaux, les éditeurs gagnent en proximité avec leurs lecteurs, court-circuitant en partie les intermédiaires traditionnels, médias et libraires ;
- les libraires ne font plus seulement leurs recommandations en boutique, mais de plus en plus sur les réseaux, endossant ainsi une double identité de libraire-influenceur ou libraire-critique, etc.

Il en résulte un floutage des rôles endossés par chacun, mais aussi une multiplication des acteurs effectifs du marketing du livre. Le même genre de reconfiguration s'observe également dans les autres industries culturelles.

Enfin, si la logique de plateformisation est partout en route, elle semble impacter de manière différenciée les industries culturelles. La sortie du film en salle, en vertu de la chronologie des médias, n'est pas en concurrence avec sa diffusion en streaming. Toutefois, l'attente de sa diffusion sur une plateforme et le nouveau prix de référence imposé par l'abonnement à Netflix, Amazon Prime ou autre Disney+, ont déjà un impact sur le destin de certains films en salle. Si les livres sortent conjointement, pour leur part, en librairie et en ligne, l'objet livre et le marché physique dominent encore largement les débats. Ce n'est plus le cas pour la musique enregistrée ou le jeu vidéo, où c'est l'objet digitalisé et le streaming qui se sont imposés. Cette plateformisation en marche des industries culturelles pourrait rapidement se traduire par une nouvelle vague de désintermédiation impliquant le court-circuitage des éditeurs, labels ou distributeurs au profit de contrats directs entre producteurs et plateformes. On l'observe déjà couramment dans le domaine cinématographique et audiovisuel, mais aussi du jeu vidéo où les studios indépendants, par exemple, peuvent directement contractualiser avec Microsoft pour être présents sur le *Gamepass*. Dans la musique enfin, les principales plateformes de streaming pourraient préférer se passer des intermédiaires que sont labels et distributeurs pour proposer directement aux musiciens une alléchante présence sur une ou plusieurs de leurs playlists. Très séduisante pour des artistes en quête de visibilité, une telle stratégie permettrait aussi à la plateforme d'augmenter ses marges, et rebattrait complètement les cartes du marketing musical.

Terminons par relever que les pratiques marketing associées à la plateformisation des industries culturelles soulèvent des questions qui sont aussi politiques, telles que l'extraction et la captation de données personnelles des utilisateurs, ou encore le fonctionnement des systèmes de personnalisation via des algorithmes qui ne donnent effectivement accès qu'à une fraction des offres culturelles, contribuant potentiellement à une perte de diversité culturelle effective. Sur ce dernier point, Rioux (2022) s'inquiète par exemple de la faible découvrabilité des œuvres musicales québécoises sur les plateformes de streaming. La puissance publique peut-elle laisser quelques multinationales et leurs algorithmes opaques décider du futur des productions culturelles locales, qu'elles soient récentes ou patrimoniales, populaires ou de niche ?

Bibliographie

ADORNO T.W., HORKEIMER M. (1947), *Dialectique de la Raison*, Amsterdam, Querido.

ANDERSON M. (2004), *The Metrics of Success in Arts Museums*, The Ghetty Leadership Institute.

ANTOINE J., SALOMON M. (1981), « L'appareil économique et commercial des activités culturelles », *Revue Française du Marketing*, vol. 81, n° 2, p. 61-77.

ANGELO D' M. (1989), *La renaissance du disque*, Notes et études documentaires, Paris, La Documentation française, 4890.

ARDENNE P., (2006), *Extrême : esthétiques de la limite dépassée*, Paris, Flammarion.

ARNOULD E. J., THOMPSON C. J. (2005), « Consumer Culture Theory: Twenty Years of Research. » *Journal of Consumer Research*, vol. 31, n° 4, p. 868-882.

ASSASSI I., BONNIAU S. (2022), Cas 8. « Nous avons revisité Orsay : tout est à revoir » - Les innovations au service de l'expérience visiteur et du développement du musée, *in :* BOURGEON-RENAULT D., EUZÉBY F., PASSEBOIS-DUCROS J., *Innovation et marketing de la culture et du tourisme. Cas pédagogiques et corrigés*, Éditions EMS, p. 157-179.

ASSOULY O. (2008), *Le capitalisme esthétique. Essai sur l'industrialisation du goût*, Paris, Les éditions du Cerf, Collections « Humanités ».

AUDRAS M., SANSALONI R. (2001), *Les études marketing documentaires : transformez votre documentation en information stratégique*, Paris, Dunod.

AURIER P., EVRARD Y., N'GOALA G. (2004), « Comprendre et mesurer la valeur du point de vue du consommateur », *Recherche et Applications en Marketing*, vol. 19, n° 3, p. 1-20.

BALLÉ C., POULOT D. (2004), *Musées en Europe. Une mutation inachevée*, Paris, La Documentation française.

BAMOSSY G., SEMENIK R.J. (1981), « Tangible and Intangible Motivators of Performing Arts Patronage », *The changing Marketing Environment: New Theories and Applications*, AMA Educators' Conference Proceedings, p. 154-157.

BASUROY S., CHATTERJEE S., RAVID S.A. (2003), « How critical are critical reviews ? »

BAUDRILLARD J. (1970), *La Société de Consommation*, Paris, Denoël.

BAUDRILLARD J. (1979), *La Société de Consommation : ses mythes, ses structures*, Paris, Gallimard.

BAUMGARTH C., O'REILLY D. (2014), « Brands in the arts and culture sectors », *Arts Marketing: an international journal*, vol. 4, n° 1-2, p. 2-9.

BAUMOL W.J., BOWEN W.G. (1996), *Performing Arts: The Economic Dilemma*, New York, The Twentieth Century Fund.

BAZIN H. (2018), « La centralité populaire des tiers-espaces », *L'Observatoire*, vol. 2, n° 52.

Becker H.S. (1982), *Art Worlds*, Berkeley, CA, University of California Press.

Belfiore E. (2008), « On bullshit in cultural policy practice and research », *Proceedings of the 5th International Conference on Cultural Policy Research*, Istanbul.

Belit M. (2006), *Le Malaise de la culture, Essai sur la crise du « modèle culturel » français*, Éditions Atlantica-Séguier.

Belk R., Bahn K.D., Meyer R.N. (1982), « Developmental recognition of consumption symbolism », *Journal of Consumer Research*, vol. 9, p. 4-17.

Belk R.W., Andreasen A. R. (1980), « De gustibus non est disputandum: A Study of The Potential for Broadening the Appeal of Performing Arts », *ACR North American Advances*.

Benghozi P.-J., Chantepie P. (2019), « Pourquoi le jeu vidéo est l'industrie culturelle du xxie siècle », *Nectart*, vol. 1, n° 8, p. 46-55.

Benghozi P-.J., Paris T. (dir.) (2013), *Howard Becker et les mondes de l'art*, Paris, Éditions de l'École Polytechnique.

Benhamou F. (2004), *L'économie de la Culture*, Paris, La Découverte.

Benjamin W. (1939), « L'œuvre d'art à l'heure de sa reproductibilité technique », *Œuvres III*, Paris : Gallimard, 2000.

Bergadaà M., Nyeck S. (1995), « Quel marketing pour les activités artistiques : une analyse comparée des motivations des consommateurs et producteurs de théâtre », *Recherche et Applications en Marketing*, vol. 10, n° 4, p. 28-45.

Berlyne D.E. (1969), « *Laughter, humor and play* », *in* : G. Lindzey and E. Aronson (eds.), *The handbook of social psychology*, Reading, Mass., Addison-Wesley Publishing Company, 3, p. 695-852.

Berthomier N., Jonchery A. (2023), « Visites de musée et d'exposition au fil de l'âge », *Culture Études*, vol. 1, ministère de la Culture.

Bilton C. (2007), *Management and Creativity. From Creative Industries to Creative Management*, Malden, USA: Blackwell Publishing.

Bô D. (2002), *Amélie Poulain : réflexions sur un phénomène*, Analyse sémiologique, Avril, Paris, Institut Quali-Quanti.

Boltanski L., Chiappello E. (1999), *Le nouvel esprit du capitalisme*, Paris, Gallimard, Nrf Essais.

Bonini T., Gandini A. (2019), « First Week Is Editorial, Second Week Is Algorithmic: Platform Gatekeepers and the Platformization of Music Curation », *Social Media + Society*, vol. 5, n° 4, https://doi.org/10.1177/2056305119880006

Bouder-Pailler D. (1997), *La conception du temps, variable médiatrice dans le processus motivationnel : application à la consommation de théâtre*, Thèse de doctorat en sciences de gestion, Université de la Réunion.

Bouder-Pailler D. et Damak L. (2004), « Le design de l'espace de représentation d'un spectacle vivant influence-t-il les attitudes et comportements des spectateurs ? Approche exploratoire », *Actes du colloque sur le design*, Nantes.

Bourdieu P. (1979), *La distinction, critique sociale du jugement*, Paris, Les Éditions de Minuit.

Bourdieu P. (1984), Homo Academicus, Paris, Les Éditions de Minuit.

Bourdieu P. (1986), « Habitus, code et codification », *Actes de la recherche en sciences sociales*, vol. 64, septembre, p. 40-44.

Bourdieu P. (1992), *Les Règles de l'art. Genèse et structure du champ littéraire*, Paris, Le Seuil.

Bourgeon D. (1994), *Essai de modélisation du comportement dans le domaine culturel : une application au spectacle théâtral*, Thèse de doctorat en sciences de gestion, Université de Bourgogne.

Bourgeon D., Filser M. (1995), « Les apports du modèle de recherche d'expériences à l'analyse du comportement dans le domaine culturel : une exploration conceptuelle et méthodologique », *Recherche et Applications en Marketing*, vol. 10, n° 4, p. 5-25.

Bourgeon D., Kruger A. (1997), « L'effet de bouche-à-oreille et le processus de choix du spectateur cinématographique », *Actes du Congrès de l'Association Française du Marketing*, vol. 13, Toulouse, p. 450-478.

Bourgeon D., Filser M., Pulh M. (2003), « Le marketing du spectacle vivant : du comportement du public aux options stratégiques », *Revue Française de Gestion*, vol. 29, n° 142, p. 113-127.

Bourgeon D., Urbain C., Petr C., Gombault A., Le Gall-Ely M. (2006), « An Experiential Approach To The Consumption Value Of Arts And Culture: The Case Of Museums And Monuments », *International Journal of Arts Management*, vol. 9, n° 1, p. 35-47.

Bourgeon-Renault D., Derbaix M., Jarrier E., Petr C. (2019), « Narrative transportation and transmedia consumption experience in the cultural field », *International Journal of Arts Management*, vol. 21, n° 2, p. 27-42.

Bourgeon-Renault D. (2000), « Evaluating Consumer Behaviour in the Field of Arts and Culture Marketing », *International Journal of Arts Management*, vol. 3, n° 1, p. 4-18.

Bourgeon-Renault D., Paris T. (2021), « L'artiste-entrepreneur à l'ère numérique », *in* : Horvath I., Dechamp G., *L'entrepreneuriat dans le secteur des arts et de la culture. Comment concilier ambition créatrice et logique économique ?*, Éditions EMS.

Bourgne P. (dir.) (2013), *Marketing : remède ou poison ? Les effets du marketing dans une société en crise*, Éditions EMS.

Bowness A. (1989), *The Conditions of Success. How the Modern Artist Rises to Fame*, Londres, Thames and Hudson.

Bradshaw A. (2010), « Before Method: Axiomatic Review Of Arts Marketing », *International Journal of Culture, Tourism and Hospitality Research*, vol. 4, n° 1, p. 8-19.

Burgess J., Green J. (2018), *YouTube: Online video and participatory culture*, Cambridge, John Wiley & Sons.

Burkhardt K., Bourgeon-Renault D., Jarrier E. (2017), « Latitude discrétionnaire de l'artiste entrepreneur dans le secteur de l'art vivant », Forum Entreprendre dans la Culture, Journée dédiée à l'Entrepreneuriat culturel et créatif, Paris.

Burkhardt K., Bourgeon-Renault D., Jarrier E. (2018), « Latitude discrétionnaire de l'artiste entrepreneur dans les organisations culturelles : une approche par la gouvernance d'entreprise dans le secteur de l'art vivant », Conférence internationale de gouvernance, Nice.

Busson A., Evrard Y. (2013), *Les industries culturelles et créatives : Économie et Stratégie*, Paris, Vuibert.

Busson A., Evrard Y., Paris T. (2022), « Quelle politique pour les industries culturelles à l'ère du numérique ? », *Rapport Terra Nova*, 25/1/22.

Busson A., Hadida A. (2015), « Stratégie », *in :* Evrard Y., Buisson A., *Management des industries culturelles et créatives*, Vuibert, p. 7-77.

Carù A., Cova B. (2006), « Expériences de consommation et marketing expérientiel », *Revue Française de Gestion*, vol. 32, n° 162, p. 99-114.

Caumont D., Ivanaj S. (2017), *Analyse des données*, Dunod, Paris.

Caves R.E. (2000), *Creative Industries: Contracts between Art and Commerce*, Cambridge, Harvard University Press.

Chang W. J., Wyszomirski M. (2015), « What is arts entrepreneurship? Tracking the development of its definition in scholarly journals », *Artivate: A Journal of Entrepreneurship in the Arts*, vol. 4, n° 2, p. 11-31.

Chantepie P. (2007), « Avant-propos », *in* : O. Donnat, *Pratiques culturelles et usages d'Internet*, Culture Études, DEPS, ministère de la Culture et de la Communication.

Chapain C., Emin S., Schieb-Bienfait N. (2018), « L'entrepreneuriat dans les activités créatives et culturelles : problématiques structurantes d'un champ d'étude encore émergent », *Revue de l'Entrepreneuriat*, vol. 17, n° 1, p. 7-28.

Choi H., Burnes B. (2016), « How Consumers Contribute to The Development and Continuity Of A Cultural Market », *Consumption Markets & Culture*, vol. 19, n° 6, p. 576-596.

Cibois P. (2003), « Comprendre les publics du théâtre : l'exemple des abonnés d'une scène nationale », *in* : O. Donnat et P. Tolila (coord.), *Le(s) Public(s) de la culture*, Presses de Sciences Po, vol. II, Cédérom, p. 169-174.

Cibois P. (2003), « Les abonnés du théâtre : un public hétérogène », *in* : O. Donnat (dir.), *Regards croisés sur les pratiques culturelles*, Paris, La Documentation française.

Cichelli V., Octobre S. (2017), *L'amateur cosmopolite. Goût et imaginaires culturels juvéniles à l'ère de la globalisation*, Questions de Culture, Paris, ministère de la Culture-DEPS.

Cichelli V., Octobre S. (2022), *K-pop, soft power et culture globale*, Paris, PUF.

Citton Y. (dir.) (2014), *L'économie de l'attention. Nouvel horizon du capitalisme ?*, Paris, La Découverte.

Coavoux S., Roques N. (2020), « Une profession de l'authenticité. Le régime de proximité des intermédiaires du jeu vidéo sur Twitch et YouTube », *Réseaux*, n° 224, p. 169-196.

Colbert F. (2017), « A Brief History of Arts Marketing Thought in North America », *The Journal of Arts Management, Law, and Society*, vol. 47, n° 3, p. 167-177.

Colbert F., Dantas D.C. (2019), « Customer Relationships in Arts Marketing: A Review of Key Dimensions in Delivery by Artistic and Cultural Organizations », *International Journal of Arts Management*, vol. 21, n° 2, p. 4-14.

Collet B. (2020), Formation et dynamiques d'une catégorie de marché alternatif : une approche sociogénétique et ethnographique des musiques indépendantes, Thèse de doctorat en sciences de gestion, université de Rouen Normandie.

Collin-Lachaud I., Passebois J. (2006), « Le rôle des NTIC dans la valorisation des expériences culturelles et la fidélisation des visiteurs : le cas du Paléosite » *11es Journées de Recherche en Marketing de Bourgogne, Distribution, achat, consom produits, services, culture, loisirs, tourisme*, CERMAB-LEG, Université de Bourgogne, Cédérom.

Cooper-Martin E. (1992), « Consumer and movies. Information sources for experiential products », *Advances in Consumer Research*, vol. 19, p. 756-761.

Coulangeon P. (2003), « La stratification sociale des goûts musicaux. Le modèle de la légitimité culturelle en question », *Revue française de sociologie*, vol. 44, n° 1, p. 3 à 33.

Coulangeon P. (2005, mis à jour 2012), *Sociologie des pratiques culturelles*, Paris, La Découverte.

Coulangeon P. (2012), *Sociologie des pratiques culturelles*, Paris, La Découverte.

Cova B., Cova V. (2004), « L'hyperconsommateur, entre immersion et sécession », *in* : N. Aubert (coord.), *L'individu hypermoderne*, Éditions Érès.

Craik J. (1997), « The culture of tourism », *in* : C. Rojek and J. Urry (eds), *Touring Cultures : transformations of travel and theory*, New York, Routledge.

Creton L. (dir.) (1998), *Cinéma et (in)dépendance. Une économie politique*, Théorème n° 5, Paris, Presses de la Sorbonne Nouvelle.

Csikszentmihalyi M. (1997), *Finding Flow*, New York, Perseus Book.

Davallon J. (1995), « Le musée est-il vraiment un média ? », *Publics et Musées*, vol. 5, p. 99-123.

De Sainte Maresville C., Petr C. (2023), « Tracking stimulated emotions: Potentials of facial expressions to evaluate the performance of a tourism promotion message on the Internet », *53rd Annual International Conference of Travel and Tourism Research Association (TTRA)*, Saint-Louis (Missouri), USA, June 13-15.

Debenedetti S. (2001), *Rôle et impact de l'accompagnement du visiteur du lieu culturel. Le cas de la sortie au musée d'art*, Thèse de doctorat en sciences de gestion, Université Paris 9 Dauphine.

Debenedetti S. (2003), « Investigating the Role of Companions in the Art Museum Experience », *International Journal of Arts Management*, vol. 5, n° 3, p. 52-63.

Debenedetti S. (2006), « L'impact de la critique de presse sur la consommation culturelle : un essai de synthèse dans le champ cinématographique », *Recherche et applications en marketing*, vol. 21, n° 2, p. 43-59.

Debenedetti S., Ghariani G. (2018), « To quote or not to quote? Critics' quotations in film advertisements as indicators of the continuing authority of film critics », *Poetics*, vol. 66, p. 30-41.

Debord G. (1992), *La société du spectacle*, 3e édition, Paris, Gallimard.

Debray R. (1998), « Le monument ou la transmission comme tragédie », in : *L'abus monumental, Actes des Entretiens du Patrimoine*, sous la présidence de Régis Debray, Paris, Fayard, p. 11-32.

Derbaix M., Derbaix C., Godini L. (2020), « Authenticité perçue et réactions affectives dans les expériences immersives 3.0 : Le cas de l'Atelier des Lumières », 36e congrès de l'Association française du marketing, Biarritz, mai.

Deroin V. (2011), « Approche statistique européenne de la culture, Synthèse des travaux européens ESSnet-Culture 2009-2011 », *Culture Études*, vol. 8.

Dewey J. (1958), *Art as experience*, New York, Capricorn Books.

Di Maggio P. (1987), « Nonprofit organizations in the production and distribution of culture », *in* W.W. Powell (eds.), *The nonprofit sector, a research handbook*, New Haven and London, Yale University Press, p. 195-220.

Di Maggio P. (1991), « Social structure, institutions, and cultural goods: the case of the United States », *in* : P. Bourdieu et J.S. Coleman (eds.), *Social theory for a changing society*, Westview Press, Russel Sage Foundation.

Dickie G. (1974), *Art and the Aesthetic: An Institutional Analysis*, Ithaca, Cornell University Press.

Didry N. (2022), « Comprendre les interactions sociales et émotionnelles lors d'un festival : le cas du festival Jazz à Vienne », *in :* Bourgeon-Renault D., Euzéby F., Passebois-Ducros J., *Innovation et marketing de la culture et du tourisme, Cas pédagogiques et corrigés*, Éditions EMS.

Divard R., Robert-Demontrond P. (1997), « La nostalgie : un thème récent dans la recherche en marketing », *Recherche et Application en Marketing*, vol. 12, n° 4, p. 41-61.

Dubuis M., Lardeur C., Schmitt D., Blondeau V., Leleu-Merviel S. (2023), « Le lien à la culture renouvelé par les mobilités informationnelles », *Tic & société*, p. 183-221. 10.4000/ticetsociete.7651.

Dyckmans S. (2003), « L'objet culturel : un créneau porteur pour les boutiques de musée », *Journal de l'achat public*, www.achatpublic.com, vol. 18, n° 2.

Eco U. (1985), *La guerre du faux*, traduit de l'italien par Myriam Tanant, avec la collaboration de Piero Caracciolo, Éditions Grasset et Fasquelle.

Eikhof D.R., Haunschild A. (2007), « For art's sake! Artistic and economic logics in creative production », *Journal of Organizational Behavior*, vol. 28, n° 5, p. 523-538.

Evrard Y. (1987), « Les déterminants des consommations culturelles », *in* : Dupuis X., Rouet F. (dir.), *Économie et culture : les outils de l'économiste à l'épreuve*, Paris, La Documentation française, p. 125-135.

Evrard Y. Aurier P. (1999), « Valeur de l'art : une approche relationnelle », *4e Journée de Recherche en Marketing*, Université de Bourgogne, Dijon, novembre.

Evrard Y., Pras B., Roux E., Dussaix A-M., Lilien G. (2009), *Market : fondements et méthodes des recherches en marketing*, Dunod, 4e édition, Paris.

Faber R.J., O'Guinn T.C. (2004), « Effet de la publicité dans les médias et d'autres sources sur la sélection des films », Journalisme et communication de masse trimestriel, vol. 61, n° 2, https://doi.org/10.1177/107769908406100219

Farchy J., Sagot-Duvauroux D. (1994), *Économie des politiques culturelles*, Paris, Presses Universitaires de France.

Fillis I. (2011), « The Evolution and Development of Arts Marketing Research », *Arts Marketing: An International Journal*, vol. 1, n° 1, p. 11-25.

Filser M. (1994), *Le comportement du consommateur*, Paris, Dalloz.

Filser M. (2000), « La valeur du comportement de magasinage : de la conceptualisation aux stratégies de positionnement des enseignes », *Actes du 3e Colloque Étienne Thil*, Université de La Rochelle.

Flichy P. (2010), *Le sacre de l'amateur, Sociologie des passions ordinaires à l'ère numérique*, coédition Seuil-La République des idées.

Florida R. (2002), *The Rise of the Creative Class… And How It's Transforming Work*, Leisure, Community and Everyday Life, Basic Books.

Fowkes M. and R. (2012), « Art and Sustainability », in MORRAY J. et al., *Enough of All Forever : A Handbook for Learning about Sustainability*, New York : Thames & Hudson.

Fowkes M., Fowkes R. (2012), « Art and Sustainability », *in* : Morray J. *et al.*, *Enough of All Forever: A Handbook for Learning about Sustainability*, Common Ground Publishing.

Frey B. (1998), « Superstar Museums: An Economic Analysis », *Journal of Cultural Economics*, vol. 22, n° 2, p. 113-125.

Galland O. (2003), « Individualisation des mœurs et choix culturels », *in* : O. Donnat et P. Tolila (coord.), *Le(s) Public(s) de la culture*, Presses de Sciences Po, p. 87-100.

Galluzzo A. (2021), « Au-delà de la musique. Comment les fans inventent le récit de leurs idoles », *Revue Française de Gestion*, vol. 47, n° 294, p. 99-113.

Gamble J., Gilmore A. (2013), « A new era of consumer marketing ? An application of co-creational marketing in the music industry», *European Journal of Marketing*, vol. 47, n° 11-12, p. 1859-1888.

Garnham N. (2005), « From Cultural to Creative Industries. An analysis of the implications of the creative industries approach to arts and media policy making in the UK », *International Journal of Cultural policy*, vol. 11, n° 1, p. 15-29.

Gauzente C., Gouedard M., Kuntz P., Petr C. (2013), « The use of Social Network Sites as catalyst for more communication and affiliation regarding to cultural organizations: a case study of Facebook and Twitter activity during a week event mixing artistic and gastronomy », *Actes de la 12e Conférence Internationale de l'Association Internationale de Management des Arts et de la Culture* (AIMAC) , Bogota.

Gauzente C., Kuntz P., Petr C. (2014), « La place des médias sociaux dans la communication des institutions culturelles : une étude exploratoire », *Internet : Interactions et Interfaces, Actes du 10e séminaire* M@rsouin, L'Harmattan, p. 211-226.

Gaztelumendi Infante A. (2022), « L'influence de la perception de l'innovativité artistique sur l'expérience et le comportement de consommation culturelle des publics : le cas de l'opéra », Thèse de doctorat, université de Bourgogne-Franche-Comté.

Gebesmair A., Ebner-Zarl A., Musik C. (2023), « Symbolic representations of cultural industries at content trade fairs: Bourdieu's "economic world reversed" revisited », *Poetics*, vol. 92, part B, juin, 101614.

Genette G. (1997), *L'œuvre de l'art, relation esthétique*, Paris, Le Seuil.

Gervereau L. (2006), *Vous avez dit musées ?*, Paris, CNRS Éditions.

Giannelloni J-L, Vernette E. (2019), *Études de marché*, 5e édition, Paris, Vuibert.

Gombault A. (2003), « La nouvelle identité organisationnelle des musées : le cas du Louvre », *Revue Française de Gestion*, p. 189-204.

Gombault A. (2011), « Tourisme et Création : les hypermodernes », *Mondes du Tourisme*, n° 4, p. 18-35.

Gombault A. (2013), « Pricing in Contemporary Museums: The Strategic Turn » *in* : D. O'Reilly, R. Rentschler, T. A. Kirchner (dir.), *The Routledge Companion to Arts Marketing*, London, Routledge.

Gombault A. (2014), « Social Participation Issues in becoming a creative city: Learning from European Capitals of Culture », *in* : Mickov B. et Doyle J. (dir.), *The Creative City: New European Perspectives*, Aldershop, Gower.

Gombault A., Allal-Chérif O. (2021), « The expansion of virtual spaces of superstar and star museums during the Covid-19 lockdown », *in : The Metamorphosis of Cultural and Creative Organizations: Exploring Change from a Spatial Perspective*, Londres, Routledge.

Gombault A., Liot F., Pralong J., Agard J.-Y., Morel C. (2013), « Losers lose, les vrais outsiders des mondes de l'art contemporain », *in* Benghozi P.J. et Paris T. (dir.) (2013), *Howard Becker et les mondes de l'art*, Paris, Éditions de l'École Polytechnique.

Gombault A., Petr C., Bourgeon D., Le Gall M., Urbain C. (2006), *La gratuité des musées et des monuments côté publics Représentations, projets d'usage et comportements des publics*, DEPS, ministère de la Culture et de la Communication), Paris, La Documentation française.

Gombault A., Puydebat J.M., Décamps A., Grellier C. (2023), « L'observatoire de fréquentation des sites culturels et touristiques en France 2020-2022 », *Rapport d'étude pour Atout France*.

Gonon A. (2007), *Ethnographie du spectateur : le théâtre de rue, un dispositif communicationnel analyseur des formes et récits de la réception*, Thèse en sciences de l'information et de la communication, Université de Bourgogne.

Gössling S., Scott D., Hall M. (2021), « Pandemics, Tourism and Global Change: A Rapid Assessment Of Covid-19 », *Journal of Sustainable Tourism*, vol. 29, n° 1, p. 1-20.

Gottesdiener H. (1992), *Freins et motivations à la visite des musées d'art*, Département des Études et de la Prospective, ministère de la Culture et de la Communication, Paris.

Goulding C. (1999), « Heritage, nostalgia, and the "grey" consumer », *Journal of Marketing Practice: Applied Marketing Science*, vol. 5, n° 6/7/8, p. 177-199.

Gourdin J.B. (2022), « Industries culturelles et politiques publiques : un concept fédérateur, une ambiguïté féconde », *Réalités Industrielles – Annales des Mines*, février, p. 9-13.

Greffe X. (2003), *La valorisation économique du patrimoine*, Paris, La Documentation française.

Greffe X. (2007), *Artistes et marchés*, Paris, La Documentation française.

Guy J.M. (1992), *Les publics du cirque : quelles évolutions ?*, Étude DEPS (département des Études, de la Prospective et de la Documentation), Ministère de la Culture.

Guy J.M. (2000), *La culture cinématographique des Français*, Paris, La Documentation française.

Guy J.M. (2004), *Les publics des spectacles de rue*, Projet d'étude non publié, Paris, La Documentation française.

Hagtvedt H., Patrick V. (2008), « The Influence of Art Infusion on the Perception and Evaluation of Consumer Products », *Advances in Consumer Research*, vol. 35, p. 795-796.

Haikel-Elsabeh M., Alloing C. (2014), « Les leaders d'opinion sur les réseaux sociaux numériques : proposition d'indicateurs informationnels de mesure à l'usage des stratégies marketing des entreprises », *Internet : Interactions et Interfaces*, Actes du 10e séminaire M@rsouin, L'Harmattan, p. 153-173.

Hein F. (2016), « Les fondements culturels de l'action entrepreneuriale. Les exemples des labels punk rock », *Revue française de Socio-Économie*, n° 16, p. 183-200.

Heinich N., Shapiro R. (2012), *De l'artification : enquêtes sur le passage à l'art*. Paris, EHESS.

Heinich N. (2014), *Le paradigme de l'art contemporain : Structures d'une révolution artistique*, Paris, Gallimard, Bibliothèque des sciences humaines.

Herscovici A. (1994), *Économie de la culture et de la communication*, Paris, l'Harmattan.

Hirsch P.M. (1972), « Processing fads and fashions: An organization set analysis of cultural industry systems », *American Journal of Sociology*, vol. 77, n° 4, p. 639-659.

Hirschman E. (1983), « Aesthetics, Ideologies and the Limits of the Marketing Concept », *Journal of Marketing*, vol. 47, n° 3, p. 45-55.

Hirschman E.C., Holbrook M.B. (1982), « Hedonic Consumption: Emerging Concepts, Methods and Propositions », *Journal of Marketing*, vol. 46, 92-101.

Holbrook M.B., Corfman K.M. (1984), « Quality and value in the consumption experience: Phaedrus rides again », in *Perceived quality : how consumers view stores and merchandise*, Jacob Y. and Jerry C. Olson (eds.), D.C. Heath, Lexington, p. 31-57.

Holbrook M.B. et Zirlin R.B. (1985), « Artistic Creation, Artworks and Aesthetic Appreciation: Some Philosophical Contributions to Nonprofit Marketing », Advances in Nonprofit Marketing, 1, IAI Press Inc., p. 1-54.

Holbrook M.B. (1986), « Aims, Concepts, and Methods for the Representation of Individual Differences in Esthetic Responses to Design Features », *Journal of Consumer Research*, vol. 13, n° 3, p. 337-347.

Holbrook M.B. (1986), « Emotion in the consumption experience: toward a new model of the human consumer », *in* : R.A. Peterson, W.D. Hoyer et W.R. Wil-son (eds.), *The role of affect in consumer behaviour: emerging theories and applications*, Lexington, MA, D.C. Heath, p. 17-52.

Holbrook M.B., Hirschman E. (1982), « The Experiential Aspects of Consumption: Consumer Fantasies, Feelings and Fun », *Journal of Consumer Research*, vol. 9, p. 132-140.

Holbrook M.B., Schindler R.M. (1996), « Market segmentation based on age and attitude toward the past: concepts, methods and findings concerning nostalgic influences on consumer tastes », *Journal of Business Research*, vol. 37, p. 27-39.

Horvath I., Bourgeon-Renault D., Garcia Bardidia R., Dantan E. (2023), « Les Tiers-Lieux Culturels, entre institutionnalisation et mutations », *in* : Renaud A., Bernard Y, Bonache A., Burkhardt-Bourgeois K., Vignal J., *Mutations sociétales et organisations : Des repères théoriques et pratiques pour préparer les organisations au monde qui advient*, Éditions EMS.

Jackson R. (1999), « What do we mean by “increasing access” to museums ? », *Collection and Community, the benefits of being social*, Amsterdam, Felix Meritis, http://atschool.eduweb.co.uk/jackson/amsterdam.htm

Jarrier E., Bourgeon-Renault D. (2014), « Assessing the museum visiting experience», *13th International Marketing Trends Conference*, Venice, January, p. 24-25.

Jarrier E., Bourgeon-Renault D. (2020), « L’enrichissement de l’expérience de visite muséale par l’utilisation d’outils interactifs de médiation », *Décisions Marketing*, vol. 97, p. 87-101.

Jenkins H. (2013), *La culture de la convergence des médias au transmédia*, Paris, Armand Colin, 2013.

Jenkins H. (2006), *Convergence Culture: Where Old and New Media Collide*, New York, NYU Press.

Jeudy H-P. (2001), *La Machine patrimoniale*, Paris, Circé, Poche.

Jolibert A., Jourdan P. (2006), *Marketing Research*, Paris, Dunod.

Kant E. (1790), « Critique of the Aesthetical Judgement », *in* : T.M. Greene (ed.), *Kant Selections*, New York, Charles Scribner’s sons, p. 375-445.

Karpik L. (2007), *L’économie des singularités*, Nrf, Gallimard.

Kelly R.F. (1987), « Museums as status symbol II: attaining a state of having been », *in* : R. Belk (ed.), *Advances in Nonprofit Marketing*, JAI Press, vol. 2, p. 1-38.

Kim W.C., Mauborgne R. (2005), *Stratégie océan bleu – Comment créer de nouveaux espaces stratégiques*, Éditions Village Mondial.

Kohls H., Hiler J.L., Cook L.A. (2023), « Why do we twitch? Vicarious consumption in video-game livestreaming », *Journal of Consumer Marketing*, vol. 40, n° 6, p. 639-650.

Kolb B.M. (1999), « You call this fun ? Reactions of young first-time attenders to a classical concert », *Actes de la 5e Conférence de l'Association Internationale du Management des Arts et de la Culture*, Helsinki, Finlande, p. 258-264.

Kotler N. (2003), *Creativity and Interactivity: New Ways to Experience, Market and Management Museums, Kenneth Myer Lecture for the George Fairfax Fellowship, in* : Rentschler R. (ed), Bowater School of Management and Marketing, Melbourne: Deakin University.

Kotler P., Levy S.J. (1969), « Broadening the Concept of Marketing », *Journal of Marketing*, vol. 33, n° 1, p. 10-15.

Krebs A., Petr C., Surbled C. (2007), La gestion de l'hyper fréquentation du patrimoine : d'une problématique grandissante à ses réponses indifférenciées et segmentées, *9th International Conference on Arts and Culture Management* (AIMAC), Université de Valencia (Espagne), 8-11 juillet.

Lahire B. (2004), *La culture des individus, dissonances culturelles et distinction de soi*, Paris, La Découverte.

Lampel J., Shamsie J. (2000), « Critical push: strategies for creating momentum in the motion picture industry », *Journal of Management*, vol. 26, n° 2, p. 233-257.

Larceneux F. (2001), « Critical opinion as a tool in the marketing of cultural products: The experiential label », *International Journal of Arts Management*, vol. 3, n° 2, p. 60-71.

Larceneux F. (2007), « Buzz et recommandations sur Internet : quels effets sur le box-office », *Recherches et Applications en Marketing*, vol. 22, n° 3, p. 45-64.

Lee J.W., Lee S.H. (2017), « "Marketing from the Art World": A Critical Review of American Research in Arts Marketing », *The Journal of Arts Management, Law, and Society*, vol. 47, n° 1, p. 17-33.

Leibenstein H. (1953), « Bandwagon, snob and Veblen effects in the theory of consumer demand », *Quaterly Journal of Economics*.

Lesaunier M.E. (2019), « Une plateforme au service d'un monde professionnel mobilisé : enjeux symboliques et économiques », *tic&société*, vol. 13, n° 1-2, p. 225-246.

Lévy M., Jouyet J.P. (2006), *L'économie de l'immatériel. La croissance de demain*, Rapport de la commission sur l'économie de l'immatériel, ministère de l'Économie, des Finances et de l'Industrie.

Léyendecker S. (2005), « L'étude du public d'un établissement culturel ou la production d'événements et d'espace de discussion de la qualité culturelle d'un lieu », *Le Portique, Archives des Cahiers de la recherche*, Cahier 3, 11 pages, Revues.org.

Lipovetsky G. (2006), *Le bonheur paradoxal, Essai sur la société d'hyperconsommation*, Paris, Gallimard.

Lipovetsky G., Serroy J. (2013), *L'esthétisation du monde : Vivre à l'âge du capitalisme artiste*, Paris, Gallimard.

Lizé W., Naudier D., Roueff O. (2011), *Intermédiaires du travail artistique : à la frontière de l'art et du commerce*, Ministère de la Culture et de la Communication-DEPS.

Loyer F. (1998), « Les échelles de la monumentalité », *in* : Actes des Entretiens du Patrimoine, *L'abus monumental*, sous la présidence de Régis Debray, Paris, Fayard, 181-188.

Luyckx Ghisi M. (2001), *Au-delà de la modernité, du patriarcat et du capitalisme : La société réenchantée*, Paris, L'Harmattan.

MacCannell D. (2005), « The fate of the Symbolic Architecture for Tourism: Piranesi, Disney, Gehr », *in* : A.-M Guash, Zulaika J. (eds.), *Learning from the Bilbao Guggenheim*, University of Nevada, Reno: Center for Basque Studies, Conference Papers Series, p. 21-36.

MacLean F. (1997) a., « Le passé est à vendre, Réflexions sur le marketing des musées », *Publics et Musées*, vol. 11-12, p. 15-35.

MacLean F. (1997) b., *Marketing the Museum*, London, Routledge.

Maffesoli M. (1999), « Les fondements d'un cadre d'analyse pour la postmodernité », in B. Pras (coord.), *Faire de la recherche en marketing ?*, Paris, Vuibert, p. 151-169.

Mann P. (2000), *La sensibilité esthétique et la sensibilité à l'interaction sociale : deux nouvelles variables pour expliquer le comportement de fréquentation des concerts de musique classique*, Thèse de doctorat en sciences de gestion, Université de Bourgogne.

Marchesnay M. (2014), « Repenser l'entrepreneur : de l'esprit d'entreprise à l'esprit de métier », *Innovations*, n° 44, p. 11-31.

Marques C.P., Guedes A., Bento R. (2022), « Rural Tourism Recovery Between Two Covid-19 Waves: The Case of Portugal », *Current Issues in Tourism*, vol. 25, n° 6, p. 857-863.

Mencarelli R. (2008), « L'interaction lieu-objet comme conceptualisation de l'expérience vécue : test d'un modèle intégrateur », *Recherche et Applications en Marketing*, vol. 23, n° 3, p. 51-69.

Menger P.-M. (2002), *Portrait de l'artiste en travailleur. Métamorphoses du capitalisme*, Paris, Seuil, coll. « La République des idées ».

Métivier C. (2021), « La plateformisation du *game as a service* : la création d'un nouveau terrain de jeu publicitaire », *Effeuillages*, vol. 10, p. 40-43.

Michaud Y. (2003), *L'art à l'état gazeux. Essai sur le triomphe de l'esthétique*, Paris : Stock.

Michel G., Borraz S. (2015), *Quand les artistes s'emparent des marques*, Paris, Dunod.

Mihelj S., Leguina A., Downey J. (2019), « Culture Is Digital: Cultural Participation, Diversity And The Digital Divide », *New Media & Society*, vol. 21, n° 7, p. 1465-1485.

Mintzberg H. (1978), « Patterns in Strategy Formulation », *Management Science*, vol. 24, n° 9, p. 934-948.

Moingeon B. (1993), « La sociologie de Pierre Bourdieu et son apport au marketing », *Recherches et Applications en Marketing*, vol. 8, n° 2, p. 105-123.

Mokwa M.P., Dawson W.M., Prieves E.A. (1980), *Marketing the Arts*, New York, Praeger Publishers.

Mollat D. (2022), « La distribution des biens culturels à l'heure du numérique », *Annales des Mines – Réalités Industrielles*, février, p. 36-39.

Morris J. W. (2020), « Music Platforms and the Optimization of Culture », *Social Media + Society*, vol. 6, n° 3, https://doi.org/10.1177/2056305120940690

Morris J.W., Prey R., Nieborg D.B. (2021), « Engineering culture: logics of optimization in music, games, and apps », *Review of Communication*, vol. 21, n° 2, p. 161-175.

Moulin R. (1983), « De l'artisan au professionnel : l'artiste », *Sociologie du Travail*, Paris, Dunod, vol. 25, n° 4, p. 388-403.

Moulin R. (1992), *L'artiste, l'institution et le marché*, Paris, Flammarion.

Nicolas Y. (2007), « Les premiers principes de l'analyse d'impact économique local d'une activité culturelle », *Culture Méthodes*, 1, http://www.culture.gouv.fr/deps.

Nieborg D.B., Poell B. (2018), « The Platformization of Cultural Production: Theorizing The Contingent Cultural Commodity », *New media & society*, vol. 20, n° 11, p. 4275-4292.

Nowak R., Morgan B.A. (2021), « New Model, Same Old Stories? Reproducing Narratives of Democratizationing Music Streaming Debate », *in* : Kölbl M., Trümpi F., *Music and Democracy. Parcipatory approaches*, Mdw Press, p. 61-83.

O'Reilly D. (2011), « Mapping the Arts Marketing Literature », *Arts Marketing: An International Journal*, vol. 1, n° 1, p. 26-38.

Paris T. (2007), « Organisation, processus et structures de la création », *Culture prospective*, CNRS, DEPS, ministère de la Culture et de la Communication.

Passebois J. (2003), « Comprendre la fidélité des visiteurs de musées. Les apports du marketing », *in* : Donnat O. et Tolila P. (coord.), *Le(s) public(s) de la culture*, Presses de Sciences Po, II, cédérom, p. 262-272.

Passebois J., Aurier P. (2004), « Le rôle de l'expertise des consommateurs dans l'expérience culturelle : une approche par la valeur de consommation », *9es Journées de Recherche en Marketing de Bourgogne*, p. 28-61.

Passebois-Ducros J. (2022), « Cas 7. L'application mobile Gleeph : quand l'intelligence artificielle se met au service des livres », *in* : Bourgeon-Renault D., Euzéby F., Passebois-Ducros J., *Innovations et marketing de la culture et du tourisme. Cas pédagogiques et corrigés*, Éditions EMS, p. 133-156.

Peterson R.A., Simkus A. (1992), « How musical tastes mark occupational status groups », *in* : M. Lamont, M. Fournier, *Cultivating Differences*, Chicago, University of Chicago Press, p. 152-168.

Peterson R.A., Kern R.M. (1996), « Changing highbrow taste: from snob to omnivore », *American Sociological Review*, vol. 61, p. 900-907.

Petr C. (2002), Tourist Apprehension of Heritage: A Semiotic Approach to Behaviour Patterns, *International Journal of Arts Management*, vol. 2, n° 2, p. 25-38.

PETR C. (2007), Why occasional theatre attendance do not subscribe in France?, *International Journal of Arts Management*, vol. 9, n° 2, p. 51-61.

PETR C., N'GARY E. (2012), « L'œuvre vue à travers une application mobile : quid des comportements d'appropriation culturelle et des modes de réception artistique? », *10e séminaire de Marsouin, Usage & NTIC*, Brest, 24-25 mai.

PITRON G. (2021), *L'Enfer numérique. Voyage au bout d'un like*, Paris, Les Liens qui libèrent.

POELL T., NIEBORG D., VAN DIJCK J. (2019), « Platformisation », *Internet Policy Review*, vol. 8, n° 4, doi.org/10.14763/2019.4.1425

POULOT D. (1998), *Patrimoine et modernité*, Paris, L'Harmattan.

PREY R., ESTEVE DEL VALLE M., ZWERWER L. (2022), « Platform Pop: Disentangling Spotify's Intermediary Role In The Music Industry », *Information, Communication & Society*, vol. 25, n° 1, p. 74-92.

PROKŮPEK M., LOOTS E., BETZLER D. (2022), « Emergency Or Emerging Financing Strategies of Art Museums in The Context of a Pandemic? », *Museum Management and Curatorship*, vol. 5, n° 38, p. 1-18.

PULH M. (2002), *La valorisation de l'expérience de consommation d'activités culturelles : le cas des festivals d'arts de la rue*, Thèse de doctorat en sciences de gestion, Université de Bourgogne.

PULH M., BOURGEON D., BOUCHET P. (2005), « Spectacles vivants, logiques de consommation et construction d'expériences : le paradoxe d'une offre à la fois unique et plurielle », *Revue Décisions Marketing*, n° 37, p. 57-66.

RAJU P. S. (1980), « Optimum stimulation level: its relationship to personality, demographics, and exploratory behavior », *Journal of Consumer Research*, vol. 7, n° 3, p. 272-282.

REDDY S.K., SWAMINATHAN V., MOTLEY C.M. (1998), « Exploring the determinants of Broadway show success », *Journal of Marketing Research*, vol. 35, n° 3, august, p. 370-383.

RENTSCHLER R., HEDE A.-M. (2007), *Museum Marketing*, London, Routledge.

RENTSCHLER R., RADBOURNE J., CARR R., RICKARD J. (2002), « Relationship marketing, audience retention and performing arts organisation viability », *International Journal of Nonprofit and Voluntary Sector Marketing*, vol. 7, n° 2, p. 118-130.

RICHARDS G., WILSON J. (2006), « Developing Creativity in Tourist Experiences: A Solution to the Serial Reproduction of Culture? », *Tourism Management*, vol. 27, n° 6, p.1209-1223.

RIEGL A. (1903), *Le culte moderne des monuments, son essence et sa genèse*, Paris, Le Seuil, 1984.

RIFKIN J. (2000), *The Age of Access*, New York : Penguin Putmam Editor.

RIOUX M. (2022), « La découvrabilité va-t-elle devenir essentielle pour se frayer un chemin dans notre monde hyperconnecté ? », *Nectart*, n° 15, p. 22-30.

ROEDERER C. (2012), « Contribution à la conceptualisation de l'expérience de consommation : émergence des dimensions de l'expérience au travers de récits de vie », *Recherche et Applications en Marketing*, vol. 27, n° 3, p. 85-93.

Roquebert C. (2020), « Le capital social des rappeurs : les featurings entre gains de légitimités et démarche d'authentification professionnelle », *Volume !*, vol. 17, n° 2, p. 61-81.

Rosin U., Gombault A. (2021), « Venice in Crisis: The Brutal Marker of Covid-19 », *International Journal of Arts Management*, winter, vol. 23, n° 2, p. 75-88.

Rouet F. (1989), « Introduction : les industries culturelles », *Économie et Culture*, 4, Paris, La Documentation française, p. 11-34.

Rouet F. (2002), *Les tarifs de la culture*, Paris, La Documentation française.

Roullet B., Droulers O. (2010), *Neuromarketing : le marketing revisité par les neurosciences du consommateur*, Collection Tendances Marketing, Dunod.

Rubin D., Mohr I., Kumar V. (2022), « Beyond The Box Office: A Conceptual Framework For The Drivers Of Audience Engagement », *Journal of Business Research*, vol. 151, p. 473-488.

Schiavone F. (2013), *Communities of Practice and Vintage Innovation. A Strategic Reaction to Technological Change*, New York, Springer.

Semenik R.J. (1987), « State of the Art of Arts Marketing », *in* : Belk R.W. (dir.), *Advances in Nonprofit Marketing*, 2, JAI Press, p. 99-124.

Shapiro R., Heinich N. (2012), « When is artification? », *Contemporary Aesthetics 4.* digitalcommons. risd.edu/liberalarts_contempaesthetics/vol0/iss4/.

Sheth J.N., Newman B.I., Gross B.L. (1991), « Why we buy what we buy: a theory of consumption values », *Journal of Business Research*, vol. 22, n° 2, p. 159-170.

Shrum W. (1991), « Critics and publics: cultural mediation in highbrow and popular performing arts », *American Journal of Sociology*, vol. 97, n° 2, p. 347-375.

Steenkamp J.B., Baumgartner H. (1992), « The role of optimum stimulation level in exploratory consumer behavior », *Journal of Consumer Research*, vol. 19, n° 3, p. 434-444.

Styhre A., Remneland-Wikhamn B. (2020), « The ambiguities of money-making: Indie video game developers and the norm of creative integrity », *Qualitative Research in Organizations and Management*, vol. 15, n° 3, p. 215-234.

Talon-Hugon C. (2019), *L'Art sous contrôle : nouvel agenda sociétal et censures militantes*, Paris, PUF.

Throsby D. (2001), *Economics and Culture*, Cambridge, UK: Cambridge University Press.

Throsby D. (2012), *The Economics of Cultural Policy*, Cambridge, UK: Cambridge University Press.

Thuillas O. (2022), « La chute de l'"empire du milieu" », *Nectart*, n° 15, p. 56-64.

Trabelsi-Zoghlami A., Touzani M., Abbes M., Charfi A. (2022), « Les composantes de l'expérience de consommation des joueurs en ligne : de la réalisation virtuelle à la virtualisation réelle », *Recherche et Applications en Marketing*, vol. 37, n° 4, p. 129-157.

Urry J. (2002), *The Tourist Gaze (Theory, Culture and Society Series)*, 2e édition, Londres, Sage Publications.

Vauclare C., Pussier M. (2004), *Étude sur l'économie de la billetterie du spectacle vivant*, Département des études et de la prospective et de la Direction de la musique, de la danse, des théâtres et des spectacles, Rapport final.

VEBLEN T. (1899), *The theory of the leisure class*, traduction française, Paris, Gallimard, 1970.

VENKATESH A., SHERRY J.F. Jr., FIRAT A. (1993), « Postmodernism and the marketing imaginary », *International Journal of Research in Marketing*, vol. 10, n° 3, p. 215-223.

VIDAL G. (1999), *L'appropriation sociale du multimédia de musée : les interactions entre pratiques de musée et de multimédia de musée*, Thèse de doctorat en sciences de l'information et de la communication, Université Paris VIII, Saint-Denis.

VILAR J. (1970), « Nouvelles littéraires », in : *Le Festival d'Avignon off, 20 ans après…*, Éditions de l'Espace Européen, p. 20.

VILATTE C. (2006), « La stimulation des industries créatives dans une grande métropole européenne », *Séminaire Création*, 21 février.

VOM LEHN D. (2010), Examining « response »: video-based studies in museums and galleries, *International Journal of Culture, Tourism and Hospitality Research*, vol. 4, n° 1, p. 33-43.

VUKADIN A. (2018), « Mesure de l'impact de l'expérience de magasinage. Perspectives théoriques et enjeux managériaux », Thèse de doctorat, ED 559, Paris, ESCP Europe.

WALMSLEY B. (2019), « The Death of Arts Marketing: A Paradigm Shift from Consumption to Enrichment », *Arts and the Market*, vol. 9, n° 1, p. 32-49.

WIART L. (2018), « Ticketing Platforms and Big Data Strategies: Data Analysis in the Live Entertainment Industry in France », *in* : BOUQUILLION P., MOREAU F., *Digital Platforms and Cultural Industries* (p. 61-77), Bruxelles, Peter Lang. (ICCA). doi:10.3726/b14814.

WLAZEL A. (2021), « Engaging the Audience *vs.* Audience Engagement With Art », *Participations*, vol. 18, n° 2, p. 374-390.

ZUCKERMAN M. (1979), *Sensation seeking: beyond the optimal level of arousal*, Lawrence Erlbaum, Hillsdale, NJ.

85551 - (I) - OSB 80 - NCO - DNN
Dépôt légal : mars 2024
Achevé d'impression par Imprimerie CHIRAT
42540 Saint-Just-la-Pendue
Imprimé en France